DO VINIL
AO STREAMING

CB078356

VOL. 2

DO VINIL AO STREAMING

60 ANOS EM *OUTROS* 60 DISCOS

DO POP INTERNACIONAL

DANIEL SETTI

autêntica

Elvis Presley Etta James
Sam Cooke Bob
The Kinks
The Byrds
Family Stone
Marvin
Yes
Ramones
Orchestral
in the Dark
Bruce
Kate Bush The
George Michael
Chapman Pixies The Cure

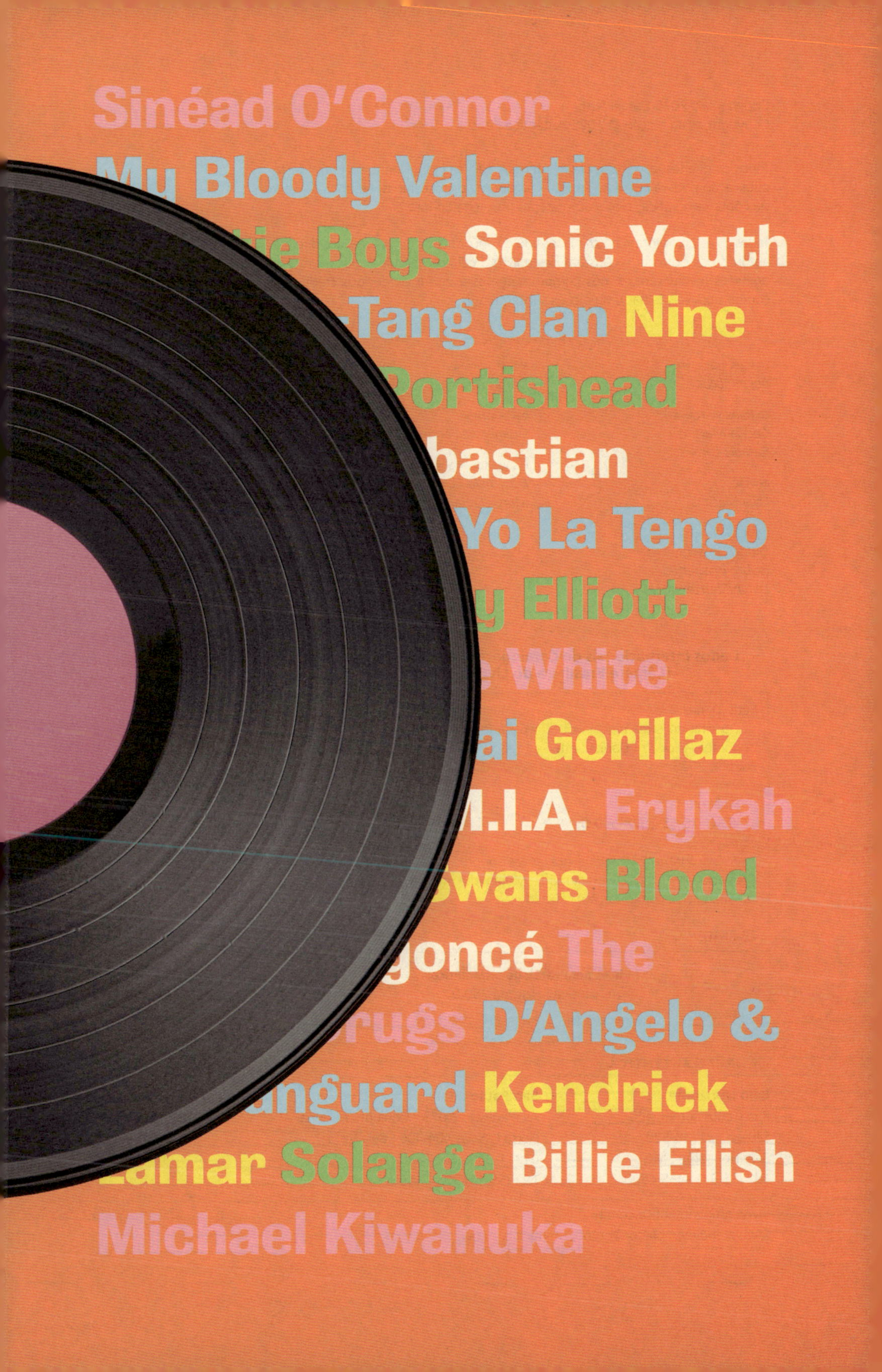
Sinéad O'Connor
My Bloody Valentine
Boys Sonic Youth
Tang Clan Nine
Portishead
bastian
Yo La Tengo
Elliott
White
Gorillaz
M.I.A. Erykah
wans Blood
gonçé The
D'Angelo &
unguard Kendrick
Solange Billie Eilish
Michael Kiwanuka

Copyright © 2025 Daniel Setti
Copyright desta edição © 2025 Autêntica Editora

Todos os direitos reservados pela Autêntica Editora Ltda. Nenhuma parte desta publicação poderá ser reproduzida, seja por meios mecânicos, eletrônicos, seja via cópia xerográfica, sem a autorização prévia da Editora.

Todos os esforços foram feitos no sentido de encontrar os detentores dos direitos autorais das obras que constam deste livro. Pedimos desculpas por eventuais omissões involuntárias e nos comprometemos a inserir os devidos créditos e corrigir possíveis falhas em edições subsequentes.

EDITORA EXECUTIVA
Rejane Dias

EDITORAS RESPONSÁVEIS
Cecília Martins
Rafaela Lamas

REVISÃO
Lívia Martins

CAPA
Diogo Droschi
(sobre imagem de Ulrich/Shutterstock)

PROJETO GRÁFICO
Diogo Droschi

DIAGRAMAÇÃO
Guilherme Fagundes

PESQUISA ICONOGRÁFICA
Ludymilla Borges
Marcella Santos

Dados Internacionais de Catalogação na Publicação (CIP)
(Câmara Brasileira do Livro, SP, Brasil)

Setti, Daniel
Do vinil ao streaming , vol. 2 : 60 anos em outros 60 discos (do pop internacional) / Daniel Setti. -- 1. ed. -- Belo Horizonte : Autêntica Editora, 2025.

Bibliografia.
ISBN 978-65-5928-599-0

1. Discografia 2. Discos e gravações sonoras - Catálogos 3. Música - Apreciação 4. Música - História 5. Multimídia interativa 6. Tecnologia streaming (Telecomunicação) I. Título.

25-281058 CDD-780.9

Índices para catálogo sistemático:
1. Música : História 780.9

Aline Graziele Benitez - Bibliotecária - CRB-1/3129

GRUPO **AUTÊNTICA**

Belo Horizonte
Rua Carlos Turner, 420
Silveira . 31140-520
Belo Horizonte . MG
Tel.: (55 31) 3465 4500

São Paulo
Av. Paulista, 2.073 . Conjunto Nacional
Horsa I . Salas 404-406 . Bela Vista
01311-940 . São Paulo . SP
Tel.: (55 11) 3034 4468

www.grupoautentica.com.br
SAC: atendimentoleitor@grupoautentica.com.br

Para o André.

ANOS **1960**

A ASCENSÃO DO ÁLBUM

ANOS **1970**

OUSADIA E EXCESSOS

ANOS **1980**

ENTRA EM CENA O CD

ANOS **1990**

AUGE ANTES DA CATÁSTROFE

ANOS **2000**

A REVOLUÇÃO DIGITAL

ANOS **2010**

O STREAMING E A REVANCHE DO VINIL

APRESENTAÇÃO

O período após o lançamento de *Do vinil ao streaming: 60 anos em 60 discos do pop internacional*, ocorrido em setembro de 2023, tem sido muito intenso para mim. Gostei bastante da repercussão gerada pelo meu primeiro livro que, em abril de 2024, também virou podcast (em parceria com a produtora AudioInk). No momento em que edito este texto, já temos seis temporadas e mais de trinta episódios no ar.

É muito interessante e prazeroso observar as diferentes reações que *Do vinil ao streaming* provoca nos leitores. "Que boa surpresa esse álbum"; "jamais pensaria naquele disco para a década tal"; "não imaginava que existia tanta história por trás de um LP"; "e a fulana, por que não entrou na seleção?".

Comentários como esses são uma constante em minha vida desde então. Unanimidade, mesmo, só ocorreu com relação às seis playlists com músicas do livro, que a Autêntica disponibilizou em plataformas de streaming. E eu acho ótimo. Minha missão, ao elaborar aquela seleção de sessenta álbuns, era mesmo provocar, usando, como expliquei na apresentação, uma "saudável combinação entre tradicionalismo, revisionismo e risco".

Agora… Talvez a pergunta que mais venho ouvindo seja: "vai ter parte dois?". E é com grande alegria que respondo a ela da melhor maneira possível, entregando, na bela edição que você tem em mãos, novamente feita com capricho pela Autêntica, *Do vinil ao streaming, vol. 2: 60 anos em outros 60 discos do pop internacional.*

Tecnicamente, este segundo livro já havia sido iniciado antes mesmo do lançamento do primeiro. Oito dos seus sessenta textos, em suas versões preliminares, a princípio integrariam o volume 1. Entretanto, por decisão editorial minha, acabaram ficando de fora. Agora, eles finalmente estão prontos. A pesquisa complementar para esses oito álbuns recuperados, bem como todo o levantamento de informações para os outros 52, começou em março de 2023; a redação definitiva de todos, em julho do mesmo ano.

Como no volume inaugural, o segundo reúne dez álbuns internacionais de cada uma das últimas seis décadas. Parto dos anos 1960, quando o mercado de LPs em vinil de 12 polegadas superou o dos compactos de 7 polegadas, até chegar aos anos 2010, era em que o streaming passou a reinar e o conceito de álbum precisou ser explicado aos mais jovens. O volume 2 tem até mais discos campeões de vendas do que seu antecessor, mas também conta com diversos títulos que, talvez, muita gente não conheça tão bem. Com essa mistura, pretendo contar um pouco da história da música pop internacional e retratar as suas inúmeras mudanças nesses sessenta anos. Quem acompanha o podcast *Do vinil ao streaming* perceberá que alguns dos episódios já publicados tratam de álbuns que estão neste segundo livro.

Incluindo um novo critério, o da não repetição de artistas, mantenho para o volume 2 o padrão normativo que guiou o 1. Ou seja, neste livro você encontrará discos exclusivamente gravados em estúdio, de artistas ligados aos gêneros e subgêneros do pop de predominância anglo-estadunidense: rock, rhythm and blues, soul, funk, rock psicodélico, hard rock, rock progressivo, punk, heavy metal, pós-punk, synthpop, dream pop, indie rock, folk-rock, hip-hop, trip-hop, industrial, neo-soul, pós-rock e por aí vai. Espero, em outro momento, poder dedicar outros projetos semelhantes a tipos de música que considero universos à parte, como a MPB, o jazz, os sons africanos e caribenhos e a eletrônica de pista.

Boa leitura!

ANOS 1960

A ASCENSÃO DO ÁLBUM

Spotify

deezer

Ouça uma seleção de músicas da década em sua plataforma preferida

1960

sucintamente como rock nasceu dessa fusão implementada por Dylan. Ou seja, o encontro entre folk tradicional, rock'n'roll dos anos 1950, o pop dos "invasores" ingleses, blues, country e rhythm and blues. Outro nome de subgênero bastante disseminado, americana, foi cunhado especificamente para definir a evolução dessa fórmula, sobretudo a partir da colaboração entre Bob e o quinteto canadense The Band. É importante saber, porém, que o marco zero de todos esses acontecimentos, movimentos e nomenclaturas reside no álbum *Bringing It All Back Home*, lançado pelo astro em 22 de março de 1965.

O quinto trabalho de estúdio de Bob Dylan explora sagazmente o formato LP para, como num experimento de laboratório, ostentar um lado "normal" (leia-se ele cantando ao violão) e outro "banda de rock", gravado com músicos de apoio. Só que a novidade já aparecia no lado A, fazendo do choque uma reação inevitável para quem o escutasse. Como se não bastasse, a porção voz e violão do disco, representada pelas quatro composições da face B, figura entre as mais inspiradas do gigantesco catálogo de seu autor. Inventar o rock enquanto entrega uma fabulosa fornada de canções folk: tem coisas que só mesmo um Bob Dylan pode fazer pela gente.

A invenção de Bob Dylan

Cantar ele já cantava aos 3 anos. Recitar ele já recitou a Torá em seu bar mitzvá, aos 13, e para quatrocentos convidados. Nascido em 24 de maio de 1941 em Duluth e criado em Hibbing, ambas cidades no estado de Minnesota, Robert Allen Zimmerman já era um pouco Bob Dylan desde muito cedo. Aprendeu acordes básicos de piano e violão e aos 14 já militava em suas primeiras bandas. Numa delas, tocava com músicos elétricos alguns clássicos do rock'n'roll, plantando uma semente que passaria anos oculta até florescer, para desespero dos puristas acústicos. Mal sabiam eles que seu herói sonhava em atuar com Little Richard.

A vida de músico começou a ficar mais séria quando, em agosto de 1959, Robert saiu da casa dos pais rumo à Universidade de Minnesota, morando em Fargo, Dakota do Norte – aquela mesma, do filme dos Irmãos Coen e da série homônima –, dividindo seu tempo entre o trabalho de garçom e apresentações em cafés. Nessa fase, sob a influência da cantora Judy Collins, passou a priorizar clássicos de folk e country, trocando a guitarra elétrica pelo violão. "A música folk era uma realidade de uma dimensão mais luminosa", observou ele no livro *Crônicas: volume um* (2004). Bob chegou também a acompanhar brevemente o astro adolescente Bobby Vee e, numa viagem a Denver, Colorado, em 1960, conheceu o *bluesman* Jesse Fuller, de quem imitou o uso da gaita pendurada no pescoço. Da cantora folk afro-americana Odetta absorveu a ideia de cantar de forma rítmica sem ter necessariamente bateria como acompanhamento.

No ano seguinte, rumou a Nova York, meca do *revival* folk, levando na bagagem o pseudônimo Bob Dylan, levemente inspirado no poeta Dylan Thomas. Aproveitou para estrear um sotaque... do Oklahoma. Para um de seus biógrafos, Paul Williams, tal escolha foi ao mesmo tempo uma homenagem ao seu deus particular Woody Guthrie, que era daquele estado, e uma estratégia para ocultar sua origem "burguesa, normal, judia, do Meio-Oeste". Segundo o próprio Dylan conta no documentário *No Direction Home* (2005), de Martin Scorsese, era uma forma de resolver sua "ausência de passado". Escreveu Williams no livro *Bob Dylan, Performing Artist 1960-1973: The Early Years* (1991): "a adoção de sua 'voz Dylan' lhe dava mais liberdade para a invenção e para jogar com a interpretação de palavra a palavra, nota a nota, além de canção a canção".

Entre performances solo e como gaitista acompanhante dos artistas afro-americanos Big Joe Williams, Victoria Spivey e Harry Belafonte, Bob via o *hyp*e ao seu redor crescer. John Hammond, o grande produtor e executivo da Columbia, contratou-o em outubro de 1961 sem sequer ouvir suas composições ou sua voz. Em março de 1962 teve seu primeiro e homônimo álbum lançado. O *début* trazia interpretações decentes, mas apenas quatro de suas treze canções tinham a assinatura de Dylan, e nem eram especialmente boas. Parecia que ele ainda se preocupava muito em soar como um *folk singer* clássico.

O misterioso "estalo" criativo beatífico que faria a cabeça de toda uma geração só ocorreria no trabalho seguinte, *The Freewheelin' Bob Dylan*, de maio de 1963, quase inteiramente autoral. "Eu havia perdido o hábito de pensar em ciclos de canções curtas e comecei a ler poemas cada vez mais longos", relatou em suas memórias Dylan, um devorador dos livros que encontrava nas casas dos amigos que o hospedavam.

No filme de Scorsese, ele explica que gostava dos artistas que ostentavam um olhar do tipo "eu sei algo que você não sabe". Com hinos como "Blowin' in the Wind" (regravado por diversos artistas quase imediatamente) e "A Hard Rain's A-Gonna Fall", Dylan, que não era especialmente politizado, atualizava um ramo da genealogia musical tradicional dos Estados Unidos com abstração e simbologia. O que cantava era atual, mas parecia pertencer a algum cânone secular. Já o duríssimo ataque antibélico "Masters of War" lhe garantia a predileção dos afeitos às chamadas "canções de protesto".

Messias em crise

O consenso geral era de que o Messias havia chegado. E, pelo menos durante três anos, Dylan não se recusou a vestir tal carapuça. Em agosto de 1963, cantou na marcha pró-direitos civis de Washington para duzentas mil pessoas; dois meses depois, atuou no Carnegie Hall, a mais prestigiosa sala de concertos nova-iorquina. Engatou relacionamento com outro símbolo da música ativista, Joan Baez. Em janeiro de 1964 já tinha na praça seu terceiro disco, *The Times They Are A-Changin'*, farto em toadas épicas e alertas sociofilosóficos, a exemplo da faixa-título e de "With God on Our Side". Primeiro de seus trabalhos a entrar no top 20 da parada estadunidense, o álbum inaugurou sua parceria com Tom Wilson, que duraria até *Bringing It All Back Home*. O jovem produtor negro tinha trabalhado com os jazzistas vanguardistas Cecil Taylor e Sun Ra, e, no fim do ano, dirigiria um dos primeiros encontros entre folk e eletricidade, o single "The Sound of Silence", de Simon & Garfunkel.

A grande guinada de Bob Dylan começou a se desenhar nos meses seguintes daquele 1964. Em 28 de agosto, apenas vinte dias após lançar seu quarto LP, *Another Side of Bob Dylan*, ele conheceu pessoalmente as pessoas que mais o fascinavam naquele momento: os Beatles. O encontro, ocorrido em meio a espessa fumaça canábica num quarto de um hotel em Nova York, interferiu irremediavelmente nos destinos de ambas as partes.

O quarteto de Liverpool iniciaria no ano seguinte a sua inigualável sequência de discos "maduros" e psicodélicos, bastante influenciados pelo aprofundamento poético de Dylan. Ele, por sua vez, se recolhia à casa de seu empresário Albert Grossman em Woodstock, Nova York, e tecia internamente o plano diabólico de misturar a sua sonoridade à dos novos amigos. "Não que o folk esteja desaparecendo; mas tem essa merda melosa, cara, que está sendo substituída por algo que as pessoas sabem que está acontecendo", opinava ele no início de 1965 ao jornal *L.A. Free Press*. Ao mesmo tempo, a paciência de Bob para carregar a pecha de profeta iluminado, o *chosen one* que deveria "mostrar o caminho" por meio de suas letras divinas, estava chegando ao fim. "Não sou quem você quer, querida / Não sou eu de quem você precisa", avisava ele na ótima "It Ain't Me Babe".

Na cara dos caretas

Se o folk relativamente relaxado de *Another Side of Bob Dylan* estava distante do novo material que Bob preparava, pelo menos o seu método de produção – gravado numa única noite regada a vinho – foi parcialmente mantido. Assim, *Bringing It All Back Home*, seu quinto trabalho, resolveu-se em somente três jornadas de estúdio, a primeira acústica e as duas últimas elétricas, realizadas em 13, 14 e 15 de janeiro de 1965.

É um dado inacreditável, se considerarmos o tamanho e a importância do resultado das sessões, mas também pelo fato de Bob estar em companhia de uma banda em parte das gravações. Os músicos angariados por Dylan e Tom Wilson, entre os quais o baterista Bobby Gregg, o guitarrista Bruce Langhorne e os baixistas Joseph Macho Jr. e Bill Lee, pai do cineasta Spike Lee, tiveram que se virar em tempo recorde para entenderem o que o chefe tinha em mente e colocarem em prática um estilo que ainda não existia. Segundo Langhorne, tudo fluiu em caráter "telepático". De forma consideravelmente improvisada, conceberam uma alquimia sem fórmula. Se a sombra do folk já pairava sobre os roqueiros, justamente por sua causa, Dylan agora virava o jogo e, numa cartada ainda mais ousada, mudava a direção do fluxo de influências.

O projeto era desafiador como o olhar do autor na foto da capa, do fotógrafo Daniel Kramer, na qual Dylan aparece com um gato no colo, ao lado de Sally, esposa de Grossman, entre revistas como a *Time* e LPs de Impressions, Robert Johnson e outros de seus artistas favoritos. No texto do encarte, ele anunciava: "Eu aceito o caos. Não sei direito se ele me aceita".

Lançado em 22 de março, *Bringing It All Back Home* foi o maior hit do cantor até então, alcançando o sexto lugar da parada estadunidense e o primeirão da britânica. Seu efeito, porém, transcendeu qualquer medição de sucesso comercial. Na visão de muita gente, Bob Dylan, o representante supremo do sisudo esquerdismo militante-musical, rendia-se às tentações alienantes da juventude roqueira, vendendo sua alma a um capitalismo cultural raso e mundano.

Para o bem ou para o mal, o baque se sente desde os primeiros segundos do disco, com a entrada da bateria e a guitarra em "Subterranean Homesick Blues", faixa de abertura inspirada em "Too Much Monkey Business", de Chuck Berry e que teve lançamento no formato compacto. Como uma metralhadora poética ele encaixa, sabe-se lá como, 41 linhas de quatro estrofes enormes numa gravação de pouco mais de dois minutos. Mais especial ainda é o intérprete *sentindo* o ritmo da banda e organizando, como um grande improvisador, os versos em métricas diferentes, recurso que dá ao arranjo um suingue country-roqueiro único.

Bob operava em "multiversos" líricos, o que lhe permitia criar uma frase do tipo "*don't wear sandals, try to avoid scandals*" (não use sandálias, evite escândalos). "As letras de Dylan passam a ir além da influência dos simbolistas e dos beats para introduzir um toque surrealista", teorizam os autores Mark Davidson e Parker Fishel em seu livro *Bob Dylan: Mixing up the Medicine* (2023). "O resultado é um Dylan único, mas seus textos têm uma fluidez que pode dar calafrios, como se certas imagens, frases ou versos sempre tivessem existido." E o pioneirismo de "Subterranean Homesick Blues" extravasa o âmbito meramente musical, gerando aquele que muitos consideram o primeiro e genial videoclipe da história, estrelado por um Dylan que atira cartazes com trechos da letra e a participação do poeta beat Allen Ginsberg.

Nesse revolucionário lado A, a intenção de Bob de ir direto ao ponto se manifesta também na segunda música, a suave, breve e romântica "She Belongs to Me", possivelmente sobre Joan Baez ou Nico. É um alívio passageiro para a bomba que ele joga nos ouvintes a seguir, "Maggie's Farm", na qual emprega uma voz simultaneamente raivosa e irônica para condenar os hábitos escravocratas de uma família. Com a agressiva canção, Dylan abriu o mais chocante show de sua carreira, no festival de Newport em 25 de julho de 1965, quando a elite do purismo folk *desplugado* se horrorizou com sua banda ensurdecedora (ao menos para aquela plateia). "A primeira nota de 'Maggie's Farm', na passagem de som, foi a mais alta que já ouvi até hoje", me contou em 2008 uma das testemunhas, o produtor Joe Boyd. "O [cantor de folk] Pete Seeger e o [pesquisador] Alan Lomax, que estavam ao meu lado, ficaram furiosos". Uma parte do público vaiou, a outra ficou perplexa. A situação rendeu uma das melhores cenas do filme *Um completo desconhecido* (2024), de James Mangold, no qual Timothée Chalamet interpreta um Dylan em seus primeiros anos de fama.

A intensa dinâmica continua no fluxo entre a linda e sossegada quarta faixa, "Love Minus Zero", dos versos "as pessoas falam de situações / leem livros, repetem citações / desenham conclusões nas paredes", e os blues-rock "Outlaw Blues" e "On the Road Again". Recuperando a batida acelerada do começo do disco, "Bob Dylan's 115th Dream" encerra o lado eletrificado com a verborragia surrealista de Bob flutuando sobre a base instrumental.

A outra revolução

Quando chegamos ao lado B da versão em vinil do álbum, ou simplesmente na oitava faixa em seus demais formatos, Bob Dylan está de volta ao mundo pré-amplificado. Mesmo assim, ele desvia do saudosismo e entrega um verdadeiro quarteto mágico de composições que, embora não contem com a parafernália roqueira das anteriores, são grandes modernizadoras do folk. *Bringing It All Back Home* é, portanto, duplamente inovador. "Alguns classificaram Dylan como 'vendido' sem se dar conta, pelo menos inicialmente, de que ele estava fazendo a música mais antissistema e revolucionária de sua carreira ou de qualquer outro artista", aponta Paul Williams em seu livro.

Dedicada ao guitarrista acompanhante Bruce Langhorne, que já contribuíra com pandeirola ("*tambourine*" em inglês) em gravações de Bob, "Mr. Tambourine Man" se transformaria num de seus hinos definitivos. Curiosamente, tem a presença do amigo guitarrista no instrumento elétrico, sendo uma espécie de "infiltrada" plugada na porção acústica do álbum. Ficou ainda maior quando, reinterpretada em verve rock-folqueira pelos Byrds semanas depois, chegou ao número 1 nos Estados Unidos. Dylan já tinha tentado gravá-la para o álbum anterior, em junho de 1964, sem sucesso. Quando ele finalmente acertou a tomada boa, empolgou-se e, na mesma sessão, engatou de forma hercúlea também as versões finais das faixas seguintes, sem perder as gradações interpretativas de cada uma.

Eram elas a climática "Gates of Eden" e "It's Alright, Ma (I'm Only Bleeding)", mostra magistral do virtuosismo poético-métrico do compositor. Tendo apenas o violão como base, Bob dispara versos quilométricos, ligando-os mais por sua fonética do que pelos significados. Com nuances a cada sílaba e respiração do cantor, está para o folk o que as rimas de um André 3000 ou um Kendrick Lamar estão para o rap. E chave de ouro é pouco para classificar "It's All Over Now, Baby Blue", a balada final do repertório, alusão a "Baby Blue", de Gene Vincent, mas que também pode ser interpretada como uma canção de despedida amorosa, ou até mesmo sobre a mudança de fase do próprio autor. Prolífico e produtivo como quase ninguém, Bob ainda gravou "I'll Keep It with Mine" ao piano e "If You Gotta Go, Go Now" com a banda, mas ambas acabaram excluídas da lista final.

As quatro derradeiras pérolas de *Bringing It All Back Home* eram também as últimas que ele gravou no esquema individual, semelhante ao dos seus quatro primeiros LPs. O cataclisma estético de Bob Dylan só estava começando. Em abril, partiu para turnê britânica, assumindo uma persona arisca e hostil, que radicalizava a atitude "não tô nem aí" para se desvencilhar desesperadamente da própria aura messiânica. Essa sua versão, um hipster insuportável de roupas pretas, cabelos desgrenhados e óculos escuros, foi eternizada por D. A. Pennebaker no documentário *Don't Look Back* (1967).

De volta a casa, escreveu em caráter "vomitivo" a histórica "Like a Rolling Stone" sobre suas frustrações com a fama. Seu arroubo eletro-roqueiro gerou ainda dois outros álbuns monumentais, *Highway 61 Revisited* (1965) e *Blonde on Blonde* (1966), primeiro LP duplo do universo pop, que formam, com *Bringing It All Back Home*, uma das mais célebres e influentes trilogias discográficas. Até julho de 1966, quando aproveitou um suposto acidente de moto para sair de cena por vários meses, ele defenderia ao vivo o repertório desses discos em permanentes embates com a parcela mais purista de seu público. Foi uma tarefa tão exaustiva que ele só voltaria aos palcos em 1974.

THE KINKS
Face to Face

[1966]

Um desdobramento evolutivo importante para a música dos anos 1960 ocorreu quando, após a chamada "Invasão Britânica" nos Estados Unidos, alguns de seus participantes quiseram retornar às suas raízes. Claro, é inegável que a razão do encantamento estadunidense por aqueles moleques brancos vindos do Reino Unido residia na sua releitura enérgica, marrenta e andrógina dos sons afro-americanos. Só que, passada a euforia original, que abriu as portas do maior mercado do mundo a Beatles, Rolling Stones, Yardbirds e outros, parte dessa turma expandiu suas referências, incluindo entre elas um mergulho numa *britanicidade* que pouco tinha a ver com a América do Norte. Essa guinada resultou em alguns álbuns fascinantes.

Um deles é *Face to Face*, o quarto trabalho dos Kinks, a banda que melhor traduziu em canções o jeito escancaradamente britânico de ser. Lançado em outubro de 1966, o disco estabelece a ponte entre as influências negras norte-americanas da etapa inicial do quarteto londrino e as anglo-excentricidades da sua obra do final daquela década. Seu repertório reflete o brilho de Ray Davies, cantor e principal compositor do grupo, que o criou parcialmente enquanto se recuperava de uma crise de stress. Como letrista, Davies modernizou a poesia pop, por meio de seus ferinos relatos baseados em personagens da sociedade inglesa; enquanto melodista, influenciou gerações inteiras, graças a seus refrões cristalinamente cantaroláveis, impossíveis de tirar da cabeça.

Face to Face também pode ser considerado um dos primeiros álbuns conceituais do rock, já que a temática de várias de suas faixas converge a um mesmo perfil: um jovem oriundo da classe média lidando com seu recém-adquirido status de "novo rico". O conteúdo se baseou na experiência do próprio Ray, que então colhia os frutos do sucesso dos Kinks em companhia do irmão mais novo, Dave. De suas aflições e de seus prazeres diante do que vivenciava, surgiram canções maravilhosas do quilate de "Sunny Afternoon" e "Rosy Won't You Please Come Home", pertencentes ao panteão autoral de uma das eras musicais mais especiais.

Glória temporã

O entorno dos Davies, no bairro de Muswell Hill, no norte de Londres, abundava em figuras humanas que inspirariam as suas futuras composições. Raymond Douglas Davies (21 junho de 1944) e David Russell Gordon Davies (3 de fevereiro de 1947) eram os dois filhos homens temporões de um casal que já tinha seis meninas crescidas. Alguns de seus sobrinhos eram da mesma idade que eles. Na família numerosa, praticamente todo mundo tocava piano e cantava. A paixão por Chet Atkins, The Ventures e, depois, o blues, funcionou como o ponto de comunhão entre os manos, que não poderiam ser mais diferentes entre si. O solitário e retraído Ray passou por sessões de terapia ainda criança. Um de seus traumas fora a morte da irmã Rene no mesmo dia em que ganhou seu primeiro violão, no aniversário de 13 anos. Dave, por sua vez, era agitado e desinibido.

Em 1961, quando já havia feito apresentações no pub frequentado pelo pai, a dupla se juntou ao amigo de escola de Ray, Peter Alexander Greenlaw Kinnes (depois conhecido como Peter Quaife, Tavistock, 31 de dezembro de 1943). Com John Start na bateria, fecharam a formação que usou nomes como Ray Davies Quartet e Ramrods. Em julho de 1963, Start saiu para a entrada de Mickey Willett. Rebatizados Boll-Weevils, acompanharam um *crooner*-fisiculturista (!) e o aspirante a cantor Robert Wace, que exercia o papel de empresário da turma. Num show, porém, Wace quebrou os dentes e acabou substituído, para sempre, por Ray nos vocais.

Ainda usaram outra insígnia, The Ravens, antes de, em fevereiro de 1964, lançarem "Long Tall Sally", seu primeiro compacto, pela concorrida Pye Records, finalmente como The Kinks. A gravação contou com o baterista profissional Bobby Graham, já que Willett havia pedido as contas. Rapidamente, obtiveram um ocupante oficial para o cargo, Michael "Mick" Charles Avory (Londres, 15 de fevereiro de 1944) mas, por decisão do produtor, em estúdio o baterista daria lugar a músicos mais experimentados. Membro oficial dos Kinks desde o início de 1964, Avory, que tinha tocado com Mick Jagger e Keith Richards, só seria o baterista em uma bolacha inteira do grupo precisamente em *Face to Face*.

O hit

Após assinarem contratos obscuros, que dariam mais lucro a seus agentes do que a eles mesmos, os Kinks caíram pesadamente na estrada até que, em agosto de 1964, explodiram com o single "You Really Got Me". O irresistível e sujo *riff* de linhagem blueseira, até hoje um dos mais cultuados pela comunidade guitarrística, casava à perfeição com os versos sexuais e os vocais provocantemente joviais de Ray. Germinava a fórmula de sucesso dos Kinks, que garantiu o número 1 no Reino Unido e um passaporte para os Estados Unidos.

O ano de 1964 terminou com o lançamento, entre outubro e novembro, do primeiro álbum (*The Kinks*) e do EP *Kinksize*, além do casamento de Ray Davies com sua companheira Rasa. Em seguida teriam uma filha. Aos 20 anos, ele amadurecia precocemente, aumentando mais o abismo comportamental com o seu irmão adolescente. Dave, de 17, revelava-se um hedonista convicto, chafurdando em anfetaminas e haxixe, explorando sua sexualidade fluida e lidando com seus próprios fantasmas: tinha engravidado sua namorada aos 15 anos, o que lhe causou a proibição de vê-la e de conhecer a criança. Já a vida "de adulto" de Ray exerceu um papel fundamental no direcionamento de seu lirismo. Ele se tornou um dos primeiros letristas jovens a abordar tópicos alheios ao combo garotas carros-noitadas-drogas de seus contemporâneos. "Eu ia para as festas; ele escrevia sobre aquilo", afirma Dave em seu livro *Kink: An Autobiography (1996)*.

Isolamento geográfico

Em janeiro de 1965, repetiram o triunfo na parada britânica com o compacto "Tired of Waiting for You", ao qual se seguiram outros três singles no top 10, um novo EP (*Kwyet Kinks*) e os LPs *Kinda Kinks*,

de março, e o sensacional *The Kink Kontroversy*, de novembro, ambos número 3 no ranking local. Rodaram o mundo e realizaram a primeira turnê nos Estados Unidos, interagindo com nomes como Supremes e Beach Boys. Entretanto, abandonados pelos empresários na estrada, meteram-se em conflitos, brigaram no palco, tomaram calotes e acabaram com a sua reputação manchada no país que tanto admiravam.

Não regressariam aos palcos estadunidenses até 1968, o que acabou sendo determinante para Ray focar ainda mais sua criatividade nas referências da própria terra. "Por um lado, o banimento nos EUA foi um retrocesso; por outro, a melhor coisa que aconteceu com a gente", resume Dave no documentário *Biography: Kinks* (2008). O vocalista especializou-se em pequenos relatos sobre a fauna britânica, escritos em terceira pessoa, e não demorou em abortar qualquer tentativa de americanizar seu sotaque. Os Kinks se firmavam como a mais cínica das bandas da Invasão Britânica, a extremidade sarcástica de uma geração que aspirava esteticamente a um certo ceticismo arrogante. "A ironia e a sátira da música dos Kinks são, em última instância, o rosto amável da dor, da frustração e da ira de seu autor", avalia o escritor espanhol Javier de Diego Romero em seu livro-estudo *The Kinks: Música, Cultura y Sociedad* (2017).

Musicalmente, essa transição em direção a uma Britânia de anti-heróis reais se sincronizava com o interesse crescente de Ray Davies por artistas como George Formby, que unia folclore inglês e comédia, e pelo music hall, o gênero popular de inclinação teatral no Reino Unido até o começo do século 20. Tal influência já se notava em canções como "I'm on an Island", presente em *The Kink Kontroversy*; mas desabrochou com maior vigor em *Face to Face*, chegando a seu pico em trabalhos posteriores, como o cultuadíssimo *The Kinks Are the Village Green Preservation Society*, de 1968.

Ademais, *Face to Face* apresenta elementos de psicodelia e experimentalismo típicos da época, empregados pelos Kinks a partir do single "See My Friends", de julho de 1965, que antecipou o flerte com os sons indianos depois popularizado pelos Beatles. Outra de suas marcas sonoras é o uso de um cravo, tocado pelo histórico tecladista inglês Nicky Hopkins (colaborador de Rolling Stones e The Who), o que confere aos arranjos um ar ao mesmo tempo barroco e contemporâneo.

Gênio em recuperação

Face to Face teve a maioria das suas quatorze faixas gravadas no estúdio Pye, em Londres, entre abril e junho de 1966. Ray estava voltando à ativa após ter vivenciado uma crise de stress que o deixou em casa de molho, sob ordens médicas, e forçou seus colegas a cumprirem shows com o cantor substituto Mick Gace. Contudo, sua reabilitação revelou-se também muito produtiva, rendendo pelo menos cinco das composições da obra, povoada por aristocratas decadentes, jovens popstars dionisíacos e milionários em crise. "Todas essas músicas foram influenciadas por minhas circunstâncias pessoais", explica Ray Davies no livro *X-Ray: The Unauthorized Autobiography* (1996). "São sobre um homem que fica rico, viaja pelo mundo pela primeira vez e volta ao seu lar para comprar uma casa e se estabelecer".

A safra concebida em confinamento, entre audições de Bach, Frank Sinatra e Bob Dylan, incluía "Sunny Afternoon". A irônica letra, que se adiantava aos Beatles novamente ao tratar dos impostos abusivos cobrados pelo governo britânico (ver texto sobre o álbum *Revolver*, dos Beatles, no volume 1 deste projeto), molda-se numa melodia inesquecível. Os backing vocals, com participação de Rasa, transportam-nos para a "preguiça na tarde ensolarada" mencionada nos versos. Lançada como single em 3 de junho de 1966, destronou "Paperback Writer", de Lennon e McCartney, e garantiu o terceiro número 1 da carreira dos Kinks.

"Novo-riquismo" e sexualidade fluida

Por causa da negociação de um novo contrato com a gravadora, o lançamento de *Face to Face* passou de agosto para 28 de outubro. Com capa do próprio Ray Davies, que mostra a ilustração de uma revoada de borboletas saindo da cabeça de um homem, o LP abre com o toque de um telefone e "Party Line", espécie de country-rock acelerado cantado e composto principalmente por Dave. "Ela é mesmo uma 'ela', afinal?", pergunta o kink mais sexualmente liberado em meio a guitarrinhas grudentas.

Funciona como aperitivo para o primeiro grande momento do disco, "Rosy Won't You Please Come Home", comovente lamento de Ray sobre a partida de uma das irmãs rumo à Austrália. A canção é pura perfeição kinkiana: melodia linda na primeira parte, entrecortada pelo cravo de Hopkins, e refrão de incrível *riff* que, em marca registrada do grupo, é duplicado pelas vozes de Ray. Com protagonista inspirado no personagem de Michael Caine no então recém-lançado filme *Alfie*, "Dandy", a faixa seguinte, oferece uma espécie de resposta inglesa ao country estadunidense.

A conjunção entre lirismo certeiro e melodia memorável acontece novamente em "Too Much on My Mind", o melhor resumo do clímax de stress atravessado por Ray Davies pouco antes da feitura de *Face to Face*. "Há muita coisa em minha mente / E não consigo dormir pensando nisso". O cravo de Nick permeia toda a sua duração e serve de enlace para a próxima, composta… em sua homenagem. Sim, Ray Davies teve a moral de escrever sobre os *session men*, ou os músicos de estúdio, como Hopkins. "Ele não é pago pra pensar, só tocar", canta.

A depressão volta a assombrar na atmosférica “Rainy Day in June”, de letra alegórica sobre seu estado de espírito caído. Para encerrar o lado A, uma reviravolta no astral se dá com “A House in the Country”, sobre a falsa ideia de que, se alguém tem uma casa de campo e um carrão, não precisa de mais nada. O ritmo prossegue acelerado no lado A, quando irrompe “Holiday in Waikiki”, destacada pela voz moleca de Ray colada à linha de guitarra pseudo-havaiana construída por Dave. Em seguida, surge “Most Exclusive Residence for Sale”, epopeia iê-iê-iê de um ricaço obrigado a vender sua mansão. Eclética, a tracklist desvia à psicodelia de orientação indiana com a hipnótica “Fancy”, da introspectiva frase “ninguém pode me penetrar”. A percussão, a repetição monocórdica e os vocais “uuuu” são o puro suco do pop inglês avançado de 1966.

Já em “Little Miss Queen of Darkness”, chama atenção o contraste entre a parte instrumental, um ensolarado *feel good song*, e o texto a respeito de uma moça triste. O baixo é creditado a John Dalton, que assumiu temporariamente a vaga de Pete Quaife, contundido num acidente automobilístico. Os nostálgicos do Kinks blues-garageiro do começo certamente têm “You're Looking Fine”, a outra cantada por Dave em *Face to Face*, entre suas favoritas. Aliás, depois de “Sunny Afternoon”, o disco finaliza com “I'll Remember”, sobra de sessão de outubro de 1965 para *The Kink Kontroversy*, ao qual parece pertencer mais. Nada, porém, que comprometa a coerência de um dos grandes álbuns dos anos 1960.

THE DOORS
The Doors

(1967)

É chocante a quantidade de música boa produzida em 1967. No volume 1 deste projeto, por exemplo, ele foi o ano campeão entre os sessenta álbuns incluídos (cinco), ainda que esse predomínio nem de longe tenha dado conta de abarcar tudo o que ocorreu de interessante naqueles 365 dias. O bom de escrever um volume 2 é que tenho um belo pretexto para fazer justiça e selecionar uma maravilha como o primeiro e homônimo disco dos Doors, lançado no quarto dia daquele ciclo bendito. Com *The Doors*, o grupo de Los Angeles apresentou ao mundo seu originalíssimo coquetel de ingredientes poéticos, teatrais, caóticos e experimentais que contribuíram fortemente para a riqueza da crucial década de 1960.

Desde então, Doors foi um som tão escutado por diferentes gerações que é fácil nos esquecermos do quão inovadora a banda foi, em várias frentes. A começar pela mais vistosa, o seu vocalista. Jim Morrison trouxe ao primeiro plano a poesia, mas com uma abordagem mais direta, boêmia e "maldita", em contraponto ao enfoque oblíquo e abstrato, às vezes inatingível, de Bob Dylan. Também instituiu no rock a entidade do "vozeirão", algo que então era raro entre seus contemporâneos – sendo seu "xará" Van Morrison, do Them, e Eric Burdon, dos Animals, as exceções –, e uma bem-servida dose de imprevisibilidade cênica, que tirava o sono das autoridades e influenciou figuras como Iggy Pop. "Jim Morrison foi a primeira estrela pop que se desnudou física e psiquicamente diante do público, e se excedeu", analisa o escritor Dylan Jones no livro *The Doors, Jim Morrison: Dark Star* (1990).

O grupo também inovou bastante em sua porção instrumental. Como muitos bateristas de sua safra, John Densmore ostentava muita influência do jazz; sua zona de conforto residia nos *grooves* texturizados, que ele executava com pinceladas de improvisação. Seus ritmos, conduzidos principalmente em pratadas abertas, eram a estrutura perfeita para Ray Manzarek preparar a sua cama de órgão e piano elétrico. Mais do que em qualquer outra banda do período, os acordes de Manzarek, coração melódico do Doors, governavam os arranjos, facilitando o brilho da guitarra de espírito livre de Robby Krieger. Canalizando tanto o blues raiz quanto o spiritual jazz de John Coltrane e as escalas orientais, Krieger soava ainda mais original por executar suas partes com os dedos, sem palheta. O trio criou uma sonoridade compacta e identificável, apta a deixar os espaços certos para a inserção da voz de Jim. Tinham esses papéis tão claramente definidos que, ao vivo, foram os primeiros roqueiros a prescindir do baixo elétrico, ousadia que se apreciava apenas em combos de soul-jazz. *The Doors* é a vitrine de todas essas particularidades.

O pseudoindígena e os meditadores

Pode ter sido o primeiro caso de charlatanismo mediúnico na música pop, com agravante de apropriação cultural. Mas, segundo Jim Morrison, tudo aquilo que ele tinha de especial lhe foi entregue espiritualmente aos 4 anos de idade quando, em companhia da família, presenciou um terrível acidente automobilístico que matou vários nativos norte-americanos. Ele contava que tinha absorvido para sempre a alma e, sobretudo, o misticismo xamânico de um daqueles indígenas mortos. Nascido em 8 de dezembro de 1943 em Melbourne, Flórida, James Douglas Morrison descendia de uma linhagem de militares brancos. Por causa do pai, oficial da Marinha, moraram em cidades como San Francisco e Washington. Na adolescência, começou a escrever poemas, inspirado por William Blake, Arthur Rimbaud e pela geração beat. No primeiro semestre de 1964, aos 20 anos, mudou-se para Los Angeles para estudar cinema na UCLA, embora se enxergasse mais como um futuro escritor, dramaturgo ou sociólogo. Música ainda não fazia parte da equação. Já LSD sim, fazia, e ele acabou largando a faculdade depois de seu primeiro filme, um lance bem doidão, não ter sido bem recebido pelos professores. Mudou-se para a ensolarada Venice Beach.

Morrison pirava na dualidade Apolo/Dionísio e traçava paralelos entre o rock'n'roll e o teatro grego. Era um poeta afobado e inconveniente, que irrompia nos recitais alheios sem ser convidado. Antes de cantar sequer sua primeira nota, compôs mentalmente suas primeiras canções, imaginando-as numa performance ao vivo. Em outras palavras, o Doors começou assim, em sua cabeça, e só se materializou quando ele se juntou a outro fracassado aspirante a cineasta, Raymond Daniel Manzarek Jr. Nascido em Chicago, Illinois, em 12 de fevereiro de 1939, Ray era um virtuoso da música erudita que tocava com os irmãos Rick e Jim no conjunto Rick and the Ravens. Um dia, em pleno verão californiano de 1965, encontraram-se casualmente e Jim lhe mostrou a letra de "Moonlight Drive". Foi o suficiente para que o tecladista chamasse, em seguida, seu companheiro de aulas de meditação John Densmore (Los Angeles, 1 de dezembro de 1944), baterista que conhecia percussão sinfônica e adorava jazz.

Acompanhados dos outros irmãos Manzarek e da baixista Patty Sullivan, gravaram juntos um repertório que incluía músicas de futuros lançamentos do Doors, como "Hello, I Love You" e "Summer's Almost Gone". O novo nome ("As Portas"), aliás, veio do livro *As portas da percepção* (1954), de Aldous Huxley, bíblia dos apreciadores de substâncias alucinógenas. A formação, porém, fecharia em quarteto com apenas Jim, John, Ray e outro de seus amigos meditativos, Robert "Robbie" Alan Krieger (Los Angeles, 8 de janeiro de 1946), estudante de violão flamenco e clássico que tinha tocado com Densmore no grupo Psychedelic Rangers. Até procuraram um baixista, mas acabaram apostando na ousada opção de Manzarek por tocar as linhas graves com a mão esquerda num teclado Fender Rhodes.

Portas da percepção de um som

Considerando o esoterismo de seus integrantes, dá até para palpitar que a fluidez e a organicidade do som do Doors surgiram do nada e se sedimentou instantaneamente. Mas a verdade é que, a partir do começo de 1966, os quatro ralaram quase todas as noites no clube London Fog. Ali, chapavam e improvisavam, com Jim tentando fundir seu molho poético e dramático à pasta blues-jazzística dos companheiros. Noutra residência, no histórico Whiskey a Go Go, conheceram grupos de folk-rock como Byrds e Buffalo Springfield, e foram vistos por Jac Holzman, o célebre executivo da Elektra. Pela segunda vez, uma gravadora lhes oferecia um contrato discográfico, e agora para valer, prevendo três LPs. Antes, a Columbia os tinha enrolado e desfeito o acordo.

Os quatro estiveram também em Nova York, trocando figurinhas com Velvet Underground e Andy Warhol, que chegou a sondar Jim para um filme. Do universo warholiano, Jim Morrison se atrairia também pelas vestimentas de couro, que viu nos *happenings* sadomasoquistas de Gerard Malanga e, mais tarde, pelos encantos da atriz e cantora alemã Nico. Símbolo sexual do mundinho alternativo, o astro encarnava ocasionalmente a persona do Rei Lagarto, de presença anarco-messiânica ora autêntica, ora forçada. "Me sinto atraído por tudo o que produza desordem e caos, especialmente as atividades que parecem não ter sentido", diria ele. Sob os holofotes, Morrison praticava aqueles que seriam considerados os avós dos *stage divings* modernos e se deixava agarrar por mulheres extáticas, que invadiam os palcos com fúria e determinação. Bebia e, segundo testemunhas menos deslumbradas, também cheirava extremamente mal, porque se recusava a trocar de roupa e topava dormir na rua.

Um baixista fantasma

Em 29 agosto de 1966 entraram no estúdio Sunset Sound, o mesmo onde acabara de ser feita a obra-prima *Pet Sounds* (1966), dos Beach Boys (ver texto sobre esse álbum no volume 1 deste projeto), para realizarem onze sessões espalhadas por quase um mês. Como todos os outros seis trabalhos de estúdio do Doors, exceto *L.A. Woman* (1971), o primeiro foi produzido pelo estadunidense Paul A. Rothchild (Love, Tim Buckley). Ele soube aproveitar o entrosamento evidente dos músicos para captá-los, em quatro canais, tocando juntos.

Em seis das onze faixas de *The Doors*, o grupo contou com o reforço do não creditado baixista elétrico Larry Knechtel, ligado ao inigualável Wrecking Crew de Phil Spector. Em post do Facebook de abril de 2015, John Densmore explicaria a ausência do nome de Knechtel no encarte de forma esfarrapada, alegando que ele não tocou simultaneamente aos demais e se limitou a reproduzir as mesmas notas da mão direita de Ray Manzarek.

Blues, bossa e cabaré

Só mesmo um ano como 1967 para nos brindar, já no dia 1º de janeiro, com o lançamento de um single do nível de "Break on Through (To the Other Side)", a primeira música do Doors que o mundo conheceu... e não exatamente amou. Nem o refrão agressivo de Jim, nem o solinho pseudolatino de Ray, nem a deliciosa levada de cool jazz bossa-novista de John foram suficientes para atrair a atenção do público, que praticamente a ignorou. Quem sabe se Rothchild não tivesse cortado a palavra "*high*" (chapada) do refrão o povo prestaria mais atenção. Mas claro, a manutenção da gíria teria impedido sua execução nas rádios.

Mesmo assim, três dias depois *The Doors* chegava às lojas, surpreendendo quem já tinha visto a banda em suas longas *jams* ao vivo. Afinal, a bolacha, que começa justamente com "Break on Through", trazia um total de seis faixas no lado A, e apenas uma delas superava os 4 minutos de duração. A segunda música, "Soul Kitchen", por exemplo, tem até uma pegada de soul cru e objetivo remetente à sonoridade da gravadora Stax. Ainda que a letra traga um misterioso trecho sobre "falar num alfabeto secreto", ela foi escrita como uma singela homenagem ao restaurante preferido de Jim Morrison.

Já "The Crystal Ship", embora ainda mais curta que a canção anterior, suga o ouvinte para a atmosfera macambúzia associada ao Doors. "Antes de você deslizar rumo à inconsciência / Queria receber um outro beijo", canta Jim, sobre uma bonita melodia. A quarta faixa é "Twentieth Century Fox", rock inofensivo sobre estrelas de Hollywood, e a quinta uma escolha totalmente fora da curva no âmbito pop: "Alabama Song (Whisky Bar)", criação do compositor alemão Kurt Weill para a peça *Little Mahagonny*, de seu conterrâneo dramaturgo Bertolt Brecht, de 1927. A voz de Morrison brilha nesse impressionante arranjo, que transita entre um delírio circense e a decadência de um cabaré. Atenção para o marxophone, mistura de caixinha de música com harpa, tocado por Manzarek.

Incendiando as paradas

Mas a grande sensação do lado A é precisamente a sua última e mais longa canção, "Light My Fire", composta por Robby Krieger (ainda que atribuída aos quatro, como em todas as faixas). Inspirada em "Play with Fire" (1965) dos Rolling Stones, a música teve sua duração de 7 minutos e 10 segundos reduzida a quase um terço para ser editada em single, em 24 de abril de 1967. Ficou três semanas no 1º lugar da parada dos Estados Unidos, onde vendeu mais de um milhão de cópias.

Revolução na carreira do Doors, "Light My Fire" foi relida por inúmeras estrelas (de Jackie Wilson a Stevie Wonder) e se tornou sua composição mais icônica, por vários motivos: desde a batida latinizada de Densmore ao tema principal barroco de Manzarek – umas das introduções mais reconhecíveis da arqueologia pop –, passando pela estilosa interpretação bolerística de Morrison. Os solos de teclado e guitarra da versão estendida são os primeiros épicos do gênero, dispondo de várias partes cantaroláveis. De quebra, a letra ainda insinuava erotismo e rompia tabus, incluindo a gíria *high*. "'Light My Fire' não era apenas uma exigência sexual, e sim o grito de frustração de uma geração, uma exigência de alcance universal", teoriza o escritor francês Hervé Muller no livro *Jim Morrison au-delà des Doors* (1973).

Rumo ao fim

O lado B de *The Doors* mantém o nível enérgico alto com "Back Door Man", um bluesão firme marcado pelo *riff* de órgão de Ray, sucedido pela ligeiramente surfeira "I Looked at You". Encadeando muito bem as oscilações anímicas, o repertório a seguir passa pela sonhadora "End of the Night", cujas lindas guitarras de Krieger parecem estar prestes a derreter numa baixela de efeito *tremolo*. "Viaje à meia-noite brilhante / O fim da noite, o fim da noite", vocaliza Jim, no momento mais psicodélico do álbum. Depois vem a garageira "Take It as It Comes", com solos de teclado semelhantes a um flerte de Bach com escalas orientais.

Quem ouve *The Doors* pela primeira vez tende a achar, neste ponto, que o disco se encaminhará para um final roqueiro digno, embora sem sobressaltos. Mas eis que a faixa de encerramento é "The End", uma das gravações mais avançadas e importantes da década de 1960. Antes de ser registrada em estúdio, a canção, que no disco se aproxima dos doze minutos de duração, metamorfoseava-se a cada vez que tocavam, inclusive com alterações na letra. Sua famosa parte final, em que o eu-lírico afirma claramente que vai matar o pai e dá a entender que transará com a mãe, já tinha sido o motivo da expulsão do quarteto do Whisky a Go Go.

Com apenas o balanço hipnótico da bateria, as camadas climáticas de teclado e a guitarra – cuja afinação Robbie Krieger alterou para emular um som alienígena –, cria-se um fascinante oceano de sons, ideal para que Jim Morrison navegue com seu transe lírico. E ele capricha no fluxo imagético, trazendo para seu impro-poema as crianças "que são todas loucas", convidando-nos a viajar num "ônibus azul" e a "montar a serpente" antes da catarse lascivo-sangrenta do final. As dinâmicas são impressionantes, ora se aproximando do silêncio, ora nos levando a um vórtex sonoro assustador.

Depois de Bob Dylan e antes de Leonard Cohen, "The End" era o segundo grande experimento poético no rock. Como diz Dylan Jones em seu livro, aquela música "os marginalizava como terroristas da arte". É compreensível, portanto, que a cada vez que alguém utilize "The End" numa trilha sonora, como na inesquecível abertura de *Apocalypse Now* (1979), de Francis Ford Coppola, ou na série *Feud* (2017), ela acabe por se ressignificar totalmente e levar a cena com a qual se sincroniza a outro patamar sensorial.

Fenômeno fugaz

Com o perdão do trocadilho, *The Doors* abriu as portas do sucesso para seus autores, chegando ao número 2 nos Estados Unidos. Tomando todas as substâncias psicodélicas que aparecessem na sua frente e se comportando como uma estrela do rock indomável, Jim Morrison desandava em ritmo acelerado, o que não impediu o Doors de soltar o seu segundo trabalho, *Strange Days*, já em outubro do mesmo 1967. Sempre reivindicativo de sua faceta individual puramente poética, nos dois anos seguintes ele teve seus primeiros livros editados e retomou seu namoro com o cinema.

Em meio a brigas, excessos químicos e outros escândalos, o Doors original duraria até março de 1971, quando seu *frontman* fugiu para Paris para evitar a prisão, após ser condenado por comportamento obsceno. Morreu na capital francesa em 3 de julho daquele ano, em possível overdose nunca confirmada.

THE BYRDS

The Notorious Byrd Brothers

(1968)

Fala-se muito sobre como a disputa criativa entre Beatles e Beach Boys revolucionou o rock a partir da metade da década de 1960. Mas o duelo daquela era que mais me fascina é o que foi travado pelo quarteto de Liverpool com outro grupo californiano, os Byrds, entre 1965 e 1968. Prolíficos num ritmo não alcançado nem pelos *Fab Four*, os estadunidenses lançaram seis discos seminais naqueles três anos, traçando uma evolução artística impressionante, em grande parte impulsionada justamente pela adoração que tinham pelos ingleses. Roger McGuinn, Gene Clark e David Crosby, os três fundadores dos Byrds, tocavam folk desplugado em cafés até escutarem os Beatles e decidirem provar o formato elétrico.

Uma vez roqueiros, impressionaram os ídolos a tal ponto com as harmonias vocais e a sonoridade de seu primeiro trabalho, *Mr. Tambourine Man* (de junho de 1965), que, em dezembro do mesmo ano, George Harrison praticamente os plagiaria. Na canção "If I Needed Someone", ele copiou a introdução de "The Bells of Rhymney", dos Byrds, criada na guitarra de doze cordas que virou a especialidade de McGuinn – que, por sua vez, só comprou o instrumento após ver George empunhando um igual no filme *Os reis do iê-iê-iê* (1964).

Seis meses depois, os Byrds inauguravam a psicodelia e inseriam escalas orientais no rock com o incrível *Fifth Dimension*, trilha imediatamente seguida e aprimorada pelos Beatles em *Revolver*, do mesmo ano e *Sgt. Pepper's Lonely Hearts Club Band*, do seguinte. Ambos os LPs foram referências para a estética lisérgica da obra-prima do quinteto de Los Angeles: *The Notorious Byrd Brothers*, lançado em 4 de janeiro de 1968. Enfim, os dois bandos estavam sempre trocando figurinhas.

Como misteriosamente ocorre com alguns grandes clássicos, *The Notorious Byrd Brothers* é o bendito fruto da maldita energia que pulsa dos conflitos internos. Durante as suas gravações, no segundo semestre de 1967, os Byrds, cuja formação clássica em quinteto já fora amputada no ano anterior pela saída de Clark, demitiram Crosby. Antes do lançamento, o baterista Michael Clarke também zarpou. *The Notorious Byrd Brothers* é, portanto, o auge dos Byrds não só por sua qualidade absurda, mas também porque, depois dele, nada seria mais como antes.

Cinco Dylans psicodélicos

James "Jim" Joseph McGuinn III (nascido em Chicago, em 13 de julho de 1942) já tinha experiência como colaborador da cantora folk Judy Collins e compositor profissional do célebre Brill Building, de Nova York, quando, em 1963, mudou-se para Los Angeles. Fazia versões acústicas dos Beatles no lendário clube Troubadour quando conheceu Howard Eugene "Gene" Clark (Tipton, Missouri, 17 de novembro de 1941), ex-membro do New Christy Minstrels, um dos maiores conjuntos de folk dos Estados Unidos. Conectaram imediatamente e, pouco tempo depois, trombaram no palco do mesmo Troubadour com David Van Cortlandt Crosby (Los Angeles, 14 de agosto de 1941), um cantor de afinação perfeita que McGuinn conhecia de sua etapa nova-iorquina. Ali mesmo já formaram um trio, o Jet Set, apadrinhado pelo produtor Jim Dickson.

As primeiras demos foram gravadas em 1964 ainda com a ajuda de músicos de estúdio, mas logo completariam a formação com Michael James Dick, vulgo Michael Clarke (Spokane, Washington, 3 de junho de 1946) e Christopher Hillman (Los Angeles, 4 de dezembro de 1944). Clarke nem tinha bateria e Hillman era um conceituado bandolinista, mas foi recrutado para assumir o posto de baixista, até então ocupado por Crosby, que passou à guitarra. Enquanto isso, McGuinn inventou um jeito de tocar a guitarra Rickenbacker de doze cordas, utilizando a técnica do *fingerpicking*, com os dedos e sem palheta, uma combinação original. Nascia uma nova sonoridade.

Foi Jim Dickson também quem lhes apresentou a ainda inédita canção "Mr. Tambourine Man", de seu amigo Bob Dylan, sugerindo-lhes gravar uma releitura elétrica do hino folk. Em 12 de abril de

1965, menos de um mês após o surgimento da versão de Bob (ver texto sobre o álbum de Dylan *Bringing It All Back Home* na p. 41), os rebatizados Byrds lançavam o seu primeiro single, que em junho chegaria ao número 1 nos Estados Unidos e no Reino Unido. Sem perceber, os Byrds, graças à guitarra de McGuinn e os arranjos vocais que ele compartilhava com Clark e Crosby – versão mais adulta e etérea das harmonias dos Beach Boys –, desempenhavam um papel quase tão importante quanto o do próprio Dylan na fusão de folk com rock'n'roll. E a relação entre as duas partes ficou ainda mais próxima quando o também chamado *Mr. Tambourine Man*, trabalho de estreia do quinteto, chegou às lojas em junho, trazendo um total de quatro covers dele, além de composições originais, principalmente assinadas por Gene Clark, mas também por Roger McGuinn. Antes do final de 1965, emplacaram outro folk-rock no ponto mais alto da parada, "Turn! Turn! Turn!", de Pete Seeger, e publicaram disco de mesmo nome, o primeiro em que assumiam completamente as atribuições instrumentais (em parte do *début*, contaram com a ajuda de instrumentistas contratados). Os dois primeiros LPs tiveram produção do estadunidense Terry Melcher.

A curtíssima história da formação clássica dos Byrds terminou em fevereiro de 1966 quando Clark, o mais prolífico compositor da banda, cansou das brigas e partiu para carreira solo. Sem se abalarem, os remanescentes soltaram, em 18 de julho do mesmo ano, o fantástico *Fifth Dimension*. O terceiro LP foi um marco na discografia do então quarteto, tanto por trazer as primeiras composições de David Crosby e Chris Hillman, como por sua sonoridade francamente psicodélica. Adeptos de drogas lisérgicas e sons viajantes do tipo John Coltrane e Ravi Shankar, os Byrds impressionaram seus colegas de geração com faixas narcóticas como "Eight Miles High". Também plantavam, com a música "Mr. Spaceman", as sementes do country-rock, subgênero do qual seriam considerados os precursores no álbum *Sweetheart of the Rodeo* (1968).

Menos ácido, mas cheio de canções potentes, *Younger Than Yesterday* saiu em fevereiro de 1967 trazendo três novidades: Jim McGuinn rebatizado como Roger McGuinn, seguindo recomendações esotéricas de uma seita religiosa à qual pertencia; o crescimento de Hillman, que teve cinco composições suas gravadas; e a aparição do produtor Gary

Usher, então conhecido por sua atividade ao lado de Beach Boys e Surfaris. Mas eram tempos intensos. Desde o início do grupo esbravejando por não gravar um número suficiente de composições próprias, Crosby levava a paciência dos companheiros ao limite. Sua presença no grupo estava com os dias contados.

Tchau, Crosby

As gravações de *The Notorious Byrd Brothers* ocorreram entre 31 de julho e 6 de dezembro de 1967 no estúdio da Columbia em Hollywood. Mas os Byrds deixaram de ser um quarteto antes mesmo de que se completasse um mês das sessões. No final de agosto, quando três das músicas coescritas por David Crosby já tinham sido registradas em fita – as psicodélicas "Draft Morning" e "Dolphin's Smile" e a jazzística "Tribal Gathering" – ele rejeitou a sugestão de Gary Usher para gravarem "Goin' Back", de autoria do casal de compositores Carole King e Gerry Goffin. Em outubro, foi oficialmente mandado embora da banda, que lançou o single de "Goin' Back". Crosby, que acabou substituído por um… er… cavalo na foto de Guy Webster para a capa, recebeu uma boa grana, comprou um iate e navegou até a Flórida.

Com mais uma lacuna importante a preencher, Usher convocou músicos de aluguel de alto nível, como o vocalista Curt Boettcher e o guitarrista Clarence White, que um ano mais tarde ganharia vaga oficial no *line-up*. Contratou também Hal Blaine e Jim Gordon, gigantes da bateria que integravam o folclórico Wrecking Crew de Phil Spector. Dessa forma, resolvia a insatisfação geral que pairava em torno do estilo pouco técnico e inventivo de Michael Clarke. O baterista tocou em cinco das doze faixas do álbum mas, em dezembro, pouco antes do lançamento, era mais um que anunciaria sua partida. Há relatos não confirmados de que Gene Clark também deu as caras no estúdio, para uma suposta contribuição de vocais em "Goin' Back".

Usher e os engenheiros de som Roy Halee e Don Thompson empregaram truques de estúdio inovadores, como passar vozes por amplificador de órgão e o *phasing*, e emendaram uma canção na outra, criando uma espécie de narrativa. "O disco frequentemente soa mais como uma trilha de filme do que um álbum pop", opina o escritor Ric Menck em seu livro *The Byrds' The Notorious Byrd Brothers* (2007).

Da lisergia ao country

Ainda que não tenha alcançado grande êxito comercial (11º lugar no Reino Unido, 47º nos EUA), *The Notorious Byrd Brothers* é o melhor dos doze álbuns lançados pelos Byrds porque reúne abundantes amostras de todas as qualidades inovadoras do quinteto-quarteto-trio. É o testamento completo de seu talento.

Sua faceta eclética brota logo na abertura, "Artificial Energy", um ataque de inspiração soul *à la* Stax com direito a naipe de cinco metais, e que fala explicitamente sobre anfetamina. Porém, como se de uma ressaca dessa droga se tratasse, o *mood* esfria drasticamente na segunda faixa, "Goin' Back". Marcada por uma nostalgia precoce pela juventude, a canção ganha um toque extra de melancolia na releitura dos Byrds, enquanto se notam as camadas melódicas acrescentadas por instrumentos como a celesta (parente pouco conhecida do piano) e a harpa. Destaque para uma das primeiras aparições no rock do *pedal steel*, a guitarra tocada horizontalmente pelos músicos country, cortesia de Red Rhodes, um dos convidados de luxo do disco.

The Notorious Byrd Brothers, aliás, apresenta algumas prévias da fusão com esse gênero musical. "Wasn't Born to Follow" (outra de King e Goffin), "Old John Robertson" (com Hillman na guitarra e Crosby no baixo) e "Change Is Now" são claramente country-rock, ainda que embebidas em lisergia. A parte instrumental do meio desta última, com o baixão firme e melódico de Hillman, contém um solo chapadíssimo de McGuinn. É ele também o maestro em "Get to You", espécie de country cósmico com belo refrão, cordas e um *groove* em cinco por quatro que só mesmo uma fera como Hal Blaine para resolver.

Bad trip tecnológica

E, por falar em chapação, foi provavelmente sob efeito alucinógeno que Chris Hillman compôs "Natural Harmony", uma odisseia de inspiração indiana e bateria que antecipa o drum and bass em 25 anos (cortesia de Jim Gordon ou Hal Blaine). E com certeza não foi em estado de sobriedade que Crosby, ajudado por Hillman e McGuinn, criou "Draft Morning", um dos momentos gloriosos de *The Notorious Byrd Brothers*, sobre a Guerra do Vietnã. Com versos como "aprendo a matar com calma", as estrofes são intercaladas a uma barulheira que tenta emular os sons de um combate real, executada pela trupe multimídia Firesign Theater.

Para Crosby, o aspecto *bad trip* da canção transcendeu a própria letra. Afinal, se o arranjo instrumental foi gravado com ele ainda na banda, a sessão de vozes só ocorreu depois de sua saída. O autor ficou possesso pela inclusão da faixa do disco, cantada apenas por McGuinn e Hillman, que ainda por cima não lembravam da letra toda e a modificaram.

Na massa sonora de "Draft Morning" era impossível ignorar o ronco de um artefato então visto como maquinaria de ficção científica: o sintetizador Moog. Apresentado a McGuinn pelo próprio criador Robert Moog, o instrumento comparece nos momentos mais francamente psicodélicos do LP, como o tema de encerramento, apropriadamente intitulado "Space Odyssey". A própria Moog Foundation lista *The Notorious Byrd Brothers* entre os dez primeiros discos da história a contarem com o brinquedo. A empreitada quase ficou temática, já que, entre as sobras do repertório, está "Moog Raga", uma instrumental desbaratinada na qual o aparato era tocado como se fosse uma cítara. Um excesso perdoável, típico de uma década musical guiada pelos riscos.

SLY & THE FAMILY STONE

Stand!

(1969)

Pouquíssimos álbuns representam tão bem o final dos anos 1960 quanto *Stand!*, o quarto de Sly & the Family Stone. O LP lançado em maio de 1969 aplicou no ecossistema pop uma das últimas injeções de otimismo prescritas pela era hippie, apresentando letras sobre tolerância e autoconfiança. Tal proposta se alinha ao próprio pioneirismo social do grupo, o primeiro do mainstream anglo-estadunidense formado por músicos negros e brancos e musicistas mulheres que não apenas cantavam. Ao mesmo tempo, algumas de suas canções já anteveem sutilmente a ressaca que a agonizante doutrina paz e amor causaria em toda uma geração, abordando assuntos como paranoia e excesso no consumo de drogas.

Musicalmente, o disco é o ápice da sonoridade caleidoscópica elaborada pelo líder do septeto, Sly Stone. Rodado produtor, ao criar a banda ele juntou expertise em estúdio e genialidade criativa. Fundindo magistralmente funk, gospel, rock, jazz e psicodelia, Stone consagrou-se como um inovador irrepetível. *Stand!* foi determinante para que a banda pavimentasse o caminho mais aventureiro da linhagem sonora afro-americana, percorrido depois por artistas brilhantes de diferentes épocas: de Stevie Wonder a Brittany Howard, passando por Prince e Erykah Badu. "Sly foi o primeiro grande inovador do R&B elevado ao estrelato numa grande gravadora", resumiu o escritor afro-americano Nelson George no livro *The Death of Rhythm & Blues* (1988).

Amostra contundente de um período mágico para a música, *Stand!* se localiza na seletiva intersecção entre clamor popular e reconhecimento unânime da crítica. Teve um single no número 1 da parada dos Estados Unidos ("Everyday People") e habita incontáveis listas dos álbuns canônicos, como a dos 100 melhores da década de 1960, do Pitchfork (25º lugar) e a dos 500 maiores de todos os tempos, da *Rolling Stone* (119º).

Psicodelia na FM

Quando ainda mal falava, Sylvester "Sly" Stewart já não tirava os olhos dos instrumentos tocados amadoristicamente pelos pais. A família tinha migrado de Denton, Texas, onde o primogênito de cinco irmãos nasceu em 15 de março de 1943, para Vallejo, cidade etnicamente diversa a cerca de cinquenta quilômetros de San Francisco. A prole afinava bem, o que resultou no quarteto infantil The Stewart Four, dedicado ao repertório gospel. Em 1956, tiveram um compacto bancado pela Igreja de Deus em Cristo.

O rebento mais velho aprendeu sozinho guitarra, teclados e baixo. Adorava rhythm and blues, jazz e rock'n'roll. Em 1961, gravou singles com o sexteto Viscaynes que, integrado por um afro-americano, um filipino e duas mulheres, parecia um protótipo conceitual da pluralidade de seu futuro grupo. Dois anos depois, conseguiu emprego na KSOL FM, rádio de San Francisco voltada ao público hispânico, assumindo um dos postos de DJ já sob a alcunha Sly Stone. "'Sly' era estratégico, hábil; 'Stone' era sólido", explicou o radialista-músico em sua autobiografia *Thank You (Falettinme Be Mice Elf Agin)*, de 2023.

Maconheiro, Stone experimentava com outras vozes e criava bordões no ar, forjando aos poucos um estilo interpretativo multifacetado e imprevisível. A vivência radiofônica o auxiliou na expansão de suas referências. Ele inseria Beatles e Bob Dylan numa programação dominada por artistas negros. Paralelamente, foi contratado pela gravadora Autumn como compositor e arranjador, enquanto tomava aulas de teoria. Intensificou seus laços com a cena roqueira psicodélica ao produzir bandas brancas como The Great Society, de Grace Slick (posteriormente do Jefferson Airplane) e The Beau Brummels. Com tanto currículo, faltava-lhe apenas uma coisa: liderar sua própria banda.

Uma família peculiar

O primeiro ensaio de Sly & the Family Stone ocorreu em dezembro de 1966. Além de Sly, que deixou a guitarra de lado e assumiu os teclados, participaram seu irmão guitarrista Freddie Stone (Vallejo, 5 de junho de 1946), o terceiro dos quatro filhos Stewart; o baterista Greg Errico (San Francisco, 1 de setembro de 1948), um adolescente branquelo recomendado por Freddie; a trompetista Cynthia Robinson (Sacramento, Califórnia, 12 de janeiro de 1944) e outro músico caucasiano, o saxofonista Jerry Martini (Boulder, Colorado, 1 de outubro de 1943), amigos de Stone; e o baixista Larry Graham (Beaumont, Texas, 14 de agosto de 1946), figura seminal de seu instrumento, inventor da técnica do *slap*, segundo a qual as cordas do baixo são golpeadas pelo polegar. O trio Sly/Freddie/Larry se encarregava dos vocais principais, enquanto Cynthia entoava seus famosos gritos de guerra, mais tarde um prato cheio para hordas de sampleadores.

Assinaram com o Epic, um dos principais selos da gravadora Columbia que, em outubro de 1967, lançou *A Whole New Thing*, disco farto em coros caprichados e ideias rítmicas ousadas. Subiram degraus no seguinte, o enérgico *Dance to the Music*, de abril de 1968, cujo single homônimo entrou no top 10 estadunidense. Ali já atuavam reforçados pela cantora e pianista Rose Stewart (Dallas, Texas, 21 de março de 1945), a irmã seguinte a Sly, que só não entrara antes porque havia acabado de ser mãe.

1960

Fechava-se, assim, o peculiar *line-up* em septeto, variado em gêneros e tons de pele. Apenas cinco meses depois, soltaram o terceiro, *Life*, com influência de soul lisérgico e rock de garagem, mas desprovido de hits.

Do turbulento ano de 1968, Sly absorveu alguns de seus acontecimentos mais determinantes, que confluíram em sua próxima safra autoral: os assassinatos dos líderes progressistas Martin Luther King Jr. e Bobby Kennedy; a manifestação de orgulho negro dos atletas Tommie Smith e John Carlos no pódio olímpico; os protestos contra a Guerra do Vietnã; a ação dos Panteras Negras. Até com Charles Manson ele esteve em estúdio algumas vezes, durante a fase em que o psicopata assassino tentou a carreira de compositor. Nas mãos de um criador sem barreiras como Stone, tanta informação só poderia resultar em bons sons. "Ser um artista [naquele período] significava mais do que viajar entre eventos; significava desafiá-los", afirma o astro em seu livro.

Standards de uma época

"No *Stand!*, nós vimos o que o James Brown estava fazendo com o funk, mas nós o levamos a outro nível com nossas mensagens e o nosso som" explicou Greg Errico à revista inglesa *Uncut* em dezembro de 2023. Gravado principalmente no disputado estúdio Sunset Sound, em Los Angeles, e no Pacific High, em San Francisco, o quarto trabalho de Sly & the Family Stone chegou às lojas em 3 de maio de 1969. Na capa, um mosaico geométrico do designer estadunidense Richard Mantel reunia imagens dos sete componentes, em fotografias de Fred Lombardi. No encarte, eles reaparecem em suas versões bebê.

A bolacha vinha gerando enorme expectativa, devido ao baque causado pelos singles que a antecederam. O primeiro, "Everyday People", de novembro de 1968, havia ocupado o topo da parada estadunidense por quatro semanas. Gozava de um refrão irresistível sobre uma cadência esperançosa, perfeita para sua letra empática e inclusiva: "Não importa o grupo ao qual eu pertença / Sou uma pessoa comum". "Pensei nela como um *standard*, tipo 'Jingle Bells' ou 'Moon River'", conta Sly em *Thank You*. O objetivo se cumpriu: realocada como faixa de abertura do lado B do álbum, "Everyday People" seria regravada posteriormente por nomes como Staple Singers e Aretha Franklin.

Lado B do hit single e última música da primeira face do LP, a fabulosa "Sing a Simple Song" também virou um clássico, graças ao sampleadíssimo *riff* entrelaçado por guitarra, baixo e os sopros. Nela, Larry e Greg, que gravou algumas de suas partes na etapa dos *overdubs*, consolidam-se como uma das "cozinhas" definitivas do funk. Estamos diante de uma aula de suingue e dinâmicas, construída num *crescendo* de arrepiar, onomatopeias deliciosas ("*yeah-yeah*", "*na-na-na*") e as intimidantes palavras de ordem de Cynthia. Sem contar alguns trechos certeiros da letra, a exemplo de "O tempo passa / Eu envelheço / As coisas acontecem rapidamente / Tudo do que preciso, finalmente, é uma canção simples".

Levante-se

Em março veio o segundo single, "Stand!", logo promovido a faixa de abertura e título do disco. Sua melodia agradável não esconde um firme chamamento, sem direito a introdução, à marcação de posições e ao orgulho individual. "Levante-se / Você está sentado há muito tempo", alerta Sly, sobre tempos convulsos em meio a pilhas de cantoria gospel e muito *groove*. O arrebatador funk da porção final entrou no arranjo na última hora.

Ao virar o compacto, o ouvinte se deparava com "I Want to Take You Higher", a terceira na ordem do LP, outra peça essencial na trajetória da banda, além de ser o momento roqueiro definitivo de seu cancioneiro. Organizada como uma marcha mântrica, ela conta com os diferentes vocalistas se revezando brilhantemente e caminha rumo a um êxtase ecumênico de órgão, gaita, palmas e metais. Apresentada pela banda numa madrugada do festival de Woodstock, em agosto de 1969, "I Want to Take You Higher" ocasionou uma catarse hippie que amplificou seu já entorpecente refrão ("Vou te deixar mais louco").

As quatro composições presentes nos dois singles que precederam *Stand!* bastariam para sua condecoração no altar das obras-primas. Mas, tirando "Sex Machine", um blues-rock instrumental que poderia facilmente durar um quarto de seus quatorze minutos, o seu repertório ainda abrange outras três canções imperdíveis. "Don't Call Me Nigger, Whitey", a segunda na tracklist, revoluciona pela elegância antirracista, pelo uso precursor da palavra "*nigger*", a mais impronunciável ofensa racial a pessoas negras, e pelo arranjo sideral. Impossível ignorar as vozes malucas e o delirante solo de teclado com *talk box*. "Somebody's Watching You", quarta do lado A, destoa um pouco do resto, mas ganha pontos por sua melodia suave e por tratar de um assunto até então pouco abordado na música: a sensação de se estar sendo observado. *Stand!* conclui com outro balanço ultradançante de mote encorajador, "You Can Make It If You Try", definida por seu autor como "uma receita para ascender".

Passando do ponto

Ascensão, aliás, é um bom termo para resumir o itinerário de Sly & the Family Stone no resto de 1969. Em julho roubaram a cena no histórico Festival Cultural do Harlem. A performance em Woodstock os catapultou ao primeiríssimo time e o grupo se transferiu para Los Angeles. Só que logo começou a queda: Stone embarcou na cocaína e na cetamina, cercou-se de más companhias, inventou de colecionar armas de fogo e passou a faltar compulsivamente em shows.

Progressivamente isolado, ele gravou sozinho boa parte do cultuadíssimo álbum seguinte, o audacioso *There's a Riot Goin' On*, que saiu só no final de 1971 e marcou a saída de Greg Errico. A banda ainda lançaria um outro disco bom, *Fresh* (1973), antes de entrar num declínio que culminaria com o derradeiro *Ain't But the One Way* (1982). Sly passou as décadas seguintes recluso, raramente se livrando das drogas por períodos longos e ressurgindo em ocasiões pontuais, como num show do Grammy de 2006. Morreu aos 82 anos em junho de 2025, durante a edição deste livro. Sua obra, porém, não será esquecida tão cedo.

THE STOOGES
The Stooges

(1969)

1960

De todas as bandas seminais para o surgimento do punk rock, a mais involuntariamente "pronta", considerando som e atitude, era The Stooges. Musicalmente, a trupe capitaneada por um então autodenominado Iggy Stooge, posteriormente Iggy Pop, foi a primeira a radicalizar no formato das canções, simplificando-as a dois ou três acordes e as tocando com uma fúria selvagem e sujeira psicodélica ainda maior do que os grupos de garagem que a haviam precedido. Conceitualmente, semeou o terreno para a rebeldia urbana, o niilismo, a androginia, a balbúrdia caótica e a aura de violência ameaçadora que muitos artistas incorporariam a partir da metade da década de 1970.

Ao condensar todas essas características em sua estreia homônima em 1969, o quarteto de Ann Arbor, no estado norte-americano de Michigan, inconscientemente ajudou a sepultar a ingenuidade e a hipocrisia hippie e se mostrou anos à frente de seu tempo. Como *The Velvet Underground & Nico* e outras obras posteriormente catalogadas como "protopunk", *The Stooges* foi praticamente ignorada por público e crítica à época de seu lançamento, restringindo-se a objeto de culto. O reconhecimento viria mais tarde, a partir dos sucessivos resgates da carreira de Iggy Pop promovidos por David Bowie e a reverência da geração punk.

Blues no trailer

Até no âmbito familiar James Newell Osterberg Jr. era aventureiro. Nascido a 21 de abril de 1947 em Muskegon, Michigan, ele morou em Ann Arbour, a três horas dali, num trailer com os pais, que eram liberais ao ponto de permitir ao filho montar sua bateria na apertada sala do veículo. Aos 18 anos se arriscou pela primeira vez no rock'n'roll garageiro com The Iguanas. Já naquele período ele se diferenciava dos demais músicos. Tanto por suas inclinações teatrais, que o levavam a posicionar seu instrumento num palco especial a vários metros de altura durante os shows, quanto pelas influências musicais pouco ortodoxas que assimilava, como os ruídos industriais de uma fábrica da Ford que visitou com a escola.

Depois de ter uma segunda banda, The Prime Movers, Jim Osterberg mergulhou no blues, chegando a passar temporada em Chicago tocando com alguns músicos afro-americanos. Na sua visão, era preciso romper com a leitura atenuada que os roqueiros ingleses brancos vinham fazendo do som negro estadunidense. Queria beber direto da fonte. "Depois de ouvir Paul Butterfield Blues Band, John Lee Hooker, Muddy Waters e até Chuck Berry, não consegui voltar a escutar o pessoal da *Invasão Britânica*, tipo Kinks", escreveu o vocalista em seu livro *I Need More*, de 1982. "[Mas] percebi que não era negro; queria fazer pela minha geração o que os caras negros tinham feito pela deles", afirma no documentário *Gimme Danger*, de Jim Jarmusch (2016), sobre os Stooges.

Sangue, suor e confusão

Seu plano começou a sair do papel quando conheceu o guitarrista Ron Asheton (Washington, 17 de julho de 1948). Ele trouxe o irmão mais novo baterista, Scott (Washington, 16 de agosto de 1949) e, com o reforço do baixista Dave Alexander (Whitmore Lake, Michigan, 3 de junho de 1947), em 1967 mudaram-se para uma comuna e fundaram os Stooges, com Jim assumindo o papel de cantor. Por causa do pai veterano da Segunda Guerra, os irmãos Asheton colecionavam indumentária nazista sem saber direito o que significava. Mais tarde chocariam plateias por usarem parte delas em público.

Embora os *riffs* sujos e repetitivos dos artistas de garagem e o blues elétrico de raiz figurassem como referências principais para os Stooges, seus integrantes também eram ecléticos e experimentalistas. Frequentavam a efervescente cena da vizinha Detroit, sede da Motown Records, morada de jazzistas de peso e onde tinham visto apresentações de músicos vanguardistas como John Cage e Luciano Berio. Adoravam chapar de maconha e mescalina e escutar o spiritual jazz de nomes como Pharoah Sanders e Sun Ra, e sons doidões como o do percussionista Harry Partch, sob a influência do qual criaram baterias feitas de barril e outras geringonças.

O humor caótico dos Stooges originais, trio cinematográfico conhecido no Brasil como Os Três Patetas, inspirou o nome da trupe e, pelo menos em sua primeira fase, também sua faceta cênica aloprada. Em alguns dos primeiros shows, promoveram guerras de tortas, e James, ou Jim, cantava com o rosto pintado de branco e "pilotando" um aspirador. Pouco a pouco, ele desenvolvia a sua inigualável presença de palco, tomando movimentos de seus ídolos James Brown, Abdul Fakir (do conjunto vocal masculino Four Tops) e Mary Weiss (do *girl group* The Shangri-Las), filtrando-os, segundo sua própria definição, com a "atitude agressiva assumida pelos símios antes de lutar". O surgimento da persona imprevisível e indomável Iggy contribuiu para que algumas das apresentações dos Stooges descambassem para a violência. A atmosfera de sangue, suor e confusão rendeu até mesmo uma surra sofrida pelo *frontman* por parte de um motoqueiro.

Tédio e fé na casualidade

A carreira dos Stooges começou a mudar quando conheceram o MC5, do guitarrista Fred "Sonic" Smith, namorado da irmã mais nova dos Ashcton. Na mira da Elektra, o MC5 recomendou os Stooges à gravadora, que assinou contrato com as duas bandas no mesmo dia, 22 de setembro de 1968.

Com adiantamento de US$ 5 mil no bolso, Iggy, Ron, Scott e Dave "só" precisavam compor as músicas, que ainda eram escassas, já que os shows se baseavam em improvisação. A primeira leva trouxe aqueles que seriam os principais hinos do grupo, "No Fun" e "I Wanna Be Your Dog"; a seguir, vieram a explosiva "1969" e a lentíssima e lúgubre "Ann". Com apenas essas quatro chegaram para gravar, em abril de 1969, no estúdio Hit Factory, de Nova York, assustando a equipe com seus amplificadores Marshall gigantescos. Aprovaram a escolha como produtor de John Cale, do Velvet Underground, que admiravam pela simplicidade e pelo emprego de modernos *drones* ruidosos. Nico, cantora alemã que havia participado do histórico disco *The Velvet Underground & Nico* (ver texto sobre esse álbum no volume 1 deste projeto) e *affair* de Iggy, esteve presente em algumas das sessões.

Já em sua primeira faixa, "1969", *The Stooges* flagra duas características fundamentais do grupo. A primeira é o discurso de tédio e ceticismo ("outro ano com nada para fazer"), claro contraponto à euforia forçada da era *flower power*. Tal prosa desiludida, que funciona mais ainda quando disposta sobre um *groove* repetitivo, também dá o mote da irresistível "No Fun". A segunda marca registrada é a influência nítida dos sons tradicionais afro-americanos. Por exemplo, "1969" furta a batida sincopada "da selva" arquitetada por Bo Diddley: o famoso "boom, boom, boom / boom, boom" executado nos tom-tons da bateria. Mais do que incorporar a crueza e autenticidade dos *bluesmen* que admirava, Iggy queria moldá-las à sua própria linguagem. "O lance é tocar o meu próprio blues simples; descrever minha experiência baseado no jeito que aqueles caras estão descrevendo as suas", explicou em *I Need More*. "Me apropriei de um monte de formas vocais e linhas melódicas deles".

Essa fagocitação enfezada do blues e da estética Diddley reaparece com força também na última música, "Little Doll", espécie de irmã ainda mais brutal de "1969". A presença dessa faixa no LP, inclusive, evidencia o forte elemento de improviso, outro componente do DNA dos Stooges. Como "Real Cool Time" – ancestral do heavy metal com seu *riff* demolidor – e "Not Right", ela foi criada às pressas no legendário Hotel Chelsea, na véspera do início das gravações, para completar o repertório, a pedido da Elektra. Não houve tempo, nem provavelmente intenção, de ensaiá-las. Acostumados a estender ao vivo suas composições em *jams* anárquicas, eles acreditavam que as quatro canções que tinham até o momento bastariam para preencher um álbum. Tal *modus operandi* de fé na causalidade, algo pra lá de punk, faz ainda mais sentido se levarmos em conta que Iggy tinha o palhaço televisivo Clarabell – sim, palhaço – como uma de suas grandes referências cênicas, precisamente "por sua imprevisibilidade". Foi também num programa de TV que escutou a dica "mande cartas, mas com no máximo 25 palavras", que diz ter assimilado para sempre ao escrever suas sucintas letras de música.

Sons para o futuro

Com sua sequência de três acordes, inequívoca em projetar uma atmosfera de perigo, seu *riff* demoníaco, vocal exalando brutalidade e letra de referência sadomasoquista, "I Wanna Be Your Dog" é a primeira canção formalmente punk. Mesmo assim, seu piano de uma nota só e a percussão que soa ao fundo lhe revestem de um suingue extra, raramente captado pela Geração Perdida. Já a velvetiana "We Will Fall", o momento mais surpreendente do incrível lado A e do disco todo, traz um sinistro relato de dez minutos sobre uma aventura narcótica, criado a partir de mantra hindu sugerido por Dave Alexander. O clima de pesadelo se acentua pelos fantasmagóricos backing vocals e a viola hipnótica tocada por Cale.

Ao mixar *The Stooges*, aliás, o cérebro mais *avant-garde* dos Velvets tentou moderar a agressividade dos registros, entregando versões balanceadas e elegantes, com a voz mais polida e menor predominância da guitarra. Numa manobra inimaginável hoje em dia, Jac Holzman, fundador da Elektra, não aprovou, por achar o resultado *pouco punk*. Ao lado de Iggy, o próprio Holzman acabou realizando uma segunda mixagem, bem no espírito stoogeano, basicamente subindo os volumes de todos os canais e torcendo para dar certo. Uma decisão fundamental, já que o resultado retratava de forma bem mais precisa a selvageria pioneira dos Stooges, captados com olhar desafiador na foto de Joel Brodsky para a capa da bolacha.

Mesmo assim, o resultado não bastou para que o *début* fizesse sucesso. Em 1970, eles se mudaram para Los Angeles, lançaram o também sensacional *Fun House* e, no ano seguinte, viciaram-se em heroína, o que acelerou o fim da primeira etapa dos Stooges. Retornariam fugazmente pela primeira vez em 1972, quando David Bowie trouxe Iggy a Londres para gravar o disco *Raw Power* (1973). Em 2003, já canonizados como precursores do punk, se reuniram novamente, tendo no baixo o rodado Mike Watt (Minutemen) no lugar de Dave Alexander, falecido em 1975. Sobreviveram à morte de Ron em 2009, mas não à de Scott, em 2014.

THE ROLLING STONES
Let It Bleed

(1969)

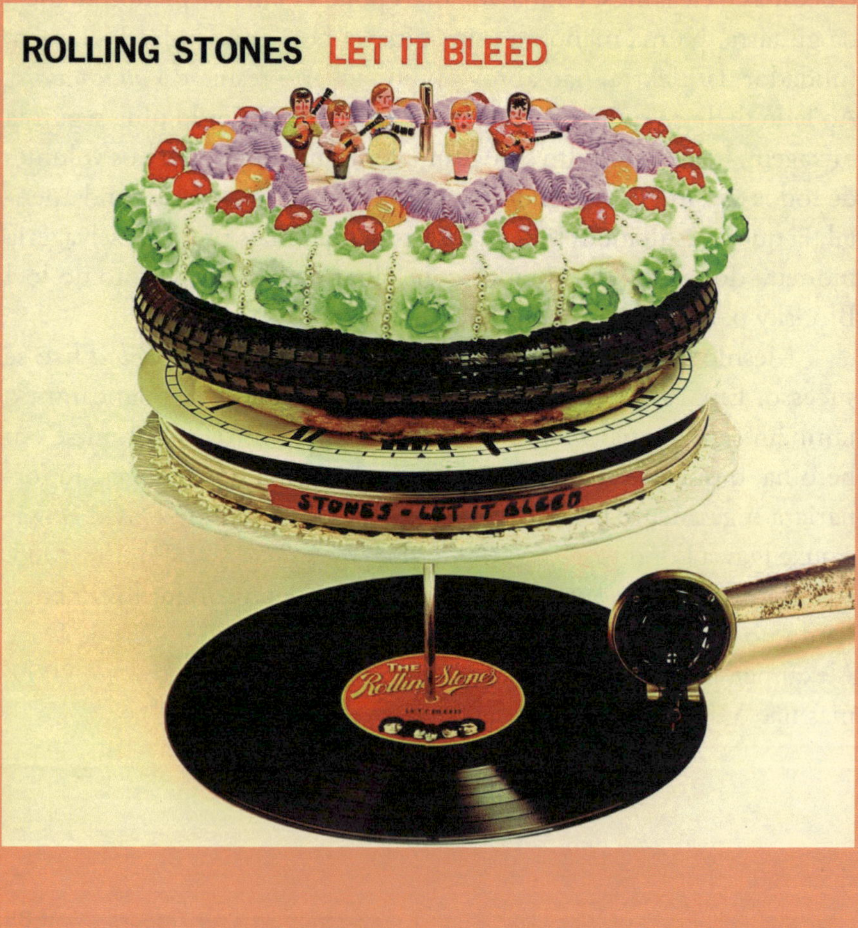

É tarefa sofrida demais escolher apenas um título das etapas gloriosas das discografias dos gigantes. No caso dos Rolling Stones, ser obrigado a selecionar somente um dos sete LPs de estúdio lançados por eles entre 1966 e 1972 – considerando a cronologia das edições britânicas, – chega a doer. Para este livro, optei pelo quinto deles, *Let It Bleed*.

Lançado em 28 de novembro de 1969, o disco é um divisor de águas tanto na trajetória da banda, que quatro meses antes tinha encarado a tragédia da morte do membro fundador Brian Jones, quanto na própria linha do tempo do rock. Com canções pesadas, oscilando entre o pessimismo e a paranoia, *Let It Bleed* soa como um epitáfio musicado dos anos 1960; uma espécie de trilha sonora para a ressaca da era hippie, densa e cheia de incertezas sobre a década que estava por começar. Tal clima surtiu um efeito renovador no quinteto que, com a chegada tímida mas já notável do guitarrista Mick Taylor, encorpava ainda mais os seus arranjos e criava o seu inconfundível som setentista, fonte de inúmeros hits inesquecíveis.

Reencontro na estação

Com o perdão do trocadilho, mas muitas pedras já haviam rolado na história dos Rolling Stones quando, em 17 de novembro de 1968, eles entraram no estúdio londrino Olympic para gravar "You Can't Always Get What You Want", a primeira composição da leva que resultaria em *Let It Bleed*. A banda nasceu do reencontro de Keith Richards (18 de dezembro de 1943) e Michael Philip Jagger (26 de julho de

1943), dois nativos da cidadezinha de Dartford, a 25 quilômetros de Londres. Colegas de ensino fundamental, eles tinham perdido o contato em parte da adolescência, até se reconectarem aos 17 anos com a descoberta, numa estação de trem em uma manhã de outubro de 1961, da paixão que tinham em comum por blues e rock'n'roll. Seis meses depois, quando tocavam na banda Little Boy Blue and the Blue Boys, aproximaram-se de Lewis Brian Hopkin Jones (Cheltenham, 28 de fevereiro de 1942), um filho de professora de piano capaz de tocar qualquer instrumento que caísse em suas mãos, após testemunharem seu desempenho junto ao respeitado grupo londrino, o Blues Incorporated. No primeiro semestre de 1962, o embrião do conjunto, organizado por Brian, já ensaiava tendo Mick nos vocais, Keith e Brian nas guitarras, Dick Taylor (outro dos Blue Boys) no baixo e Ian Stewart no piano.

Entre idas e vindas e com o nome tirado de uma canção de Muddy Waters, chegaram à primeira audição com uma gravadora (IBC), em janeiro de 1963, já com o baixista William George Perks, vulgo Bill Wyman (Lewisham, 24 de outubro de 1936), bem mais velho que os demais, e o baterista Charles Roberts Watts (Wembley, 2 de julho de 1941), o último a aderir. Uma regravação de "Come on", de Chuck Berry, foi o primeiro single que, lançado pela Decca em 7 de junho do mesmo ano, alcançou o número 21 no Reino Unido. Nesse período, ainda não compunham o próprio material e tinham Brian como o principal articulador, ainda que já operando sob influência do *manager* Andrew Loog Oldham, que sugeriu a remoção de Stewart da formação oficial por sua imagem supostamente destoante do resto. Pelos próximos 22 anos, seriam um quinteto, tendo Stewart como músico de apoio, ajudante geral e "Rolling Stone honorário" até sua morte, em 1985.

Amigos dos Beatles, ganharam de Lennon & McCartney "I Wanna Be Your Man", o segundo compacto, entregue às lojas em novembro do mesmo ano e que acabou no número 12 da parada britânica. O sucesso lhes dava moral para saltar ao formato 12 polegadas e se amplificava com uma ótima reputação de palco, que os levou a sair em turnê com ídolos como Bo Diddley e as Ronettes.

Em pequenos clubes lotados de garotas gritando, interpretavam com vigor os ritmos importados que tanto amavam, eletrizados pela performance de Jagger que, *sentindo* cada compasso com todo o seu ser, injetava juventude, androginia e imprevisibilidade europeia num som ancestral afro-americano. Segundo Charlie Watts, o segredo dos movimentos únicos e presença de palco inigualável do vocalista está no espaço reduzido dos lugares onde tocavam.

Invadindo a América

Após um EP homônimo de quatro músicas, de janeiro de 1964, inauguraram sua impressionante série de álbuns. Lançados entre abril daquele ano e outubro do seguinte, os três primeiros, ainda baseados em covers, não obtiveram pior desempenho do que o número 2 em seu país de origem. A ABKCO, gravadora que rapidamente se encarregou dos lançamentos nos Estados Unidos, alterava as tracklists e até os nomes dos LPs originais da Decca. Mas nem isso foi obstáculo para o triunfo deles do outro lado do Atlântico: a trinca inaugural dos *american releases* dos Stones garantiu-se no top 5.

Na primeira turnê estadunidense, realizada na metade de 1964, conheceram os heróis Waters e Berry e começaram o que se tornaria um hábito, o de, sempre que possível, gravarem em solo norte-americano. Na ocasião, aproveitaram para registrar o EP *Five by Five* nos estúdios da lendária gravadora Chess, em Chicago e, em maio de 1965, fizeram "(I Can't Get No) Satisfaction" no estúdio da RCA em LA. O single liderou as listas dos dois principais mercados fonográficos.

Anos loucos

O salto qualitativo seguinte veio com *Aftermath*, de junho de 1966 (número 1 no Reino Unido e 2 nos EUA), o primeiro álbum da trupe 100% escrito por Mick Jagger e Keith Richards. A dupla, que incluíra três de suas canções pela primeira vez no segundo trabalho, *The Rolling Stones No. 2* (1965), abria assim a sua paleta de possibilidades, levando a sonoridade estoneana além dos estilos que os influenciavam desde o início, como rhythm and blues e soul. Ancorada nas letras, que passaram a retratar com mais propriedade os anseios e prazeres da juventude branca sessentista, a fase "adulta" dos Stones fluiu aos jorros. Em 1967 vieram *Between the Buttons* e *Their Satanic Majesties Request*, a guinada oportunista – mas não menos brilhante – à estética hippie. Ambos obtiveram o 3º lugar no Reino Unido e 2º nos Estados Unidos.

A consolidação de uma das maiores parcerias musicais de todos os tempos era garantia de sucesso, mas gerou um problemão interno na turma. O multi-instrumentista Brian Jones, que já tinha desavenças com Keith pelo "roubo" de sua namorada Anita Pallenberg em março de 1967, não escondia o seu ciúme diante da ascensão indiscutível dos dois colegas compositores ao comando do grupo, que por muito tempo ele considerara como seu. Tampouco era um grande entusiasta do material escrito pelos companheiros. "O que provavelmente ficou atravessado na garganta de Brian foi quando Mick e eu começamos a escrever as canções", opina Richard em seu livro *Vida* (2010). "Ele perdeu seu status e então perdeu interesse. Ter que vir ao estúdio aprender a tocar uma música que Mick e eu tínhamos escrito o deprimia. Era a ferida aberta de Brian".

Beggars Banquet, disco de dezembro do ano seguinte, trazia a polêmica "Sympathy for the Devil" e a música mais política da banda até então, "Street Fighting Man", influenciada pelas manifestações contra a Guerra do Vietnã e outros movimentos daquele turbulento ano. Mais do que isso, a canção não deixava ninguém esquecer que,

1960

ao longo dos cinco anos anteriores, o caos, a violência e os problemas com a lei tinham sido peças cotidianas na vida dos Rolling Stones. "Parte do encanto dos Stones residia em que viviam em um ambiente de perigo; era um risco aproximar-se deles", resumiu Stanley Booth, que acompanhou o grupo em diferentes turnês, no livro *The True Adventures of the Rolling Stones* (1984).

O episódio grave mais recente tinha ocorrido em 12 de fevereiro de 1967, quando policiais invadiram a casa de campo de Keith em Redlands, prendendo-o, Mick e namoradas após encontrarem "drogas e gente pelada"; em maio foi a vez de Brian entrar em cana por motivos parecidos. Richards se livrou das acusações, Jagger negociou uma liberdade condicional mas Jones, continuou com pendências legais. Sem poder viajar aos EUA com os demais, foi reduzindo sua participação também nos trabalhos seguintes.

Deixa sangrar

Ainda iria piorar, e muito, mas foi nesse já turbulento contexto que o repertório de *Let It Bleed*, o oitavo álbum inglês dos Rolling Stones – e segundo produzido pelo nova-iorquino Jimmy Miller –, começou a ser criado em novembro de 1968, antes mesmo do lançamento de *Beggars Banquet*. "You Can't Always Get What You Want", a primeira canção gerada, é especial por vários motivos, muitos dos quais atribuídos aos vários colaboradores de ocasião. Temos a introdução do coro London Bach, em arranjo do mítico produtor Jack Nitzsche; o refrão memorável e sua curiosa mensagem de resignação relativa; o desempenho vocal de Jagger, reforçado pelas cantoras Doris Troy, Nanette Workman e Madeline Bell; as congas e maracas do percussionista Rocky Dijon; e um *groove* de bateria tocado por Miller, num raro momento em que Charlie Watts achou que não daria conta do recado. A faixa seria a última na ordem do LP, mas apareceria antes, em 4 julho de 1969, como lado B do compacto de "Honky Tonk Women", outro número 1 nos EUA e no Reino Unido, composto por Jagger e Richards numa viagem a Matão, no interior paulista, em 1968.

Voltaram ao Olympic em fevereiro e março de 1969 para sessões que geraram mais quatro músicas, e que foram as derradeiras a contar com participação de Brian Jones, creditado por praticamente inaudíveis percussões e auto-harpa. Uma era "Midnight Rambler", um blues elétrico da escola Chicago sobre um assassino em série de Boston. Também aflorou "Love In Vain", de Robert Johnson, única cover, em releitura country concebida por Keith com ajuda de seu amigo Gram Parsons, dos Byrds, além de reforço de Ry Cooder no bandolim. As outras eram o *shuffle* "You Got the Silver", que teve os vocais de Jagger apagados por engano, possibilitando a estreia de Richards como vocalista solo; e o momento mais emblemático do disco: "Gimme Shelter".

Tudo começou com uma crise conjugal entre Keith e Anita, ainda em 1968. Num dia chuvoso, incomodado com o fato de a namorada estar gravando cenas românticas com Mick que resultariam no filme *Performance* (1970), o guitarrista dedilhou o violão enquanto surgiam versos como "uma tempestade ameaça a minha vida hoje". No entanto, envolvida num impressionante arranjo ameaçador, com uma introdução de mais de um minuto que lembra uma chamada às armas – atenção para o reco-reco tocado por Jimmy Miller –, a composição transcendia claramente o drama pessoal do autor para capturar o espírito conflituoso e violento da época.

Para o arrepiante refrão de "Gimme Shelter", gravado em novembro no Sunset, de Los Angeles, já na fase de mixagem, foi convocada às pressas a figura que se mostraria a mais ilustre da galeria de convidados de *Let It Bleed*: a cantora Merry Clayton. Grávida, "de pijamas e bobs no cabelo", e sem nunca ter ouvido falar do grupo, Clayton ficou contrariada ao ler as estrofes que deveria entoar, sobre assassinato e estupro. Canalizando o desconforto da situação, doou-se em interpretação avassaladora, pontuada por notas em altura estratosférica. Sua performance foi tão plena e extenuante que pode ter sido o motivo do aborto que sofreu pouco depois, embora ela nunca tenha confirmado a relação entre os fatos. No documentário *20 Feet From Stardom* (2013), de Morgan Neville, Mick Jagger chora ao ouvir o canal isolado da participação de Merry na faixa.

Um novo Stone

A labuta continuou em abril, quando se registrou "Monkey Man", funk-soul com Bill Wyman ao vibrafone. Entre maio e junho, a última leva de canções foi captada, coincidindo com a demissão de Brian Jones da banda que tinha ajudado a criar. Charlie, Mick e Keith foram a sua casa para lhe dar a notícia em 8 de junho e, segundo contam, ele pareceu aliviado.

A série final de gravações de base contou parcialmente com o reforço do novo integrante, o guitarrista Michael "Mick" Kevin Taylor (Welwyn Garden City, 17 de janeiro de 1949), sugerido pelo *bluesman* John Mayall. Ele estreou em grande estilo, no lado A do single "Honky Tonk Women", gênese do novo som da banda, e a sua prima mais rural e tranquila, "Country Honk", que foi incluída em *Let It Bleed*. Também participou da matadora "Live with Me", entrosando perfeitamente sua guitarra com a de Keith. "Taylor chegava aonde eu estava indo antes mesmo do que eu", escreveu o colega de instrumento em *Vida*.

Desdobrando-se durante as sessões para compensar a ausência de Jones, Richards tocou também baixo em "Live with Me", além de ter cuidado das duas partes de guitarra em outros arranjos. A qualidade de outros músicos convidados, como o pianista Leon Russell, o organista Al Kooper e membros da "família estendida" dos Stones, como os tecladistas Ian Stewart e Nicky Hopkins e o saxofonista Bobby Keys, também ajudaram a superar o desfalque.

Suingado rockão acústico transpirando sexo e drogas, a música que batiza o LP pintou quando Keith chegou para ensaio com as mãos sangrando. Seu título ("deixa sangrar"), que substituía a escolha provisória anterior *Automatic Charger*, era um provável trocadilho provocador com *Let It Be*, dos Beatles. Há controvérsias quanto a isso, já que o clássico dos rapazes de Liverpool só sairia no ano seguinte, mas parte das sessões que lhe deram origem já tinham ocorrido antes da metade de 1969.

Pesadelos de fim de década

Menos de um mês após ser mandado embora dos Rolling Stones, em 3 de julho de 1969, Brian Jones foi encontrado morto em sua piscina, em circunstâncias não totalmente esclarecidas até hoje. Havia álcool e outras drogas em seu organismo, mas houve quem achasse que se tratou de homicídio, tese que nunca foi comprovada. O grupo acabou mantendo o concerto gratuito marcado para o Hyde Park de Londres dois dias depois, convertendo o evento numa homenagem musical ao músico falecido. O primeiro show de Mick Taylor foi, portanto, para um público estimado entre 250 e 500 mil pessoas. No dia seguinte, a cantora Marianne Faithfull, namorada de Jagger, teve uma overdose. Os tempos realmente não estavam fáceis.

A expectativa era de que essa sucessão de acontecimentos trágicos seria compensada com a aguardada turnê norte-americana marcada para novembro e dezembro, a primeira em três anos. Sem Brian, vetado nos Estados Unidos por questões legais, os Stones finalmente puderam, de fato, brindar o público que o adorava desde o início com shows memoráveis, que Keith consideraria o renascimento da banda. As performances de 27 e 28 de novembro no imponente Madison Square Garden, de Nova York, renderam *Get Yer Ya-Ya's Out!*, um dos grandes registros discográficos *live* do cânone roqueiro, publicado em setembro de 1970.

Tudo era tão intenso naquele período que, no dia seguinte, foi finalmente lançado *Let It Bleed*, de cujo repertório saíram três faixas do disco ao vivo. Sua capa, criada por Robert Brown, designer estadunidense autor de cartazes de filmes de Hollywood, parecia hermética ou aleatória, mas em retrospectiva simboliza o momento frenético vivido pelo quinteto. Sobre um vinil de 12 polegadas estampado com um *fake* rótulo com a imagem dos integrantes, há um prato de bolo; o bolo propriamente dito, porém, está vários "degraus" acima, separado do prato por quatro objetos também redondos e com o mesmo diâmetro: uma lata de fita com sessão de gravação, um relógio, uma pizza e um pneu. É como se, para que tudo funcionasse harmonicamente (o bolo corretamente colocado sobre o prato), fosse necessário atravessar diversos e inesperados obstáculos.

Nada mais simbólico. Exatamente em 6 de dezembro, quando *Let It Bleed* bateu na terceira colocação na parada estadunidense, os Rolling Stones compareceram ao autódromo de Altamont, na Califórnia, para encabeçarem um gigantesco festival gratuito no espírito hippie de Woodstock, que ocorrera em agosto. Estima-se que trezentas mil pessoas compareceram ao local.

Numa cadeia de acontecimentos facilitada por uma combinação de falta de organização, abuso generalizado de drogas e a presença de uma violenta gangue de motoqueiros como "equipe de segurança", o Hells Angels, o evento descambou para uma descomunal *bad trip* coletiva. A noite terminou com quatro mortes, sendo a mais notória delas um assassinato a facadas por um dos "anjos", sinistramente registrado no documentário *Gimme Shelter* (1970), dos cineastas Albert e David Maysles e Charlotte Zwerin. "Foi um pesadelo do qual participamos todos", relatou Stanley Booth em seu livro. "Tínhamos a sensação de que poderíamos morrer nos próximos segundos ou minutos sem que pudéssemos fazer nada para evitá-lo". Aquela década definitivamente precisava acabar.

Apesar de tudo, em 20 de dezembro, *Let It Bleed* chegou ao número 1 no Reino Unido, desbancando *Abbey Road*, dos Beatles. Em sua lista dos 100 maiores álbuns de todos os tempos, a revista inglesa *Mojo* o posiciona em 7º lugar; em seus rankings de 500 maiores publicados em 2003 e 2012, a *Rolling Stone* lhe confere o 32º posto.

ANOS 1970

OUSADIA E EXCESSOS

Ouça uma seleção de músicas da década em sua plataforma preferida

Spotify

deezer

VAN MORRISON
Moondance

(1970)

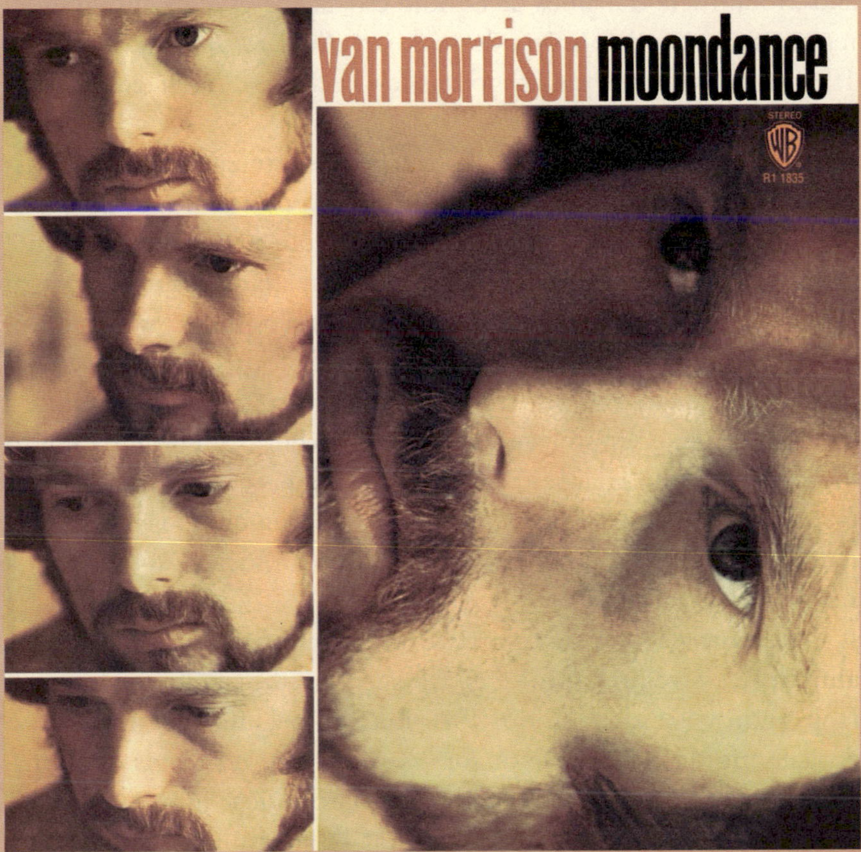

A concorrência era pesada, mas na virada dos anos 1960 para os 1970 poucos artistas lançaram uma série tão inspirada de álbuns quanto Van Morrison. Entre 1968, quando o norte-irlandês pariu o adorado *Astral Weeks*, e 1974, início de seu período sabático de três anos, foram sete trabalhos de estúdio espetaculares e um dos grandes registros ao vivo da história do rock (*It's Too Late To Stop Now...*, de 1974). *Moondance*, que chegou às lojas na alvorada da então nova década, é o melhor deles.

Terceiro da carreira solo do ex-Them e primeiro em que ele assume a produção, o álbum era a antítese proposital de *Astral Weeks*. Se o predecessor constituía uma coleção de longas peças parcialmente improvisadas de folk livre e meditativo, mais aparentado com o spiritual jazz de Alice Coltrane do que com seus contemporâneos roqueiros, *Moondance* priorizava canções delimitadas de forma mais convencional, algumas com dois ou três minutos e pouco de duração. Onde a temática de um era abstrata e simbolista, a do outro atingia um público maior, abordando relações humanas em veia palatável e positiva. Foi uma resposta compacta e instintiva a uma obra que, mesmo se tornando *über* influente, não tinha vendido bem, deixando ressabiada sua gravadora, Warner.

Ao entregar um disco artisticamente impecável e simultaneamente acessível, o cantor e compositor ganhou fôlego comercial (top 30 nos Estados Unidos e 40 no Reino Unido) e redobrou o entusiasmo da crítica. De quebra, sedimentou o precioso e inimitável *som Van Morrison*, moldado pela harmoniosa junção de blues, soul, jazz, country, rock e folclore celta. Tal fórmula, que ele batizou de Caledonia Soul, vigorou também na espantosa sequência de LPs formada por *His Band and the Street Choir* (de novembro do mesmo 1970), *Tupelo Honey* (1971), *Saint Dominic's Preview* (1972) e *Hard Nose the Highway* (1973).

Anos astrais

Filho único de família de trabalhadores humildes de Belfast, Irlanda do Norte, George Ivan Morrison nasceu em 31 de agosto de 1945. Alma solitária, lia e escrevia poesia desde pequeno. Sua mãe era cantora amadora e o pai colecionador de bolachas de big bands de jazz, o que contribuiu para seu interesse precoce por música e pelo seu primeiro instrumento, o saxofone tenor. Também gostava de country, folk irlandês, blues, soul e skiffle, estilo explorado por seu primeiro grupo, Sputniks. No começo da década de 1960, já se virava como saxofonista em orquestras de baile, enquanto administrava uma empresa de limpeza de janelas. Sua primeira banda profissional, Georgie and The International Monarchs, o levou a uma temporada de shows na Alemanha. Com os Monarchs compôs sua primeira canção original, "One Two Brown Eyes", e lançou o single "Boo-Zooh" em 1963. De volta a Belfast, montou às pressas o Them, conjunto residente de um clube de rhythm and blues, no qual assumiu vocais e gaita.

Transferida para Londres, a banda estreou em abril de 1964, emplacando a faixa "Here Comes the Night" no número 2 na parada britânica em março do ano seguinte. Naquela época, seu vocalista já empregava um misterioso método, que floresceria plenamente em sua carreira individual, o de compor, arranjar e rearranjar as músicas meio que na hora, improvisando e usando anotações. O hino "Gloria", do mesmo ano, por exemplo, poderia ter três ou vinte minutos de duração, dependendo da noite. Em qualquer das versões, a faixa abriu as portas para os Estados Unidos, onde outro Morrison, o Jim, passou a reinterpretá-la com seu Doors, após ver o Them em ação. Van, por sua vez, apaixonou-se pela Califórnia e pelo público estadunidense, que julgava entender melhor a sua música. Após lançar o segundo trabalho com o grupo, *Them Again*, de 1966, mudou-se para Nova York para iniciar a sua trajetória como artista solo.

Em setembro de 1967 saiu o seu LP inaugural, *Blowin' Your Mind!*, gravado em apenas dois dias e lançado pelo selo Bang. O repertório trazia a faixa "Brown Eyed Girl", que chegou ao número 10 da parada da *Billboard*, mas seu criador não estava satisfeito com o resultado. Queria mudar de direção, tocando algo que definia como mais "livre". Começava a sua primeira grande guinada rumo a um som mais introspectivo e místico.

Radicado com a namorada Jane e o enteado em Cambridge, Massachusetts, Van começou a recrutar músicos das universidades da região, em geral familiarizados com o jazz. De contrato novo, com a Warner, em novembro entregou *Astral Weeks*, um dos discos mais emblemáticos e peculiares da década de 1960, também gravado apenas em um par de sessões, sem ensaio. O LP flagrava o cantor numa espécie de transe poético, interagindo com um pequeno combo jazzístico que tocava, segundo instruções monossilábicas emitidas por ele, "o que estivesse sentindo".

Assumindo o comando

A mitologia em torno de *Astral Weeks* só cresceria ao longo das décadas seguintes. Mesmo assim, Morrison, 1 metro e 67 de pura inquietude e intensidade, já queria novamente respirar outros ares. Em fevereiro de 1969 transferiu-se com a família à montanha de Ohyo, próxima a Woodstock, município no estado de Nova York. Sua presença ali não era aleatória: antigo lar de artistas de vanguarda como John Cage e Charles Mingus, a cidade era à época o endereço de Bob Dylan – de quem, tímido, Van tentava se aproximar – e, mais importante, de seus comparsas da The Band.

Precursor da fusão de estilos musicais norte-americanos tanto no labor de *sidemen* de Dylan quanto em seu próprio catálogo autoral, aquele grupo de multi-instrumentistas de Toronto era o sonho de consumo não só de Morrison, como também de colegas como Eric Clapton. Conseguir gravar com The Band seria um desejo que o norte-irlandês concretizaria só no ano seguinte, cantando na faixa "4% Pantomime", do LP *Cahoots*. Mas a admiração pelo som novo daqueles canadenses calibrou sua argumentação no conflito com Lewis Merenstein, produtor de *Astral Weeks*, que cogitava novamente jazzistas experientes para as sessões do sucessor, *Moondance*. Na contramão de Merenstein, que acabou creditado como produtor executivo, o que Van queria era uma banda para chamar de sua, capaz de reproduzir o que ele ouvia em sua mente. Assim, assumia o controle da sua música em estúdio.

Autoinvestido de um poder então conseguido por poucos artistas, escalou o time com novos talentos, alguns deles resgatados da Colwell-Winfield Blues Band, trupe de Woodstock em processo de dissolução: John Klingberg no baixo, Jack Schroer nos sax alto e soprano, Collin Tilton no sax tenor e na flauta. A eles se juntaram o baterista Gary Mallaber (listado na contracapa como Malabar), o percussionista Guy Mason, o tecladista Jeff Labes, o guitarrista Jack Platania e as backing-vocalistas Emily Houston, Judy Clay e Jackie Verdell.

Cantando, tocando violão e pandeirola, Van conduziu a nova turma na direção dos arranjos sólidos, maduros e suingados da The Band durante as sessões, que ocorreram no estúdio nova-iorquino A&M em agosto e setembro de 1969. Paralelamente, absorvia de Bob Dylan a atitude de distanciamento em relação ao deslumbramento grudento dos hippies. O astro do folk-rock seria o primeiro a picar a mula de Woodstock semanas antes de que, em agosto, quatrocentos mil deles invadissem a cidadezinha vizinha Bethel para o primeiro megafestival da história.

As conexões dylanísticas, porém, iam além: as fotos da capa de *Moondance* foram feitas por Elliott Landy, o mesmo que clicara Bob para *Nashville Skyline* (1969) e a The Band no encarte de *Music From Big Pink* (1968). O *gatefold* da edição estadunidense trazia imagens de Van e Jane em pleno bucolismo romântico, o que ajuda a definir o clima em que se criou a obra. "Se os álbuns mais importantes do final dos anos 1960 tinham sido sobre a renúncia do autocontrole, esse era o polo oposto; dez lições de como se levar uma vida feliz", resume o escritor Brian Hinton em *Celtic Crossroads*, biografia de Van Morrison editada em 1997.

Poucas palavras

Chama a atenção que *Moondance,* enviado às lojas em fevereiro de 1970, soe tão redondo e até radiofônico quando, na verdade, sua gravação se regeu pela metodologia pouco ortodoxa de Van Morrison. Presença impossível de ignorar, intimidadora de um jeito não agressivo, o astro nunca transmitia com palavras o que queria dos instrumentistas. Partituras? Pode esquecer. Segundo alguns de seus colaboradores relatariam em 2015 à revista *Uncut*, não era anormal que, durante as sessões, o chefe simplesmente começasse a tocar, esperando que os acompanhantes simplesmente soubessem o que fazer, de forma "telepática", enquanto ele "canalizava" sua prosa melódica.

Van fechava os arranjos enquanto registrava as canções, o que dá um efeito de liberdade irrepetível às gravações. Não esquentava muito com detalhes técnicos e batia o pé para que quase tudo, inclusive os vocais e os onipresentes naipes de saxofones, fosse captado ao vivo, com todos os envolvidos na mesma sala.

Veículo exotérico

Mas todas essas idiossincrasias não funcionariam sem a voz de Morrison, espécie de veículo exotérico com passe livre à alma dos ouvintes, e de uma série de grandes composições. "Ele soa como um desses monges tibetanos, que usam a voz para curar a alma", descreve sua conterrânea e fã Sinéad O'Connor em seu livro *Rememberings* (2021). "Não se trata das palavras, mas do que ele consegue com o som." Todas as dez canções de *Moondance* são memoráveis. Como escreveu o crítico Jon Landau na revista *Rolling Stone* em 1971, "se o disco tinha algum defeito, era a sua perfeição".

Nenhuma nota aqui se desperdiça, como prenuncia a entrada da voz, sem introdução, já no primeiro segundo da inesquecível faixa de abertura, "And It Stoned Me", emocionante tributo à infância revestido de fascínio pela natureza. Intérprete obcecado pelo fraseado vocal jazzístico, Van banca o *crooner* na faixa-título, a segunda, concebida a partir de uma melodia de sax soprano.

Depois, converte seu timbre rasgado em falsete para derreter corações na linda "Crazy Love". A balada foi a segunda a ser lançada no formato compacto, em abril, um mês após a acelerada "Come Running", primeira do lado B, que entrou no top 40 dos Estados Unidos. Já "Caravan", fruto do fascínio do autor pelo povo cigano, é uma composição tão completa que o célebre escritor inglês Nick Hornby, no livro *31 Canções* (2003), elegeu a sua versão ao vivo como a trilha sonora para o seu futuro funeral.

Parece impossível melhorar, mas eis que surge "Into the Mystic", o coração do disco, resumo de todas as qualidades acumuladas por Morrison até então – misticismo poético, instinto melódico e passionalidade na interpretação –, realçadas pelo seu aprendizado mais recente, o poder de síntese. "Brand New Day", um tocante hino gospel-pop composto por Morrison após escutar The Band no rádio, não fica atrás, num lado B marcado por faixas que não fariam feio em pistas de dança: "These Dreams of You", blues-pop inspirado em um sonho com Ray Charles baleado; "Everyone", nostálgica em suas raízes norte-irlandesas; e o soul upbeat "Glad Tidings", espécie de prima mais nova do hit "Brown Eyed Girl". Impecável.

NEIL YOUNG

After the Gold Rush

(1970)

A importância da vulnerabilidade masculina no rock clássico é frequentemente subestimada. Iniciada com Brian Wilson e seus Beach Boys da era *Pet Sounds*, a linhagem dos homens sensiveizões teve em Neil Young um de seus nomes fundamentais. Quem resiste aos agudos de sua voz trêmula entoando, sobre a mais comovente das melodias, versos como "só o amor pode partir o seu coração"?

Numa época em que a música se testosteronizava exponencialmente via hard rock e heavy metal, o cantor, compositor, guitarrista e pianista canadense encontrou um balanço raro. Firmou-se, sim, como um dos mais vigorosos baluartes roqueiros setentistas; mas, ao mesmo tempo, desenvolveu um catálogo precioso de sentidas baladas sobre o amor, a vida e os problemas do mundo, interpretadas com uma idoneidade que nos fala à alma. *After the Gold Rush*, o terceiro álbum de Young, é a joia sublime dessa sua faceta delicada.

O disco de agosto de 1970 capta o autor em meio às turbulências de um fim de relacionamento e a conflitos com seus companheiros do supergrupo Crosby, Stills, Nash & Young, no qual ele nunca se sentiu totalmente à vontade. Diametralmente oposto a seu ruidoso antecessor, *Everybody Knows This Is Nowhere* (1969), *After the Gold Rush* tem colaboração de um autêntico *dream team* de seu entorno mais próximo – Stephen Stills, os camaradas do Crazy Horse, o prodígio Nils Lofgren –, e, nos moldes caprichosos típicos do velho Neil, foi gravado em seu rancho na Califórnia.

"Anticantor" profundo e sombrio

Neil Percival Young demorou vários anos para perceber que tinha vindo ao mundo para ser um artista solo, e não um mero integrante de banda. Nascido em Toronto em 12 de novembro 1945 em família de músicos amadores, ele se encantou pela primeira safra do rock'n'roll e por mestres do country ainda criança. Teve poliomielite, que lhe deixou sequelas físicas e aguçou sua timidez e introspecção. Na cidade canadense de Winnipeg, para onde se mudou com a mãe na adolescência, atuou entre 1963 e 1965 no Squires, com quem editou dois singles. Segundo relatos de sua mãe ao biógrafo Jimmy McDonough no livraço *Shakey* (2002), suas primeiras composições já exalavam melancolia. Integrou o Mynah Birds, ao lado da futura estrela do electro-funk Rick James, mas o grupo, que tinha contrato com a Motown, flopou quando James desertou da Marinha dos Estados Unidos.

Sem nada a perder, em março de 1966 Young e o colega de banda Bruce Palmer rumaram a Los Angeles, a meca do folk-rock, onde montaram o quinteto Buffalo Springfield com o texano Stephen Stills. Mas, claro, Neil era apenas um dos três guitarristas e vocalistas da turma, e seus companheiros, aliás, não sacavam muito bem o seu timbre de voz oscilante e frágil. Sua insegurança só aumentou quando se iniciaram, no mesmo ano, suas crises de epilepsia. Não por acaso, no encarte de *Buffalo Springfield*, o primeiro dos três álbuns do grupo, ele é descrito como "profundo e sombrio". O Buffalo existiu só até 1968, mas rendeu a Neil contatos cruciais que comporiam o *entourage* básico de sua trajetória individual, entre os quais o produtor David Briggs e o arranjador Jack Nitzsche. Sincerão, Nitzsche teve a coragem de lhe chamar de "anticantor", como seu ídolo Bob Dylan.

Novos ares, novas companhias

Radicado no Topanga Canyon, zona montanhosa do condado de L.A., e contratado pela Reprise Records, Neil iniciou sua caminhada solitária em novembro de 1968. Seu LP homônimo mostrava uma sonoridade relativamente psicodélica e continha pelo menos uma bela balada, "The Last Trip to Tulsa". Finalmente ele podia se encarregar sozinho de todas as composições e vozes, além de atacar de coprodutor. Mas em *Neil Young* parecia faltar algo que retratasse a essência do canadense. Também sobravam elementos em seus arranjos, rebuscados demais para o gosto em formação do cantor. Ele sabia que deveria tomar um novo rumo, e isso ocorreu quando começou a tocar com uma certa quadrilha de "anti-instrumentistas", o Crazy Horse.

Danny Whitten, Billy Talbot e Ralph Molina eram originalmente um trio vocal *a cappella*, e só recentemente haviam começado a tocar, respectivamente, guitarra, baixo e bateria. Fascinado pela sonoridade crua e até tosca de suas *jams* com aqueles novatos lisérgicos, Neil Young os adotou como banda de apoio, num gesto protopunk ousado e excêntrico. Sobretudo para quem, como ele, tinha contado em seu trabalho de estreia com *experts* de estúdio do porte da baixista Carol Kaye e o guitarrista Ry Cooder. Assinado como "Neil Young with Crazy Horse", *Everybody Knows This Is Nowhere* saiu em maio de 1969 exalando um rock enérgico e sujo de *riffs* memoráveis ("Cinnamon Girl"), distribuído em refrões potentes ("Down by the River") e longas improvisações guitarreiras.

A segunda bolacha era um clássico instantâneo e Neil Young tinha, enfim, se encontrado. Empolgado, no início de agosto realizou uma sessão no Sunset Studios, em Hollywood, que resultou em duas canções que entrariam no próximo LP. Ambas mostravam seu lado acústico e o novo *mood*, meio tristonho, ensimesmado e ressabiado com o estrelato. "I Believe in You" lamentava a crise com a esposa Susan ("Agora que você me fez te amar / Acha que consigo mudar isso num dia?"), e combinava perfeitamente com a linda cover de "Oh, Lonesome Me", de Don Gibson.

A nova safra prometia. Acontece que, no meio de 1969, Young recebeu convite para se juntar ao supergrupo Crosby, Stills & Nash, formado por Stephen Stills, David Crosby (ex-Byrds) e Graham Nash (ex-Hollies). Mesmo no embalo de sua carreira solo, a oferta era irrecusável. A primeira bolacha do trio tinha feito grande sucesso, e isso poderia ajudar em suas próprias vendas. Até a metade de 1970, quando se separaram em meio a drogas e tretas, os rebatizados Crosby, Stills, Nash & Young fizeram turnê, tocaram em megafestivais como o de Woodstock, colocaram o LP *Déjà Vu* no número 1 da parada estadunidense e lançaram o impactante single de protesto antiviolência policial "Ohio", de autoria de Young.

Entre as multidões e o mato

Nas brechas da rotina de shows multitudinários e disputas de poder do CSNY, Neil prosseguia com a produção do seu terceiro trabalho individual. Parte de seu novo material era inspirada num roteiro cinematográfico batizado *After the Gold Rush*, que o ex-ator infantil Dean Stockwell lhe mostrara, e que supostamente seria financiado pelo ator doidão Dennis Hopper. O projeto não saiu do papel, mas gerou o título do disco e inspirou algumas de suas composições (principalmente a que leva o seu nome e "Cripple Creek Ferry").

Cansado de badalação, Neil trouxe as sessões ao próprio estúdio, rústico e de sonoridade limpa, direta e sem eco, construído no sossego de seu rancho em Topanga.

Por ali passariam, durante o segundo semestre de 1969 e o primeiro de 1970, os coprodutores David Briggs e Kendall Palacios, além de Stephen Stills, Greg Reeves (baixista da superbanda) e o guitarrista Nils Lofgren, um moleque de 18 anos que tinha impressionado Neil. Numa aposta bem younguiana, Lofgren – mais tarde integrante da E Street Band de Bruce Springsteen – recebeu a missão de participar das gravações como... pianista. A ideia vingou demais: despido dos cacoetes que um especialista provavelmente teria empregado, o piano soava especialmente *humano* nos novos arranjos.

Também estava a bordo, novamente, o Crazy Horse. No entanto, antes do final dos trabalhos, Danny Whitten, naquele ponto já reconhecido como talentoso guitarrista, compositor e vocalista de apoio, mergulhou no vício em heroína e acabou demitido. Morreria de overdose de remédios em novembro de 1972.

Corrida do ouro

Em seus três minutos iniciais, *After the Gold Rush* parece muito com Crosby, Stills, Nash & Young. Afinal, a primeira música, "Tell Me Why", tinha sido interpretada ao vivo pelo quarteto e suas elaboradas harmonias vocais foram mantidas. Mas a coisa muda de figura logo a seguir, na faixa-título, a primeira de suas baladas matadoras. Registrada com apenas piano, voz e o flugelhorn de Bill Paterson, "After the Gold Rush" arranca lágrimas enquanto promove um dos primeiros acenos ecologistas do mundo pop.

Inspirada no sofrimento de Graham Nash após a ruptura com Joni Mitchell, "Only Love Can Break Your Heart" foi editada em single no final do ano, garantindo a Neil sua primeira passagem pelo top 40.

Mas merecia muito mais reconhecimento. Seria necessário juntar Paul McCartney e Brian Wilson para conseguir uma balada mais bonita e verdadeira do que essa. Na letra, o autor praticamente nos implora: saibamos o quanto antes que não há nada pior nesse mundo do que uma desilusão amorosa. "Tente se assegurar disso desde o início", avisa. Depois de ouvir uma canção como essa, é fácil chegar à conclusão de que *only YOUNG can break our hearts*. Bom, pelo menos Graham e Joni nunca mais se esqueceram disso.

O devaneio pós-romântico é interrompido pela controversa "Southern Man", ruidosa bem ao estilo Crazy Horse, e que também tinha sido previamente interpretada com o CSNY. Na letra, o astro aponta o dedo para o Sul racista dos Estados Unidos ("Homem do sul, quando você fará a eles a sua reparação?"). Ofendidos, os sulistas do grupo Lynyrd Skynyrd responderiam a essa composição – e a "Alabama", de 1972 – em seu hit "Sweet Home Alabama", de 1974. A calmaria se restabelece antes do final do lado A, na curtinha "Till the Morning Comes", e prevalece no lado B, com belezuras piano + voz da talha de "Birds", testamento de uma ruptura amorosa de cortar o coração ("acabou, acabou") e com as faixas das sessões do Sunset Sound. Há espaço ainda para a derradeira gravação de Danny Whitten, o rockão "When You Dance I Can Really Love", com Jack Nitzsche ao piano.

Largado nas paradas

Lançado em 31 de agosto de 1970, *After the Gold Rush* trazia na capa a foto de um taciturno Neil passando por uma mulher, em caminhada corriqueira no bairro nova-iorquino de Greenwich Village. O fotógrafo estadunidense Joel Bernstein ficou surpreso com a escolha pouco chamativa do músico que, para irritar ainda mais a Reprise, aprovou nome e título estilizados com letras "enferrujadas" e, no *gatefold* interno do encarte, uma imagem enorme do astro largadaço num sofá.

Mesmo assim, o álbum alcançou o posto de 8º mais vendido dos Estados Unidos, e 7º no Reino Unido. Mais do que isso, entrou para a memória afetiva de milhões de pessoas como um dos grandes daquela década recém-começada e um dos "discos de baladas" definitivos.

MARVIN GAYE

What's Going On

[1971]

Um dos principais legados da virada dos anos 1960 para os 1970 foi a politização explícita da música afro-americana. Sim, é evidente que o mero fato de pessoas negras resistirem enquanto artistas, sobretudo num país racista e parcialmente segregado, já correspondia a um bravíssimo ato político por si só desde o início da era do jazz, lá no começo do século 20. Mas as estrelas da chamada black music levaram a sua arte a outro patamar quando passaram também a cantar abertamente sobre as injustiças e dificuldades do mundo em que viviam, por meio de distintas linguagens sonoras, como o soul, o funk, o free jazz e o *spoken word*. Embora não tenha sido o primeiro deles a alçar a voz e expressar sua visão sobre as mazelas do mundo, Marvin Gaye foi o mais influente, quando surpreendeu o planeta com sua obra-prima *What's Going On* em maio de 1971.

Considerado o melhor de todos os tempos em pelo menos três listas respeitáveis – a da *NME* de 1985, do *The Guardian* de 1997 e da *Rolling Stone* de 2020 –, o álbum de Gaye enfileira rupturas. Politicamente, *What's Going On* marca não apenas o nascimento do Marvin antibélico, ecologista e denunciante da vida precária dos guetos, como também do Marvin dono do próprio nariz, irredutível em suas decisões artísticas e rebelde contra a estrutura opressora de sua gravadora, a Motown.

Na esfera pessoal, o disco retrata a perda do que sobrava de inocência juvenil no autor, então submergido num casamento em frangalhos, abalado pela morte prematura de sua companheira de palco Tammi Terrell e cada vez mais refratário a seu papel de popstar. E, esteticamente, com suas canções longas interligadas pelo arranjo de cordas, seus arranjos inovadores e texturas etéreas, *What's Going On* constitui um universo próprio e inconfundível. Soa como uma brecha atemporal entre as produções de pop grandioso dos primeiros anos da Motown e o soul-funk orquestrado da etapa setentista da gravadora, comandada por produtores como Norman Whitfield.

Assuntos familiares

Ainda que tivesse apenas 32 anos quando lançou seu álbum definitivo, Marvin Pentz Gay Jr. já era um veterano da indústria fonográfica, com dezesseis LPs e mais de trinta singles no currículo, e muitas vivências intensas no âmbito pessoal. Nascido em Washington em 2 de abril de 1939, ele cresceu frequentando a igreja pentecostal House of God, onde seu pai era pastor. Alcoólatra e desempregado, Marvin Sr., que também cantava, tinha ciúmes da voz perfeita de três oitavas de alcance do segundo de seus quatro filhos, e demonstrava uma predileção especial por ele como vítima de suas habituais surras à prole.

Da igreja, onde aprendeu piano de ouvido, Marvin migrou aos grupos de doo-wop. Incorporou influências de ídolos negros tais quais Clyde McPhatter e Ray Charles, e de vocalistas brancos icônicos como Frank Sinatra e Perry Como. Em 1957, após uma temporada na Força Aérea, montou seu primeiro grupo vocal, o Marquees. Tiveram um compacto produzido por Bo Diddley e, em 1958, transformaram-se na nova versão do grupo The Moonglows, que acompanhava o cantor e produtor Harvey Fuqua, e com o qual Marvin gravou o coro de "Back in the USA", single de Chuck Berry de 1959.

Fuqua levou-o a Detroit e o apresentou a Berry Gordy, que estava em processo de criação da Motown e o recrutou como pianista e baterista, funções que exerceu ao lado do menino prodígio Little Stevie Wonder e do ídolo Smokey Robinson, além de lançar sua carreira solo. O jovem talento iniciou relação afetiva com Anna, uma das quatro poderosas irmãs de Gordy, quando ele tinha 20 e ela 37 anos. Talvez por sua posição privilegiada, Gaye era o único contratado que questionava a disciplina de linha de montagem da gravadora, negando-se a tomar aulas de dança e confrontando o ímpeto ditatorial do cunhado nas tomadas de decisões. Os dois tiveram sempre uma relação complicada, que chegaria a um de seus pontos mais delicados em *What's Going On*.

Lenta transformação

"A voz de Gaye é assombrada e circula pelas suas próprias paisagens de amor e perda; num momento desliza pela excitação sexual, noutro soa como um uivo emitido de um buraco negro de desespero." A definição da voz de Marvin Gaye, concebida pela escritora Gerri Hirshey no livro *Nowhere to Run* (1984), ajuda a explicar a versatilidade de seu dono, que passou a primeira década de sua trajetória solo numa tripolaridade de estilos. Existia a sua faceta *crooner* de grandes *standards*, presente em seu primeiro disco, *The Soulful Moods of Marvin Gaye* (1961); havia também os seus lucrativos duetos pop com cantoras do elenco da Motown, que renderam LPs em companhia de Mary Wells e Kim Weston, além de outros três lançados entre 1967 e 1969 com Tammi Terrell. A simbiose "platônica" entre ele e Terrell foi a mais bem-sucedida, gerando quatro sucessos no top 10 estadunidense.

No entanto, a persona de Marvin que entrou com mais força para a posteridade foi a do *soulman* elegante e suingado, inaugurada com "Stubborn Kind of Fellow", primeiro compacto do cantor no top 50, de outubro de 1962. Naquele mesmo ano, também, seu nome passou a despontar como compositor de hits de colegas de gravadora, como as Marvelettes. Emplacou sete singles solo no top 10 entre 1963 e 1970. O estrelato, porém, não impediu que padecesse de um grau avançado de fobia de palco e passasse por algumas depressões, algumas das quais derivadas em tendências suicidas. "Ele nunca teria se apresentado ao vivo se não fosse pelo dinheiro", opina o produtor Clarence Paul na ótima biografia *Divided Soul: The Life Of Marvin Gaye* (1991), de David Ritz.

Tal tendência à reclusão se acentuou a partir de outubro de 1967 quando, num concerto na Virgínia, Tammi desmaiou em seu colo, prenunciando um diagnóstico de tumor cerebral. Durante os próximos cinco anos, período que incluiu a chocante morte da amiga, em março de 1970, ele basicamente se recusaria a fazer shows. Chegou a levar a sério a ideia de largar tudo e tornar-se jogador de futebol americano. Ao mesmo tempo, o casamento com Anna degringolava. Ainda que não fosse de sua autoria, "I Heard It Through the Grapevine", um soul sobre traição amorosa, ganhou uma dimensão gigante na sua voz de marido "passado pra trás".

Mesmo com aquele hino da "dor de corno" conquistando o seu primeiro número 1 nos EUA e no Reino Unido, Gaye continuava angustiado. "O meu sucesso não parecia real. Eu não o merecia. Sabia que podia fazer mais", relata no livro de Ritz. "Eu me sentia como um boneco do Berry, um boneco da Anna. Tinha uma mente e não a estava usando." Tanta insatisfação o levou primeiramente a se arriscar pela primeira vez no papel de produtor, ainda que da banda The Originals, em 1969. Mas ele percebeu que precisava de doses ainda mais fortes de autonomia.

No meio de seu turbilhão existencial, Marvin deixava aflorar seu despertar político em diferentes frentes. Os distúrbios de Los Angeles em 1965 e de Detroit 1967, e o assassinato de Martin Luther King Jr. no ano seguinte tinham sido gatilhos para que cogitasse compor músicas políticas, algo ainda incomum na Motown. E a gota d'água para que ele tomasse definitivamente aquele caminho foi a volta de seu irmão mais novo Frankie da Guerra do Vietnã. Impressionado com os relatos de horror do mano, o cantor digeriu a culpa por não ter respondido suas cartas enviadas do *front* e o transformou no personagem central do que seria *What's Going On*.

Um novo Marvin

Sua chama criativa começou a se alastrar quando seu amigo Renaldo "Obie" Benson, dos Four Tops, mostrou-lhe o esboço da canção "What's Going On". Marvin se identificou de imediato com os versos, e topou gravá-la se pudesse fazer algumas alterações e obter parte do crédito, também dado a Al Cleveland, da equipe de compositores da Motown. Em 1º de junho de 1970 começaram os trabalhos no subterrâneo do estúdio da gravadora em Detroit. As sessões, que foram até setembro, traziam Marvin como vocalista, pianista, tocador de cajón e produtor, além do gigantesco baixista James Jamerson e o baterista branco Chet Forest, entre outros. Convidado a gravar um solo de sax alto, Eli Fountain eternizou sem querer seu aquecimento ao instrumento na memorável introdução.

"What's Going On", a música, era diferente de tudo o que Marvin já fizera até então. Desde a letra, que alertava o mundo de que "A guerra não é a resposta / Pois só o amor pode derrotar o ódio" e mandava recado ao violento Marvin Sr. ("Pai, não precisamos acirrar os ânimos"), à sua melodia tristonha. Outras novidades eram a inclusão de conversas de jogadores de um time de futebol americano local e as três tomadas de voz diferentes gravadas pelo próprio Marvin. O recurso, que se transformou numa das marcas registradas da canção e do disco que a incluiria, surgiu de forma acidental, quando um técnico do estúdio juntou por engano diferentes *takes* do cantor em ação.

Talvez por destoar tanto, musical e conceitualmente, do catálogo do astro e da Motown como um todo, "What's Going On" despertou enorme rejeição em Berry Gordy, que se recusou a lançá-la. Marvin, que ameaçou nunca mais trabalhar para a gravadora caso não pudesse seguir com seus planos, precisou da ajuda de outros departamentos da empresa para conseguir enviar a matriz à fábrica. Finalmente lançado em 20 de janeiro de 1971, o compacto de "What's Going On" teve cem mil cópias vendidas no primeiro dia e, no mês seguinte, subiu ao número 2 da lista da *Billboard*. Restou a Gordy dar o braço a torcer. Ainda que isso envolvesse, de sua parte, mais meses de implicância com o resto das composições que seu cunhado, imbuído do mesmo caráter de pregador religioso desiludido daquele hit renegado, começava a conceber.

O repertório foi amadurecendo e, em dez dias de março de 1971 no mesmo estúdio, Marvin gravou, na exata ordem em que aparecem na tracklist final, as outras oito preciosas faixas de *What's Going On*. O LP saiu em 21 de maio, contendo a safra composta por Marvin com diferentes parceiros, incluindo James Nyx Jr., do *staff* da Motown, e registrada com a colaboração da fina flor da gravadora, como a banda-base Funk Brothers e as backing vocals do Andantes. Para desespero da cúpula da empresa, todas as músicas do disco falavam da dureza do mundo real e a maioria transcendia a duração padrão de três minutos e meio. E mais: eram interligadas rítmica e filosoficamente. Querendo dar ao projeto uma clara roupagem de álbum conceitual, Marvin pediu ao arranjador David Van DePitte (cujo nome aparece destacado na capa) que orquestrasse cordas e metais de forma a criar uma narrativa que conectasse as nove peças entre si.

Do gueto à lua, com escala no Vietnã

O material resultante era monumental, à altura do single que o precedeu. Na impressionante "What's Happening Brother", cujo *groove* pegava carona no de "What's Going On", o intérprete dá voz à perplexidade de um Frankie recém-repatriado, lamentando-se da falta de dinheiro e emprego após enfrentar o inferno da guerra. Vale prestar atenção especial no baixo livre do genial Jamerson em ambas as gravações. A seguir, o astral muda consideravelmente com duas viagens jazzísticas emendadas: "Flyin' High (in the Friendly Sky)", em que Marvin usa o termo "autodestruição" ao apontar o problema do vício de drogas (era usuário de cocaína há anos), e "Save the Children", um apelo-pesadelo apocalíptico com viés cristão, no qual prevê o fim da humanidade.

O lado A da versão em vinil retorna para o ritmo funkeado das duas primeiras faixas com outro par de composições interligadas. Primeiro vem a mais otimista "God Is Love", seguida pela fantástica e peculiaríssima "Mercy Mercy Me (The Ecology)", única assinada apenas por Marvin. Foi o segundo single, chegando ao número 4 da parada dos Estados Unidos. Pontuado por backing vocals fantasmagóricos e o sax potente de Wild Bill Moore, "Mercy Mercy Me" é o primeiro hino pop ecologista da história. Mais de cinquenta anos depois, permanece assustadoramente atual, graças a frases proféticas como "quanto abuso mais do Homem essa terra superlotada pode suportar?".

Já o lado B varia mais, partindo dos ritmos latinos de "Right On" (de versos ambíguos como "afogado num mar de felicidade"), transitando pela balada "Wholy Holy", com menções a Jesus e à pobreza nos bairros negros, até chegar em outro dos pontos altos do álbum, "Inner City Blues (Make Me Wanna Holler)". Terceira e última a ser editada como compacto nos Estados Unidos, onde beliscou o nono lugar, a faixa é um dos marcos da modernização do soul-funk para a nova década. Vale reparar nos ecos de fundo, no baixo hipnótico e na percussão minimalista que se escutam em seu arranjo fenomenal. Em sua letra, uma das melhores e mais ferinas de Marvin, ele questiona, nos moldes do que faziam contemporâneos combativos como Gil Scott-Heron e Curtis Mayfield, como era possível o governo de seu país estar mandando gente a uma guerra distante, ou até mesmo à lua, enquanto as pessoas negras e mais pobres sofriam nas cidades.

"Inner City Blues" fecha um ciclo de composições sérias como as imagens da capa e contracapa do álbum, captadas pelo fotógrafo estadunidense Jim Hendin em março de 1971 no pátio traseiro da casa do astro. Com olhar melancólico e firme, Marvin mantém a cabeça erguida debaixo de chuva enquanto parece desafiar tudo o que se espera dele, e que ele agora se recusa a entregar de mão beijada. Até a barba, esbanjada por ele pela primeira vez, vira aqui uma espécie de *political statement*. "Tinha passado minha carreira inteira com visual inofensivo, e não combinava mais", relatou em sua biografia.

1970

Guinadas e tragédia

Mesmo sem turnê de divulgação, *What's Going On* atingiu o 6º lugar na *Billboard* menos de um mês após o lançamento e teve seus três singles no top 10. Sua aura de "clássico instantâneo" era evidente a ponto de, apenas nos dois anos posteriores, suas faixas serem regravadas por artistas afro-americanos de primeira linha, como Quincy Jones e Donny Hathaway.

Além disso, Marvin renovou seu cacife com a Motown, que lhe outorgou um contrato milionário e finalmente aceitou o discurso político de seus astros como algo normal e necessário. Ainda em 1971, um anúncio da companhia trazia uma foto obscura, de um garoto negro jogando basquete num bairro pobre e dizeres do tipo "nossa juventude está optando pela realidade". Pupilos como Stevie Wonder entenderam o recado claramente.

Como muitos de sua estirpe, Marvin Gaye ajudou a mudar os rumos da história para rapidamente dar uma nova guinada. Perdeu logo o interesse em falar dos problemas do mundo na sua obra, dividindo o restante da década de 1970 em notórias novas reinvenções: aprofundou-se na própria sexualidade, com títulos como *Let's Get It On* (1973) e *I Want You* (1976), e destrinchou seu divórcio com Anna num curiosíssimo álbum duplo (*Here, My Dear*, de 1978). Ainda saboreou um derradeiro momento de glória com o hit *Sexual Healing* (1982), mas seus últimos anos, vividos na casa dos pais em meio a cocaína, armas e paranoia, foram aterrorizantes. Sua morte, em 1º de abril de 1984, porém, superou qualquer expectativa mórbida: após uma briga besta com Marvin Sr., foi baleado pelo pai, que para o crime usou um revólver que ganhara do filho quatro meses antes.

LED ZEPPELIN

Led Zeppelin IV

(1971)

1970

“Proibido tocar ‘Stairway to Heaven.’” O cartaz da loja de guitarras da cena da comédia *Quanto mais idiota melhor* (1992) dizia tudo sobre a onipresença da canção do Led Zeppelin no imaginário pop. Mesmo sem ter sido editada como single e com seus oito minutos de duração, a balada épica atravessa gerações e, mais de cinquenta anos após sua gravação, supera um bilhão de reproduções no Spotify e um vasto folclore a seu respeito.

A lição guitarrística favorita de infinitos aprendizes é também a canção mais notória de um dos quinze maiores *best-sellers* da história, *Led Zeppelin IV* (1971), vulgo *ZoSo*, *aka* o-disco-sem-título (*Untitled*), *Four Symbols* ou simplesmente *Led Zeppelin.* Com 24 milhões de cópias vendidas apenas nos Estados Unidos até 2021, o quarto trabalho do grupo londrino alcança a marca de 37 milhões nas estimativas globais.

Entretanto, tais cifras mastodônticas significariam consideravelmente menos se não fosse *Led Zeppelin IV* também um dos álbuns mais influentes da história, bastião definitivo do hard rock dos anos 1970, do qual seus autores são precursores essenciais. Mesmo que eles insistissem em ir muito além dos limites típicos desse subgênero, tão popular naquela década.

Enquanto a maioria de seus contemporâneos se conformou com a fórmula básica *riffs* certeiros + volume ensurdecedor, o Led Zeppelin abriu o seu espectro e incorporou ao rock pesado elementos como o folk britânico e o funk afro-americano, experimentando com diferentes células rítmicas e utilizando instrumentos considerados “exóticos”. Lírica e conceitualmente, a banda transcendeu a filosofia sexo, drogas e rock’n’roll – da qual foi praticante voraz e lendária –, o que alimentou o mistério e o misticismo a seu redor.

Essa aura mágica, mais digna de deuses gregos ou super-heróis de quadrinhos, consolidou-se com algumas letras do vocalista Robert Plant, inspiradas na literatura fantástica, mas também pelo hermetismo das capas e encartes dos discos do grupo e o fascínio do guitarrista Jimmy Page pelo ocultismo. E, claro, entre eles estava o baterista roqueiro definitivo, John Bonham. *Led Zeppelin IV* é a grande amostra de todas essas qualidades.

Das cinzas dos Yardbirds

O Led Zeppelin nasceu do encontro entre dois nativos de cidadezinhas próximas a Londres, James "Jimmy" Patrick Page (Heston, 9 de janeiro de 1944) e John Richard Baldwin, ou John Paul Jones (Sidcup, 3 de janeiro de 1946). Page era um requisitadíssimo guitarrista de estúdio e produtor, tendo participado de gravações com nomes do primeiro time, como The Kinks e The Who, e em 1966 havia assumido o posto de guitarrista dos Yardbirds.

Com a saída de alguns membros em 1968, ele chamou Jones, baixista e arranjador com quem já colaborara. Sondaram o cantor Terry Reid e B. J. Wilson, baterista do Procol Harum, para completar uma nova formação, mas, como eles não estavam disponíveis, recrutaram dois músicos oriundos dos arredores de Birmingham: o vocalista Robert Anthony Plant (West Bromwich, 20 de agosto de 1948) e seu ex-companheiro na Band of Joy, o baterista John Henry Bonham (Redditch, 31 de maio de 1948).

Como The New Yardbirds, fizeram os primeiros shows numa turnê pela Escandinávia e gravaram o repertório do que seria seu disco de estreia. Entretanto, Page descobriu que não detinha os direitos do nome Yardbirds. De forma que, em janeiro de 1969, quando o LP inaugural saiu, inaugurando contrato assinado com a Atlantic Records dois meses antes, tanto a bolacha quanto os seus criadores já atendiam por Led Zeppelin. O nome veio de uma piada de Keith Moon, baterista do The Who, sobre aquele supergrupo estar fadado a fracassar (no original ele usou a expressão "*go down like a lead balloon*").

Gladiadores do sucesso

Com pegada, fúria e precisão impressionantes, o *début* levava a um patamar estratosférico o peso roqueiro desbravado por nomes como

Cream e Blue Cheer, antecipando uma das principais tendências da década seguinte, o hard rock. Ao mesmo tempo, já trazia faixas totalmente surpreendentes, como a instrumental acústica "Black Mountain Side", arranjada com instrumentos indianos.

Robert Plant era um vocalista explosivo de agudos poderosos e graves elegantes, perfeito tanto para as viagens blueseiras quanto nuances intimistas desplugadas. Um dos pioneiros no uso de pedais, Jimmy Page havia criado uma sonoridade única de *riffs* avassaladores e efeitos, que funcionavam às maravilhas com o baixo estrondoso, melódico e suingado de John Paul Jones, um multi-instrumentista com dotes de harmonizador. Todos compunham muito bem e Page já era um produtor experiente, função que assumiria sozinho em todos os lançamentos do grupo.

Quanto a John Bonham... Bem, ele conseguia organizar e sintetizar, num único compasso, todas as referências rítmicas necessárias para se entender as matrizes daquele período musical tão fantástico (rock'n'roll, soul, jazz, rhythm and blues). Só que ele fazia tudo isso tocando com o apetite de um gladiador percussivo num ritual pagão, como se suas mãos segurassem machados no lugar de baquetas. Direta ou indiretamente, cada ser humano que se aventurou na bateria de rock após a passagem do Led Zeppelin pelo planeta esteve sob a influência do estilo de Bonham e do som gigantesco que ele entregava.

O público estadunidense, que teve acesso ao primeiro disco antes do britânico, acolheu-os imediatamente, enchendo os seus shows e colocando seu trabalho de estreia na 7ª posição de sua parada. Publicado apenas nove meses depois, *Led Zeppelin II* chegou ao número 1 nos dois lados do Atlântico, confirmando que o Led Zeppelin se convertera num fenômeno internacional.

Percebendo que tudo em que encostava virava ouro, a banda quis desde cedo fazer as coisas à sua maneira. Ao vetarem o lançamento de singles de seu repertório, reafirmavam que a idade dos álbuns tinha chegado para ficar. E essa convicção de que eles não eram apenas um produto lucrativo, mas também um acontecimento artístico especial, estimulou o Led Zeppelin a investir num modelo de produção que viraria moda entre seus colegas de safra. O plano se baseava no transporte de equipamentos profissionais de gravação para um ambiente rural, afastado das grandes cidades. Assim, poderiam realizar uma imersão completa que resultasse numa obra consistente, com começo, meio e fim. Não sem antes passar uma temporada de composição e ensaios em algum outro reduto remoto e bucólico.

O primeiro fruto desse *modus operandi* foi *Led Zeppelin III*, de outubro de 1970, gravado em Headley Grange, fazenda construída em 1795 no sul da Inglaterra, com o estúdio portátil dos Rolling Stones levado num caminhão. Segundo número 1 do quarteto em terras britânicas e norte-americanas, o LP se aprofundava nas pesquisas folk-acústicas e pavimentava o caminho para a subida ao degrau mais alto do catálogo zeppeliniano, que seria registrado nos mesmos moldes.

Magia rural

Sem perder tempo, Plant, Page, Jones e Bonham retornaram a Bron-Yr-Aur, o sítio perdido nas montanhas de Snowdonia, no País de Gales, onde já tinham feito a pré-produção do terceiro LP, para trabalhar no seguinte. Em dezembro, tentaram gravar o material resultante no estúdio da gravadora Island, em Londres, mas a magia se dissipava naquele ambiente antisséptico e urbano. Em janeiro de 1971 rumaram, então, de volta a Headley Grange, portando a tiracolo novamente a parafernália dos Stones, além do engenheiro Andy Johns, que classificava o local como "mal-assombrado".

Com seus espaços vastos, pé-direito alto e paredes de pedra, a sede de Headley contava com uma acústica grandiosa e vários ambientes que podiam ser utilizados, incluindo banheiro e chaminé, para a separação de instrumentos e captação de texturas únicas. Seus ocupantes entravam no clima de isolamento campestre, e um belo dia John apareceu com uma espingarda para caçar esquilos. Não foram poucas tampouco as anedotas envolvendo o frio que dominava o casarão mal-aquecido naquele inverno.

Durante doze dias, produziram sem parar e, em fevereiro, já estavam em Los Angeles para a mixagem no Sunset Sound. Só que o resultado não agradou. As faixas acabaram remixadas no Olympic, de Londres, até a metade do ano, pouco antes da nova turnê, na qual divulgaram o repertório que acabou vendo a luz bem depois do previsto, em 8 de novembro daquele ano de 1971 nos Estados Unidos, e onze dias depois no Reino Unido.

Parte do atraso se deveu também ao conflito gerado por um capricho que a Atlantic relutava em conceder: o novo álbum não traria o nome da banda na capa e nem sequer teria um título, ou pelo menos um pertencente ao alfabeto latino. Para evitar mais adiamentos, a gravadora respirou fundo e topou soltar o disco daquele jeito anticomercial que seus exigentes contratados queriam. A enigmática imagem principal, a do camponês inclinado em pleno labor, era uma pintura do século 19. Fora adquirida por Robert Plant junto à sua desgastada moldura numa loja de quinquilharias em Reading, e na arte final aparece pendurada numa parede em frangalhos de Birmingham. Para deixar os executivos ainda mais zangados e os fãs perplexos, a imagem da contracapa era o *skyline* nada atraente da mesma cidade, como pano de fundo para os símbolos que os integrantes haviam criado ou escolhido para representá-los a partir de então. Nada de nomes. E como o primeiro deles, desenhado por Jimmy Page, parecia a algo como "ZoSo", este foi um dos títulos não oficiais dados ao críptico álbum. O projeto gráfico tem a assinatura do estúdio Graphreaks (The Who, T-Rex).

O guitarrista nunca explicou totalmente de onde tirou a insígnia. O que contribuiu, evidentemente, para as lendas em torno de suas preferências "diabólicas". Afinal, Page era fissurado pelo controverso ocultista britânico Aleister Crowley a ponto de ter comprado, em 1970, a sombria casa onde ele havia morado, no mítico Lago Ness (!). Tampouco ajudou no fim das especulações macabras o fato de o emblema de Robert Plant ter sido inspirado em algo que viu no *The Sacred Symbols of Mu*, livro de outro escritor do gênero, James Churchward; ou de o velho da pintura da capa se parecer um pouco com George Pickingill, um famoso bruxo inglês; ou dos boatos de que, supostamente, as misteriosas imagens do encarte *gatefold*, entre as quais se destacava um velho mago, formavam uma espécie de besta canina...

"Esses símbolos de magia, bem com os sons musicais que anunciam, não significam tanta coisa, mas sim fazem com que coisas aconteçam", aponta o autor Erik Davis no livro-estudo *Led Zeppelin's Led Zeppelin IV* (2005). "Eles frustram o processo convencional de significados, o que, aliás, é um dos procedimentos básicos do esoterismo".

Little Richard, Tolkien e um plágio

Demoníaco ou não, a verdade é que *Led Zeppelin IV*, em sua faceta puramente musical, já seria o suficiente para causar furor nas portas do inferno. Estruturada numa dinâmica pausa-reinício cuja tensão nunca se resolve, "Black Dog", batizada em homenagem ao cão labrador que habitava Headley, inaugura a tracklist com letra sexual e um *riff* pentatônico obsceno de tão bom (alusivo à fase elétrica do *bluesman* Muddy Waters). O arranjo de sua segunda parte traz complicados detalhes métricos de baixo e guitarra que até o grande Bonham demorou para assimilar totalmente. Uma das poucas músicas do grupo lançadas em compacto (fora do Reino Unido), obteve o 15º posto nos Estados Unidos.

"Rock and Roll", o outro single, era um curioso lapso de simplicidade com sabor de tributo à primeira onda do gênero que lhe batiza. Surgiu no meio de um ensaio, quando o baterista cansou das complexidades de "Four Sticks" e saiu tocando a arrebatadora introdução de "Keep A-Knockin", de Little Richard. Em trinta minutos a tinham pronta, com direito a piano boogie-woogie de Ian Stewart, o eterno "sexto integrante dos Rolling Stones" (ver texto sobre o álbum *Let It Bleed* na p. 86).

O revivalismo, porém, interrompe-se abruptamente com a canção "The Battle of Evermore", de arranjo sem bateria, baseado em bandolins e estrelado pelas vozes de Plant e a convidada Sandy Denny, do Fairport Convention (representada no encarte pela marca dos três triângulos invertidos), operando como um surpreendente e enigmático contraponto feminino. Seus versos contêm alusões a guerras medievais anglo-escocesas e as referências mais claras do disco a *O Senhor dos Anéis*, de J. R. R. Tolkien, que aparecem também em "Stairway to Heaven" e "Misty Mountain Hop".

O Led Zeppelin era uma banda definitivamente macha e a participação de Denny foi a única de uma mulher em toda a sua obra. Mas vale notar que, no contexto de som brutamontezado das origens do hard rock e do heavy metal, o lado acústico do quarteto lhe conferia um contraste muito marcante, uma sutileza autêntica que flertava com a androginia. E é dentro desse escopo de ecletismo que se enquadra "Stairway to Heaven", um desses mistérios do rock dos anos 1970, que, mesmo longuíssima e cheia de seções, tornou-se um hit e um clássico eterno.

Sem nunca ter explicado totalmente o significado da letra da balada, Robert Plant às vezes mudaria alguns versos, para confundir ainda mais. Mas não importa: o que sempre fascinou em "Stairway to Heaven" é a forma como o vocalista consegue manter o ouvinte numa dimensão específica por mais de quatro minutos, apoiado apenas pelas cordas de Jimmy, pelo piano elétrico e pelas flautas de madeira de John. Quando surge a bateria, anunciada por uma das viradas mais célebres do cânone roqueiro, quase já deu para esquecer que a banda tem um baterista, e que ainda por cima é o John Bonham. A mão pesada dele dá fôlego para a peça atravessar sua etapa mais doce e abertamente pop, antes do *break* em tom medieval, o solo inesquecível de guitarra e a síncope arrepiante de baixo-guitarra-bateria que marca o apoteótico final, com Plant e suas notas agora ferozes e agudíssimas.

"Stairway to Heaven" foi também a música que mais rendeu folclore: das aparentes mensagens satânicas que gerava se reproduzida ao contrário, passando à suposta maldição de ser a quarta música, e com quatro partes, do quarto disco de um quarteto. O desdobramento mais sério, porém, deu-se com a acusação de plágio que seus autores Jimmy Page e Robert Plant enfrentaram mais de quarenta anos depois, por parte do autor de "Taurus", composição de 1968 do quinteto californiano Spirit. O caso foi parar na Suprema Corte dos Estados Unidos, que em 2020 proferiu resultado favorável à dupla. (Só que não dá para saber bem como Jimmy e Robert escaparam dessa: as introduções das duas músicas são idênticas)

Carne de sampler

O lado B da edição em vinil começa com o boogie-rockão mundano "Misty Mountain Hop", guiado pelo *groove* mortal do trio de instrumentistas e um relato hippie sobre uma visita a um parque. Já "Four Sticks", nomeada assim pelas quatro baquetas utilizadas por Bonham no engenhoso ritmo em cinco batidas por compasso, percorre outra vez caminhos mais experimentais e oníricos. Em seu arranjo há espaço até para um solo de John Paul Jones num sintetizador rudimentar. Nada muito complicado para o coringa do Led Zeppelin, que é escutado tocando o seu bandolim na linda faixa seguinte, a balada acústica "Going to California", um tributo ao estado norte-americano favorito dos integrantes, além de homenagem a Joni Mitchell.

Led Zeppelin IV conclui em enorme estilo, com uma releitura explosiva, hipnótica e moderna de "When the Levee Breaks", composição da *blueswoman* Memphis Minnie sobre as enchentes do rio Mississippi em 1927. Entre as paredes de guitarras *slide*, a gaita de Plant processada por efeitos e seus floreios vocais psicodélicos emerge, indestrutível, uma das performances de bateria definitivas de Bonham.

Para obter a sonoridade que resultou num dos loops campeões de sampleio, o baterista montou na maior sala de Headley Grange seu novo kit Ludwig, conhecido pelas medidas gigantescas do bumbo, tendo vários microfones dispostos a diferentes distâncias. Também foi utilizado na empreitada um sistema de ecos para guitarra. O resultado é tão impressionante que, segundo o site WhoSampled, o beat seria utilizado posteriormente em pelo menos outras 280 gravações, de Beastie Boys a Eminem, passando por Björk e Massive Attack. Um legado à altura do tamanho do rastro deixado no mundo da música por um de seus discos mais reverenciados.

YES
Close to the Edge

(1972)

Com a exceção de alguns free-jazzistas e compositores eruditos escolhidos a dedo, nenhum coletivo se esbaldou tanto com a ascensão do conceito de álbum quanto os adeptos do rock progressivo. Encorajada pela popularização do LP de 12 polegadas em meados da década de 1960 (ler o texto sobre o período no volume 1 deste projeto), toda uma geração de músicos explorou até o limite o formato, que ofertava 45 minutos de som. A tendência surgiu na Inglaterra entre o final dos anos 1960 e a metade dos 1970, quando parte da juventude roqueira tomou o bonde da psicodelia e seguiu viagem, incorporando elementos como a música clássica, o jazz, a new age e o folk anglocêntrico.

Em sua maioria exímios instrumentistas, esses progressivistas não se acanhavam em conceber peças que durassem um lado completo de disco e que abordassem temas mais concernentes ao mundo da fantasia ou da filosofia do que às aflições cotidianas. As composições passavam por várias mudanças de partes e exibiam arranjos complicadíssimos, frequentemente baseados em células rítmicas libertas do 4 por 4 imperativo na cartilha pop. Para essa turma, não existia nada mais antigo e insuficiente que os singles de 7 polegadas; bacana mesmo eram os álbuns; melhor ainda os conceituais. Usando e abusando deles, a maré progressiva se converteu numa das correntes sonoras setentistas mais influentes, até que o punk rock, exaurido de tanta pompa e excessos, os condenasse à obsolescência, taxando-os de "dinossauros".

Juntamente com Genesis, Emerson, Lake & Palmer e King Crimson, o Yes ocupou a linha de frente de tal seleto clube que, ao longo das décadas seguintes, veria sua importância reavaliada e revalorizada em diferentes momentos. Resistindo gloriosamente à passagem de mais de meio século, *Close to the Edge*, um dos dois únicos gravados pela melhor formação do quinteto londrino, perdura como um dos álbuns definitivos daquela era de riscos e exageros. Constituído por apenas três peças, duas das quais separadas em quatro movimentos, o quinto disco do Yes, lançado em setembro de 1972, retrata o ápice de sua intricada fórmula: as harmonias vocais de três camadas do cantor principal Jon Anderson, do baixista Chris Squire e do guitarrista Steve Howe, a "cozinha" poderosa de Squire e o baterista Bill Bruford, as cordas multifacetadas de Howe e o virtuosismo brilhante do tecladista Rick Wakeman. Provando que audácia e grandiloquência também podem ser recompensadas pelo grande público, *Close to the Edge* chegou ao 4º lugar da parada britânica.

Progredindo e progressivando

O Yes surgiu em 1968 do encontro de Christopher "Chris" Russell Edward Squire (Londres, 4 de março de 1948), que já tinha estado no The Syn, e John "Jon" Roy Anderson (Accrington, 25 de outubro de 1944), recém-desligado do Warriors. Squire convidou Jon a integrar seu então novo grupo, Mabel Greer's Toyshop, que tinha Peter Banks na guitarra. A eles se somariam o tecladista Tony Kaye e, com a saída do baterista Bob Hagger, William Scott Bruford (Sevenoaks, 17 de maio de 1949). Decidiram mudar de nome e Yes, a opção sugerida por Banks, prevaleceu sobre as outras (Life e World).

Com versões estendidas para canções de Beatles e Byrds, mas também algum material próprio, o Yes realizou seu primeiro show em 3 de agosto de 1968, num acampamento de verão próximo a Londres. Pouco depois, em 26 de novembro, já foram escalados como atração de abertura em show do Cream no Royal Abert Hall. Em seguida, obtiveram uma residência no concorrido Marquee Club e um contrato com a Atlantic Records. *Yes*, álbum que saiu em julho de 1969 sem muita repercussão, soava basicamente como uma coleção de folk-rock com algum devaneio jazzístico. No entanto, favorecido pelo entrosamento de quem se apresentava praticamente todos os dias em palcos britânicos e europeus, o aspecto "progressivo" propriamente dito do Yes aflorou no seguinte LP, *Time and a Word*, de novembro de 1970. Ali, as passagens instrumentais aumentaram, os teclados ganharam proeminência e entrou em cena o componente sinfônico.

Aliás, o descontentamento com o predomínio de violinos e violoncelos sobre a sua guitarra engatilhou a saída de Peter Banks da banda. Robert Fripp, do King Crimson, não topou a oferta, e a vaga caiu no colo de Stephen James Howe (Londres, 8 de abril de 1947), oriundo do quarteto psicodélico Tomorrow. Juntamente com Jon e Chris, Steve, um exímio guitarrista de sonoridade própria, compositor criativo e backing-vocalista aplicado, se tornaria para sempre uma das figuras mais associadas ao Yes. Ele ajudou seus novos companheiros a subirem de patamar, algo que se apreciava no terceiro trabalho de estúdio da trupe, de fevereiro de 1971. Primeiro título clássico da banda, *The Yes Album* marca o início da parceria com o coprodutor Eddy Offord e exibe canções memoráveis, como a bucólica "I've Seen All Good People". Atingiu o 4º lugar na parada britânica.

Nesse período, o grupo assimilou a influência de ícones eruditos da talha de Ígor Stravinsky, o que resultou em criações cada vez mais elaboradas, cheias de desdobramentos, interlúdios e reviravoltas. O que era, diga-se de passagem, bastante extenuante no momento de gravá-las. Desenvolvendo e registrando os arranjos de etapa em etapa, eles precisavam depois "reaprender" o resultado final. Tony Kaye, que não compactuava com esse complicado mecanismo, debandou após a turnê de *The Yes Album*.

O homem da capa

Emergiu, então, Richard "Rick" Christopher Wakeman (Londres, 18 de maio de 1949), rapidamente assimilado como personagem fundamental da banda e futuro símbolo da megalomania progressiva. Rick tinha acabado de editar um trabalho solo (*Piano Vibrations*), tocava folk-rock com o Strawbs e ostentava um currículo de acompanhante invejável, colaborando em gravações fundamentais de David Bowie, Elton John e outros. Dono de uma perícia técnica que, até poucos anos antes, só se via no âmbito do jazz e das orquestras, ele gostava de pesquisar novos sons, e trouxe consigo sua parafernália que incluía diferentes tipos de sintetizadores, além de órgão e pianos acústico e elétrico. Também trajava capas cintilantes absurdas e exibia uma élfica cabeleira loira, recursos que contribuíram para a inserção do Yes no imaginário coletivo dos artistas inalcançáveis, mitológicos, alheios à realidade.

O "fator Wakeman" se encaixou perfeitamente na sonoridade em construção do Yes, completando a conexão entre as três vozes celestiais – capitaneadas pelo timbre inconfundível de Anderson –, a guitarra estranhamente bela de Howe e os brutais *grooves* erguidos pelo imprevisível e experimental Bruford e o ensurdecedor Squire. Antes do final de 1971, em novembro, a "formação clássica" do Yes entregava o sensacional *Fragile*. O quarto disco adentrou a história do grupo como o mais autoralmente democrático deles, além de ser o mais ousado – a linda "Heart of the Sunrise" ultrapassa os 11 minutos – e o de maior sucesso internacional. Impulsionado por um raro single, o prog-funk "Roundabout", o LP conquistou o 4º posto na parada dos Estados Unidos. *Fragile* também instaurou a duradoura parceria com o artista gráfico inglês Roger Dean, que lacrou definitivamente a identidade visual do Yes com seu surrealismo fantástico.

1970

À beira do abismo

Ciente de seu recém-adquirido status de banda grande, o Yes quis ir ainda mais além. Assim, a Atlantic engoliu em seco quando soube que *Close to the Edge*, o quinto lançamento de seus contratados, contaria com apenas três faixas, sendo que a primeira preencheria todo o lado A. A separação em "subfaixas" de duas das peças, porém, atenuava um pouco a proposta radical, bem como a possibilidade de editar dois trechos de uma delas, "And You and I", como compacto. Contudo, sob todos os pontos de vista, tratava-se de um projeto ambicioso, que Dean traduziu com maestria no misterioso verde em degradê da capa e no abismo ilustrado do encarte – em referência à "borda" (*edge*) do título.

Novamente dividida com Eddy Offord, a produção se desenrolou intermitentemente entre abril e junho de 1972 no estúdio londrino Advision, de forma cansativa e parcialmente turbulenta. Todos queriam dar pitaco em tudo, discrepavam sobre a mixagem e apresentavam dificuldades para lembrar das passagens instrumentais mirabolantes que eles mesmos haviam escrito. Em 1992, Bill Bruford definiu as gravações como "uma tortura", comparando o processo a "cinco caras tentando escrever um romance ao mesmo tempo". Ele deixaria o Yes em 19 de julho de 1972 para tocar no King Crimson. Ou seja, somente 51 dias antes da chegada de *Close to the Edge* às lojas britânicas, que ocorreu em 8 de setembro.

Cisões e desgastes à parte, a nova bolacha resultou na mais cultuada de toda a carreira do quinteto. "Em raras ocasiões o Yes ou qualquer outra banda de rock conseguiu ser simultaneamente tão expansivo e conciso, espiritual e selvagem, profundo e nebuloso", escreveu o jornalista estadunidense Will Romano no livro *Close to the Edge: How Yes's Masterpiece Defined Prog Rock* (2017). "Tudo o que fez do rock progressivo britânico algo tão corajoso e tão celebrado se encontra em *Close to the Edge.*"

Esses atributos já se distinguem na inesquecível composição que dá nome ao disco, uma odisseia de 18 minutos e 50 segundos ocupantes da totalidade do primeiro lado da versão em vinil. Coescrita por Jon e Steve, a obra se inspira em *Sidarta*, celebrado livro publicado em 1922 pelo escritor alemão Herman Hesse, baseado no despertar espiritual de Buda. Num cacoete *prog* típico, três de suas quatro seções possuem estruturas melódicas e harmônicas semelhantes, com fragmentos que interagem entre si. "Que o formato da peça, em sua visão mais ampla, possa ser visto como circular, reitera ainda mais a sua conexão geral com o texto de Hesse", teoriza o pesquisador estadunidense John Covach em seu artigo acadêmico "Progressive Rock, 'Close to the Edge' and the Boundaries of Style", de 1997.

A primeira parte, "The Solid Time of Change", abre com um impressionante trecho instrumental de quase quatro minutos, puxado por uma introdução repartida entre sons da natureza e um ataque ameaçador. Nesse vórtex polirrítmico e policórdico, acordes e *riffs* se entrelaçam às texturas de sintetizador e à bateria jazzística, com micropausas inesperadas para pontuais coros vanguardistas de uma nota só. "No final das contas, a jornada o leva por todo o caminho", canta Jon, contrastando seu gogó delicado à cacofonia dos companheiros. Em meio ao turbilhão de detalhes, os cinco ainda encontram uma maneira para que o refrão ("Descendo pela borda, virando a esquina") seja plenamente cantarolável.

No segundo trecho, "Total Mass Retain", Bill e Steve transformam o ritmo de forma tão pungente e certeira, levando a música para um caminho estranhamente *funky*, que o transcendental verso "enquanto atravessamos de um lado para outro, ouvimos a retenção total de massa" multiplica seu potencial metafísico. A principal mudança, no entanto, vem com a terceira parte, "I Get Up, I Get Down", amarrada à anterior por uma montanha de diferentes teclados de Rick e as belas harmonias de Jon, Steve e Chris. Eles enfrentam, então, um frenético interlúdio, que os conduz de volta ao *groove* inicial, para que um quarto extrato ("Seasons of Man") conclua a majestosa "Close to the Edge".

Perto do fim

Aparentada com o clima rural de *The Yes Album*, "And You and I" cumpre muito bem o papel de acalmar os sobreviventes do primeiro lado. Entretanto, como se trata do Yes, a faixa supera os dez minutos de duração e se compartimenta em quatro frações, com créditos variáveis dados a todos menos a Wakeman. Partindo de um folk de lirismo hippie, a canção evolui a uma pós-lisergia de tecido alienígena, na transição da primeira ("Cord of Life") à linda segunda parte ("Eclipse"). A jornada de autoconhecimento regressa aos violões (3: "The Preacher, The Teacher") e visita uma apoteose grandiosa, antes de rumar a um desfecho novamente acústico (4: "Apocalypse").

Com "apenas" 8 minutos e 57 segundos, "Siberian Khatru" empresta palavra de um dialeto árabe em seu título e é a primeira música do Yes com participação autoral de Rick Wakeman. Os solos de cravo e de guitarra são fabulosos, bem como a dinâmica entre o rufo da caixa da bateria e a cascata de vozes climáticas. Culmina num chocante "diálogo" entre *riffs* hipnóticos e vocais onomatopaicos. Assim, em grande estilo e antecipando em décadas o chamado math rock, o Yes colocava um ponto-final em sua obra-prima. Que grande viagem.

JAMES BROWN
The Payback

(1973)

“Não foi um novo tipo de ritmo; foi uma nova declaração de raça, de força, de estatura, de progresso. Era o equivalente sonoro a levantar a cabeça e dizer: ‘estou aqui’; de dar passadas com determinação, em vez de andar nas pontas dos pés timidamente.” Assim James Brown define, em sua autobiografia *I Feel Good* (2005), o maior de seus legados para a história da música: a criação do funk. Sem a sua decisão não premeditada de, um belo dia, sugerir aos seus músicos que tentassem acentuar a primeira batida do compasso, alguns ramos completos da árvore genealógica pop simplesmente não existiriam. O mundo teria dançado muitíssimo menos nas últimas seis décadas se não fosse o funk de James Brown.

Mesmo antes de sua eternamente reverenciada invenção, ele já era considerado um dos pioneiros do soul, o gênero musical afro-americano que fundiu a organização métrica e harmônica do rhythm and blues com as nuances interpretativas e a catarse enérgica do gospel. O nome James Brown se transformou em sinônimo de uma cultura própria, um universo de referências que transcende o poder orgânico de seus breakbeats sampleados aos milhões e seus passos de dança copiados por Michael Jackson e Prince. O Padrinho do Soul viveu cercado de instrumentistas extraordinários, com os quais forjou, sob uma disciplina espartana no limite do suportável, a sua fórmula rítmica mágica, depois imitada infinitamente. Sobrevivente da pobreza e do racismo, James Brown foi também um baluarte do orgulho negro e da luta pelos direitos civis.

Escolher apenas um disco que represente sua gigantesca obra, distribuída em 48 anos de carreira, é uma tarefa cruel. Astro de prolificidade praticamente inigualável, ele lançou, a depender da contagem que se considere oficial, algo entre 70 e 105 álbuns, além de pelo menos 120 singles. Com composições certeiras, enriquecidas por boas doses de comentário social, arranjos impecáveis e uma banda tinindo, o LP duplo *The Payback*, de dezembro de 1973, reúne algumas das melhores características de Brown e, com suas oito primorosas e longas faixas (duas ultrapassando os doze minutos), vence, portanto, essa batalha árdua.

Da graxa ao Apollo

Para começo de conversa, quase não houve um James Joseph Brown. Após o parto, o bebê nascido em Barnwell, Carolina do Sul, em 3 de maio de 1933, escapou da morte por um triz. As dificuldades, porém, seriam uma constante em seus primeiros anos de vida. A mãe o abandonou quando ele tinha 4 anos, e aos 9, ele se mudou para o bordel administrado por uma tia em Augusta, Geórgia, largando a escola. Alternava-se entre colher algodão e cortar cana, atrair clientes para o prostíbulo e engraxar botas de soldados. Testemunhou ataques da Ku Klux Klan e, em mais de uma ocasião, foi torturado simplesmente por ser negro.

Contudo, não havia apenas o sofrimento. James começou a tocar gaita sozinho aos 5 e, aos 7, aprendeu acordes de piano. Assimilou, também, algo de linguagem guitarrística com o *bluesman* Tampa Red e chapou com a fúria performática do pregador afro-americano Daddy Grace. Tudo isso coalhou na formação de seu próprio grupo gospel, o Cremona Trio, no qual ele, aos 12 anos, já cometia a "heresia" de incluir composições e artifícios cênicos de Louis Jordan, *bandleade*r de jazz e rhythm and blues que também dançava.

Brown esteve preso dos 15 aos 18 anos por furto de carros, o que não o impediu de seguir cantando. De volta à liberdade, morou com a família do cantor Bobby Byrd, que o convidou ao seu grupo gospel, embrião do Famous Flames. Assumiu rapidamente a posição de *frontman*, incorporando os trejeitos de vocal soul de Little Willie John e os gritos enlouquecidos de Little Richard. Como dançarino, era praticamente imbatível. Brown ainda assimilaria outro elemento genial para a sua presença de palco: inspirado no lutador Gorgeous George, adotou o uso de uma capa, contratando um sujeito (Danny Ray) só para ajudá-lo a vesti-la nos shows.

Ao mesmo tempo, o jovem astro prestava atenção aos arranjos das grandes bandas e nas artimanhas de seus maestros. Contratado pelo selo King, em fevereiro de 1956 lançou, com o nome James Brown with the Famous Flames, "Please, Please, Please", uma vigorosa balada deep soul. Vieram vários outros singles, entre os quais o seu número 1 inaugural na parada de rhythm and blues ("Try Me", de 1958) e, desde *Please Please Please* (1958), inúmeros LPs.

Naqueles primeiros anos, o cantor desenvolveu sua doutrina de fazer shows sem parar, às vezes vários num único dia, praticamente sem folga. Também cultivou seu lado empreendedor, bancando do próprio bolso alguns de seus projetos. O mais célebre foi o colossal álbum ao vivo *Live at the Apollo* (1963), que vendeu mais de um milhão de cópias.

E Deus fez o funk

James Brown esteve cercado de grandes instrumentistas desde o início de sua carreira. No entanto, isso se intensificou entre 1964 e 1965, quando entraram para os Famous Flames os saxofonistas Maceo Parker e Alfred "Pee Wee" Ellis, que levaram a sua seção de sopros a outro patamar, e os bateristas Clyde Stubblefield e John "Jabo" Starks, os inigualáveis *Funky Drummers*. Depois ainda surgiria o gigante do trombone Fred Wesley que, como Pee Wee, era um mestre dos arranjos. Apoiado por essa turma, Brown começou a sua expansão para além do mercado de música negra, "jantando" bandas brancas como Rolling Stones e Beach Boys ao dividir o palco com elas. À frente de seus aliados, aprimorou o funk, que nasceu nos *top 10 hits* "I Got You (I Feel Good)" e "Papa's Got a Brand New Bag", ambos de 1965.

A principal diferença entre aquelas canções e as suas anteriores era o acento rítmico no primeiro dos quatro tempos de cada compasso – daí o apelido "*The One*", dado pelo próprio Brown ao funk – e não no segundo e no quarto, como era habitual no jazz, no soul e no rock'n'roll. Parece um detalhe pequeno, mas causou uma revolução, que se podia detectar fisicamente na figura de James Brown, uma força da natureza em cujo âmago era impossível dissociar os movimentos do corpo dos sons que emitia com a voz. Percebendo, em suas próprias palavras, "que não precisava mais de melodia para compor" e que "poderia usar apenas 1 ou 2 acordes em cada composição", ele se libertou de suas últimas amarras.

Pleno e confiante, o novo James Brown era nada menos que uma usina nuclear polirrítmica, exalando síncopes em cada fração da respiração, suingando em cada insinuação motora. Maravilhou o mundo e lotou pistas de dança com o seu funk, que ele mesmo trataria de desdobrar em muitas variações, do estilo "pra trás" (da também inovadora "Cold Sweat", de 1967) às levadas mais aceleradas e explosivas ("Sex Machine", de 1970).

O ativista tirano

Mais do que uma forma de tocar, dançar e cantar, o funk estabelecia um canal direto de autoafirmação e atitude com a população afro-americana, que então protagonizava o movimento por seus direitos civis. "Dar um passo à frente com orgulho só é possível com o impulso do *The One*, e não com a passividade do *Two*. Afinal, não se trata de música, e sim da vida", escreveu Brown, que em 1969 lançou o compacto e o álbum *Say It Loud – I'm Black and I'm Proud* (tradução: "Diga alto – Sou preto e tenho orgulho") e passou a participar de eventos pela causa. "Para mim, aquilo representava muitas coisas de uma vez: o som do meu povo, o ritmo que estava por trás da sua contribuição social, o auge da música negra entre o grande público, as batalhas e as vitórias contínuas do movimento pelos direitos civis."

Entretanto, como efeito colateral de seu perfeccionismo, que ele define em seu livro como "um treinamento militar", Brown ganhou a justificada fama de tirano e explorador. Não pagava os membros da banda corretamente, exigia que o tratassem de "Senhor", cobrava deles o uso de terno até em ensaios e os multava, na frente do público, quando não respondiam aos seus gestos e "guinchos" determinantes nas mudanças de partes. Voava em seu jatinho privado enquanto seus músicos enfrentavam intermináveis horas de estrada de ônibus. Fred Wesley comparou o regime imposto pelo patrão à escravidão. Só que mesmo com toda essa carga desgastante nos bastidores, ver imagens de todos em ação nesse período, com os arranjos sendo costurados sob os comandos cifrados do líder, é das experiências mais fascinantes.

Uma rédea tão curta e aplicada por tanto tempo gerou, sim, *grooves* que até hoje não foram superados; mas também esgotou a paciência de praticamente todos os envolvidos. Em março de 1970, o grupo organizou um "motim" contra o chefe, ao que James Brown respondeu simplesmente trocando de banda. A cartada, que prometia ser desastrosa, mostrou se bem-sucedida: ao longo de um ano, o déspota genial turbinou ainda mais o seu funk com a primeira formação da mítica The J.B.'s, que incluía novos pupilos, angariados de um combo de Cincinnati (Pacesetters), como o incrível Bootsy Collins, responsável por engrandecer a importância do baixo naquele gênero.

"Conforme as melodias das canções de Brown foram ficando mais rudimentares e os padrões rítmicos interligados foram se tornando mais complexos, os J.B.'s começaram a usar metais, guitarras e teclados – geralmente instrumentos melódicos – como ferramentas percussivas", resumiu o escritor afro-americano Nelson George em seu livro *The*

Death of Rhythm and Blues (1988). O som de James Brown só melhorava. Pena que a nova banda se desintegrou já em março de 1971.

Impávido ante quaisquer turbulências, contratado pela gravadora Polydor e lançando singles de seus protegidos pelo selo próprio People Records, James Brown permaneceu bastante ocupado. Excursionou pela África, encheu estádios na Europa e lançou bons discos na etapa Polydor – com quem viveu em permanente conflito –, entre os quais *There It Is,* no qual abordava problemas da realidade negra, como as epidemias de drogas e o desemprego, e *Get on the Good Foot,* ambos de 1972. No mesmo ano, sofreu boicotes por apoiar o candidato presidencial republicano, conservador e pró-Guerra do Vietnã Richard Nixon.

A vingança

No ano seguinte, Brown se aventurou nas trilhas de filmes *blaxploitation*, especializados em retratar a pobreza e a criminalidade em bairros afro-americanos, uma tendência naquele período, compondo para *O chefão de Nova York*, de Larry Cohen, que saiu em fevereiro, e *Jogando sujo*, de Gordon Douglas, de agosto. Entre os dois lançamentos, em 13 de junho de 1973, viveu o seu mais terrível trauma, a perda do filho Teddy, de 19 anos e também músico, num acidente de carro.

Para não se afundar na tristeza, manteve-se na ativa. Em agosto, iniciou os trabalhos numa sala apertada do estúdio International Recording, em Augusta. Entre as idas e vindas dos músicos, estavam a bordo da sua equipe estelar atualizada velhos conhecidos (Maceo, Fred, Jabo, o saxofonista St. Clair Pinckney, o guitarrista Jimmy Nolen e o baixista Sweet Charles Sherrell), além de recrutas mais recentes: os trompetistas Hassan Jamison, Jasaan Sanford e Isiah "Ike" Oakley, o guitarrista Hearlon "Cheese" Martin, o baixista Fred Thomas e o percussionista John Morgan. Eles se posicionavam num semicírculo, de forma que todos ficassem de frente para o chefe.

Seis semanas após a tragédia familiar, Brown e sua turma tinham criado a primeira amostragem – cinco músicas gravadas em duas sessões – do que seria sua terceira *soundtrack*, do longa *Inferno no Harlem*, sequência de *O chefão de Nova York*. Mas os produtores incrivelmente achavam que o material não era *funky* o suficiente. A composição mais célebre entre as recusadas, que ele tinha criado com Fred e Jabo, chamava-se "The Payback". Tornou-se faixa de abertura e também título do LP duplo lançado pela Polydor em dezembro. Nascia um álbum que, mesmo impedido de seu propósito original de servir à narrativa de um filme, mantinha uma coerência musical e temática.

Encurtada de sua versão original de mais de sete minutos e publicada como segundo single do repertório, "The Payback", a canção, chegou ao número 1 da parada R&B. Era um ritmo hipnótico e arrastado, ameaçador como a sua letra, sobre alguém sedento de vingança, empurrado pela "cozinha" demolidora, pelas sutilezas percussivas e pelo entrelace das duas guitarras. Não à toa seria tão sampleado (457 vezes, segundo o site WhoSampled), mais notoriamente no hit "My Lovin' (You're Never Gonna Get It)" (1992), do En Vogue.

Mantendo seu costume de emplacar ao menos um deep soul a cada disco, O Padrinho fecha o lado A com "Doing the Best I Can", destilando dores de amores sobre cordas e um coro feminino não creditado. O outro momento suave e que remete aos seus primeiros anos é "Forever Suffering", abertura do lado C. Ambas as baladas estão entre as cinco faixas do repertório de coautoria de seu colaborador Charles Bobbit – empatando com Fred Wesley no "pentacampeonato" –, que participa também na direção de arte. A ilustração da capa traz Brown em primeiro plano, além de duas pessoas não identificadas, uma árvore e mãos realizando uma aparente transação em dinheiro; no encarte interno, o desenho remete a paisagens rurais da infância do músico; na contracapa, um retrato ilustrado de ares futuristas de um homem e uma mensagem sobre os "poderes da mente".

O lado B abre com outro funk lento, "Take Some… Leave Some", aparentado com "The Payback". Brilha, aqui, a classuda metaleira comandada por Wesley, tanto pelo fraseado ágil de seus seis integrantes quanto por seus jogos de perguntas e respostas. A temperatura esquenta até desembocar nos oito minutos de "Shoot Your Shot", estruturada em duas partes, uma mais contida, outra explosiva e dançante, ambas guiadas pela seção rítmica e coloridas pelas texturas dos sopros. Com duelos imperdíveis de Maceo e Fred, além de intervenção do próprio J. B. no órgão, é uma peça que caberia em qualquer filme de *blaxploitation*.

Em "Time Is Running out Fast", a forma como os elementos interagem e se completam, cada qual ocupando seu espaço de forma ágil e inteligente, atinge um nível sublime. James emite sons guturais e o timbre da caixa de Jabo se mostra mais uma vez irreproduzível. O lado D (ou B do disco 2) ainda nos reserva dois dos momentos mais gloriosos de *The Payback*. Primeiro aparece "Stone to the Bone", single que antecedeu o álbum, ainda em novembro. Seu *groove* funk-jazzístico, coroado por outro solo de Brown e temperado pelos chocalhos de Morgan, tem dez minutos, mas de tão bom poderia durar o dobro. A seguir, recebemos a pedrada final, "Mind Power", doze minutos de um mantra de pista forte o suficiente para ganhar representação gráfica na contracapa, estampada pela ilustração de um homem negro e o mapa de seu cérebro. Nela, James discursa por mais de três minutos sobre a falta de oportunidades nos guetos negros, as tentações da criminalidade, a importância da educação e o poder da mente pra lidar com a fome.

Os precursores do hip-hop ouviram com atenção. Pregadores, como o famoso reverendo Al Sharpton, também. "Nós sentimos que *The Payback* é a música da América negra e jovem em 1974, porque diz muitas coisas que milhões de jovens negros querem dizer e não podem expressar musicalmente" afirmou Sharpton, ao entregar prêmio a Brown durante a edição de 1974 do programa televisivo *Soul Train*.

QUEEN
A Night at the Opera

(1975)

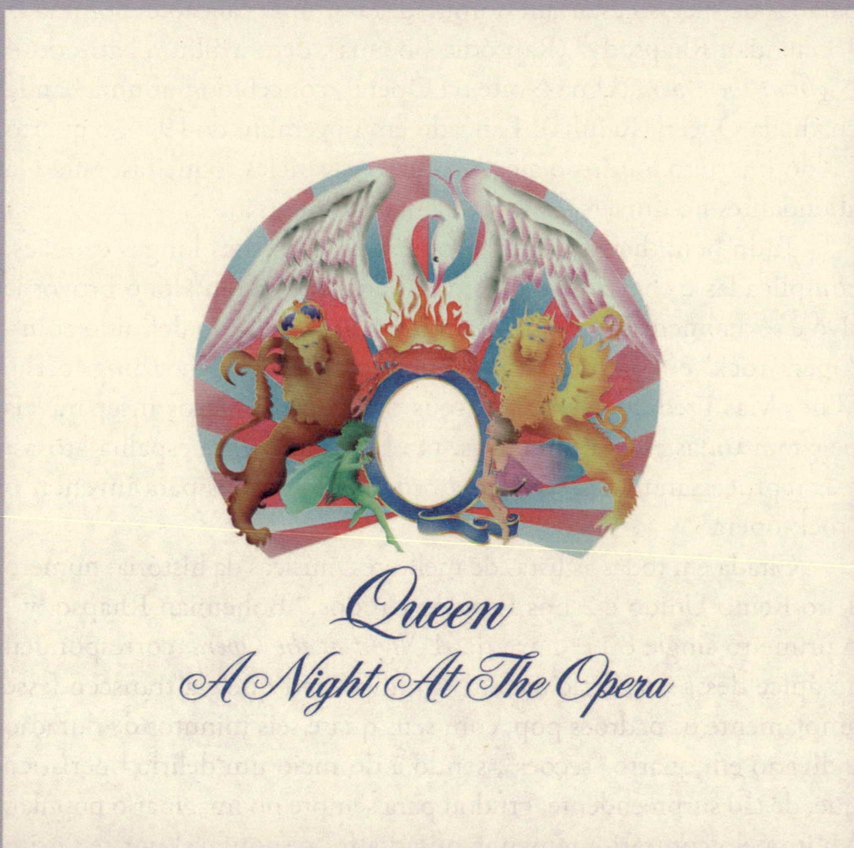

No começo dos anos 1950, quando os primeiros praticantes do rock'n'roll começaram a disseminar aquele novo gênero musical, eles até podiam apostar que, com o passar do tempo, a sua criação mudaria e evoluiria. Mas será que eles imaginaram que, duas décadas depois, as paradas de sucesso estariam dominadas por uma canção denominada "Bohemian Rhapsody" (Rapsódia Boêmia), de um álbum batizado *A Night at the Opera* (Uma Noite na Ópera), concebido por uma banda chamada Queen (Rainha)? Lançado em novembro de 1975, o quarto LP do quarteto londrino alçava as extravagâncias roqueiras, então já abundantes no universo musical, a outra dimensão.

Tudo bem, havia o rock progressivo com suas longas canções, complicadas e cheias de partes; também andava em alta o provocativo e sexualmente ambíguo glam rock; até um estilo definido como "ópera-rock" era ofertado por grupos como The Pretty Things e The Who. Mas Freddie Mercury e seus três companheiros inseparáveis pegaram todas essas influências, tão britanicamente espalhafatosas, e as reprocessaram, invertendo a ordem dos termos para inventar o "rock-ópera".

Citada em todas as listas de melhores músicas da história, número 1 no Reino Unido e 2 nos Estados Unidos, "Bohemian Rhapsody", o primeiro single e 11ª faixa de *A Night at the Opera*, correspondeu ao ápice dessa excentricidade. Não importou que ela transcendesse amplamente os padrões pop, com seus quase seis minutos de duração e divisão em quatro "seções", sendo a do meio um delírio operístico que, de tão surpreendente, grudou para sempre no imaginário popular. Muito pelo contrário: tamanha ousadia foi responsável por seu êxito arrasador. No Reino Unido, é, segundo relatório de novembro de 2023, o 3º single mais vendido em qualquer época.

O impacto de "Bohemian Rhapsody" tende a ofuscar a qualidade da obra à qual pertence. Entretanto, *A Night at the Opera* vai além dela, persistindo como um dos álbuns mais diversificados, bem executados e bem gravados da concorrida década de 1970. Eleito pela *Rolling Stone* o 128º melhor já feito, ele figurou como o mais vendido nas lojas britânicas por quatro semanas e faturou três discos de platina em terras estadunidenses. Ambas as façanhas contribuíram para que o Queen seja o quinto nome mais vendável da história no planeta.

De Zanzibar para o mundo

O Queen começou como Smile, banda formada no segundo semestre de 1968 pelo baixista e cantor Tim Staffell e por Brian Harold May (Hampton Hill, 19 de julho de 1947). Ex-integrante do sexteto 1984, May estudava física – depois obtendo pós-graduação em astronomia – no Colégio Imperial de Ciência e Tecnologia de Londres. Um anúncio publicado no mural da faculdade trouxe Roger Meddows Taylor (King's Lynn, 26 de julho de 1949), um baterista e guitarrista que em 1967 viera a Londres para cursar odontologia. Abriram show do Pink Floyd e chegaram a produzir um single mas, sem obter a repercussão desejada, Tim decidiu sair.

Era a deixa para que, em abril de 1970, um peculiar amigo dos integrantes, Freddie, tivesse a sua oportunidade. Batizado Farrokh Bulsara, ele havia nascido em 5 de setembro de 1946 na Cidade de Pedra, no arquipélago de Zanzibar, região da Tanzânia, para onde a família, indiana da etnia parsi, havia se mudado, por causa do emprego governamental do pai. Freddie, que na adolescência se transferiu com os pais para a Inglaterra, estudava ilustração no Colégio de Arte Ealing e possuía experiência em grupos como o The Hectics (ainda no colégio interno onde morou em Panchgani, Índia) e o Sour Milk Sea.

As suas primeiras providências ao lado dos novos companheiros foram a mudança do nome do trio para Queen – que achava "subversivo", pela alusão à monarquia e por uma possível conotação gay – e de seu próprio pseudônimo, Freddie Mercury. "É possível que Freddie achasse que os fãs da música dos anos 1970 não estivessem preparados para uma estrela do rock com raízes africanas e indianas", teoriza a escritora Lesley Ann-Jones, no livro *Freddie Mercury: the Definitive Biography* (2011).

Orgulhoso ou não de suas origens, de sua pele escura e de seus dentes proeminentes, fato é que Mercury brilhou desde o começo, com sua voz exuberante e cheia de recursos, sua presença de palco teatral, o figurino chamativo e seu enorme controle da plateia. De quebra, ainda tocava piano muito bem e se defendia na guitarra (o monumental *riff* da parte pesada de "Bohemian Rhapsody" é de sua autoria). Após alguns baixistas efêmeros, em março de 1971, a entrada do discreto John Richard Deacon (Leicester, 19 de agosto de 1951) selou a formação do Queen pelos vinte anos seguintes, até a morte de Freddie.

Em dezembro de 1971, prepararam demo com cinco composições e conheceram Roy Thomas Baker, produtor de Elton John, futuro colaborador em cinco discos, e os irmãos Norman e Barry Sheffield, donos do estúdio e agência de artistas Trident, com quem fecharam acordo no ano seguinte. Em março de 1973 os Sheffield intermediaram o contrato da banda com a EMI.

Criatividade e sucesso em evolução

Precedido pelo single "Keep Yourself Alive", o primeiro álbum, *Queen*, chegou às lojas em julho de 1973, sem ainda destacar a banda das dezenas de outras que transitavam entre o hard e o glam rock naquele ano. Ainda assim, já denotava uma certa imprevisibilidade, sensível em canções como a multifacetada "My Fairy King". Reverberou moderadamente junto ao público, entrando no top 25 do Reino Unido e no top 100 dos EUA, onde excursionaram dois meses depois. O trabalho de estreia também implantava o espírito autoral consideravelmente democrático do grupo que, mesmo tendo um fora de série como Freddie Mercury ao microfone, dava espaço para que Brian May e Roger Taylor também interpretassem seu material, além de gravar composições de John Deacon.

Não demorou e, em março de 1974, soltavam *Queen II*, no qual aplicavam um verniz progressivo nos arranjos e, com a ajuda do coprodutor Baker, exploravam mais os recursos tecnológicos. Isso se nota tanto pelo peso dos instrumentos quanto pelos coros parrudos, absorvidos dos Beatles, com Roger focando nas melodias agudas, Brian nas graves e Freddie no espaço entre ambas. Ao substituírem David Bowie no programa televisivo *Top of the Pops* para dublar "Seven Seas of Rhye", viram o single atingir o 10º posto e o LP alcançar o 5º no Reino Unido. As portas do sucesso se abriam para o Queen, que, apenas nove meses depois, entregou *Sheer Heart Attack,* 2ª posição inglesa e 12ª estadunidense. Mais enérgica e direta, a terceira bolacha continha o magnífico hit número 2 "Killer Queen", amostra do poderio vocal, da audácia e do detalhismo do quarteto.

1970

O Queen se tornava uma banda grande, que lotava shows até em países como o Japão e adotava a megalomania como estilo de vida, sem limites para sexo, festas e entorpecentes. O próximo trabalho precisava estar à altura disso. No entanto, para que ele se materializasse, a banda precisou resolver o seu principal problema: livrar-se do contrato predatório com a Trident. Entrou em cena John Reid, empresário de Elton John, que "comprou" o grupo dos irmãos Sheffield por cem mil libras e 1% de futuros ganhos.

Sete estúdios, um álbum

A "libertação" se celebrou da melhor maneira possível, com os quatro músicos se isolando na propriedade rural Penrhos Court, em Herefordshire, limite entre Inglaterra e País de Gales. Era hora de focar no novo álbum, que seria nomeado *A Night at the Opera*, em homenagem a comédia homônima dos Irmãos Marx lançada em 1935 (no Brasil: *Uma noite na ópera*). A brincadeira com o gênero musical-cênico multissecular se transporia também ao projeto gráfico do inglês David Costa, que diagramou o encarte interno e a contracapa como um programa de ópera. Para a capa, preparou uma versão colorida do já pomposo logo criado por Freddie, presente nos três antecessores: o Q cercado por dois leões (signos de John e Roger), um caranguejo (câncer, signo de Brian), duas fadas (virgem, signo de Freddie) e a ave fênix. Dessa vez, porém, sem a coroa normalmente localizada dentro da letra.

Após duas semanas de composição no casarão, os quatro migraram para outro reduto bucólico, o estúdio Ridge Farm, em Rusper, do outro lado da Grã-Bretanha, próximo a Londres, para os ensaios. No final de agosto, nova viagem, ao Rockfield, em Gales, para gravarem com Baker e o engenheiro de som Mike Stone. Lá, eles concentrariam esforços no registro *live* das bases de piano, baixo e bateria; as vozes foram captadas no histórico Sarm, em Londres, e os complementos se repartiram por

nada menos que outros quatro endereços londrinos (Roundhouse, Olympic, Lansdowne e Scorpio). O uso de seis estúdios – ou sete, se contarmos que "God Save the Queen" nasceu no Trident em outubro de 1974 – era algo sem precedentes; tampouco se conhecia um disco que tivesse custado quarenta mil libras esterlinas como aquele.

A ópera e uma fita extraviada

Freddie argumentava que o primeiro single deveria trazer a extensa e tresloucada "Bohemian Rhapsody", vulgo "Bo Rap", uma somatória de três composições prévias suas, cuja parte mais emotiva (a balada que abre e fecha a peça) era uma sobra do Smile. Na primeira vez em que ouviram suas demos com as diferentes partes, os colegas não entenderam muito bem. Só Mercury visualizava como aquilo terminaria e, mesmo assim, ia improvisando ideias durante o processo.

Contudo, após três semanas de labuta, iniciada em 18 de agosto de 1975 e dividida entre os membros espalhados por estúdios distintos, eles estavam impressionados com o resultado. Nada soava como "Bo Rap". Dos solos inesquecíveis de May aos inúmeros detalhezinhos de sua guitarra multicamadas a interligar as partes; da performance multipolar de Freddie (tocante num momento, bufônica e hard-roqueira noutros) à sonoridade do trio Mercury-Deacon-Taylor, cuja potência e entrosamento já constituíam marcas registradas do Queen.

O mais impressionante, porém, era a montanha de vozes que haviam empilhado no trecho do meio, às vezes com até três tomadas diferentes para cada frase aguda, média ou grave. Todo dia Freddie aparecia com "mais uns 'Galileus' para gravar". Para a palavra "magnífico!" elaboraram uma complexa cascata oral. Fora as enigmáticas citações da letra do cantor, que buscou personagens e referências no teatro italiano do século 16 (o palhaço Scaramouche), na ópera-bufa *O barbeiro de Sevilha* (Fígaro, o barbeiro) e nas grandes religiões (o demônio Belzebu e a palavra-oração muçulmana "*bismillah*").

Apesar de tudo isso, John Deacon não apoiava a edição de "Bohemian Rhapsody" como single, no que era respaldado pela EMI. Até que o improvável ocorreu. Mercury "vazou" uma cópia para seu amigo Kenny Everett, DJ da Capital Radio, de Londres, e a música oficialmente inédita se escutou por quatorze vezes em dois dias de outubro de 1975. Diante da resposta perplexa e extática dos ouvintes, a gravadora finalmente deu o braço a torcer e até topou bancar um vídeo promocional dirigido pelo britânico Bruce Gowers, com porções que reproduziam as fotos da capa de *Queen II*, e enviá-lo ao *Top of the Pops*. Em 31 de outubro, saía o compacto de "Bohemian Rhapsody". Em 23 de novembro, dois dias após a aparição de *A Night at the Opera* nas lojas britânicas, o single ocupava o número 1 no Reino Unido. Em maio de 1992, após ser empregada em divertida cena do longa *Quanto mais idiota melhor*, conquistaria o número 2 nos EUA.

Programa de múltiplas atrações

Ora, mas e o resto de *A Night at the Opera*, além de sua faixa onze? Bom, como no programa de ópera que parodia, seu repertório é variadíssimo e, em grande parte, muito bom. A começar por "Death on Two Legs (Dedicated to...)", exemplar majestoso de rock vingativo dirigido à Trident. Sobre a cozinha vigorosa de Roger e John e *riffs* cortantes de Brian, ele manda um "você levou o meu dinheiro e ainda quer mais".

Como estamos tratando de um disco nada convencional, o que se sucede é "Lazing on a Sunday Afternoon", uma minicanção de 67 segundos que brinca com o nome de um hit dos Kinks ("Sunday Afternoon", de 1966 – ver texto sobre o álbum *Face to Face* na p. 50) e que caberia num número burlesco de cabaré. Mal dá para absorvê-la e já giramos em 360 rumo à terceira faixa, "I'm in Love with My Car", hard rock machão em que Roger, seu autor e vocalista, trata colecionismo automobilístico com fetichismo sexual. Ele conseguiu emplacá-la no lado B do compacto de "Bo Rap".

Dentro desse mesmo acerto, segundo o qual cada um dos quatro pudesse ser bem remunerado por direitos autorais, o segundo single, já de junho de 1976, traz no lado A a quarta faixa, "You're My Best Friend". É um delicioso pop-rock sem grandes variações, composto por Deacon para sua companheira Veronica e interpretado por Mercury. Atenção para os backing vocals e o piano elétrico tocado pelo próprio autor. Tendo no lado B a quinta, "'39", fusão de folk acústico e ficção científica escrita e cantada por Brian May, o compacto de "You're My Best Friend" entrou no top 20 dos dois principais mercados.

Na face 1 do disco ainda cabem a agressiva "Sweet Lady", um quase-metal de interessantes síncopes rítmicas, concebido por Brian e entoado com vigor por Freddie; e "Seaside Rendezvous", tributo do astro ao music hall britânico do final do século 19 e ao jazz afro-americano de primeira geração. Novamente, vale observar os vocais de apoio, além de efeitos sonoros e instrumentos como kazoo empregados por Roger.

O lado progressivo

Muita gente desacredita quando descobre que "Bohemian Rhapsody" não é a peça mais longa de *A Night at the Opera*. Pois a detentora do título é "The Prophet's Song", uma distopia de 8 minutos e 20 segundos sobre o fim do mundo sonhada por Brian. Ele mergulhou sozinho nela no Sarm, enquanto os outros três cuidavam das bases no Rockfield. Não fosse a presença da concorrente imbatível na lista, é possível que se considerasse esta a obra-prima progressiva do repertório, sobretudo pelos dois minutos e meio de devaneio vocal *a cappella* situado na metade do arranjo, mas também por seu refrão majestoso.

Antes de "Bo Rap", temos nada menos que "Love of My Life", a linda balada que Freddie, imponente ao piano, dedicou à sua amada Mary, com quem manteve relação até o final da vida, mesmo após se definir como homem gay. Com Brian se jogando na harpa, a música se eternizou ao ser entoada em coro de mais de cem mil pessoas, com "regência" de Mercury, em duas noites do Rock In Rio 1, em janeiro de 1985. E há também "Good Company", com o autor Brian May cantando e tocando um ukulele japonês. Tanta grandiosidade não poderia terminar em outra coisa que não uma reinterpretação elétrica de "God Save the Queen", o hino nacional do Reino Unido, executado apenas por May e Taylor. Ainda descartaram uma releitura de "Keep Yourself Alive". Oras, *A Night at the Opera* já estava de bom tamanho.

RAMONES
Ramones

(1976)

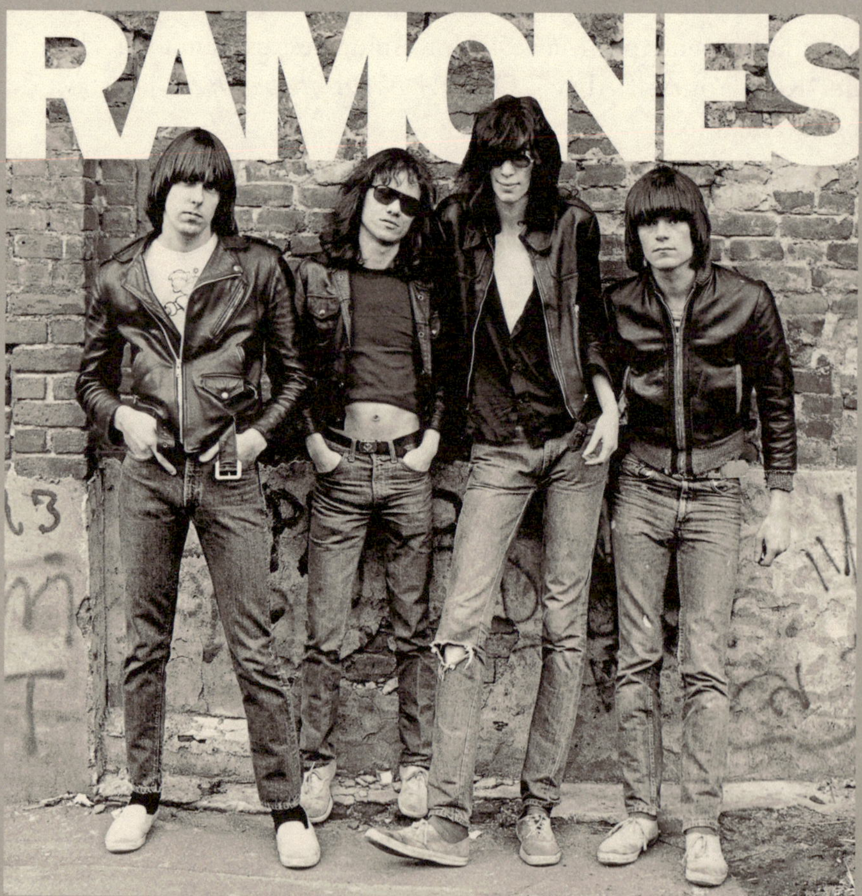

1970

Poucos nomes na história septuagenária do rock foram tão influentes quanto os Ramones. Sua aparição na metade dos anos 1970, um período de excessos dominado por artistas megalomaníacos, surtiu o efeito de um cataclisma estético. A partir da chegada do quarteto nova-iorquino, toda uma geração se reconectou com o que originalmente tinha levado a música pop a ser tão especial. De quebra, aprendeu que menos poderia ser mais e que não era obrigatório ser um instrumentista virtuoso para se criar algo bom.

O beabá dessa cartilha, que continua em vigor quase meio século após seu lançamento, é o álbum de estreia do grupo, *Ramones*, de abril de 1976. Com 14 faixas em 29 minutos, o mesmo tempo que podia durar uma única composição do trio progressivo Emerson, Lake & Palmer, o primeiro disco da banda enfileira lições sonoras de no máximo 2 minutos e 35 segundos. Exala uma inteligência humorística que, posicionada entre a ironia e a ingenuidade, jamais conseguiu ser reproduzida tão espontaneamente por ninguém.

Para chegar numa fórmula tão radicalmente enxuta e idiossincrática, os Ramones tomaram algumas decisões determinantes: aumentaram o volume e o BPM considerados normais, inventaram as introduções-relâmpago, delimitaram o uso de três ou quatro acordes por música e aboliram os solos. Nas criações ramônicas "raiz", como as presentes no repertório do LP inicial, não há lugar sequer para os *riffs* de guitarra, e as mudanças harmônicas ocorrem em desembestados blocos drônicos, truque que gera um suingue muito especial. E nenhuma dessas canções recebe o "selo de qualidade", é claro, sem o "*one-two-three-four!*" berrado pelo baixista Dee Dee Ramone no começo. "O que fizemos foi tirar do rock tudo o que não gostávamos e usar o resto, de forma que não ficassem a influência do blues, nem solos longos de guitarra", resume o guitarrista Johnny Ramone em sua autobiografia *Commando* (2012).

Além de espremerem os supérfluos roqueiros até sintetizarem sua sonoridade a uma partícula mínima indivisível, os Ramones simplificaram também na maneira de se expressar liricamente. Para Johnny, Dee Dee, Joey e Tommy, o mundo poderia ser dividido em "*I Wannas*" e "*I Don't Wannas*" (só em *Ramones* há quatro títulos com esses dizeres). Romperam, ainda, com os delírios fantasiosos como fonte de inspiração, uma mania dos astros setentistas. Se o Led Zeppelin escrevia sobre os universos imaginários de J. R. R. Tolkien (ver texto sobre o álbum *Led Zeppelin IV* na p. 120), aqueles quatro sujeitos comuns reivindicavam a importância despretensiosa de quadrinhos, dos filmes de terror e dos prazeres e dores da vida metropolitana. "*Ramones* foi um dos primeiros álbuns a reconhecer o artifício da cultura pop, ao mesmo tempo que o glorifica", define o escritor Nicholas Rombes no livro *The Ramones' Ramones* (2005).

O pacote de inovações dos Ramones transcendia os sons. A adoção por todos eles de um mesmo nome de família fictício – ainda por cima um latino – os irmanava brilhantemente. Ademais, transmitia um senso de pertencimento, reforçado por seu vestuário urbano homogêneo de tênis, jeans e jaquetas de couro. No palco, se posicionavam como um batalhão pronto pra guerra: nas duas extremidades, lá estavam Johnny e Dee, com suas pernas abertas em desenho triangular e seus cabelos de menino, em forma de tigela; plantado no meio, agarrado ao pedestal do microfone, saltava aos olhos o estranho pirulão Joey, o primeiro *frontman* que *realmente* saía dos padrões de beleza. "Os Ramones foram talvez a mais pura e mais brilhante das bandas punk despersonalizadas, aparecendo num uniforme inalterável, compartilhando o mesmo sobrenome e fazendo uma música que rearticulava repetidamente a mesma ideia", escreveu Rombes em seu estudo.

Mesmo assim, todos esses preceitos não sustentariam qualquer doutrina sem um ingrediente: as melodias. Influenciadas pela primeira geração do rock'n'roll e dos *girl groups*, elas simplesmente eram boas demais. Seymour Stein, o dono da Sire, disse que só topou contratar o grupo para a gravadora porque ficou com as suas músicas na cabeça.

Normalidade no Queens

Os moradores Forest Hills, o pacato bairro de classe média/alta no *borough* nova-iorquino Queens, dificilmente suspeitariam. Mas foi em suas ruas e prédios que os Ramones surgiram, em 1974. Nos corredores da escola Forest Hills, John William Cummings (Nova York, 8 de outubro de 1948), o endiabrado Johnny, ficou amigo do judeu húngaro Tamás Erdélyi (Budapeste, 29 de janeiro de 1949), o Tommy, com quem integrou o Tangerine Puppets. A iniciativa não vingou e Cummings decidiu, então, chamar outros amigos para tocar, entre eles o também judeu Jeffrey Ross Hyman (Nova York, 19 maio de 1951), o Joey, e o delinquente juvenil Douglas Glenn Colvin (Fort Gregg-Adams, Virgínia, 18 de setembro de 1951), o Dee Dee.

Os primeiros ensaios, que inicialmente contaram com um quarto elemento chamado Richie Stern, acabaram definindo-os como um trio: Johnny na guitarra, Dee Dee cantando e Joey na bateria – para desgosto do guitarrista, que o achava feio e sem ritmo. Mas Tommy, que planejava ser o empresário da turma, teve a sacada fundamental de sugerir o realocamento daquele grandalhão desajeitado, que enxergava mal e sofria de TOC, aos vocais. Deu certo. Remanejaram Dee Dee para o baixo e, após testarem diferentes bateristas, acabaram fechando, em julho de 1974, a formação com o próprio Tommy empunhando as baquetas. Ele se convenceu a participar depois que os três lhe mostraram "Judy Is a Punk", composição que considerou "futurista".

Dee Dee mencionou que gostava de Ramón, pseudônimo utilizado ocasionalmente por Paul McCartney, ao que Jonny acrescentou que, se todos o assumissem, seria mais fácil para todo mundo memorizar os nomes de cada membro e o do próprio coletivo. Um golpe de mestre. O visual uniformizado de quadrilha, porém, se firmaria durante os seis primeiros meses. Antes disso, a referência estético-musical mais forte que haviam tido era o New York Dolls, pelas roupas femininas extravagantes e pela capacidade de soarem potentes, mesmo sendo tecnicamente limitados. O próprio Joey já tinha flertado com o glam rock com um grupo anterior, Sniper. MC5, Stooges e Alice Cooper também eram denominadores comuns entre todos.

Mini-shows

Em 16 de agosto de 1974, estrearam no então desconhecido antro CBGB. A residência semanal que fariam lá, com seus alucinantes miniconcertos de quinze minutos, contribuiria para que o local se tornasse a meca mundial definitiva do punk (um termo que ainda nem se usava naquele contexto). Ao longo das 25 vezes que se apresentaram no CBGB no segundo semestre de 1974, o público foi crescendo. Outros músicos chapavam. Mais tarde, o Clash viria da Inglaterra para tietá-los. "Os Ramones não eram uma banda idiota de rock; era uma banda com um conceito, que foi completamente compreendido por nós", me disse Colin Newman, guitarrista do Wire, quarteto londrino contemporâneo aos Ramones, em entrevista de 2009.

Diante ou não de colegas, eles tocaram sem parar e chegaram bem azeitados para a gravação da primeira demo, em fevereiro de 1975. Uma segunda fita veio em setembro, já produzida por Marty Thau, agente dos Dolls. O material chegou às mãos do produtor Craig Leon, da Sire, e eles assinaram com a gravadora, recebendo US$ 20 mil adiantados para a compra de equipamento.

O próprio Leon se encarregou de gravá-los, no final de janeiro de 1976 no estúdio Plaza Sound, em ritmo coerente com o que escutava (em cerca de uma semana de estúdio). Dedicaram três jornadas exclusivamente às bases instrumentais, registradas ao vivo em estúdio, mas também acrescentaram alguns *overdubs*. A conta: US$ 6.400, menos de um sexto do orçamento do álbum anterior deste livro, *A Night at the Opera*, do Queen. Tommy Ramone levou crédito de "produtor associado", segundo Leon, "porque o álbum era basicamente o seu conceito".

Revolução em 29 minutos

Ramones chegou às lojas em 23 de abril de 1976, com sua memorável capa da fotógrafa californiana Roberta Bayley. A imagem capta os quatro vestidos a rigor, encarando a câmera, sérios, contra a parede de tijolos de um playground comunitário no bairro nova-iorquino do Bowery. Já tinha sido publicada anteriormente no número 3 da revista *Punk*, com a qual Bayley, uma funcionária do CBGB, colaborava. Na contracapa, despontava a famosa insígnia da águia, concebida pelo designer mexicano Arturo Vega numa cabine fotográfica. A ela depois seriam acrescidos os nomes dos integrantes para a elaboração de um dos mais reconhecíveis logos do rock.

É tarefa árdua citar um álbum que comece com algo tão marcante quanto os gritos de "*Hey ho, let's go!*", da faixa de abertura "Blitzkrieg Bop". Na canção "Pinhead", do segundo disco, *Leave Home* (1977), outro grito de guerra disfarçado de estribilho ("*Gabba gabba hey!*") ampliaria essa tradição. "A garotada está enlouquecendo", canta Joey, como que dando um aviso. Até as toscas pratadas baterísticas de Tommy parecem dizer "estamos chegando."

Com sua introdução geometricamente cirúrgica, "Beat on the Brat", a segunda música, navega pelo politicamente incorreto. Joey contaria que a letra era sobre "bater nos moleques mimados" do seu prédio. Mas o impacto maior vem na seguinte, "Judy Is a Punk", com um dos primeiros usos da palavra "punk" numa composição. Trata-se de um bubblegum pop irresistível em velocidade supersônica, cujo niilismo metalinguístico de uma de suas estrofes faria qualquer artista conceitual babar: "Segundo verso / Igual ao primeiro". E por falar nisso, "I Wanna Be Your Boyfriend", composta por Tommy (embora assinada coletivamente, como nas treze autorais da tracklist) é uma homenagem ao pop "chicletoso" dos anos 1960. Um raro momento em que um arranjo do LP apresenta uma nuance, o dedilhado de guitarra.

"Chain Saw" alude simultaneamente a "1969", dos Stooges (na frase "Sentado aqui sem nada para fazer") e ao filme *Massacre da serra elétrica* (1974), utilizando o ruído da motoserra no início. Uma molecagem só menor que a próxima faixa, "Now I Wanna Sniff Some Glue" (Agora eu quero cheirar um pouco de cola). Trata-se de um clássico sobre a etapa adolescente e suas complexidades, resolvido em linguagem haikai. No meio da canção (e não no começo, vejam bem), mandam, do nada, uma épica contagem até oito (e não até quatro, vejam bem). Com frases econômicas e uma singeleza insistente, os Ramones emendam outras duas pauladas, "I Don't Wanna Go Down to the Basement" e "Loudmouth", dos geniais versos "Você fala muito / Melhor calar a boca / Vou te bater". Já "Havana Affair" ridiculariza as intrigas internacionais da Guerra Fria com o refrão de *nonsense* latino *"Baby, baby, make me a loco / Baby, baby, make me a mambo"*.

Só os Ramones, também, para escreverem uma serenata de amor de menos de dois minutos, e em ritmo acelerado, como "Listen to My Heart". Destaque para as palmas sincronizadas com a caixa da bateria, um tempero próprio que aparece aqui e em vários dos outros arranjos. Tampouco dá para imaginar outro grupo disposto a lançar, em 1976, "53rd & 3rd". A única obra claramente "adulta" do álbum, foi supostamente baseada nas experiências reais de Dee Dee como michê, justamente na esquina de Nova York que a intitula. A letra abre com o verso "Acho que você consegue / Vamos lá, cara".

Em sua reta final, *Ramones* ainda entrega uma cover que celebra a etapa mais *naive* do rock, "Let's Dance", sucesso de Chris Montez de 1962, "I Don't Wanna Walk Around with You", uma das primeiras escritas pelo grupo, e a polêmica "Today Your Love, Tomorrow the World". A Sire pediu, sem sucesso, para que cortassem a frase "eu sou um nazi".

Ramones, que em 2022 foi eleito pela *Rolling Stone* como melhor disco de estreia da história, não vendeu especialmente bem à época de seu lançamento, nem foi um fenômeno nas paradas (número 111). Mas abriu um dos precedentes mais cruciais para a posterioridade roqueira. Podem acreditar: o marco zero de toda uma linhagem não só musical, mas também filosófica, surgiu naquele primeiro "*one-two-three-four*" de Dee Dee em "Blitzkrieg Bop".

STEVIE WONDER
Songs in the Key of Life

(1976)

Quando, em agosto de 1975, a Motown Records anunciou que renovaria o seu contrato com Stevie Wonder, pouquíssimos artistas no planeta poderiam superá-lo em poder de barganha. Wonder tinha então 25 anos, sendo que, desde os 11, era ligado à seminal gravadora afro-americana. A parceria rendera incríveis vinte álbuns, dois dos quais alcançaram o topo da parada da *Billboard*. Ele também já ostentava quatro dos dez singles número 1 que acumula até hoje, dado que lhe posiciona entre os dez popstars mais bem-sucedidos da história estadunidense.

Precoce e superdotado cantor, compositor, arranjador, tecladista, gaitista e baterista, Stevie vinha se libertando das amarras artísticas rígidas da Motown desde o começo da década de 1970. A maturidade como controlador total de sua obra também chegou cedo, aos 20 anos, munida de uma concepção musical singular inimitável, por meio da qual passou a emplacar uma média de um disco espetacular por ano. Os cinco trabalhos anteriores ao novo contrato tinham sido totalmente compostos, produzidos e 80 ou 90% tocados pelo jovem autor, que ganhou duas estatuetas seguidas de álbum do ano nas edições de 1974 e 1975 do Grammy.

A negociação foi árdua, terminando em abril de 1976 com acordo para sete discos, a começar por *Songs in the Key of Life*, bolacha dupla lançada em 28 de setembro daquele ano. Trata-se de um caso raro de *triple-win situation.* Stevie, que para renovar exigiu o mesmo tratamento recebido por ídolos brancos de primeiro time, embolsou US$ 13 milhões, então um valor recorde. Também conseguiu uma participação inédita de 25% (mais do que o dobro do normal na época) na venda de cada exemplar de LP ou fita cassete.

A Motown, por sua vez, garantiu para seu catálogo mais um fenômeno de crítica, respaldado por quatro Grammys (incluindo outro de melhor álbum do ano), e sobretudo, de popularidade. O disco estreou em 1º lugar nos Estados Unidos, posto que ocupou por um total de quatorze semanas, numa das maiores hegemonias pop daquela década. Em março de 2005, no crepúsculo da era dos lançamentos físicos, *Songs in the Key of Life* recebeu o certificado de dez platinas, por dez milhões de cópias vendidas apenas em solo ianque. Dezenove anos mais tarde, apareceu no 1º posto da lista de 300 maiores álbuns da história publicada pela revista estadunidense *Paste*.

O terceiro beneficiado do contrato multimilionário foi, é claro, o público, que se deparou com uma autêntica obra-prima. Com suas 21 faixas, originalmente distribuídas por quatro lados de LP e um compacto duplo extra, *Songs in the Key of Life* é uma coleção espantosamente inspirada de canções sobre assuntos atemporais, que abrangem do racismo ao amor, arranjadas e interpretadas de forma totalmente original por Wonder. Sua diversidade sonora é chocante, passeando por vários dos subgêneros mais interessantes de sua época, como disco music, jazz fusion, funk sintetizado e baladas. Finaliza e coroa uma sequência de álbuns que figura entre os maiores legados da música dos anos 1970, rivalizada apenas pela série discográfica de David Bowie do mesmo período.

Adversidade e precocidade

Foi o excesso de oxigênio recebido na incubadora, onde passou 54 dias após nascer seis semanas prematuro, que causou a cegueira por retinopatia de Stevland Hardaway Judkins (Saginaw, Michigan, 13 de maio de 1950). Desde pequeno, ele cantou em coro de igreja, absorvendo também os grandes sons seculares negros via rádio em Detroit, cidade para qual sua família se mudara. Aos 9 anos já cantava e tocava piano, gaita e bateria e aos 11, em 23 de setembro de 1961, fez audição na Motown, que o rebatizou Little Stevie Wonder e o contratou como assalariado, criando um fundo de *royalties* que ele só poderia acessar aos 21 anos de idade.

No ano seguinte estreou com vários singles e os álbuns *The Jazz Soul of Little Stevie Wonder* e *Tribute to Uncle Ray*, baseado em repertório do seu herói Ray Charles. No entanto, o sucesso viria mesmo em 1963, quando o compacto gravado ao vivo "Fingertips – Part 2", com bateria de outro ídolo, Marvin Gaye, e *The 12 Year Old Genius*, o LP que o continha, chegaram aos pontos mais altos da lista da *Billboard*. Little

Stevie estabeleceu, assim, um recorde que, até o momento da edição deste texto, continua em vigor: o de artista mais jovem a liderar a parada dos Estados Unidos.

Renomeado novamente apenas Stevie Wonder a partir do quarto trabalho, *With a Song in My Heart* (1963), o menino prodígio passou o restante da década gravando intensamente, soltando outros oito discos e emplacando sete compactos no top 5. Nessa etapa de sua carreira, cumpria à risca o papel obediente exigido por Berry Gordy, fundador da gravadora, de seus empregados. Mesmo os cantores do elenco que também compunham – time que Wonder também passou a integrar desde *Uptight (Everything's Alright)* (1966) – eram obrigados a operar dentro de um esquema de pouquíssima autonomia, no qual não apitavam quase nada, fosse na escolha de repertório ou de instrumentistas, fosse nos detalhes de arranjo e produção.

Autonomia

Mas o talento descomunal de Stevie, somado à impressionante experiência de palcos e estúdios de que dispunha sendo ainda um adolescente, alimentavam progressivamente uma tremenda vontade de expandir toda a sua criatividade, em seus próprios termos. "Ele estocava canções em sua mente, como segredos reveladores preservados daqueles que almejavam lucrar às suas custas", analisa o escritor Zeth Lundy em seu livro *Stevie Wonder's Songs in the Key of Life* (2007). "A evolução artística de Wonder estava ocorrendo em privacidade absoluta. Todos, inclusive seu patrão, teriam que esperar até que ele deixasse de ser menor de idade para poderem ter alguma amostra."

As concessões autonômicas por parte de Berry Gordy começaram na aurora da década seguinte, com o excelente *Signed, Sealed, Delivered* (1970), que incluía dois singles produzidos pelo próprio cantor. A tendência se consolidou no trabalho seguinte, *Where I'm Coming From* (1971), no qual ele se encarregava de todas as composições e da produção completa, além de tocar a maioria dos instrumentos, inaugurando uma metodologia autossuficiente que manteve pelo resto dos anos 1970. O disco também refletia seu interesse por um lirismo político. Algo que, para desgosto da cúpula da Motown, chegava ao auge em 1971 com *What's Going On*, de Marvin Gaye (ver texto sobre esse álbum na p. 112).

De contrato novo e apto a gastar o seu fundo (que superava US$ 1 milhão), Wonder financiou parte da esplêndida sequência de títulos concebidos nos três anos posteriores: *Music of My Mind* (1972), *Talking Book* (1972, 3º lugar nos EUA), *Innervisions* (1973, 4ª posição) e *Fulfillingness' First Finale* (1974, número 1). O período lhe rendeu também medalhas de ouro para os compactos "Superstition" (1972), "You Are the Sunshine of My Life" (1973) e "You Haven't Done Nothin'" (1974).

A gloriosa primeira metade de década marcou o surgimento do *som Stevie Wonder*, uma fórmula que abrangia composições riquíssimas, tanto harmônica quanto melódica e ritmicamente, um timbre de voz inimitável, interpretações vocais de tirar o fôlego – não à toa a *Rolling Stone* o considera o 7º melhor cantor da história –, um leque eclético de estilos, o suingue avassalador na execução dos instrumentos e arranjos francamente inovadores, turbinados pelo fascínio do astro pela tecnologia de estúdios. Desde *Music of My Mind*, ele contava com a assessoria de Malcolm Cecil e Bobo Margouleff, magos dos sintetizadores que criavam equipamentos sob sua encomenda. Os novos brinquedos somavam mais itens à sua já respeitável parafernália de instrumentos de teclas, como o clavinete e o piano elétrico, presenças constantes em seus irresistíveis *grooves*. O ponto máximo de toda a efervescência musical, conceitual, técnica e filosófica de Stevie Wonder é *Songs in the Key of Life*.

Desaguando talento

Prolífico como nunca, Stevie inicialmente pensou em fazer um volume dois para *Fulfillingness' First Finale*. Mas, diante da indefinição contratual, o projeto acabou não vingando e, entre 1974 e 1976, ele foi acumulando pilhas de material, que desenvolvia em sessões madrugada adentro em três estúdios de primeira linha: Hit Factory, em Nova York, e Crystal e Record Plant, em Los Angeles.

Quando ficou claro que todo aquele talento represado só caberia no inédito formato de dois LPs + compacto duplo, a Motown surpreendentemente não chiou. O que na verdade queria Berry Gordy, acostumado a faturar anualmente com o seu garoto de ouro, era que o novo lançamento chegasse logo às lojas. O próprio Stevie brincou com a situação, aparecendo com camiseta estampada com os dizeres "*We're almost finished!*" (quase acabamos!).

O impacto de *Songs in the Key of Life* começava pela parte gráfica, com a ilustração psicodélica de Stevie, criada pelo artista estadunidense Tony Warren, ocupando a capa e o *gatefold* interno, e o livreto de 24 páginas que acompanhava o pacote. Introduzido por uma mensagem assinada por "Stevland", o volume impresso traz todas as letras e uma página inteira de agradecimentos inspiracionais a figuras como Frank Zappa (que gravou solo de guitarra não utilizado), além de listar nos créditos um luxuoso time de colaboradores: a diva soul Minnie Riperton e jazzistas como Herbie Hancock, Dorothy Ashby (substituindo Alice Coltrane) e Ronnie Foster. Ainda assim, era uma obra na qual se notavam as digitais de seu criador em cada nota. Três das faixas, aliás, foram 100% cantadas e tocadas por ele.

Viagem longa

Como que preparando o ouvinte para uma viagem longa mas que vale a pena, Stevie começa tranquilinho em "Love's in Need of Love Today", um soul suave de lindos backing vocals sobre o embate entre amor e ódio. "Have A Talk with God", uma das gravadas sem mais nenhum instrumentista, é um funk-blues com pegajoso *riff* de sintetizador e temática espiritual. Ele sobe o tom na faixa seguinte, "Village Ghetto Land" com letra do jornalista e radialista Gary Byrd que denuncia "famílias comprando comida de cachorro" enquanto "políticos riem e bebem". O arranjo, novamente conduzido apenas pelo astro, traz a primeira aparição contundente de sua mais recente aquisição, o sintetizador polifônico Yamaha GX10, uma das marcas de *Songs in the Key of Life*.

Outra qualidade do álbum é mudar da água para o vinho a cada canção sem que, milagrosamente, perca-se a unidade. A primeira grande reviravolta vem em "Contusion", jazz fusion instrumental inspirado por acidente automobilístico que o deixou uma semana em coma, em agosto de 1973. É uma das cinco do repertório em que ele se acompanha da banda Wonderlove, formada por músicos como o guitarrista Michael Sembello, depois compositor do hit "Maniac" (1983), e Greg Phillinganes, tecladista de Michael Jackson. O grupo comparece também na última faixa do lado A, "Sir Duke", homenagem a Duke Ellington e outros gigantes do jazz que, lançada como segundo single, já em março de 1977, foi número 1 nos Estados Unidos.

E por falar em sucesso, a artilharia continua pesada no começo do lado B com "I Wish", o primeiro compacto, de dezembro de 1976, também líder na parada local. De letra nostálgica bem-humorada, conta com um refrão matador e um *groove* antológico, baseado na bateria infernal de Stevie (não devidamente creditada no encarte) e em seu *walking bass* no sintetizador, somado ao baixo elétrico de Nathan

Watts. Depois de tanto balanço, quase que se faz necessário um respiro, trazido pela bonita balada subsequente, "Knocks Me off My Feet", a outra plenamente executada pelo autor.

"Pastime Paradise", que em 1995 seria recontextualizada pelo rapper Coolio no hit "Gangsta's Paradise", é uma das mais experimentais. Sua base se apoia em percussão latina e as *fake*-cordas do Yamaha, mas pouco a pouco se acompanha das vozes de um coro gospel e de um grupo de hare krishnas. O LP 1 ainda oferece duas das mais delicadas melodias wonderianas, "Summer Soft" e "Ordinary Pain" que, a partir da metade, migra para um funk nervoso e ácido da escola Funkadelic, potencializado pela voz de Shirley Brewer.

Composta para a filha recém-nascida Aisha, "Isn't She Lovely", outro *standard* do panteão de Stevie Wonder, inaugura a segunda bolacha trazendo para o primeiro plano a sua gaita cromática, em solo épico desses que parecem contar uma história completa. Realizou a proeza de chegar às paradas sem ser editada como single, de tanto que as rádios a tocavam. Na sequência aparece o soul lento de refrão esplendoroso "Joy Inside My Tears" e "Black Man", outra escrita com Gary Byrd, um dos pontos de maior catarse dos 104 minutos de *Songs in the Key of Life*. Abertamente antirracista, a canção reivindica crédito a grandes personalidades afro-americanas, latinas e indígenas por diferentes conquistas.

Novos rodopios ocorrem a seguir: "Ngiculela – Es Una Historia – I Am Singing" é cantada em zulu, espanhol e inglês, enquanto "If It's Magic" se serve apenas da voz de Wonder e da harpa da grande Dorothy Ashby. O piano elétrico do craque Herbie Hancock dá o gás em "As", de refrão fabuloso, antes do desfecho grandioso de "Another Star", a leitura de Stevie para a moda da disco music, em cuja massa sonora se encontram a guitarra de George Benson e a flauta de Bobbi Humphrey. Espremidas no compacto duplo na edição original, as últimas quatro faixas, são "Saturn", escrita com Sembello, o rock-soul "Ebony Eyes", o funkão "All Day Sucker", e a estranha instrumental "Easy Goin' Evening (My Mama's Call)".

Ufa... é mesmo uma jornada duradoura, mas cujo roteiro o ouvinte já deseja repetir quando soa a nota derradeira. Stevie Wonder até produziria bons álbuns e teria vários sucessos globais nos anos seguintes, mas jamais repetiria a glória de *Songs in the Key of Life*.

THE B-52s

The B-52's

(1979)

Os convidados estão tentando entender até hoje o que viram naquela festa em Athens, Geórgia, em 14 de fevereiro de 1977. Afinal, não é sempre que você vai a um encontro informal de amigos e se depara com o show de uma banda tão surrealista musical e visualmente, que não se parece com nenhuma outra e que, ainda por cima, faz você rir e dançar loucamente. O grupo que aqueles poucos privilegiados testemunharam em ação estava, então, debutando ao vivo e se chamava The B-52's (desde 2008, a grafia é The B-52s, sem apóstrofe). Um nome dado em homenagem ao penteado utilizado por suas duas vocalistas mulheres (também conhecido como *beehive*, ou "colmeia"), e não pelo bombardeiro homônimo. Uma importante distinção.

Desde aquela noite, dava para notar que tudo nos B-52s era original demais. Dos timbres das vozes de Kate Pierson, Cindy Wilson e Fred Schneider à maneira desconcertante e inimitável como elas soavam juntas, tanto em uníssono quanto em caóticas dinâmicas de pergunta/resposta; do surf-futurismo experimental da guitarra de Ricky Wilson à potência suingada que ela gerava, colada na bateria firme de Keith Strickland. O que dizer, também, das linhas de órgão Farfisa de Kate, do baixo que ela executava no próprio teclado, dos barulhinhos, dos berros, das letras absurdas, das maluquices todas?

Sem contar a presença cênica inclassificável dos cinco, um de seus elementos primordiais. Diante de tanta informação contida em tamanha aparição lisérgica, o público sofria para decidir se fitava aquelas mulheres com vestidos de brechó e perucas alucinógenas, ou se focava nos seus companheiros de palco, três vibrantes homens gays em roupas coloridas. O mais visível deles (Schneider), um delirante bigodudo que dançava em movimentos espasmódicos, pilotava um *walkie-talkie* e lançava no microfone os seus inconfundíveis brados, se converteria num dos *frontman* mais subestimados que o mundo pop conheceu.

Como Pere Ubu, Talking Heads e Television, The B-52s praticavam o pós-punk antes mesmo que o próprio punk tivesse passado de moda. Ou seja, aliavam espontaneamente o espírito "faça-você-mesmo" ao seu interesse pelo vanguardismo e a suas conexões com a poesia e as artes performáticas. Tal combinação alimentou uma obra crucial para um período de intensa modernização da música pop, a transição dos anos 1970 aos 1980.

Esteticamente, os B-52s abordavam o passado com uma espécie de respeito cínico e zombavam do futuro, conectando os dois espaços de tempo com filtros de imagética *kitsch.* E o fato de eles moldarem a sua irrepetível e sofisticada linguagem numa cidade pequena, de um estado conservador do sul dos Estado Unidos, torna-os ainda mais fascinantes. "Eles estavam na interseção entre o bobo e o sério, a celebração e a crítica, a nostalgia e a sugestão do que estava errado no passado", analisa a escritora Grace Elizabeth Hale em seu livro *Cool Town: How Athens, Georgia, Launched Alternative Music and Changed American Culture* (2020).

Considerado pela revista *Rolling Stone* como um dos 50 melhores álbuns de estreia de todos os tempos e um dos 200 maiores em qualquer critério, *The B-52's*, o primeiro trabalho de estúdio do quinteto, permanece insano, radicalmente inovador e irresistível mais de 45 anos após o seu lançamento, em julho de 1979.

Oásis progressista

A saga dos B-52s começou em 1969, a partir da amizade entre dois adolescentes nativos de Athens e colegas de escola, Ricky Helton Wilson (19 de março de 1953) e Julian Keith Strickland (26 de outubro de 1953). Aos 16 anos, eles compartilhavam a paixão por música, os cabelos compridos, as vestimentas glam e as experiências como vítimas de hostilidades, já que eram homossexuais numa cidade de tradição homofóbica.

Para compensar as dificuldades cotidianas, dispunham de uma pequena comunidade progressista e acolhedora ligada à Universidade da Geórgia (UGA), localizada na cidade, que já no final dos anos 1960 exibia um interessante fluxo artístico. Em seu desdobramento sonoro, essa movimentação daria à luz mais tarde nomes como R.E.M. Ricky tocava guitarra e compunha, ocasionalmente chamando a irmã mais nova Cynthia "Cindy" Leigh Wilson (Athens, 28 de fevereiro de 1957) para cantar. Passou por diferentes grupos, até conhecer dois "forasteiros" do estado de Nova Jersey.

O primeiro, Frederick "Fred" William Schneider III (Newark, 1 de julho de 1951) havia se instalado em Athens em 1969 para estudar na UGA, e tentava se virar como poeta. Já Catherine "Kate" Elizabeth Pierson (Weehawken, 27 de abril de 1948), a mais velha da futura trupe, ex-integrante do conjunto folk Sun Donuts, chegou em 1973 para viver como hippie num sítio vizinho a Athens.

Estética do improviso

Com Ricky na guitarra, Keith nas congas, Kate no órgão e vocais, Fred e Cindy nas outras vozes, os B-52s se reuniram em novembro de 1976. Arquitetaram o show inaugural num restaurante chinês de Athens, de onde saíram para compor a primeira canção, "Killer Bees". A ausência de um baixista e a grana curta engatilharam a busca por uma instrumentação alternativa, algo que marcou categoricamente a sonoridade da banda. Kate assumiu as linhas graves, transpondo-as ao seu teclado Farfisa e, mais tarde, a um sintetizador Korg. Cindy trouxe os desprestigiados bongôs à fórmula, enquanto Fred, um ocasional segundo operador do baixo sintetizador, introduziu na bagunça tralhas como um piano de brinquedo e o seu célebre *walkie-talkie*.

E por falar em soluções econômicas, partiu de uma guitarra barata com uma corda quebrada o inesquecível *riff* de "Rock Lobster", a canção que define a primeira etapa dos B-52s, e que até Prince tocava em shows. Keith sugeriu a Ricky que, ao invés de gastar dinheiro substituindo a corda sol, que havia estourado, deveria focar apenas as restantes, em afinações abertas. Ricky topou e, sem planejar, inventou um estilo próprio, no qual dispensou não só uma, mas duas cordas (as "do meio", sol e ré, conforme mostrado na contracapa de *The B-52's*). O seu som único se baseava, portanto, em seu jeito percussivo e incisivo de manejar as cordas "de cima" (mi, lá), ao mesmo tempo que deixava as duas "de baixo" (si, mi) para os acordes.

Numa funerária desativada, ensaiavam em longas *jams*, algo que assimilaram dos concertos do free-jazzista doidão Sun Ra. Os artistas "fora da casinha" eram mesmo uma inspiração para os B-52s, que se identificavam como devotos da criticadíssima Yoko Ono. O uso surpreendente do canto, sobretudo por parte de Kate, dona de considerável alcance vocal e capaz de emitir ruídos indistinguíveis, era uma pista clara da admiração deles pela japonesa. Ecleticões e definitivamente não previsíveis, transavam o chá-chá-chá do *bandleader* cubano Pérez Prado, mas também coletâneas de música pigmeia e a obra da excêntrica cantora lírica peruana Yma Sumac.

A turma chegou à fatídica noite inaugural mencionada no início deste texto com pelo menos cinco das nove canções que aparecem em *The B-52s*. Na memorável performance, Ricky surgiu de peruca roxa, enquanto Fred antecipou o visual anos 1980 de seu xará do Queen em alguns anos, ao combinar bigode e regata branca. As garotas chocavam, exibindo óculos escuros retrofuturistas e os notórios "cabelos de algodão doce", inspirados tanto nas mulheres caretas de classe média da chamada América Profunda quanto nas *drag queens* das grandes cidades.

Outsiders em Nova York

De festa em festa, a fama do indescritível combo se propagou rapidamente e, em 12 de dezembro de 1977, ele se apresentava no Max's Kansas City, uma das mecas do punk nova-iorquino. No final de fevereiro do ano seguinte, conseguiram um show no ainda mais lendário CBGB. Gente como Lou Reed e Debbie Harry começou a aparecer para vê-los, enfeitiçando-se com a energia festiva, a esquisitice generalizada e o humor torto daqueles caipiras excêntricos, que levavam até uma caixinha de risadas para o palco.

Vindos de um cafundó a 1.300 quilômetros de distância da Grande Maçã, os B-52s injetavam cor e *groove* numa cena que, embora riquíssima, estava marcada pela sisudez e a atitude *blasé*. "Com homens gays e duas mulheres fortes e liberadas em pleno Sul, eles tinham bastante experiência como *outsiders*", escrevem os autores Scott Creney e Brigette Adair Herron no livro *The Story of the B-52s: Neon Side of Town* (2023).

Em abril de 1978, lançavam pelo selo DB, de Atlanta, o single de "Rock Lobster", registrado no estúdio local Stone Mountain. Com letra *nonsense* de Fred, inspirada em slides de lagosta que ele tinha visto numa discoteca (!), a canção originada da guitarra "banguela" de Ricky apareceu mais acelerada do que na versão posterior, enquanto quarta faixa do disco. Entretanto, já se contemplavam no arranjo original elementos que se mantiveram na regravação, como o cowbell espancado alucinadamente pelo cantor, a associação desbaratinada entre a voz de Kate e a guitarra de Ricky, e as onomatopeias da ala feminina, transitando entre rompantes *à la* Yoko e imitações dos balidos de uma cabra.

Como no palco

Após abrirem para Elvis Costello e Talking Heads, serem hospedados por Brian Eno e paparicados por Frank Zappa e David Bowie, os B-52s puderam calcular bem os passos seguintes. Fecharam com a poderosa Warner, que se encarregaria de distribuir seu primeiro álbum nos Estados Unidos, com a eclética Island Records cuidando do Reino Unido. Embora Chris Blackwell, o fundador da Island, tenha assinado a produção de *The B-52's*, gravado em duas semanas de março no seu folclórico Compass Studio, nas Bahamas, quem pôs a mão na massa mesmo foi o engenheiro de som Robert Ash. Ele captou as nove composições selecionadas com todos juntos em estúdio, sem muitos *overdubs*.

O álbum abre da forma mais *cool* possível, nada afobada, com o balanço pseudolatino de insinuações siderais "Planet Claire", de Fred Schneider e Keith Strickland. Até que o vocalista dê as caras, cantando coisas como "dizem que ela vem de Marte", já correram 2 minutos e meio e um autêntico desfile de idiossincrasias: o *walkie-talkie* psicodélico, o bongô de meia tigela, o Farfisa evocando trilhas de filmes B de terror, a guitarra cosmo-surfista.

É uma introdução de luxo ao mundo dos *Bififtituos*, que só melhora na faixa seguinte, "52 Girls" (de Ricky e o agitador cultural Jeremy Ayers), amostragem poderosa do punk-funk do grupo carregada pelo coro de Kate Pierson e Cindy Wilson. Cantoras que, nas palavras de Creney e Herron, "podiam harmonizar como os *girl groups* e gritar como o povo da *avant-garde*", aqui elas fundem seus gogós de forma inédita, fixando um som identificável em meio compasso. Os versos são uma despirocada lista de "nomes de garotas americanas", em meio a uma parafernália de zumbidos. Brilhante.

E eis que pinta "Dance This Mess Around", composição dos cinco elevada às alturas pela interpretação de Cindy. Na primeira parte, em que ela lamenta a falta de atenção de um companheiro romântico, seus gritos arrepiam. O trecho foi utilizado em cena da série *Big Little Lies* (2017) em que uma personagem abusada sexualmente extravasa a sua fúria. Depois, Fred entra na conversa e eles concluem juntos que o caminho é "resolver essa treta dançando".

Se "Rock Lobster" tampa a face A do LP em grande estilo, a B cativa logo de cara, com "Lava", outra escrita a dez mãos. Atenção para a linha garageira de Ricky, os versos insanos ("meu coração está se rompendo como um Krakatoa") e a pegada do trio vocal, dando tudo, como fará Cindy na terceira do mesmo lado, "Hero Worship" (composta por seu irmão com Robert Waldrop, e que tem Kate numa segunda guitarra). O torque do quinteto se intensifica em "There's a Moon in the Sky (Called the Moon)", da bonita mensagem inclusiva: "Se você está no espaço / Não se sinta fora de lugar / Porque há milhares de outros como você". Em arroubo chapado de ficção científica, o arranjo desemboca numa desvairada frase unindo as gargantas femininas e o órgão de Kate.

"6060-842", composição de todos menos Cindy, prima pelos falsos inícios e finais, as guitarras inspiradíssimas e sua temática, sobre problemas de comunicação na era dos telefones fixos. Antes de terminar, *The B-52's* ameaça perder pique com "Downtown", arranjo velvetiano de Kate e Cindy para um velho hit de Petula Clark, mas não chega a se comprometer.

Peça de arte

Segundo Kate, o conceituado artista britânico responsável pela capa do álbum, Tony Wright – colaborador de Bob Marley e Traffic – usou o pseudônimo Sue Ab Surd porque não estava especialmente orgulhoso do resultado. Mas a imagem é maravilhosa, captando a essência caleidoscópica do grupo.

Considerado por Cindy uma "peça de arte", *The B-52's*, transformou-se num clássico do pós-punk e de sua ramificação policrômica, a new wave. Apareceu no top 25 do Reino Unido e inaugurou uma série de outros LPs muito bons, principalmente o segundo, *Wild Planet*, de agosto de 1980. A banda sobreviveu à trágica morte de Ricky por Aids, em 12 de outubro de 1985, retomando as atividades em 1988 com Keith na guitarra. Seu sucesso só aumentou, atingindo o auge com o multiplatinado *Cosmic Thing* (1989). "Mesmo que estivéssemos cantando sobre lagostas e vulcões, cantávamos como se nossa vida dependesse disso", resumiu Kate à *Mojo* em 2024. "Essa banda sempre foi muito intensa."

ANOS

1980

ENTRA EM CENA O CD

Ouça uma seleção de músicas da década em sua plataforma preferida

Spotify

deezer

IRON MAIDEN
The Number of the Beast

[1982]

Mudar de vocalista é uma decisão espinhosa que poucas bandas do panteão roqueiro tiveram coragem de encarar. Por sua voz, sua presença cênica ou por ambos os elementos combinados, um *frontman*, ou uma *frontwoman*, é frequentemente o elemento definidor do grupo em mais de um sentido; a sua identidade mais rápida e facilmente reconhecida pelo público. Felizmente, porém, a mitologia pop apresenta alguns casos raros em que a aparição de uma nova figura empunhando o microfone de um combo já consolidado revolucionou positivamente a sua trajetória.

Poderia listar aqui a chegada de Brian Johnson ao AC/DC em 1980, após a morte de Bon Scott; ou o genial Mike Patton apagando da memória dos fãs do Faith No More a existência de seu antecessor Chuck Mosley. Mas será difícil encontrar um episódio mais bombástico, além de crucial para a história de todo um filão musical – o heavy metal –, do que a entrada de Bruce Dickinson no Iron Maiden, em setembro de 1981. Até mesmo o ocupante anterior de sua vaga, Paul Di'Anno, admitiu que o Iron só se tornou a sensação global que ainda é por causa da chegada de Bruce.

Os mesmos escritos sagrados do rock deveriam conter um capítulo especial, sobre o quão incríveis são os primeiros álbuns desses grupos após a adesão de seus novos cantores. E, se Brian Johnson estreou já no megassucesso *Back in Black* e Mike Patton no incrível *The Real Thing*, Bruce Dickinson teve como uma de suas primeiras funções como integrante do Iron Maiden gravar nada menos do que *The Number of the Beast*.

Lançado em março de 1982, o terceiro disco do quinteto londrino promove uma simbiose insuperável envolvendo o canto operístico e ultraenérgico de Bruce, as ótimas composições de Steve Harris e os arranjos velozes, pesados e bem-elaborados dele e dos outros três instrumentistas. Sua sonoridade serviu de beabá para a New Wave of British Heavy Metal, ou "nova onda do heavy metal britânico", vulgo NWOBHM, subgênero surgido no final dos anos 1970.

Fenômeno também comercial, *The Number of the Beast* dominou a parada britânica e estabeleceu definitivamente um acesso para outros mercados. Depois dele, cada turnê do grupo seria maior, numa dinâmica megalomaníaca que já dura mais de quarenta anos. Das grandes metrópoles aos rincões mais remotos do mundo, Iron Maiden passou a representar uma marca fortíssima, uma cultura encerrada em si e repleta de códigos e ícones, a começar por Eddie, o mascote mais famoso do universo pop. Até a edição deste texto, os maidens acumulavam shows em 59 países. É bastante provável que, em nenhum deles após 1982, o repertório de seu trabalho mais célebre tenha ficado de fora do setlist.

Instrumentos de tortura

O baixista e compositor Stephen "Steve" Percy Harris (Londres, 12 de março de 1956) é um obstinado. Insistiu muito até conseguir solidificar um conjunto estável de músicos, apto a reproduzir sua almejada mistura de hard rock e rock progressivo. Liderou o Gypsy's Kiss entre 1972 e 1973, e o Smiler, nos dois anos seguintes, antes de formar o Iron Maiden, que batizou em referência a um conhecido instrumento de tortura.

De certa forma, a curiosa escolha para o título combinava com o caminho, digamos... tortuoso percorrido por Harris. Entre o final de 1975 e a metade de 1977, integraram o Iron Maiden inacreditáveis quatro guitarristas (David Sullivan, Terry Rance, Bob Sawyer e Terry Wapram), dois bateristas (Ron Matthews e Thunderstick), dois cantores (Paul Day e Dennis Wilcock) e até um tecladista (Tony Moore).

Sobreviveram a tantas mudanças apenas o próprio fundador, além do guitarrista David "Dave" Michael Murray (Edmonton, 23 de dezembro de 1956), que entrara em 1976, saíra por um tempinho e voltara, e o novo baterista Doug Sampson, ex-Smiler. O trio recrutou, então, Paul Di'Anno, um corpulento e agitado vocalista que, por sua atitude "rua" e seu cabelo curto, aludia mais à fauna punk do que à metaleira. Naquele ponto, já tinham até o inconfundível logo do Iron Maiden, desenhado por Harris, e usavam no palco apetrechos cenográficos, como uma máscara kabuki babando sangue. Só que continuavam levando canseira de guitarristas que não duravam nada (Paul Todd, Tony Parsons, Mad Mac). Em formato quarteto, gravaram uma demo que resultou no EP de três músicas *The Soundhouse Tapes*.

Gravadora, baterista e mascote

No mesmo novembro de 1979, assinaram contrato com a EMI. Só que a formação mudou novamente devido à saída de Doug e a entrada do segundo guitarrista Dennis Stratton, que também indicou o ótimo baterista Clive Ronald Burr (Londres, 8 de março de 1957), membro do quarteto Samson.

Esse recauchutado quinteto produziu o primeiro single oficial, "Running Free", que saiu em fevereiro de 1980, seguido, dois meses depois, pelo disco *Iron Maiden*. A febre NWOBHM, de nomes como Judas Priest e Diamond Head, assolava o Reino Unido, e propulsou o trabalho de estreia do Iron ao 4º lugar na parada. O grupo ainda melhoraria muito, mas já soava bastante coeso e, no caso de peças como "Phantom of the Opera", instrumentalmente complexo. Também despontavam ali outras características maideanas primordiais, como o estilo furioso de Steve, um baixista insubmisso aos guitarristas que parecia metralhar as cordas, sem o uso de palhetas. Além de, é claro, Eddie, reinando soberano na capa da bolacha.

Criado pelo artista britânico Derek Riggs, a partir da imagem de uma cabeça humana exibida num tanque vietnamita, Eddie protagonizaria cenas de realismo fantástico, pseudo-ocultismo ou ficção científica em todos os dezessete LPs de estúdio da turma até 2024. E ele logo "saiu do papel", participando, na forma de um boneco gigante de acabamento discutível e imune a qualquer senso de ridículo, dos shows do Iron Maiden naquele período.

Martin Birch e as "guitarras gêmeas"

Ao final da turnê de *Iron Maiden*, Steve dispensou Dennis Stratton, o que abriu vaga a Adrian Frederick Smith (Londres, 27 de fevereiro de 1957), amigo de adolescência de Dave Murray que atuava no Urchin. Estava formada a dupla guitarrística catedrática do Iron Maiden, inseparáveis camaradas tanto no recurso das "guitarras gêmeas", aprendido com o Wishbone Ash – os dois tocando a mesma linha melódica em intervalos diferentes, geralmente terças –, quanto nos solos em alternância. Smith surgiu a tempo de aparecer no especial em vídeo *Live at the Rainbow*, de dezembro de 1980.

Editado em fevereiro de 1981, *Killers*, o segundo disco de estúdio do Iron Maiden, apresentava essa e outras novidades, como a presença do produtor Martin Birch, peça fundamental nesse e nos sete lançamentos vindouros. Responsável por clássicos como *Machine Head* (1972), do Deep Purple, Birch vinha se dedicando a atualizar a sonoridade de grandes nomes do som pesado, como o Black Sabbath. Soube "ler" os novos parceiros perfeitamente. *Killers* inclui peças épicas como a instrumental "Genghis Khan", que ajudavam a sintetizar o *som Iron Maiden*, um "dramatismo céltico-oriental combinado a Carl Orff e Wagner", conforme bem definido pelo escritor espanhol Juanjo Ordás no livro *Iron Maiden: Deconstrucción* (2015).

A peça que faltava

Quando, em setembro de 1981, surgiu o EP ao vivo *Maiden in Japan*, a banda selava a saída Paul Di'Anno, insatisfeito com o resultado de *Killers*. Steve Harris não achou ruim. Afinal, ele planejava enriquecer a sonoridade do grupo, cada vez mais sofisticada, com o auxílio de algum intérprete provido de mais recursos técnicos. Tanto é que, um pouco antes da despedida de Paul, em agosto, eles já tinham ido ver um tal Paul Bruce Dickinson (Worksop, 7 de agosto de 1958) se apresentar com o mesmo Samson, de Clive Burr, no festival de Reading.

Tudo aconteceu muito rápido e, numa série de shows na Itália entre 26 e 30 de outubro de 1981, Dickinson já iniciou sua caminhada no Iron Maiden. As sessões de *The Number of the Beast* ocorreram durante cinco semanas, entre novembro e dezembro, no estúdio londrino Battery. O novato contribuiu em algumas composições (presumivelmente "Children of the Damned", "The Prisoner" e "Run to the Hills") mas não pôde aparecer como coautor, por questões contratuais. Com Bruce devidamente creditado ou não, talvez nem o mais otimista dos fãs imaginaria o que estava por vir.

"Ele deu outra dimensão ao que poderíamos fazer em termos vocais", relata Martin Birch no DVD *The History of Iron Maiden – Part 1: The Early Days* (2004). Dotado de alcance vocal de quatro oitavas, espírito atlético e alma teatral, o novo integrante parecia um enviado dos céus – ou do inferno, segundo o folclore heavy – para completar uma fórmula bem-encaminhada. Performático, Dickinson movimentava os braços em gestos messiânicos e se curvava em posturas dramáticas, enquanto atirava ao infinito seus agudos de rachar paredes.

Em estúdio, o primeiro resultado dessa conjunção irrepetível se materializou em 2 de fevereiro de 1982 em "Run to the Hills", a segunda faixa do lado B e primeiro single. Com introdução de bateria icônica, melodia marcante irmanando a voz e os *riffs* e uma levada frenética, que conduz a um refrão apoteótico, a música exemplifica gloriosamente a fase dourada do Iron Maiden. Sua letra é uma espécie de "reportagem imparcial" sobre os conflitos entre colonizadores europeus e os povos nativos norte-americanos. Trazendo no lado B "Total Eclipse", uma espécie de xodó dos fãs, o compacto de "Run to the Hills" obteve o 7º posto na parada do Reino Unido.

Besta à solta

The Number of the Beast invadiu as prateleiras das lojas em 22 de março de 1982. Mostrando na capa um diabo desajeitado, subjugado sem muita resistência por Eddie (como também ocorre na arte dos dois singles), o álbum era um aviso de que nunca precisariam ser levados totalmente a sério. Encabeçou o ranking inglês por duas semanas, inaugurando uma sequência comercial impressionante: os nove discos seguintes do grupo apareceram no top local.

A temática das conquistas históricas permeia também os versos de "Invaders", a canção de abertura, uma arremetida veloz sobre as invasões normandas não destoante do estilo Paul Di'Anno, mas que Bruce engrandece com a magnitude de suas cordas vocais. A mesma pegada se repetirá na terceira do lado B, "Gangland", de autoria de Adrian Smith e Clive Burr e que, ao abordar guerras entre gangues urbanas, também lembra o Iron do começo.

O potencial do gogó de Bruce emerge com esplendor na segunda faixa, "Children of the Damned", uma belíssima balada inspirada em filme homônimo de 1964 (no Brasil: *A estirpe dos malditos*) sobre crianças com sinistros poderes especiais. Ela evoluiu até desembocar em marcha acelerada, rumo ao final catártico em notas altíssimas. Iron na veia.

Introduzida por um funk-rock que pede para ser tocado em estádios, "The Prisoner" é a primeira das duas parceiras entre Steve e Adrian do LP. Baseada numa série britânica homônima dos anos 1960, ostenta um dos melhores refrões do repertório, daqueles de se cantar em multidão, com os punhos erguidos: "Não sou um prisioneiro / Sou um homem livre / E o meu sangue é só meu agora".

O lado A fecha com a outra colaboração dos dois, "22 Acacia Avenue", amostra clínica da perícia da banda em organizar canções intensas, mas com várias partes e mudanças de andamento. A letra recupera como personagem a prostituta maltratada de "Charlotte the Harlot", pedrada incluída em *Iron Maiden*. A convenção de bateria, baixo e guitarras na metade do arranjo soa com a força e a precisão de um trem em andamento.

666

Um encontro ritualístico fictício com forças ocultas originou um dos maiores hinos do Iron Maiden: "The Number of the Beast", a música. "Posso acreditar? / Que o que vi naquela noite /Era real, e não apenas fantasia?", pergunta Bruce, em letra de Steve que explora a ligação bíblica do número 666 ao demônio. A banda, que de satanista não tinha absolutamente nada, resolveu alimentar as controvérsias em torno da canção. Contou, por exemplo, que Martin Birch se envolvera em acidente com umas freiras, depois recebendo a conta do funileiro no valor de... 666 libras. A aura de terror religioso se reforçava pela introdução com texto bíblico sobre "o número da besta" lida pelo ator inglês Barry Clayton. A primeira opção para a narração era o folclórico Vincent Price, mas o orçamento não permitiu tal capricho.

Crendices populares à parte, a faixa-título era mesmo um petardo, com sua batida vibrante de sotaque new wave e *riff* antológico, oscilante entre diferentes células rítmicas. Bruce quase surtou de tanto repetir as suas tomadas, mas valeu o esforço, e "The Number of the Beast" foi o segundo e último single, lançado em 26 de abril de 1982.

O álbum é tão especial que guarda fôlego para encerrar em seu ponto máximo. Não há como não se abalar com os mais de sete minutos de "Hallowed Be Thy Name", para muitos o ápice da obra do Iron Maiden. Steve Harris caprichou na dramaticidade da letra, uma reflexão de um condenado à morte que se transmuta em oração pré-sacrifício.

Sinos e acordes dedilhados delicadamente por Dave Murray cuidam da primeira etapa da narrativa, que logo avança num galope contundente, denominação de origem Burr-Harris. A seguir, explode a voz de Bruce, comparecem as emotivas cascatas de "guitarras gêmeas" e os solos. Tudo junto constrói o lamento extático final a embalar o "santificado seja o vosso do nome" proferido pelo sentenciado. Difícil de superar. "Os *riffs* de 'Hallowed Be Thy Name' levaram o heavy metal na direção de uma nova dimensão de pomposidade e grandiloquência", analisa Juanjo Ordás.

Para dar conta do quanto o público havia amado *The Number of the Beast*, o Iron caiu na estrada por dez meses, realizando mais de 180 apresentações. Em dezembro, tiveram mais uma baixa, quando Steve dispensou Clive Burr, vencido pelo pique da maratona interminável. Para o seu lugar, trouxe Nicko McBrain. Emendaram outros dois discos reverenciados, *Piece of Mind* (1983) e *Powerslave* (1984) e, até 1990, quebraram o recorde de quase oito anos sem uma mudança de *line-up*. Até a edição deste texto, não dão indícios de estarem dispostos a abandonar o trono do metal.

ORCHESTRAL MANOEUVRES IN THE DARK

Dazzle Ships

(1983)

Todo mundo tem o seu 11 de setembro. O de Andy McCluskey foi o de 1975. Naquele dia, o inglês de então 16 anos saiu de sua cidadezinha natal, Heswall, rumo à vizinha Liverpool para assistir, no assento Q36 do teatro Empire, a um concerto do Kraftwerk. "Vocês nos mostraram o futuro! Vamos jogar as guitarras fora e comprar sintetizadores", anunciou aos germânicos McCluskey após o show. Não é lenda urbana: no ótimo documentário *Synth Britannia* (2009), da BBC, Wolfgang Flür, integrante do seminal quarteto de Dusseldorf, dá fé da aparição daquele adolescente extasiado na porta do seu camarim.

Três anos depois, Andy (nascido George Andrew McCluskey em 24 de junho de 1959), que tocava baixo e cantava, formou o Orchestral Manoeuvres in the Dark com um amigo de infância, o tecladista e vocalista Paul David Humphreys (Londres, 27 de fevereiro de 1960). Antes da metade da década de 1980, veriam cinco de seus singles no top 10 britânico, conduzindo a febre do synthpop ao lado de Gary Numan, Human League, Depeche Mode e Soft Cell. Chegaram a vender mais de três milhões de cópias do ótimo álbum *Architecture & Morality* (1981), mas foi no seguinte, *Dazzle Ships* (1983), que colocaram em prática todos os ensinamentos que absorveram naquela inesquecível noite de 1975.

Com suas melancólicas paisagens sonoras, seu lirismo distópico e instigante experimentalismo, o quarto disco do OMD (sigla que assumiram nessa etapa) é extraordinário; um marco no legado do synthpop e no espólio dos anos 1980 que, ao contrário da maioria dos clássicos do período, não ficou datado. *Dazzle Ships* estava tão à frente de seu tempo que, incompreendido por grande parte do público, quase comprometeu o futuro da banda.

Dançando no escuro

Após a epifania kraftwerkiana de setembro de 1975, McCluskey e Humphreys integraram o septeto de rock progressivo The Id. Uma vez dissolvida a banda, criaram em 1978 o Orchestral Manoeuvres in the Dark, baseado em sintetizadores e bateria eletrônica. Seu nome longo, pomposo e enigmático ("Manobras Orquestrais no Escuro"), bolado às pressas antes da apresentação inaugural em Liverpool, em outubro daquele ano, era um aviso ao público de que se diferenciavam da tendência obrigatória de então, o punk.

Atraíram a atenção da Factory, gravadora cofundada pelo folclórico apresentador de TV Tony Wilson, o grande divulgador da sensacional cena pós-punk de Manchester. Assim, já em 21 de maio de 1979 saía o primeiro single da dupla, "Electricity". Não fez sucesso, mas cativou o DJ mais influente do Reino Unido, John Peel, e extraiu de Wilson a profecia de que aquilo era o "futuro do pop". McCluskey ficou pedantemente ofendido: "Pop? Como ousa? Somos influenciados pela eletrônica alemã!".

O tempo rapidamente mostraria que Wilson tinha razão. Inicialmente ignorado pelas grandes gravadoras, o chamado synthpop, que devia tudo a músicos vanguardistas germânicos, viveu seu apogeu no comecinho da nova década. O OMD assinou contrato de sete álbuns com o Dindisc, selo ligado à Virgin Records, e publicou dois deles já em 1980 (*Orchestral Manoeuvres in the Dark* e *Organisation*). A formação dobrou de tamanho com as adesões do tecladista Martin Cooper (Liverpool, 1º de outubro de 1958) e o baterista Malcolm Holmes (Birkenhead, 28 de julho de 1960). Dois de seus primeiros compactos, "Messages" e "Enola Gay", entraram no top 20 britânico. Em novembro de 1981, o quarteto lançou o exuberante *Architecture & Morality*, que rendeu três faixas entre as cinco mais tocadas no Reino Unido.

Os mais atentos, porém, perceberam que a sonoridade daquele *best-seller* já trazia elementos bastante audaciosos, com texturas sombrias e atmosféricas que encheriam de orgulho o próprio Kraftwerk (a faixa "Sealand", por exemplo). "Tivemos sorte o suficiente de compor músicas grudentas, que mantiveram nossa carreira em bom ritmo, mas sempre fomos experimentais em nossa essência", afirmou Humphreys à revista *Uncut*, em maio de 2023.

Dava para notar que o Orchestral Manoeuvres in the Dark não era uma trupe qualquer. A começar pela temática de alguns de seus hits: em "Enola Gay", versavam sobre o avião que despejou no Japão as bombas nucleares em 1945, enquanto o tema do número 5 "Joan of Arc", de *Architecture & Morality*, explica-se pelo título. O OMD também se destacava pelo labor gráfico de seus LPs, desde o início entregue ao time do grande Peter Saville, o homem por trás das herméticas capas e encartes de Joy Division, New Order e outros artistas da Factory.

Abba com Stockhausen

Cumprida a profecia pop de Tony Wilson, era hora de McCluskey e Humphreys provarem ao mundo seu apreço pelas tais referências eletrônicas alemãs daquela conversa. Com dinheiro no bolso e a pretensão de "fundir Abba e Stockhausen", montaram um estúdio próprio, The Gramophone Suite, em cima de uma loja de discos de Liverpool e, em 1982, começaram sua pesquisa sonora "cabeçuda". Para tal empreitada, contaram com oito tipos de sintetizadores e ancestrais dos samplers modernos, como os SH09 e SH2 da Roland.

O amor pela música concreta de compositores como Pierre Boulez ou o próprio Karlheinz Stockhausen os inspirou a gravar e editar ruídos aleatórios. Filho de um comunista escocês, Andy era fascinado pelos países do Leste Europeu, e sintonizava obsessivamente as rádios de ondas curtas do bloco soviético. Novamente, a estripulia remetia aos heróis do Kraftwerk, mais especificamente ao mítico LP *Radio-Activity* (1975).

Com as bases registradas no Gramophone, convocaram Malcolm Holmes e Martin Cooper para novas sessões no estúdio londrino White House, de Phil Manzanera, guitarrista do Roxy Music. Escalaram Rhett Davies, produtor responsável pelos famosos primeiros trabalhos solo de Brian Eno, ex-companheiro de banda de Manzanera. Na época, Davies vinha repaginando para a nova década a sonoridade de ícones do rock avançado setentista, como o King Crimson e o próprio Roxy. A mixagem ocorreu no lendário estúdio The Manor, perto de Oxford.

Distopia oitentista

Espécie de suíte que pede para ser escutada na íntegra, *Dazzle Ships* emergiu nas lojas em 4 de março de 1983. Segundo Andy McCluskey, o título antecedia as demos, por ideia de Peter Saville, impactado por *Dazzle-ships in Drydock at Liverpool*, pintura de 1919 do artista britânico Edward Wadsworth. A obra de Wadsworth, exemplar da chamada escola vorticista – aparentada com o cubismo – inspirou também a formidável arte gráfica do disco. "*Dazzle*" é um tipo de camuflagem utilizada pelo Reino Unido em navios nas grandes guerras. Quatro outros designers ajudaram Saville a obter o complexo resultado final da obra, na qual a capa, marcada pelas linhas vorticistas, "dialoga" por meio de quatro furos com o *gatefold*, ilustrado por um mapa-múndi com estética de Atari.

1980

Se a embalagem de *Dazzle Ships* surpreende, ninguém, além dos envolvidos, estava preparado para os quase 35 minutos de música que ela continha. O álbum é uma peça conceitual assombrada pela Guerra Fria, mas que soa misteriosamente atual. Dá calafrios desde sua estranha introdução, "Radio Prague", baseada em um reclame radiofônico da Tchecoslováquia comunista. Mantendo a sua tradição de abordagens líricas inusitadas, o OMD escolheu para o primeiro single "Genetic Engineering", a segunda do repertório, uma composição que aborda engenharia genética.

Das doze faixas, há sete canções propriamente ditas, intercaladas a vinhetas-colagem. Entre estas últimas estão a multitexturizada "ABC Auto-Industry" e "Time Zones", edição agilíssima de vozes ditando diferentes zonas horárias que poderia estar em *OK Computer* ou *Kid A*, do Radiohead. Outra é a brilhante "This Is Helena", interlúdio instrumental futurista que parece tocado por uma gangue de androides punks.

No que se refere à parte mais "certinha" – leia-se com vocais – de *Dazzle Ships,* o repertório aperfeiçoa o pop eletrônico dengosamente tristonho que já virara a impressão digital do grupo. É o caso da bela e taciturna tecnovalsa "International", desfecho da face A. O fato de a introdução dessa balada ser o sample de uma notícia sobre uma mulher que teve as mãos cortadas pelo ditador nicaraguense Anastasio Somoza atesta o quão pouco convencional era o álbum. Os guinchos alienígenas da não canção "Dazzle Ships (Parts II, III and IV)", abertura do lado B, não ajudam a mudar essa impressão.

Estranha beleza

Contudo, entre uma esquisitice e outra, os fãs mais insistentes encontram pelo caminho joias melódicas como a atmosférica "The Romance of the Telescope", a deliciosamente sonhadora "Silent Running", e o segundo single, "Telegraph", sobrevivente das sessões de *Architecture & Morality.* O universo do rádio reaparece na eufórica "Radio Waves". Pontuada por uma característica que distingue o OMD dos colegas de movimento, a linha de baixo elétrico de Andy, a canção contém os versos mais explícitos a respeito da disputa entre EUA e URSS: "Sobre a cabeça de Reagan / Embaixo da cama de Moscou".

A última faixa, "Of All the Things We've Made", já era "veterana", incluída como lado B do compacto de "Maid of Orleans". Nela, um solitário tom-tom e um repetitivo *drone* marcam o tempo para uma melodia deprimida e delicada de teclados, sobre a qual McCluskey canta: "Querer isso / De tudo o que fizemos / As vezes que funcionou antes". A voz e as notas de synth se vão, sobram a percussão e o loop. É o epílogo inconclusivo de uma viagem enigmática, perturbadora e bela.

Fracasso genial

Antes de *Dazzle Ships* ser lançado, os membros do Orchestral in the Dark perceberam que o material não parecia muito comercial. Mas se mantiveram firmes e não mexeram em uma nota. Deu-se então uma das grandes anedotas do pop oitentista. O quarto disco do OMD até estreou bem na parada britânica, no 5º lugar, mas foi despencando vertiginosamente, convertendo-se num dos maiores fiascos proporcionais já registrados. Vendeu pouco mais de trezentas mil cópias, menos de 10% de seu antecessor, e seus dois singles não passaram da 20ª posição no Reino Unido.

Trataram de engavetar as brincadeiras de estúdio já no trabalho seguinte, *Junk Culture*, que os encarrilhou de volta aos trilhos do sucesso. "Após *Dazzle Ships*, com certeza ficamos mais conservadores", admitiria Paul Humphreys. Mas o legado inovador do álbum, que em 2016 foi reinterpretado na íntegra no Royal Albert Hall, persiste.

NEW ORDER
Power, Corruption & Lies

[1983]

Nas últimas madrugadas de setembro de 1980, os frequentadores de algumas das discotecas mais concorridas de Nova York, como o Danceteria e o Mudd Club, notaram a insistente presença de uns novos *habitués*. Eram três jovens magros e pálidos com pinta de estrangeiros, uniformizados em camisa para dentro da calça. A maioria dos presentes não seria capaz de identificá-los como Bernard Sumner (Salford, 4 de janeiro de 1956), Peter "Hook" Woodhead (Salford, 13 de fevereiro de 1956) e Stephen Paul David Morris (Macclesfield, 28 de outubro de 1957), os três sobreviventes do Joy Division.

Eles até que podiam estar arriscando uns passinhos, mas ainda se recuperavam emocionalmente do suicídio do vocalista Ian Curtis, ocorrido apenas quatro meses antes. A tragédia encerrara de forma abrupta a banda, dias antes daquela que seria a sua primeira turnê pelos Estados Unidos. "Logo depois do funeral do Ian, nós, os que ficamos pra trás, tínhamos que decidir o que faríamos", rememora Sumner em sua autobiografia *Chapter and Verse: New Order, Joy Division and Me* (2014). A dúvida do guitarrista abarcava doses de culpa: "Seria correto seguir sem ele?".

A resposta veio bem mais rapidamente do que qualquer um dos envolvidos esperava. Rob Gretton, o empresário deles, marcou quatro shows para o trio em solo estadunidense. Mesmo que eles ainda mal tivessem se rebatizado como New Order. O nome, aliás, repetia sem querer o mau gosto da opção por Joy Division (Divisão da Diversão), esquema de exploração sexual nos campos de concentração do Terceiro Reich. Embora inspirada na "nova ordem" pós-comunista no Camboja, a alcunha escolhida para seguir em frente suscitou críticas semelhantes, já que "nova ordem" era também um sistema político europeu imaginado por Hitler.

Crise de identidade

Nomeações desafortunadas à parte, fato é que Bernard, Peter e Stephen partiram para os shows em Nova York e Boston sem nem terem definido quem cantaria. Só sabiam que: 1) não trariam ninguém de fora para a posição; 2) comporiam material novo, do zero. A médio prazo, essa opção pela renovação do repertório favoreceria a diminuição dos elementos góticos do Joy Division – lindos, mas baixastralizantes – em sua sonoridade, dando espaço àqueles embalos de disco, electro-funk e hip-hop que eles absorviam naquelas noitadas nova-iorquinas.

1980

Entretanto, as primeiras gravações oficiais do New Order, realizadas durante a mesma miniturnê no estúdio EAR, próximo a Nova Jersey, ainda emulavam em 100% o astral sombrio da finada banda. Com Bernard investido como "vocalista relutante" – após testes falidos de Peter e Stephen ao microfone –, uma das duas faixas registradas, "Ceremony", era literalmente uma canção do Joy Division. Foi a última composta com Ian Curtis e chegou a ser cantada por ele ao vivo. A outra, "In a Lonely Place", era soturna no limite do tolerável, e não faria feio no inigualavelmente triste lado B de *Closer* (ler o texto sobre esse álbum do Joy Division no volume 1 deste projeto).

Em grande parte, o motivo da semelhança residia no fato de as sessões, que resultaram no primeiro single do New Order, de janeiro de 1981, terem sido produzidas pelo excêntrico produtor Martin Hannett, o inventor do *som Joy Division*. O grupo, aliás, iniciava ali a sua tradição de soltar compactos de 7 e maxi-singles de 12 polegadas com músicas que não integravam os álbuns.

De volta a Manchester, convidaram Gillian Lesley Gilbert (Manchester, 27 de janeiro de 1961), namorada de Stephen Morris, para ser a quarta integrante. Ela pilotaria a crescente parafernália de sintetizadores que eles já usavam, como o ARP Omni 2, o Emulator I e as geringonças que o cientista maluco Martin Usher lhes criava sob encomenda, além de empunhar uma segunda guitarra. Até porque Bernard não conseguia cantar e tocar simultaneamente.

Nos primeiros meses de 1981, o quarteto gravou em Londres *Movement*, seu primeiro LP, lançado em novembro do mesmo ano. Com duas canções cantadas por Peter Hook (inclusive a bela abertura "Dreams Never End"), o *début* exibe o som glacial classudo típico de Hannett e ainda remete bastante ao universo escuro de Ian Curtis. Mas abre espaços para experimentos envolvendo bateria eletrônica e teclados e exibe uma faixa que denota a influência dance nova-iorquina, "Chosen Time". Órfão de Ian, o público britânico colocou o disco no top 30. No mesmo período, o New Order assinou com o Qwest, selo de Quincy Jones associado à Warner, para as edições no mercado estadunidense. No Reino Unido, eram bancados pela mesma Factory, gravadora da banda-mãe.

Finalmente um novo som

Os quatro ainda não tinham uma dimensão clara disso, mas os vocais de Bernard se consolidavam, pouco a pouco, como um atrativo do New Order, essencial para que eles se descolassem da linguagem Joy Division. Seu inimitável timbre, sua forma insegura de enfrentar o ofício e sua tendência a desafinar (principalmente ao vivo) se impregnavam de uma vulnerabilidade afável, que conquistaria multidões. Como Curtis, Sumner também emitia sinais de melancolia vocal. Mas havia no seu canto bem mais cor e esperança do que no do amigo falecido. "Finalmente eu iria encontrar a minha identidade enquanto vocalista, mas levaria tempo para eu perceber que você só precisa ser você mesmo", revela Bernard no livro. Ele também se lançava ao desafio de preencher a lacuna poética deixada por Ian com um lirismo bem menos existencialista e depressivo, e não por isso menos interessante.

Paralelamente, no quesito instrumental e de produção, a principal guinada do New Order rumo a uma personalidade própria começou em sessão de estúdio na metade de 1981, antes mesmo do lançamento de *Movement*. Após muita bateção de cabeça, Steve conseguiu sincronizar um ritmo criado no sintetizador Oberheim com a sua bateria de *pads* eletrônicos. Sem perceber, elaborou ali uma modalidade sonora bastante original, que injetava suingue humano no binarismo programado. Seria outra marca registrada do grupo, além de uma referência para toda a geração pós-punk.

Dessa precursora aventura eletropercussiva nasceu "Everything's Gone Green", lado B do single "Procession", de setembro de 1981. Entusiasmada com a peculiaridade sacolejante daquela batida orgânico-biônica, o grupo exigiu que se mantivesse a sonoridade "seca" da gravação, implorando a Martin Hannett que evitasse seus famosos ecos. Ele não topou e a desavença provocaria o fim da parceria. Dentro de pouco o New Order estaria livre para soar como… New Order.

Isso ocorreu em sua plenitude pela primeira vez com o single "Temptation", de maio de 1982 – incluído no EP *1981-1982*, de novembro – uma maravilha de pop eletrônico doce e dançante sem qualquer participação de Martin Hannett. No mesmo ano, o New Order entrou na desastrosa sociedade da casa noturna Haçienda, em Manchester, de tão entusiasmados que estavam com os sons de pista. Era mais um indício de que tinha chegado a hora de fazerem o primeiro disco que representasse fielmente a sua nova concepção: o magnífico *som New Order*, simultaneamente alternativo e comercial, paradoxalmente taciturno e alegre.

Um megahit no caminho

A história de *Power, Corruption & Lies*, o segundo trabalho do New Order e primeiro produzido por seus integrantes, não pode ser contada sem o single que o antecedeu, e que originalmente não lhe pertence. De volta ao Britannia, estúdio londrino do Pink Floyd de onde tinham feito *Closer*, labutariam por sete semanas em novas composições. E a tal fornada, que começou a ser captada em outubro e acabou de ser mixada em 18 de novembro de 1982, incluía "Blue Monday".

Com sua batida monumental, obtida por meio da conexão entre a bateria eletrônica Oberheim DMX e o sequenciador Powertran 1024, a faixa sacramentava uma singular vertente branca e europeia de dance music. Segundo conta Peter Hook em seu livro *Substance: Inside New Order* (2016), a inspiração para o ritmo de "Blue Monday", que mais de quarenta anos depois segue invariavelmente consagrando DJs, veio de "Our Love" (1979), produção de Giorgio Moroder para Donna Summer, e "You Make me Feel (Mighty Real)" (1978), hit de Sylvester.

Editada inicialmente como maxi-single em 7 de março de 1983, "Blue Monday" virou um fenômeno no boca a boca, mesmo com seus 7 minutos e meio de duração. Remixada e relançada em 1988 e 1995, a música se tornou simplesmente o single de 12 polegadas mais vendido de todos os tempos (mais de um milhão de cópias no Reino Unido). Apesar disso, seus autores acabaram não embolsando a fortuna esperada, porque o encarte em forma de disquete das primeiras tiragens, bolado pelo célebre designer da Factory, Peter Saville, era caríssimo. Em algumas versões posteriores de *Power, Corruption & Lies*, a faixa foi incluída como bônus. Hook revela também que existiu uma primeira versão da canção ainda melhor do que a que conhecemos, mas que acabou acidentalmente apagada.

Legado

Power, Corruption & Lies saiu em 2 de maio de 1983, chegando ao número 4 da parada britânica. É um álbum tão bom que, quando o escutamos, não sentimos a falta de "Blue Monday". Com capa baseada em pintura do artista francês do século 19 Henri Fantin-Latour, que Peter Saville descobriu num cartão-postal, o LP começa com "Age of Consent", uma das melhores músicas da trajetória do New Order. Conceitualmente, ela foi inspirada em reportagem sobre o início precoce de vida sexual (a "idade do consentimento"); em termos de arranjo, é o retrato da passagem de bastão entre o que sobrava de Joy Division (o ritmo acelerado, o *riff* de baixo pós-punk tão característico de Peter) e a sua continuação remodelada (o teclado sonhador de Gillian, as melodias de Bernard).

O andamento e o clima mudam radicalmente a seguir, com a lenta e lúgubre "We All Stand", na qual Hook amplia sua criatividade, ao usar um baixo sem trastes e outro de seis cordas. A letra vem da fixação de Sumner por temas de medo e guerra: "No fim da estrada / Há um soldado esperando por mim". Alguém mais cético até poderia achar que, com essa segunda faixa, o fantasma de Ian Curtis voltaria para assombrar a obra.

1980

Só que não, porque logo surge a espetacular "The Village", de temática baseada na série de TV sessentista *O prisioneiro* (a mesma que inspirou o Iron Maiden – ver texto sobre o álbum *The Number of the Beast* na p. 179), definida pelo próprio Hooky como "um híbrido magnífico de rock e dance, que em breve seria nossa especialidade". Suas linhas memoráveis de baixo, guitarra e teclado são o melhor exemplo do autêntico tipo de *groove* miscigenado criado pela banda, a partir dos ritmos inconfundíveis de Stephen Morris. O lado A do LP, aliás, termina com outro desses beats mortais, "5 8 6", a irmã menos pop de "Blue Monday". Após uma introdução esquisita, a música desemboca num estremecedor pós-disco futurista. Apareceu em versão diferente antes, em dezembro de 1982, numa coletânea em cassete do selo Touch.

Imitação assumida de Kraftwerk, "Your Silent Face" desata em enorme estilo o lado B de *Power, Corruption & Lies*. É com maestria que a melodia de baixo, o dedilhado da guitarra, a frase de escaleta e o *riff* gigantesco de sintetizador atuam juntos, levando o ouvinte a uma paisagem invernal específica. Ela figura entre os pontos altos do quarteto e até hoje se mantém no setlist de seus shows.

As próximas duas faixas remetem aos testes sonoros transicionais ouvidos em *Movement*: "Ultraviolence", cuja batida hipnótica, aliada a versos como "Todo mundo comete erros / Inclusive eu", criam uma tensão que não se resolve até o final; e o balanço viajandão "Ecstasy", funk-wave robótico guiado por um vocoder. Mas é com a lindamente melódica e bem-resolvida derradeira composição, "Leave Me Alone", que o New Order antecipa a veia indie-pop que pulsaria forte em seus dois álbuns posteriores, *Low-Life* (1985) e *Brotherhood* (1986). Até lá, porém, eles ainda intensificariam sua relação com os ritmos discotecáveis, colaborando com o produtor estadunidense Arthur Baker. A cada passo, construíam um dos mais preciosos legados da década de 1980, que tem *Power, Corruption & Lies* como sua plataforma mais estável.

BRUCE SPRINGSTEEN
Born in the U.S.A.

(1984)

Poucos rockstars representam os Estados Unidos tão fielmente como Bruce Springsteen. Espécie de "Namoradinho da América" há mais de cinquenta anos, ele tem a habilidade rara de colocar na boca do povo – um povo predominantemente branco, é verdade, mas povo – os anseios de milhões. Em seu lirismo dramático, mas contemporâneo e urbano, os ouvintes, sobretudo os estadunidenses, encontram a si mesmos nos temas fundamentais da vida, como o amor, o trabalho, as injustiças e a morte.

E, o que é mais importante, fazem isso enquanto batem os pés e erguem o punho para acompanhar o rock compacto, sólido e objetivo de uma das mais entrosadas e confiáveis bandas de apoio da história do gênero, a E Street Band. A carismática soma dessas duas forças, que resulta em uma autêntica massa sonora de refrões inesquecíveis, *riffs* de piano, acordes de guitarra e emotivos solos de saxofone, chegou ao topo do mundo em junho de 1984, com o lançamento de *Born in the U.S.A.*

O álbum era a culminação de uma trajetória ascendente que Bruce e seus fiéis companheiros vinham percorrendo desde o seu terceiro trabalho, o emblemático *Born to Run* (1975), quando a formação clássica do sexteto se consolidou. Só que *Born in the U.S.A.* diferia de seus quatro impecáveis antecessores, por sua sonoridade absolutamente hercúlea, de estádio lotado, despudoradamente concebida para as massas.

Era o terceiro LP de Springsteen nos anos 1980, mas o primeiro em que ele vestia a carapuça de astro do rock grandiloquente exigida pelo contexto daquela década. O disco é um almanaque de superlativos comerciais, que credenciaram seu autor a competir com os gigantes do período, Michael Jackson, Madonna e Prince. Como *Thriller*, o *blockbuster* definitivo, lançado por Jackson em 1982, *Born in the U.S.A.* gerou surreais sete singles, todos posicionados no top 10 da parada da *Billboard*.

É verdade que nenhum deles conseguiu o número 1, um tabu não quebrado pelo cantor até hoje. Mas essa "falha" se compensa amplamente com sua performance enquanto fazedor de discos. Folgadamente o trabalho de maior sucesso de Springsteen, *Born in the U.S.A.* foi o segundo de seus espantosos onze álbuns a chegarem ao primeiro lugar em seu país, façanha que o posiciona como um dos dez maiores artistas da história discográfica ianque.

O LP líder em vendas de 1985 permaneceu 143 semanas (quase três anos) na parada, sendo 84 delas no top 10. Na última contagem da RIAA, de maio de 2022, dezessete milhões de cópias já tinham sido comercializadas somente nos EUA. E não só: as imprecisas estimativas de venda global o colocam entre os trinta principais *best-sellers* de todos os tempos, com mais de trinta milhões de exemplares arrematados em todo o planeta.

À procura de um som

Embora tenha nascido em Long Branch, Nova Jersey, em 23 de setembro de 1949, Bruce Springsteen cresceu na vizinha Freehold. Passou por grupos como Castiles e Earth antes de liderar o Steel Mill, ativo entre 1969 e 1971 e do qual participaram futuros membros da E Street Band, como o guitarrista Steven Lento, vulgo Steven Van Zandt (Winthrop, Massachusetts, 22 de novembro de 1950) e o tecladista Daniel "Danny" Federici (Flemington, Nova Jersey, 23 de janeiro de 1950). Abriram shows de Ike & Tina Turner e Black Sabbath.

Em 1972, Bruce fez audição com John Hammond, o mítico produtor da Columbia que investira em Bob Dylan uma década antes. *Greetings from Asbury Park, N.J.*, seu primeiro álbum, saiu pela gravadora em janeiro de 1973, sem Van Zandt e Federici, mas já com outros dois pilares da que seria a E Street Band: o saxofonista Clarence "Big Man" Clemons (Norfolk, Virgínia, 11 de janeiro de 1942) e o baixista Garry Tallent (Detroit, Michigan, 27 de outubro de 1949).

Tanto o disco de estreia como o segundo, *The Wild, the Innocent & the E Street Shuffle*, de novembro do mesmo ano, diferiam bastante da sonoridade que futuramente consagraria Bruce Springsteen. Produzidos pela dupla Mike Appel e Jim Cretecos, representavam um rock mais livre e despretensioso, ainda fortemente influenciado pelo folk-rock e a psicodelia da década anterior. Parecia faltar algo, ou *alguém*. E a Columbia cobrava um hit.

A E Street Band

Num caso perfeito de "males que vêm para bem", o baterista Vini "Mad Dog" Lopez brigou com Clemons e saiu do grupo, juntamente com o tecladista David Sancious, que partiu antes de poder ver o nome E Street Band, tirado de seu endereço pessoal, estampado numa capa de disco. O que ocorreu a seguir solidificou o *som Springsteen*, que alguns críticos classificaram como "heartland rock": as entradas do pianista Roy Bittan (Nova York, 2 de julho de 1949) e do baterista Max Weinberg (South Orange, Nova Jersey, 13 de abril de 1951).

Homem de notas certeiras e comoventes, Bittan se tornou a consciência melódica de Bruce. Somados aos lamentos soul soprados por Clemons e ao órgão ou acordeom de Federici, seus *riffs* de piano resumiam o Sonho Americano em poucas notas. Já o preciso e econômico Weinberg trouxe o som do grupo ao chão, blindando-o de qualquer resquício de firula excessiva e priorizando pegada e *timing* perfeitos. Sua chegada ajudou em muito a transformar os arranjos de Bruce em "música de arena" e figura entre os episódios mais gritantes de como a adesão a um novo baterista pode revolucionar uma banda (como ocorreu com Rush, Clash e Nirvana).

Com a volta ao radar de Steven Van Zandt, estava praticamente sedimentado o *line-up* dourado da E Street Band. Ao longo dos próximos anos, o sexteto se tornaria célebre por sua versão urbana, intensa e acessível da chamada *americana*, sonoridade criada pela The Band de Bob Dylan na década de 1960, a partir de rock'n'roll, soul, blues, gospel e country (ver texto sobre o álbum de Bob Dylan *Bringing It All Back Home* na p. 41).

Sua mitologia ia além da música: composta por um judeu (Weinberg), um afro-americano (Clemons) e descendentes de italianos (Van Zandt) e holandeses (Springsteen), entre outros, a trupe projetava uma diversidade pouco comum no rock dos anos 1970 e, em cena, transpirava camaradagem, cumplicidade e lealdade ao "*Boss*" (Chefe). Não por acaso, quando os produtores da premiada série *Os Sopranos* contrataram Stevie para o papel do mafioso Silvio em 1999, justificaram a escolha por verem a E Street como "uma espécie de gangue".

Um melhor que o outro

Enérgicos ao extremo no palco, Bruce e a E Street Band começaram sua escalada rumo ao olimpo discográfico do rock norte-americano com o epopeico *Born to Run* (1975), número 3 na parada e que, até 2022, registraria sete milhões de exemplares vendidos. Nascia uma estrela, que no mesmo ano estampou a capa da revista *Time*. A *entourage* agora trazia também o crítico musical convertido em produtor e empresário Jon Landau.

Cada vez maior no imaginário do estadunidense médio, Springsteen esteve à altura do desafio, entregando a seguir três outros LPs fabulosos. *Darkness on the Edge of Town* (1978, número 5 nos EUA), o mais bonito e melancólico deles, era puro suco de americanismo, feito após uma viagem pelo país e sob influência da morte de Elvis Presley. Incluía arranjos mais sucintos e com menos partes do que os de *Born to Run*. Já no enérgico LP duplo *The River* (1980), gravado ao vivo em estúdio e impactado pela energia punk, Bruce aprofundou sua tendência a escrever sobre pessoas comuns; rendeu o seu primeiro número 1.

Performar a gigantesca turnê de *The River* (140 shows) expandiu o interesse do astro pelos problemas de seu país e o aproximou da política, mas também o deixou exausto. No comecinho de 1982, Springsteen se recolheu para gravar ideias num gravador caseiro de quatro canais. Parte da nova leva de músicas chegou a ser regravada com os seis músicos em dois megaestúdios, o Power Station de Los Angeles e o Hit Factory de Nova York. Mas concluíram que muito daquele material não funcionava. Em decisão inédita, a Columbia topou lançar a fita demo mesmo, em versão sem participação da E Street Band. Inesperadamente, o belo e introspectivo *Nebraska* atingiu o número 3 no mercado local e virou uma das obras mais cultuadas do catálogo do cantor. Mesmo sem incluir "Born in the U.S.A.", "Glory Days" e outras cinco pepitas que, captadas em versão banda antes do material utilizado no LP acústico, ficaram engavetadas para um próximo projeto.

Chuva de hits

Após o susto da demo-que-vira-disco, Springsteen sabia que não poderia mais promover surpresinhas à gravadora. Em crise de identidade, cruzou o seu país de carro, antes de chegar a sua nova casa em

Los Angeles. Lá, montou estúdio e produziu, sozinho, outras várias demos. Escaldado pelo esforço sobre-humano das excursões prévias e antevendo a proporção da próxima, começou a malhar e a correr. O novo *look* musculoso daquele trintão contaria pontos na incipiente era do clipe, à qual ele se adaptaria com louvor, produzindo vídeos para cinco dos sete compactos vindouros. Já em 1983, voltou ao Power Station, labutando com a E Street Band e a mesma equipe técnica dos LPs de 1978 e 1980 (Jon Landau e os engenheiros produtores Chuck Plotkin e Toby Scott). Nessa etapa derradeira surgiram as outras cinco canções do aguardado novo LP.

Ao longo do processo todo, contando as sessões arquivadas de 1982, acumulava cerca de sessenta inéditas, parte das quais finalmente veria a luz do dia em *Born in the U.S.A.* Várias outras só seriam divulgadas em 2025 na caixa *Tracks II: The Lost Albums*. Tamanhas delongas fizeram uma vítima de peso: Stevie Van Zandt que, reclamando mais espaço nas decisões do grupo e frustrado pela enrolação, já não participou das últimas gravações e pendurou a bandana. Ainda assim, ele aparece nos créditos e nas fotos do encarte como integrante. Para o lugar de seu amigo mais antigo no time, em maio de 1984 Bruce convocou o velho chapa Nils Lofgren, histórico colaborador de Neil Young na década de 1970 (ver texto sobre o álbum *After the Gold Rush* na p. 106).

No início de 1984, Springsteen se deu por satisfeito com as sessões. Só faltou combinar com Landau, que insistia sobre a falta de um hit matador para ser o primeiro compacto. O *Boss* resmungou, mas se trancou num quarto do hotel nova-iorquino e, no dia seguinte, regressou com "Dancing in the Dark" pronta. Pop-rock perfeito guiado pelo teclado de Bittan, a música tratava justamente da própria obrigação de se criar algo grandioso estando sob pressão ("não se ateia fogo sem faísca", canta). "É sobre a minha própria alienação, fadiga e o desejo de escapar do estúdio de gravação, do meu quarto, do meu disco, da minha cabeça e… viver", escreveu Springsteen em sua autobiografia *Born to Run* (2016).

Lançada em 9 de maio de 1984, pouco menos de um mês antes do álbum, "Dancing in the Dark" beliscou o 2º lugar na lista da *Billboard*, no melhor desempenho da trajetória do artista no universo dos singles. Sua sonoridade, sobretudo os *reverbs* aplicados na bateria, no teclado e na voz, indicava as impressões digitais de um novo colaborador decisivo: Bob Clearmountain, responsável pela mixagem de obras que ajudaram a definir a pompa roqueira do começo dos anos 1980, como *Let's Dance* (1983), de David Bowie. Com seu toque, o som de Bruce, já conhecido por sua densidade acessível, saltou a um patamar radiofônico épico.

Uma vez publicado *Born in the U.S.A.*, cuja icônica capa da grande fotógrafa Annie Leibovitz trazia a bunda e as costas de Springsteen diante de uma bandeira estadunidense, deu-se então a chuva de singles. Ainda em 1984 pintaram o boogie-rock "Cover Me" (número 7 em agosto) e a faixa-título, um catártico retrato da dificuldade dos veteranos do Vietnã em se reinserirem na sociedade (9º lugar em novembro). "Born in the U.S.A.", a canção, vinha alavancada por um *riff* irresistível de Roy Bittan no então moderníssimo Yamaha CS-80. Em comício de sua campanha de reeleição para presidente, o direitista Ronald Reagan tentou surfar na onda e trazer a música para a esfera do patriotismo barato, mas recebeu represália de Bruce.

A saga de lançamentos extraídos de *Born in the U.S.A.* continuou em 1985 com "I'm on Fire", country atmosférico de letra escancaradamente sexual (6ª posição em fevereiro), os hinos "Glory Days" (5º posto em junho) e "I'm Goin' Down" (número 9 em setembro) e, fechando um ano ainda mais lucrativo para o grupo, a balada "My Hometown", sobre as tensões raciais e o declínio industrial de Nova Jersey (6ª colocação em dezembro).

Qualquer uma das outras canções incluídas na tracklist do álbum final poderia ter sido editada no formato 7 polegadas. Do rockão sem frescuras "Darlington County" ao rockabilly "Working on the Highway", passando pela melódica "Downbound Train" – três remanescentes das sessões de 1982 –, além das "novas" "No Surrender" e "Bobby Jean". Uma das melhores de todo o cancioneiro do autor, esta última era uma carta de despedida a Stevie Van Zandt ("em algum quarto de motel haverá um rádio / e você me escutará cantando esta canção").

A turnê de *Born in the U.S.A.*, que já contou com os novos integrantes Lofgren e a cantora e violonista Patti Scialfa (futura esposa de Bruce) durou até outubro de 1985 e terminou com todo mundo esgotado. A parceria entre Springsteen e a E Street Band se estremeceu no álbum seguinte, *Tunnel of Love* (1987) até ser oficialmente dissolvida em outubro de 1989. Para alegria de milhões de fãs, reataram na metade dos anos 1990, inclusive com Van Zandt a bordo.

KATE BUSH
Hounds of Love

(1985)

1980

Entre junho e julho de 2022, eu fazia o que podia para terminar meu primeiro livro, *Do vinil ao streaming: 60 anos em 60 discos do pop internacional*, em meio a estressantes jornadas laborais. Aproveitava os raros minutos de que dispunha entre as dezenas de ligações telefônicas que atendia por dia, de clientes portuguesas irritadas com a logística de uma grande marca de roupas espanhola. Aquele emprego também consistia em receber chamadas dos funcionários das lojas daquela mesma grife. E eu me lembro de contar oito vezes em que, por trás daquelas vozes aflitas indagando sobre procedimentos do caixa, soou ao fundo "Running Up That Hill (A Deal with God)", canção lançada no longínquo 5 de agosto de 1985 por Kate Bush.

Tanto a minha experiência prévia como curador musical quanto a rodagem naquela profissão-roubada de atendente de *call center*, ou simplesmente a vivência de cliente convencional, permitem-me dizer que, em 99% dos casos, as marcas querem material recém-lançado nas playlists de suas lojas. Então era bastante incomum a onipresença daquela música de 37 anos de idade no embalo do consumismo têxtil de um contingente que, em grande parte, nem tinha nascido à época de seu lançamento.

A explicação para o fenômeno residia num dos mais felizes casos de supervisão musical de séries, um dos ofícios, aliás, com os quais eu mais sonhava enquanto tentava decifrar o enésimo xingamento recebido em sotaque dos Açores. Para levar ao limite do dramatismo uma cena em que a adolescente Max (vivida pela atriz Sadie Sink) é dominada pelo vilão sobrenatural Vecna, no episódio 4 da 4ª temporada de *Stranger Things*, os diretores incluíram "Running Up That Hill", a canção favorita da personagem, como trilha sonora.

O mundo nunca mais foi o mesmo após a levitação da ruivinha Max, sincronizada de forma catártica à voz e aos teclados de Kate Bush. Bom, pelo menos não foi o mesmo para a cantora: com seis milhões de reproduções diárias no Spotify durante aqueles dois meses, a faixa de 1985 se tornou a mais tocada do planeta, liderando por duas semanas a parada estadunidense e por três a britânica, além de levar o caneco em vários outros países. No momento da edição deste texto, conta com 1,4 bilhão de reproduções na plataforma.

Em guinada de roteiro prevista por ninguém, "Running Up That Hill" fechava uma espécie de ciclo, fascinando ouvintes de 2022 com a autoridade de ter antecipado o chamado dream pop, tão em voga nos últimos anos, com décadas de antecedência. Aos 63 anos, Bush registrou três recordes na edição britânica do livro *Guinness*: o de artista mais velha a obter um número 1, o de mais longa demora de uma canção a chegar ao topo a partir de seu lançamento, e o de maior intervalo entre números 1 de uma mesma autora (44 anos desde seu maior hit até então, "Wuthering Heights"). Lisonjeada e, segundo a empresa Luminate, 2,3 milhões de euros mais rica no final de 2022, a cantora fez raro pronunciamento público para agradecer aos novos fãs.

O tsunami de justiça retroativa suscitou também o merecido interesse por *Hounds of Love*, disco que continha o inesperado sucesso tardio. Quando editado pela primeira vez, em 16 de setembro de 1985, um mês e meio após o single de "Running...", o LP subiu diretamente ao topo da parada britânica. Mesmo tendo o lado B ocupado por uma suíte de sete peças interligadas, algo mais típico no rock progressivo dos anos 1970 do que o da geração conhecida como new pop, da qual Kate era contemporânea.

Hounds of Love representa o ápice da criatividade de uma artista completa, com o controle total de sua obra, inclusive a produção. Repleto de composições simultaneamente exóticas e acessíveis, é um dos mais diversificados, surpreendentes e estranhamente belos discos da década de 1980. Seu rastro de influência se observa nos corações de um coletivo eclético de astros, que vai de Elton John a John Lydon, passando por St. Vincent e Tricky. Também figura entre os favoritos da crítica, tendo aparecido, por exemplo, na 3ª colocação do ranking de 300 melhores títulos da história, publicado pela revista estadunidense *Paste* em 2024.

Mesmo abusando de recursos tecnológicos datados, típicos da não especialmente inspirada metade dos anos 1980, *Hounds of Love* obteve uma misteriosa sonoridade atemporal, que nos ajuda a compreender sua redescoberta multitudinária. Em seu avatar streaming, o álbum rendeu à sua autora o número 12 nos Estados Unidos.

Governo Bush

Aos 27 anos, Catherine Bush já era uma veterana à época do lançamento de *Hounds of Love*. Nascida a 30 de julho de 1958 em Bexleyheath, cidadezinha rural vizinha de Londres, ela inicialmente queria ser psiquiatra como o pai, mas acabou se atraindo mais pelos dotes pianísticos do mesmo. A família, que vivia num sítio na região, tinha recursos financeiros e tendências artísticas. Um dos dois irmãos mais velhos, John Carder, era escritor, e depois cuidaria das capas dos trabalhos da caçula; o outro, Paddy, se tornaria um músico onipresente e importante na carreira dela. Influenciado pela mãe de origem irlandesa, ele adorava instrumentos ligados ao folclore celta, que acabaram em arranjos de *Hounds of Love*.

Cathy, depois Kate, compunha freneticamente desde os 11 anos, o que atraiu a admiração de um amigo ilustre da família, David Gilmour. Os dois realizaram as primeiras gravações juntos em 1973, quando ela tinha 15 anos. Mas foi em junho de 1975 que o guitarrista do Pink Floyd bancou uma demo bem-produzida da sua pupila adolescente. Treze meses depois, ela tinha um contrato com a EMI e um adiantamento de três mil libras, gasto parcialmente em aulas de dança e mímica com Lindsay Kemp, o cultuado bailarino que anos antes tinha mentorado David Bowie. Kemp ajudou Bush a moldar sua faceta cênica, complementar às suas composições imagéticas, cheias de referências teatrais e literárias.

"Kate Bush é, à sua maneira, o último expoente do romantismo inglês", teoriza o escritor espanhol Juan J. Vicedo em seu livro *Kate Bush: Los dominios de lo invisible* (2016). "Ela nos mostra, em toda pureza, esse sentimento romântico da vida, essa exaltação do diferente, do extravagante, do intuitivo, do passional."

Esse universo próprio e peculiar, permeado também por uma sensualidade estranha e etérea, lapidou-se ao longo dos dois anos seguintes, desaguando no primeiro single da cantora, "Wuthering Heights", de janeiro de 1978. Com ritmo torto e melodia aguda que grudava na cabeça, a peculiar balada surpreendentemente fisgou o 1º lugar no Reino Unido, impulsionando o álbum de estreia *The Kick Inside*, de fevereiro, ao 3º posto dos mais vendidos.

Controle total

Àquela altura, Kate já tinha ampliado seu círculo de músicos de confiança para além do irmão Paddy, formando a KT Bush Band com nomes como o guitarrista Brian Bath e o baixista e namorado Del Palmer. *Lionheart*, de novembro do mesmo ano, abocanhou o 6º lugar em terras britânicas, aumentando a moral da estrela com a EMI. *Début* de Kate como coprodutora, *Never for Ever*, de setembro de 1980, foi gravado durante seis meses no histórico estúdio Abbey Road. No mesmo ano, ela colaborou pela primeira vez com Peter Gabriel, nos vocais de "Games Without Frontiers". Em 1986, se reencontrariam na bela balada "Don't Give Up".

Never for Ever gerou o primeiro número 1 de Kate em seu país, e ela ganhou crédito para assumir definitivamente a direção artística de seu trabalho. Algo que já se mostrava inevitável desde abril de 1979, quando partiu para sua pomposa turnê Tour of Life, na qual, em plena ebulição punk, teve a coragem de incluir bailarinos e mímicos. Possivelmente pelo acidente que matou um membro de sua equipe técnica, aquela seria a primeira e única turnê da cantora. Nascia a mitologia de reclusão ao seu redor, que se multiplicou a partir dos anos 1990, quando ela sumiu dos holofotes, reaparecendo cada vez mais esporadicamente.

Só com o quarto e desconcertante disco de Kate Bush, *The Dreaming*, de setembro de 1982, o público se deu conta de que aquela moça de 20 e poucos anos, tão afeita a peças quiméricas e sonhadoras ao piano, vivia na década de 1980 e tinha a mesma idade que a turma do synthpop, o subgênero futurista derivado do pós-punk que se baseava em sintetizadores. Autocoroada como produtora única e absoluta de seus projetos, ela mergulhou de vez na parafernália de estúdio popular entre os companheiros geracionais, como o Fairlight CMI – computador ancestral do sampler –, a bateria eletrônica Linn e o teclado analógico Yamaha CS-80.

Passou a compor diretamente naqueles novos brinquedos, mas mantendo sua originalidade lírica e melódica, sem tomar conhecimento dos estilos da moda. Decidiu também experimentar com um veículo em ascensão, o videoclipe, sempre apostando em ideias desconcertantes. Mesmo francamente esquisito em alguns momentos, *The Dreaming* garantiu o 3º lugar no Reino Unido. O melhor, porém, estava por vir.

Árvores longínquas

1980

O passo que faltava para a autossuficiência total da Kate compositora-intérprete-instrumentista-produtora veio com a construção de um estúdio profissional de 48 canais em seu sítio, Wickham Farm. Na tranquilidade do campo, rodeada por familiares, marido e colaboradores escolhidos a dedo, entre baseados e xícaras de chá, tomou seu tempo para, por dois anos, trabalhar no repertório de *Hounds of Love*. Tudo ali dizia respeito às idiossincrasias de Kate, incluindo a foto de capa. Na imagem, seu mano John a clica maquiada, penteada e iluminada em puro excesso oitentista, enquanto recebe chamegos de Bonny e Clyde, seus cães (*hounds*) da raça weimaraner. Uma vez pronto o álbum, até o evento de lançamento teve que parecer coerentemente katebushiano, ao ser realizado no planetário de Londres.

O período de feitura de *Hounds of Love* deixou marcas nos envolvidos. "Ela dizia coisas como 'quero que isso soe como árvores longínquas'", revelou Brian Tench, um dos seis engenheiros de gravação do álbum, à revista *Mojo* em 2022. "Ela conseguia fazer sua voz dançar, dar emoção a uma única palavra apenas mudando sua inflexão; de repente você se sentia sugado, tocado em algum lugar."

A rotina de trabalho de Kate incluía métodos pouco ortodoxos, como registrar os vocais no escuro e, em muitos casos, manter na mixagem final partes das ideias captadas nas fitas demo, junto a elementos regravados posteriormente. Por isso as doze faixas têm tantas camadas e texturas. Outra peculiaridade é a bateria de Stuart Elliott, colaborador desde o primeiro LP, e seu som grandioso. Sua importância no disco vai além, quando ele opta por focar nos tambores, ignorando completamente pratos e chimbal. Aumenta, assim, os espaços para teclados, cordas e os vários instrumentos não convencionais tocados por Paddy, como a balalaika russa, a flauta fujara eslovaca e o didgeridoo dos aborígenes australianos. O bouzouki, instrumento de cordas grego, também comparece na mistureba, pelas mãos de Donal Lunny.

Pacto com deus

Inicialmente chamada apenas "Deal with God", sem o "Running Up That Hill", a primeira música do álbum terminou com nome duplo pelo receio da autora de censura à expressão "pacto com deus". Surgiu numa tarde em que ela apreciava as montanhas ao redor, e demorou meses para ficar pronta. Tanto pela entrada meio inesperada da voz quanto pela emotividade do refrão ou a melodia de teclados, tudo é especial nessa fábula de drama romântico. No vanguardista videoclipe, Kate dança em silêncio uma coreografia ensaiada por meses com o então bailarino Michael Hervieu (depois conhecida como Misha Hervieu). Em sua encarnação original, o single, cuja capa ostentava a cantora praticando arco e flecha, atingiu o 3º posto na parada britânica. No total, quatro das cinco faixas do lado A saíram como compacto, e todas entraram no top 40.

Introduzida por grito tirado do filme *A noite do demônio* (1957), a faixa-título não diminui a intensidade apaixonada ("Você sabe que preciso de você"). Apoia-se num poderoso *riff* de violoncelo do convidado Jonathan Williams e traz uma segunda bateria, a cargo de Charlie Morgan. A seguir, a hipnótica "The Big Sky" exemplifica o aspecto "multicamadas" do álbum, numa bela soma de graves composta pelo baixo galopante de Youth, integrante do Killing Joke, e o didgeridoo de Paddy.

"Mother Stands for Comfort", a única do primeiro lado não editada como single, é uma preciosa balada com elementos vanguardistas e o som liquefeito do contrabaixista de jazz Eberhard Weber. O lado A encerra em caráter triunfante com a épica "Cloudbusting" outra que se sustenta em duas baterias e arranjo de cordas, atribuído ao Medici Sextet. Seu clipe teve Donald Sutherland como protagonista e edição do grande cineasta estadunidense Terry Gilliam.

Bruxas e vampiros

As dúvidas remanescentes sobre as pretensões conceituais "fora da casinha" de Kate Bush se dissipam por completo no lado B. Trata-se da peça "The Ninth Wave" que, inspirada em poema publicado na contracapa, desdobra-se por sete temas encadeados. Uma viagem sobre sonhos e lendas para se escutar na sequência, elaborada como roteiro de uma película.

Essa opereta moderna começa com a delicada "And Dream of Sheep", um dos raros momentos piano-voz do repertório, e depois navega suave entre cordas sintetizadas na atmosférica "Under Ice", dos versos "O rio congelou / Nenhum som no gelo". Já "Waking the Witch" entrega a extravagância prometida pelo título ("Acordando a bruxa"), num misto de falas de filme de terror de *pitch* alterado com efeitos alienígenas aplicados à voz de Kate, além de backing vocals pós-psicodélicos. É a música mais inclassificável de *Hounds of Love*.

A suíte muda de direção com o quase-pop "Watching You Without Me", enfeitada pelo baixo acústico do veterano Danny Thompson e um alucinante coral de influência oriental, entoado por várias Kates. Como se tudo já não estivesse diversificado o suficiente, a faixa seguinte é "Jig of Life", gravada em Dublin, com músicos locais e fantástico arranjo celta.

E só uma visionária como Bush para imaginar o que poderia vir depois dessa orgia irlandesa: "Hello Earth", composição que parte de uma *power ballad* oitentista, mas vai sendo entrecortada por um interlúdio e desagua num final de dar calafrios. Cruzamento de trilha de David Lynch com ambiências de Brian Eno, o coro de "Hello Earth" arrepia a espinha do ouvinte. O trecho, interpretado pelo grupo vocal Richard Hickox Singers, é uma versão de "Zinskaro", canção tradicional georgiana usada em inesquecível cena gótico-felliniana de apocalipse vampirístico na versão de Werner Herzog para o clássico *Nosferatu* (1979). Depois de tanta pesquisa e tanta aventura, só mesmo uma canção mais "normal", ainda que também linda, "The Morning Fog", para concluir o enorme *Hounds of Love*.

THE SMITHS
The Queen Is Dead

(1986)

1980

"Quando Maher finalmente conheceu Morrissey, começou a falar precipitadamente, não conseguia ficar calado, possuído por uma energia constante, enquanto a velocidade de seus pensamentos se coordenava apenas com a intensa verborragia dirigida ao seu anfitrião." Assim o escritor Johnny Rogan descreve, no livro *Morrissey & Marr: The Severed Alliance* (1992), o primeiro encontro privado entre Morrissey e Johnny Marr (então ainda conhecido por seu nome de batismo John Maher). Uma banda intensa como os Smiths não poderia ter se originado de um *blind date* menos emocionante que esse, promovido pelo guitarrista Stephen Pomfret em maio de 1982 na casa do vocalista. Era como se os envolvidos – que já haviam conversado rapidamente num show de Patti Smith quatro anos antes – soubessem que, depois daquele momento mágico, o rock jamais seria o mesmo.

Durante sua curta existência de cinco anos, os Smiths promoveram uma peculiar mistura de deslumbramento e perturbação que ainda está por ser superada. Cem por cento genuína tanto em forma quanto em conteúdo, a banda de Manchester se converteu em uma das mais influentes de todos os tempos, ainda que sua sonoridade permaneça hermeticamente inimitável. Lançado em junho de 1986, *The Queen Is Dead*, o terceiro de seus quatro trabalhos oficiais de estúdio, é o ponto mais alto dessa caminhada maravilhosa e fugaz.

O álbum promove a gloriosa comunhão dos elementos que constituíram o DNA dos Smiths. Morrissey brilha em seu jeito único de cantar, dançando com a melodia em espaços imprevisíveis, seu timbre de voz identificável em meia nota e suas letras que aglutinam, em caráter inédito, sinceridade, romantismo, provocação e humor. Marr, por sua vez, oferece as guitarras melódicas, texturizadas e incisivas de quem, em suas próprias palavras, "tentava cobrir as cordas, o piano e tudo mais com a mão direita". Além deles, o baixista Andy Rourke e o baterista Mike Joyce fazem bonito, garantindo uma "cozinha" pulsante e oportunamente discreta. Abrangendo três dos singles definitivos da década de 1980, *The Queen Is Dead* é presença insistente nas listas de maiores discos da história, figurando inclusive no número 1 do top 500 publicado pela *NME* em 2013.

Os novos Leiber e Stoller

Os quatro integrantes dos Smiths são – ou foram, já que Rourke morreu em 2023 – filhos de irlandeses que se mudaram para Manchester e arredores na grande imigração iniciada nos anos 1950. Steven Patrick Morrissey (nascido em 22 de maio de 1959 na cidade vizinha de Davyhulme) era um menino tímido, fã de James Dean que, na adolescência, mergulhou no sarcasmo refinado de Oscar Wilde e na androginia do glam rock de bandas como T-Rex.

Leitor voraz, enviava cartas às redações de revistas musicais, e em 1974 passou a ter textos publicados pela *Sounds* e a *NME*. Steven, como era conhecido, abraçou o punk rock em sua origem. Hoje conhecido por suas ideias reacionárias, então ele se definia como assexual, feminista, defensor dos direitos LGBTQIAPN+ e antimonarquista. Dedicou-se a cantar e escrever letras, iniciando-se em 1977 na banda Tee Shirts e passando depois pelo Nosebleeds.

John Martin Maher (Manchester, 31 de outubro de 1963) chegou a fazer um teste para jogar no Manchester City. Mas a música rapidamente dominou seus interesses, que dividia com o amigo de infância quietão Andrew Michael Rourke (Manchester, 17 de janeiro de 1964). Seu espectro de gostos ia do folk-rock ao funk e o pop da década de 1950. Tantas referências alimentaram o seu estilo original de *riffs*, acordes dedilhados e afinações alternativas. Colecionador compulsivo de vinis, Maher teve grupos como o White Dice, com Rourke no baixo. Sonhava em montar um duo de compositores letra + música nos moldes da parceira Jerry Leiber e Mike Stoller, colaboradores de Elvis Presley. Foi, então, atrás de um tal Steven Morrissey, dono de uns versos interessantes que Billy Duffy, guitarrista do Nosebleeds (e futuramente do The Cult) havia lhe mostrado.

No dia seguinte ao mítico encontro relatado no primeiro parágrafo, a dupla Steven/Maher, que logo se converteria em Morrissey/

Marr, já funcionava a pleno vapor. A sintonia era tanta que o vocalista entregou um calhamaço de versos ao novo parceiro sem sequer tê-lo ouvido tocar. Entendiam-se também enquanto à necessidade de uma ruptura estética – um em seu topete de James Dean, o outro com sua franja sobre os olhos – compondo juntos um visual que ia na contramão da new romantic e outras modas oitentistas.

Até o final de 1982, ajudados por instrumentistas como o baterista Simon Wolstencroft e o baixista Dale Hibbert, eles já tinham registrado a primeira demo e definido um nome. A opção por The Smiths era, ao mesmo tempo, uma reação *normcore* a pseudônimos pomposos do pop britânico da época, e um tributo a heróis da dupla como Patti Smith e Mark E. Smith, vocalista do The Fall. Mais importante, porém, foi a façanha que eles realizaram de, mesmo cultivando um conjunto claro e diversificado de referências – rock'n'roll original, Motown, New York Dolls e cantoras como Sandie Shaw –, definirem uma sonoridade inédita e que pouco tinha a ver com a música de seus ídolos. O estilo de Morrissey, por exemplo, com seu canto de floreios barrocos e timbre fascinantemente fanho, não encontrava praticamente nenhum antecedente na história pop (uma única remota semelhança seria com Edwyn Collins, do combo escocês Orange Juice). Após a adesão de Michael Adrian Paul Joyce (Fallowfield, 1º de junho de 1963), ex-The Hoax, em outubro fizeram a primeira apresentação, no Ritz de Manchester. Andy entrou logo depois.

Febre

A partir dali tudo ocorreu em alta velocidade: show na concorrida casa noturna Haçienda, acordo com o influente selo Rough Trade e, em maio de 1983, lançamento do primeiro compacto, "Hand in Glove". Contratualmente, ali já se definia a hierarquia do grupo, segundo a qual os "donos" das músicas eram Morrissey e Marr, e Rourke e Joyce acompanhantes assalariados. O baixista e o baterista nunca foram claramente informados disso, algo que anos mais tarde levou todos aos tribunais.

Em fevereiro de 1984, três meses após a chegada às lojas do fantástico single "This Charming Man", saiu *The Smiths*, o primeiro álbum. Produzido pelo ex-Roxy Music John Porter, o *début* soava como absolutamente nada existente até então, esbanjando características tipicamente smithianas, como os títulos longos das canções, a ausência de backing vocals nos arranjos e as capas *arty* meio enigmáticas, desenhadas pelo próprio Morrissey, geralmente protagonizadas por figuras masculinas ou símbolos do glamour hollywoodiano. O LP incluía hinos como "What Difference Does It Make" e furou a bolha indie, fisgando o 2º lugar da parada britânica. Nascia uma febre chamada Smiths, que tinha como componente crucial o comportamento ensandecido dos fãs durante os shows. Eles invadiam o palco e abraçavam Morrissey, com uma volúpia que muitas vezes desatava caos, pancadaria e a destruição das roupas do ídolo e das flores empunhadas por ele em cena.

Ainda deu tempo de, em novembro do mesmo 1984, publicarem a excelente coletânea de lados B *Hatful of Hollow*. Em fevereiro de 1985 lançaram *Meat Is Murder*. Produzido pela própria banda, o segundo disco mostrava arranjos mais elaborados e uma manifesta guinada conceitual, evidenciada pela agressiva militância vegetariana da faixa-título ("Carne é assassinato"). No âmbito pessoal, as novidades incluíam a transferência do grupo a Londres, a crescente insatisfação com a Rough Trade e o vício de Andy em heroína. Mas os singles do quarteto lideravam as paradas independentes e *Meat Is Murder* alcançou o número 1 na lista de álbuns.

Humor, romantismo e governantes mortas

O público pôde perceber que os Smiths estavam chegando ao seu ápice criativo quando se deparou com "The Boy with the Thorn in His Side", o compacto de setembro de 1985 que antecipava o terceiro álbum. "Por trás do ódio reside / Um desejo assassino por amor", dizia um dos versos de exagero romântico tipicamente morrisseyanos da inesquecível canção de melodia dilacerante, a primeira do grupo a ser representada visualmente em clipe.

The Queen Is Dead, que chegou a ter nome provisório ainda mais violento e ousado (*Margaret on the Guillotine*, em "homenagem" à primeira-ministra Margaret Thatcher) foi gestado em meio a fortes turbulências. Gravado no estúdio Jacob, de Manchester, e RAK, em Londres, o resto do disco estava praticamente pronto antes do final do ano, mas seu lançamento ficou em suspenso por seis meses, devido a um conflito com a Rough Trade, que descobriu que eles negociavam com a EMI. O imbróglio deprimiu Johnny Marr, o coprodutor do LP junto com Morrissey, contribuindo, a médio prazo, para o fim dos Smiths.

Para completar, o dependente químico Andy estava péssimo, não segurava a onda ao vivo e ainda foi preso por porte de heroína. Recebeu o derradeiro voto de confiança dos companheiros para permanecer no grupo quando um substituto, o ex-Aztec Camera Craig Gannon, até já tinha sido escolhido. Como o novo material trazia multicamadas de guitarras e teclados, Cannon acabou sendo agregado como segundo guitarrista da versão palco dos Smiths.

A crise com a Rough Trade se resolveu a tempo da magia ocorrer novamente, com a aparição, em maio, do segundo single, "Bigmouth Strikes Again". Atiçado por guitarras que Marr elegeu como suas favoritas no catálogo do grupo – atenção para a introdução no violão e o mítico *riff* –, a música traz Morrissey se admitindo como "linguarudo" e, sobretudo, sendo Morrissey como nunca: "Amor, eu estava só brincando / Quando disse que queria / Destruir todos os seus dentes". Em excentricidade talvez só permitida numa gravação dos Smiths, pipocava no arranjo uma segunda e bizarra voz, na verdade o próprio vocalista cantando com o *pitch* acelerado.

O melhor lado B

Sorte que, quando o disco finalmente saiu, em 16 de junho de 1986, trazendo na capa o ator francês Alain Delon em cena do filme *Terei o direito de matar?* (1964), e os quatro num centro cívico de Salford na imagem interior, a indústria fonográfica ainda vivia o império do vinil. Assim, os ouvintes puderam constatar que "Bigmouth..." e "The Boy..." integravam, nesta ordem, um dos melhores lados de LP da discografia pop. Claro que, em se tratando dos Smiths, tudo precisava ser diferente, e o lado no caso era o B. O encadeamento assombroso prossegue com "Vicar in a Tutu", espécie de indie-country no qual Steven ridiculariza fantasmas de sua formação irlandesa católica ao imaginar um vigário em roupa de bailarina.

Após tal breve e estranho alívio cômico, o ouvinte recebe outro golpe baixo: "There Is a Light That Never Goes Out", o terceiro e último single do repertório, lançado em outubro de 1986. Sobre um arranjo maravilhoso, em que diferentes melodias de guitarra e cordas do sintetizador Emulator interagem de forma onírica, Morrissey entoa o cântico definitivo do jovem utopista tristonho, fantasiando uma morte romântica estapafúrdia. "E se um ônibus de dois andares / Bater na gente / Morrer ao seu lado / É um jeito divino de morrer", dramatiza o cantor. E é nesse pique, de sentimentalismo fundido em humor retorcido, que outra grande composição conclui o álbum. Trata-se de "Some Girls Are Bigger Than Others", na qual o astro destrincha sua peculiar relação com as questões de sexo e gênero e seu fascínio por mulheres: "As mães de algumas garotas / São maiores que as mães de outras garotas".

Não que o lado A, bem mais introspectivo, não brilhe. Após sample de uma velha canção inglesa, "Take Me Back to Dear Old Blighty" (tirada de cena do filme *A mulher que pecou*, de 1962), "The Queen is Dead", a faixa, irrompe ameaçadora. "Fiquei morto de vergonha ao descobrir / Que sou o 18º descendente pálido / De uma rainha qualquer", ataca Morrissey, reforçado por montanhas de guitarra embriagadas de efeitos e uma das melhores performances de Rourke e Joyce. Muito mais tranquila, embora não menos ácida, é "Frankly, Mr. Shankly", crítica cifrada a Geoff Travis, dono da Rough Trade, a quem o cantor dedicou uma de suas estrofes mais hilariamente venenosas: "Não sabia que você escrevia / Tal horrenda e asquerosa poesia".

Dos risos passamos à introspecção da balada "I Know It's Over", trilha sonora de qualquer jovem que, mesmo que apenas por um segundo na vida, tenha se sentido só ou excluído ("Se você é tão inteligente / Por que está sozinho esta noite?"). O *mood* passa da melancolia administrável às sombras preocupantes na pesada "Never Had No One Ever", antes da volta à superfície com "Cemetery Gates", indie dançante que presta tributo a poetas como Keats e Yeats.

Os Smiths estavam tão afiados musicalmente que *The Queen Is Dead*, 2º colocado na parada britânica, poderia ter incluído outra faixa fantástica, "Panic", registrada pouco antes de seu lançamento. Acabou fora do repertório, mas, lançada como single em julho do mesmo ano, tornou-se o maior hit britânico da banda (11º lugar). Por outro lado, os problemas só aumentavam, de Johnny Marr bebendo e quase morrendo em acidente de carro às demandas de Andy e Mike por uma divisão dos lucros mais justa. No final de setembro de 1987, quando *Strangeways, Here We Come*, o quarto álbum dos Smiths chegou às prateleiras, eles acabavam de se separar. Nunca mais os quatro tocaram juntos.

GEORGE MICHAEL

Faith

(1987)

Quando falamos no gigantismo do pop dos anos 80, é praticamente impossível encontrar algum nome que tenha sido páreo para a trinca Michael Jackson, Madonna e Prince. Porém, pelo menos durante um ano e meio daquela década tão megalomaníaca e especial, nem esses três ícones colossais puderam superar a popularidade de George Michael. Entre o começo de 1987 e o meio de 1988, o inglês foi o maior popstar do mundo, com nada menos que cinco de seus primeiros sete singles conquistando o número 1 nos Estados Unidos, um país que se tornou obcecado por ele. Quatro desses compactos pertenciam a *Faith*, o seu primeiro álbum solo, que encabeçou as paradas estadunidense e britânica. Com estimadas 25 milhões de cópias vendidas mundialmente, o disco é um dos sessenta mais bem-sucedidos da história.

Lançado em outubro de 1987, o trabalho individual de estreia de Michael marca uma clara linha divisória entre os seus primeiros quatro anos de carreira, em que integrou a dupla-fenômeno Wham!, e sua etapa enquanto artista solo maduro, confiante, em pleno comando de sua trajetória. Embora o seu duo com Andrew Ridgeley tenha deixado como legado algumas ótimas canções pop que também lideraram as listas, foi quando George se converteu oficialmente numa estrela solitária que ele pôde explorar todo o seu potencial, transcendendo o público adolescente que já o idolatrava.

Sofisticada sem deixar de ser (muito) acessível e diversificada estilisticamente, *Faith* é uma obra de qualidade rara. Confirma o enorme talento de Michael não apenas como um intérprete fabuloso, abençoado com um timbre único e a sinceridade emotiva de um velho *soulman*, mas também como um exímio compositor, um arranjador inventivo e um produtor capaz de aliar perfeccionismo a intuição. Ao longo dos anos, ele utilizaria os seus créditos de megavendedor de discos e astro respeitadíssimo para confrontar os abusos das gravadoras e questionar o uso da própria imagem na promoção de sua carreira, o que fez dele também uma figura humana muito relevante na cultura pop do final do século 20.

Sensação mediterrânea

Filho de mãe inglesa com pai que imigrara do Chipre, Georgios Kyriacos Panayiotou nasceu em 25 de junho de 1963 em Londres. Tímido, só começou a explorar seus dotes artísticos quando, aos 11 anos, mudou-se para a escola Bushey Meads e foi acolhido por outro aluno de ascendência mediterrânea – no caso, egípcia –, Andrew Ridgeley. Em 1979, tentaram sem sucesso pegar carona na cena de ska-punk com seu primeiro grupo, The Executive. Mudaram de direção, continuaram tocando e compondo juntos e, finalmente em março de 1982, foram contratados pelo selo londrino Intervision Records, sob o onomatopaico nome Wham! O primeiro single, "Wham Rap!", de junho de 1982, trazia Giorgios assinando como Panos, seu primeiro nome artístico antes de George Michael, que ele abraçou em seguida. A surpreendente canção, que entrou no top 10 nacional, era uma das primeiras tentativas britânicas de utilizar a linguagem hip-hop. Outros compactos da dupla, como "Young Guns (Go for It)" (número 3), do mesmo ano, mostravam que eles estavam sintonizados com a fusão entre funk e new wave de grupos nova-iorquinos como Kid Creole and the Coconuts.

Impulsionado por suas coreografias bobinhas e pelo *sex appeal* de seu vocalista, que mais tarde a revista *Q* definiria como "uma máquina de hits otimisticamente ingênua com uma peteca embaixo dos shorts", o Wham! tornou-se rapidamente uma mania juvenil internacional. Entre 1983 e 1986, contemplaram seus dois LPs (*Fantastic* e *Make it Big*) dominando as paradas britânicas, com o segundo chegando no topo também da estadunidense. Quatro de seus singles ocuparam o número 1 em seu país e 3 nos Estados Unidos, entre os quais o delicioso "Wake Me Up Before You Go Go", uma homenagem aos anos dourados da Motown Records.

Autossuficiência precoce

Em julho de 1984, a inesquecível balada soul "Careless Whisper" emergiu nos EUA creditada a "Wham! Featuring George Michael" e, no Reino Unido e noutros países, apenas a "George Michael". Um ano mais tarde, no encerramento do megaconcerto beneficente Live Aid, no estádio de Wembley, era apenas George, sem Andrew a seu lado, que aparecia na linha de frente do elenco estelar, ombro a ombro com David Bowie, Freddie Mercury e outros grandes.

Percebia-se que era inevitável a carreira solo do garoto que, além de ser o *frontman* do duo, há tempos já se incumbira também da composição e da produção. Inclusive, em ato de notável personalidade para alguém de 20 anos, George tinha recusado a primeira versão de "Careless Whisper", comandada por ninguém menos que o mago soul Jerry Wexler no histórico estúdio Muscle Shoals, regravando o material até que ficasse do seu agrado.

Mas nem essa corajosa e acertada decisão serviu para que George fosse levado a sério pela imprensa inglesa, eternamente desconfiada da capacidade de representantes do universo *teen* de criarem sons de qualidade. Os tabloides preferiam especular sobre sua orientação sexual. Tal assédio midiático e a opção de Michael por não assumir sua não heterossexualidade abasteceram a sua agonia pessoal, mas também o inspiraram artisticamente, até sua "saída do armário" como homem gay, em 1998.

De comum acordo, o Wham! terminou em grande estilo, com um show abarrotado no mesmo Wembley em 28 de junho de 1986, três meses após o lançamento de "A Different Corner", o primeiro single solo de George Michael sem ambiguidades nos créditos. "Estou ficando mais velho – sabe? – então tenho que substituir isso que vivi por algo mais válido em relação ao que estou sentindo", disse o mais cobiçado dos novos artistas solo à *NME*, em entrevista publicada no mesmo dia do concerto de despedida.

A hora de George Michael tinha chegado e o céu era o limite. Falou-se até mesmo numa colaboração com Michael Jackson, mas o próximo passo acabou sendo "I Knew You Were Waiting (For Me)", dueto seu com sua heroína Aretha Franklin, de janeiro de 1987. A música era um soul-pop inofensivo sem muitas das impressões digitais de Michael, mas rendeu o primeiro de seus vários troféus individuais nas paradas anglo-estadunidenses. Também contribuiu para que a sua gravadora Epic, braço da CBS que vinha bancando os discos do Wham!, descartasse qualquer dúvida sobre a qualidade de seu contratado. Até porque ele já estava materializando o seu primeiro álbum, com orçamento polpudo que englobaria seis singles, cada qual com seu videoclipe.

Sob controle

Com o próprio George Michael na produção e o engenheiro de som Chris Porter pilotando a mesa de gravação, as sessões que resultaram em *Faith* ocorreram entre agosto de 1986 e o comecinho de outubro de 1987 (poucos dias antes do lançamento, no dia 30 do mesmo mês). Os trabalhos se desenvolveram num vaivém entre o Puk, estúdio residencial escondidinho perto da cidade de Randers, na Dinamarca, e o londrino Sarm.

Totalmente focado, o astro recusava convites para incursões boêmias após as sessões, preferindo tramar novas ideias sonoras com seu walkman. Quando sentia qualquer bloqueio criativo, desaparecia para caminhar ou dirigir um carro, geralmente voltando com novos trechos de letra ou acordes. Os músicos esperaram por horas até que fossem chamados a intervir.

Em várias ocasiões, George, que não era virtuoso em nenhum instrumento mas se virava em vários, acabava tocando ele mesmo as próprias partes, após não se convencer com a interpretação dos convidados. Por isso ele também contribuiu com baixo, teclados, bateria e percussão no álbum. Ressabiado com instrumentistas profissionais de estúdio "top de linha", normalmente usados neste tipo de projeto, Michael preferiu se ater a um núcleo básico de colaboradores dos tempos de Wham!, como o baixista Deon Estus e o guitarrista Hugh Burns.

Um personagem

A primeira safra de material gravado incluía "I Want Your Sex", o primeiro *advance* de *Faith*, que surgiu para o mundo em 19 de maio de 1987, na trilha da comédia *Um tira da pesada 2*, e como compacto duas semanas depois. Organizada sobre sons aleatórios da bateria eletrônica Linn e do teclado Roland Juno-60, a gravação era diferente de tudo o que o artista tinha feito até então. A começar porque, no LP, no qual ocupa a terceira faixa, aparece em duração superior a nove minutos e dividida em duas partes, sendo a segunda predominantemente instrumental. Seu arranjo bebe no electro-funk de Prince, enquanto a letra enterra a inocência do Wham! ao falar abertamente sobre sexo.

Vetado pela BBC, o clipe de "I Want Your Sex", dirigido pelo inglês Andy Morahan, era mais hétero do que nunca, centrado na interação sensualizante entre George e a modelo Kathy Jeung. "Apostei na criação de um novo personagem", admite o cantor em seu autodirigido documentário *George Michael: Freedom* (2017). "Ainda que eu sofresse terrivelmente com falta de segurança em relação à minha aparência."

Ignorando a hesitação de seu ídolo quanto ao próprio poderio sedutor e comprando sua fingida pose de machão, o público o consagrou imediatamente como um megassímbolo sexual, que definia um novo visual para sua recém-estreada etapa solo. Surgia o "galã cipriota", espécie de primo europeu do "amante latino", estereótipo do varão bem bronzeado e sobrancelhudo, denominação de origem Mediterrânea. Nos próximos três anos, George não seria visto mais sem seu topete descolorido, seus óculos Ray-Ban, suas calças jeans justas, seus brincos em crucifixo e sua jaqueta de couro revelando o peito cabeludo.

Essa imagem foi eternizada no intimista retrato do artista inglês Russell Young para a clássica capa de *Faith*, na qual o fotografado aparenta estar se escondendo dentro do casaco (ou "cheirando o próprio sovaco", segundo os mais maldosos). O trabalho gráfico se completa com o desenho de Rob O'Connor, do estúdio londrino Stylorouge – destaque para as modernas fontes *clean* da contracapa – e com cinco símbolos meio ledzepellinianos que o próprio George acabou rabiscando, representando fé, música, dinheiro, religião e amor. Nas primeiras edições, o seu nome não aparecia na capa.

Fé no sucesso

Se "I Want You Sex" já sacudiu as paradas, garantindo medalha de bronze entre os ingleses e prata entre os estadunidenses, a série subsequente de compactos de *Faith* ocasionou um estrago surpreendente até para George Michael. Editado três semanas antes do lançamento da bolacha, "Faith", o próximo single e faixa de abertura do disco, reinou por quatro semanas nos EUA. Construída sobre um ritmo de violão alusivo à jungle beat inventada por Bo Diddley nos anos 1950, a música soava brilhantemente atemporal, de sonoridade alienígena aos excessos oitentistas cheios de ecos, irresistivelmente perfeita.

Na letra de "Faith", o autor dava pistas de que ainda não tinha se envolvido afetivamente para valer com ninguém, algo que só faria em 1991, quando se apaixonou por um brasileiro no Rock in Rio II: "Eu preciso de alguém para me abraçar / Mas vou esperar por algo mais". Numa cartada típica do George produtor, a introdução "sacra" surgiu de um improviso do organista Chris Cameron baseado na obra do compositor Gustav Mahler. Andy Morahan cuidou para que Michael mexesse bastante a bunda para reafirmar o clima sexual no clipe correspondente.

O gospel segundo George

Na ordem do álbum, entre as monumentais "Faith" e "I Want Your Sex", desponta outra canção enorme e totalmente diferente dos dois singles: "Father Figure", o terceiro lançamento mundial em compacto (dezembro de 1987). Do detalhezinho de palma sampleada na batida – que os envolvidos batizaram de *sex clap* – ao teclado tocado por George, passando pelo dinamismo sutil de seus vocais e pela curiosa imagem da "figura paternal" da letra, tudo é sublime nesta canção. E choca saber que o "coro gospel" do espetacular refrão foi, na verdade, cantado apenas por George e a vocalista Shirley Lewis, durante dois dias de trabalho em estúdio. O premiado vídeo, também concebido por Morahan, era um elegante retrato com ares de *soft porn* do romance entre um taxista gostosão (Michael) e uma supermodelo (Tania Coleridge). "Father Figure" envelheceu bem demais e seu uso na trilha sonora de *Babygirl* (2024) foi tão aclamado quanto o próprio *thriller* erótico.

O lado A encerra sem dar trégua com "One More Try", deep soul tributário a The Spinners. George, que tinha o hábito de terminar as composições enquanto as registrava, dirigiu Chris Cameron em busca dos acordes que ouvia em sua cabeça. Quarto single, já em abril de 1988, "One More Try" teve vídeo dirigido pelo célebre cineasta inglês Tony Scott na Austrália e repetiu o número 1 dos anteriores, graças à melhor performance vocal de George em *Faith*.

Mesmo menos conhecido do grande público, o lado B da versão em vinil é de alto nível. Começa com "Hard Day" que, com refrão em falsete, ritmo funkeado e voz "feminina" – na verdade o próprio timbre de Michael alterado –, é a canção mais influenciada por Prince do repertório. "Hand to Mouth" brilha ainda mais, devido ao cantar aveludado e etéreo de Michael, que atenua a temática dos versos, sobre política e violência nos Estados Unidos. Destaque para o climão obtido apenas com um beat eletrônico vagabundinho e a percussão de Andy Duncan. Já "Look at Your Hands" (composta com o amigo de infância Davi Austin), sobre uma mulher maltratada pelo marido, é a mais convencional e datada de *Faith*.

O alento é recobrado na reta final com dois outros singles, o funk sintetizado "Monkey", último dos quatro números 1 de *Faith* nos Estados Unidos – atenção para as guitarrinhas de Robert Ahwai e Roddy Matthews – e outra joia memorável, "Kissing a Fool". Composta entre 1984 e 1985 e guardada a sete chaves, a canção foi magistralmente arranjada em jazz suave pelo reverenciado saxofonista John Altman. "Você nunca vai achar / Paz em sua mente / Até que escute o seu coração", sussurra o jovem *crooner*, entre as notas de baixo acústico, piano e clarinete.

Só que não

Ao longo de 1988, um ano em que George Michael passou nos palcos do planeta, os recordes de *Faith*, particularmente os relacionados ao mercado estadunidense, foram se enfileirando: um milhão de exemplares vendidos na primeira semana (chegaria aos dez milhões), tetracampeonato na lista de singles, quatro semanas no topo do ranking de discos. Ele conseguiu até ser o primeiro artista solo branco a comandar a parada de música negra, o que gerou uma justificada polêmica. A discussão só aumentou quando ele venceu o prêmio de R&B no American Music Awards. No início de 1989, arrebatou o Grammy de álbum do ano. Bem ou mal, só se falava em George Michael.

O que ninguém sabia era que ele estava odiando tudo aquilo. No final da turnê de *Faith*, em outubro de 1988, o músico considerou nunca mais excursionar. "Odeio turnês porque você está cercado por sua persona pública 24 horas do dia", disse ele à revista *US Weekly*. Cansado também de ser alvo dos tabloides e responder sobre Aids – doença que levaria o seu companheiro brasileiro em 1993 –, confabulou secretamente sua intenção de dar uma grande guinada. Em outubro de 1990, logo após o lançamento de seu segundo e ótimo trabalho, *Listen Without Prejudice Vol. 1*, anunciou que não daria mais entrevistas. Aproveitou e avisou a gravadora de sua intenção de não promovê-lo e nem de aparecer nos novos clipes. Tiveram que engoli-lo.

TRACY CHAPMAN
Tracy Chapman

(1988)

1980

Com todos os seus defeitos, a cerimônia de entrega do Grammy às vezes até consegue registrar momentos históricos para a memória musical coletiva. Como na 66ª edição da premiação, ocorrida em Los Angeles em 4 de fevereiro de 2024. Convidada a dividir os vocais de seu hino "Fast Car" com o astro country Luke Combs, Tracy Chapman desatou uma catarse emocional espontânea na plateia multiestrelada e, por tabela, na audiência, que se recusou a falar de outro assunto na manhã seguinte.

Não era para menos. Notoriamente reclusa, tímida a ponto de não conseguir encarar a câmera nem na capa de seu maior álbum, e em hiato discográfico desde 2008, ela realizava a sua primeira performance pública em anos. Regravada em 2023 por Combs sem a participação de Tracy, "Fast Car" lhe outorgou o título de primeira mulher negra a emplacar uma composição no posto mais alto da parada de country. Ela quebrou tabu semelhante no Country Music Awards, levando o troféu de obra autoral do ano.

No enquadramento da transmissão televisiva do Grammy, a simples aparição das mãos pretas de Tracy tocando ao violão o inesquecível *riff* de seis notas – aquele tão singelo e promissor que poderíamos escutar ininterruptamente por horas – deixa os presentes em polvorosa. Segundos depois, a comoção dobra de intensidade quando a câmera mostra o rosto da cantora não contendo a sua alegria encabulada. E, em resposta aos primeiros versos que ela entoa, com os olhos sorridentes e umedecidos de emoção, os presentes vão oficialmente ao delírio. O transe se repete mais tarde nos refrões, vocalizados em uníssono pelos dois artistas e a plenos pulmões por testemunhas como Taylor Swift.

Naqueles cinco minutos, tanto a diva pop quanto os milhões de telespectadores compreenderam, entre outras coisas, o quanto amavam aquele hit, o quanto sentiam a falta de Tracy e o quão justo e tardio era o reconhecimento country a uma afro-americana. Imediata também foi a percepção sobre o quão mais potentes aqueles versos soavam quando cantados pela mulher negra que os escreveu, em comparação com a reinterpretação do homem branco que os recuperou devotamente: "Eu senti que pertencia / Eu senti que poderia ser alguém".

Para Tracy, tudo era ainda mais intenso. Trinta e cinco anos antes, ela fora a sensação do Grammy 1989, do qual saiu com três prêmios, entre eles o de melhor artista nova e melhor performance pop vocal feminino, por "Fast Car". O total de seis indicações recebidas por ela vinha impulsionado por seu maravilhoso disco de estreia, *Tracy Chapman*, lançado em abril de 1988. O álbum se ancora na voz multitexturizada de Chapman, que parece a soma de várias outras e emite um sentimento distinto a cada respiração, e nas suas brilhantes e duras letras, nas quais enfoca a vida nos Estados Unidos sob a perspectiva afro-americana.

Numa época em que a indústria raramente absorvia estrelas negras fora dos limites inofensivos do pop e do R&B, Tracy surgiu como a antítese completa dos padrões vigentes. Era uma mulher preta, lésbica e avessa aos holofotes a se apropriar do folk-rock politizado, dotando um subgênero tradicionalmente branco de um urgente novo ponto de vista. Com seu som cru e direto, transitando no contrafluxo dos excessos estilísticos daquela década, ela denunciava com maestria o racismo, as injustiças e a violência do seu país. Número 1 nos EUA, no Reino Unido e em diversos outros mercados, *Tracy Chapman* constituiu a grande surpresa de 1988 e, ao ultrapassar estimadas vinte milhões de cópias vendidas globalmente, converteu-se num dos 75 álbuns de maior sucesso do planeta em todos os tempos.

Driblando os assédios

Desde cedo acostumada a lidar com agressões racistas, Tracy Chapman (30 de março de 1964) passou seus difíceis primeiros anos em sua cidade natal de Cleveland, Ohio. Em certa ocasião, viu uma arma apontada contra si por causa de sua cor de pele. Tentava apaziguar suas experiências de brutalidade com seu interesse por música, tocando ukulele desde os 3 anos e compondo a partir dos 8. Na adolescência, sua vida de orçamento apertado em companhia da mãe solo e da irmã começou a melhorar, quando conseguiu vaga, via programa social, numa escola interna particular em Danbury, Connecticut. Aos 16 anos, ganhou bolsa de antropologia e estudos africanos na universidade privada Tufts, em Medford, no mesmo estado.

Durante seu período acadêmico, Tracy mergulhou na obra de expoentes do folk, como Bob Dylan e Jackson Browne. Ao mesmo tempo, apresentava as suas canções em cafés e praças de Boston, cidade a trinta minutos de sua faculdade, em cuja rádio comunitária registrou fitinha com "Fast Car". Num de seus shows, impressionou um colega estudante que era filho de Charles Koppelman, dono da editora musical SBK Publishing. Por meio de Koppelman, no ano seguinte chegou à Elektra, renomada gravadora de nomes como Doors e Carly Simon, que a contratou. Também fechou acordo de representação com Elliot Roberts, o folclórico empresário de Neil Young.

Pureza e verdade

Só que estava difícil conseguir um produtor para o primeiro LP de Tracy Chapman. O nome originalmente sondado, Alex Sadkin, morreu pouco antes das sessões. Outros não topavam, ressabiados com o som acústico da jovem, discrepante das tendências megalomaníacas da segunda metade dos anos 1980. A verdade é que nem Tracy entendia muito bem como as suas contundentes toadas de protesto poderiam caber num esquema de grandes corporações e burocratas. Como plano B, a gravadora a enviou a Woodstock, perto de Nova York, para ensaiar com um produtor e músicos desconhecidos, mas a química não fluiu e ela quase desistiu do projeto.

Até que entrou em cena David Kershenbaum, estadunidense com experiência em folk de eras prévias (Joan Baez, Cat Stevens), mas também em pop oitentista (Duran Duran, Joe Jackson). "Ela disse desde o início que queria que o disco fosse realmente simples", revelou Kershenbaum em novembro de 1989 à *Rolling Stone*, na ocasião em que a revista elegeu *Tracy Chapman* o 10º melhor álbum dos anos 1980 (a mesma publicação o listaria mais tarde entre os 500 maiores de todos os tempos). "Quis assegurar que a Tracy estivesse sempre ali na frente, tanto vocal quanto tematicamente, e que tudo fosse construído ao redor dela".

De fato, tirando uma ou outra timbragem de instrumento que delata algo de oitentice, o resultado que obtiveram, após oito semanas de trabalho no estúdio Powertrax, em Los Angeles, é puro, descomplicado e verdadeiro, com os arranjos valorizando o que mais importa ali: o canto, as melodias e as ideias de Tracy. Após audições envolvendo diversos craques de estúdio, o instrumental das onze faixas terminou encarregado a um núcleo enxuto e gabaritado integrado pelo baterista Denny Fongheiser (Belinda Carlisle, Brian Setzer), o baixista Larry Klein (Joni Mitchell, Herbie Hancock) e o guitarrista e tecladista Jack Holder (Black Oak Arkansas), além de colaboradores pontuais.

Morte do sonho americano

O poder da caneta e do gogó de Chapman se evidencia desde os primeiros compassos da canção 1 do LP, que foi publicado em 5 de abril de 1988. Inspirada na visão hidrófoba dos companheiros elitistas da Tufts sobre os mais desfavorecidos, "Talkin' 'Bout a Revolution" era empolgante na cadência, mas irônica e ferina na letra: "As pessoas pobres vão se insurgir / E pegar o que é delas / Você não sabe? / Melhor você correr". Saiu como segundo compacto, em julho, entrando no top 100 dos Estados Unidos e se transformando em um dos clássicos da autora.

Mas o estrondo principal veio mesmo com "Fast Car", segunda faixa do repertório e primeiro single, lançado um dia após o disco. Reforçada pelo bem-fotografado clipe do badalado diretor californiano Matt Mahurin – também responsável pelo vídeo de "Baby Can I Hold You" e pelo retrato da capa do LP –, a canção promove uma simbiose agridoce entre esperança e desilusão, sob o olhar de alguém que luta para atravessar dificuldades impostas pelas desigualdades racial e social. Por causa de versos como "Você e eu podemos conseguir empregos / Finalmente saber o significado de viver", ou "O corpo dele é jovem demais para ter essa aparência", "Fast Car" continua a reverberar nos corações do público quase quatro décadas depois, como comprovado no Grammy em 2024.

Tracy sobe o tom nas duas músicas seguintes, começando pela melancolicamente bela "Across the Lines". Entre o lamento do baixo sem trastes de Klein e o dulcimer (curioso instrumento de cordas percutidas tocadas com um "martelinho") executado por Holder, ela despedaça a utopia de seu país. "Debaixo da ponte / Sobre as linhas / Que separam os brancos dos negros / Escolha o seu lado / Ou fuja", avisa ela, antes de trazer ao cerne a sua própria vivência: "Eles matam o sonho da América / A garotinha negra é agredida / Sem nenhum motivo".

A outra paulada, "Behind the Wall", ostenta a primeira menção à violência machista do disco: "Na noite passada eu ouvi o grito / Gritos atrás da parede / Outra noite em claro para mim". Conforme a narrativa evolui, percebe-se que a personagem vítima de abuso doméstico termina assassinada. Como fio condutor persistente na trama toda, temos o descaso dos serviços de emergência com as populações negras e periféricas: "A polícia / Sempre vem tarde / Se é que eles vêm". Uma abordagem corajosa e precursora: quatro meses mais tarde, o célebre grupo de hip-hop N.W.A. soltaria o seu memorável "Fuck Tha Police", enquanto o "911 Is a Joke" do Public Enemy só pintaria em 1990. O arranjo de "Behind the Wall", governado apenas pela voz *a cappella* de Chapman, intensifica o arrepio aplicado na espinha dos ouvintes.

O amor

Calculando que um repertório exclusivamente formado por hinos politicamente assertivos seria demais até para as suas firmes convicções, Tracy tratou de encaixar em seu trabalho de estreia quatro composições de amor doído. O lado A da bolacha fecha com a mais notória delas, "Baby Can I Hold You", uma das baladas monumentais e definitivas da década de 1980, cujo refrão é capaz de recuperar o vigor até do mais terminal dos bêbados. Terceira e derradeira música de trabalho de *Tracy Chapman*, "Baby...", de clipe ainda mais discreto que o de "Fast Car", explodiu no Brasil, por causa de sua inclusão na trilha sonora da versão original da histórica novela *Vale Tudo*. Logo os brasileiros conheceriam a autora de perto quando, em setembro e outubro de 1988, ela integrou o elenco da turnê Human Rights Now, da Anistia Internacional.

As outras três composições românticas do repertório são as últimas do segundo lado. Mas não tem moleza: "For My Lover" aborda neurose, dependência afetiva e a insinuação de violência ("Duas semanas numa cadeia da Virgínia / Por causa do meu amor"). A linda "If Not Now" ficou marcada pelo piano de Jack Holder e a angústia interpretativa de Tracy ("Por que fazer essas suas promessas?"), enquanto "For You" a retrata em intimismo confessional, amparada somente por seu violão.

Antes do alívio sentimental final, porém, temos a Tracy combativa em ponto de bala. "Vou trabalhar para outro alguém / Até que esteja no meu túmulo". Assim ela introduz "Mountains o' Things", cujo arranjo remete aos flertes de astros pop como Peter Gabriel e Paul Simon com a sonoridade africana contemporânea. A tomada original se captou com Tracy acompanhada exclusivamente pelo gigante Paulinho da Costa, o percussionista brasileiro que passou o rodo nos estúdios do mainstream internacional durante décadas.

Outra influência negra "estrangeira", o reggae, norteia a ótima "She's Got Her Ticket", em que a garganta de Chapman reluz gloriosamente sua desconfiança em relação aos poderosos ("Você entrega a sua vida / E, invariavelmente, te deixam com nada"). No rock funkeado "Why?", ela dá uma geral nos problemas do mundo até formular a pergunta que até hoje não quer calar: "Por que uma mulher não está segura / Quando está em sua casa?".

Efeito Wembley

Após a boa resposta ao seu disco, Tracy Chapman saiu em turnê com os 10.000 Maniacs e, em 11 de junho de 1988, "caiu de paraquedas" no grande concerto em homenagem ao aniversário de 70 anos de Nelson Mandela, que ainda se encontrava na prisão. Diante do cancelamento do show de Stevie Wonder, ela desafiou a sua timidez e mandou "Fast Car" sozinha, na frente de 72 mil pessoas. As coisas nunca mais seriam as mesmas.

Depois daquele inesquecível dia, a canção, que já ia bem nas paradas, iniciou sua escalada rumo ao número 6 em agosto. O álbum fez muito mais, beliscando a 1ª posição no mesmo mês e tendo suas vendas multiplicadas. Em março de 1989, menos de um ano após o seu lançamento, *Tracy Chapman* superava três milhões de exemplares vendidos só nos EUA, quinze vezes mais do que o resultado projetado pela Elektra. Estávamos diante de um novo e inesperado fenômeno.

PIXIES

Doolittle

(1989)

1980

Existem álbuns que, embora apreciados em seu lançamento, podem demorar décadas para serem plenamente absorvidos e compreendidos. No momento da edição deste texto, *Doolittle*, dos Pixies, já completou 36 anos de idade, tempo que não parece ter sido suficiente para que possamos pormenorizar e saborear plenamente todos os seus aspectos tão especiais. Mesmo formatado com apenas vozes, guitarras, baixo e bateria, o disco de abril de 1989 é impossivelmente moderno e milagrosamente atemporal, plenamente atual em sua capacidade de chocar.

A obra-prima do quarteto bostoniano parte da genialidade do cantor, guitarrista e compositor Charles Thompson, vulgo Black Francis, um mestre na arte de passar melodias pop irresistíveis por filtros de astúcia indecifrável, assombro cristão e estranheza abstrata. Sua fórmula era mágica, ainda que às vezes fortuita, niilista ou travestida de puro blefe intelectualoide. Fã do surrealismo de Luis Buñuel e David Lynch, Francis admitia que, frequentemente, compunha partindo de uma palavra aleatória, caçando as seguintes mais de acordo com a sonoridade gerada pela somatória delas do que pelo seu sentido.

Entretanto, o segundo LP dos Pixies não estaria no altar dos grandes se não fossem também as especialidades de seus outros três brilhantes integrantes: as notas cirúrgicas e minimalistas do guitarrista filipino Joey Santiago, as levadas enxutas e criativas do baterista David Lovering e, como não, a voz doce, o carisma incomum e as linhas pegajosas da baixista Kim Deal. Juntos, os quatro promoveram uma reação química muito peculiar, que muita gente tentou imitar.

As quinze canções de *Doolittle* constituem uma coleção esteticamente neurótica, organizada em arranjos de uma geometria sonora infernalmente bem-amarrada, que só a mentalidade fria e calculista de certos nerds universitários estadunidenses (como eles) poderia conceber. O álbum se destaca também pela produção cristalina e nítida do inglês Gil Norton, alheia aos padrões grandiloquentes da década de 1980, mas simultaneamente refratária ao som sujo que a própria banda vinha fazendo até então.

O cristão, o filipino e a mulher sem baixo

Foi num insuspeito dormitório da Universidade de Massachusetts, na cidade de Amherst que, no início dos anos 1980, Charles Thompson IV (nascido ali perto, em Boston, em 6 de abril de 1965) conheceu Joseph Alberto Santiago (10 de junho de 1965), que viera ainda criança de sua cidade natal, Manila, nas Filipinas, com a família fugitiva da ditadura de Ferdinand Marcos. Em 1986, já morando em Boston, os dois publicaram anúncio em jornal local procurando "baixista mulher que goste de Hüsker Dü e Peter Paul Mary". Ou seja, queriam a melodia, o ruído e a pegada do pós-punk e do hardcore, mas mantendo um pé na tradição das canções clássicas do folk estadunidense.

Eis que apareceu, sem qualquer instrumento a tiracolo, Kimberley Ann Deal (Dayton, Ohio, 10 de junho de 1961). Quatro anos mais velha do que os dois, recém-chegada à cidade e funcionária de um consultório, ela jamais tinha empunhado um baixo. Na lógica de sinais trocados da dupla Kim era, portanto, a candidata perfeita. A novata tentou emplacar na bateria sua irmã gêmea Kelley – com quem ela depois fundaria o Breeders – na formação, mas não funcionou. Indicou para a função, então, David Lovering (Winchester, Massachusetts, 6 de dezembro de 1961), um amigo de seu marido. Em julho os Pixies já ensaiavam e, com mil dólares emprestados pelo pai do vocalista, gravaram fita demo.

Em setembro de 1987, tiveram o EP "Come on Pilgrim" editado pelo 4AD, um dos mais apreciados selos independentes britânicos (ver textos sobre Cocteau Twins, TV on the Radio e Future Islands no volume 1 deste projeto), que começava sua investida no underground do outro lado do Atlântico. Thompson assumiu o pseudônimo Black Francis, enquanto Deal adotou um esporádico Mrs. John Murphy. O miniálbum apresentava algumas das peculiaridades que fariam a fama dos Pixies, como as guitarras insistentes e melódicas de Santiago – um eclético fã de Wes Montgomery e Chet Atkins –, e canções punk com partes escritas em espanhol ("Vamos", "Isla de Encanta"), hábito criado pelo vocalista após estadia em Porto Rico. Também já despontavam as dinâmicas entre as partes suaves e os estampidos barulhentos, além da influência bíblica nos retorcidos versos de Charles, enteado de um ultrarreligioso. O próprio título ("Vamos lá, peregrino") vinha do bordão do astro gospel Larry Norman.

1988 foi o ano do estouro dos Pixies na esfera alternativa, graças a *Surfer Rosa*, LP publicado em março, com produção de Steve Albini, mago do som sujo e analógico. A primeira turnê pela Europa consagrou o quarteto no Velho Continente antes do que em casa. Desencadeou também, em maio, a primeira de várias sessões para o grande radialista John Peel na *BBC* de Londres. O trabalho de estreia portava um clássico instantâneo, "Where Is My Mind", e "Gigantic", a primeira canção coescrita por Kim Deal, regravada para lançamento posterior como primeiro single do grupo, com produção de Gil Norton. Produtor inglês por trás do esplendoroso *Ocean Rain* (1984) do Echo & the Bunnymen, Norton acabara de trabalhar com a banda indie amiga Throwing Muses. Estava plantada a semente para que ele se encarregasse do segundo álbum dos Pixies.

Pré-Nirvana

Partindo de uma leva de demos abrasiva e ruidosa, aparentada com *Surfer Rosa*, Norton talhou um material inesperadamente polido e sofisticado. Sua visão passava pela valorização dos diversos contrastes enraizados no universo sonoro do grupo: o violão se alternando com a guitarra elétrica, melodias inofensivas interagindo com barulheiras histéricas e, principalmente, a dualidade calmaria/tempestade tão bem dosada pela voz de Black Francis, ora suave e controlada, ora pervertida em guinchos assustadores. Esse elemento identitário dos Pixies fez a cabeça de Kurt Cobain e outros heróis do underground do final da década de 1980.

Para alcançar o seu objetivo, o produtor projetou uma evidência maior aos vocais de Francis e Deal nos arranjos – e, depois, na mixagem – e aconselhou-os a reduzir o andamento frenético das canções, o que resultou num suingue roqueiro bastante autêntico. Também estimulou o compositor a criar novas partes para algumas das músicas. Finalmente, atentou para que as batidas inteligentes e funcionais de David Lovering fossem captadas com menos eco que as vigentes na época, mas mais "molhadas" que as de *Surfer Rosa*.

Antecipando o notório embate antipop que seu discípulo Cobain travaria com o produtor Butch Vig durante a feitura de *Nevermind* (1991), dois anos depois (ver texto sobre esse álbum no volume 1 deste projeto), a banda chegou a reclamar das intenções "diabólicas" de Gil Norton de deixar o seu som mais acessível. Outra relação que ficava progressivamente mais tensa era a entre Black Francis e Kim Deal. Após a fase de pré-produção, ocorrida durante o mês de outubro de 1988, os quatro partiram para três semanas de gravação no estúdio Downtown Recorders, em Boston. Em 12 de dezembro concluíam *overdubs* e mixagem noutra sede, o Carriage House, em Stamford, Connecticut. Tanto esmero refletia o aumento da aposta da Elektra, gravadora que na última hora assumiu a distribuição do álbum nos Estados Unidos. O orçamento de US$ 40 mil oferecido pela empresa era quatro vezes maior que o do LP anterior.

Surrealismo fantástico

Doolittle surgiu em 18 de abril de 1989 embalado num dos melhores trabalhos do estúdio v23, de Vaughan Oliver, o designer mais original do pop alternativo oitentista, e seu parceiro, o fotógrafo Simon Larbalestier. Responsável pelas herméticas e fabulosas capas de bolachas de Cocteau Twins e outras preciosidades da 4AD, Oliver havia colaborado também nos lançamentos prévios do Pixies. O novo projeto gráfico, que curiosamente se aprecia melhor na versão em CD, era um show de surrealismo fantástico contemporâneo, tendo como cereja do bolo a capa estrelada por um macaquinho. Quando o viu pela primeira vez, Black Francis desistiu do título provisório *Whore* (Puta) e pensou no Doutor Doolittle, personagem da ficção conhecido por falar com animais, levando em conta também o trocadilho com "*do little*" (faz pouco).

E era mesmo preciso estar visualmente à altura do impacto causado por aqueles 38 minutos e 38 segundos de música. "Debaser", um delírio sobre um cinéfilo recém-apaixonado pelo curta *Um cão andaluz* (1929), de Salvador Dalí e Luis Buñuel, é o preâmbulo perfeito para *Doolittle*, reunindo todos os cacoetes da paranoia pixiana: a temática "cabeçuda", a linha de baixo que gruda na memória, a maneira como as guitarras vão se enredando, a entrada da bateria, o achaque grotesco do refrão, o backing vocal doce de Kim… ufa.

Sem falar na gargalhada transformada em gancho vocal de Black Francis, uma artimanha desvairada que provavelmente sacudiu Buñuel e Dalí em suas respectivas tumbas.

Antes que o ouvinte tente recuperar o fôlego, é atropelado por "Tame", exemplar glorioso da técnica morde/assopra que maravilhou o Nirvana, com os vocais oscilando entre um sussurro-transe, somado ao baixo de Deal e os espantosos uivos guturais de Francis. "Tame" atesta que, de alguma forma, é preciso ser um pouco *ator* para cantar assim. Mas é bom saber que a estranheza está só começando. Segundo o escritor Ben Sisario apura no livro *The Pixies's Doolittle* (2006), a terceira faixa, um pop-noise melodicamente perfeito de vozes múltiplas chamado "Wave of Mutilation", traz referências à epidemia de suicídio no Japão, mas também contém trocadilho com "Cease to Exist", uma composição do *serial killer* Charles Manson gravada pelos Beach Boys. Esquisita também, e muito, é a música seguinte, a monótona marcha vampírica "I Bleed".

Pecado da normalidade

Espertamente, "I Bleed" deságua no momento mais francamente acessível de *Doolittle*. Composta por um Francis de apenas 14 anos, "Here Comes Your Man" era tão redondinha e assobiável que, anteriormente, tinha sido vetada pelo próprio autor e pela 4AD por ser muito... normal. Ganhou tratamento de single – o segundo e último, em junho –, com direito a videoclipe, e mais tarde acabou desenlaçando um complexo tipo Los Hermanos fase "Anna Júlia": foi excluída do repertório dos shows pela própria banda durante anos. Tal "pecado da normalidade" é cometido outra vez em *Doolittle*, mais para o final do repertório, na deliciosa "La La Love You", cantada por David Lovering.

"Dead", um devaneio angular de influência bíblica, guitarras monumentais e vocais distorcidos, traz tudo de volta à *anormalidade*, antes da aparição da magistral "Monkey Gone to Heaven", primeira editada em single, um mês antes do disco. Pontuada por uma enxurrada de lindos *riffs* e um refrão etéreo, "Monkey..." deságua num final glorioso, com versos que só Black Francis imaginaria: "Se o Homem é 5 / Aí o Diabo é 6 / E se o Diabo é 6 / Então Deus é 7". Impossível ser mais genialmente *nonsense*, um trunfo, aliás, que permeia a próxima música, "Mr. Grieves", cheia de partes e mudanças de ritmo.

A insanidade iluminada do segundo disco dos Pixies persiste com o hardcore "Crackity Jones", remanescente das viagens em spanglish de Francis, dirigida a um antigo *roommate* porto-riquenho. "No. 13 Baby", que antecipa a sonoridade dos dois trabalhos seguintes (*Bossanova*, de 1990, e *Trompe Le Monde*, de 1991), exibe uma catarse guitarrística comandada por Joey Santiago, enquanto "There Goes My Gun", pensada como uma cena de filme, soa lacônica e hipnótica.

Até que chegamos na fundamental "Hey", resumo simbiótico da inteligência depravada, da delicadeza, do minimalismo e da sensibilidade torta dos Pixies. Originalmente registrada ao vivo e lançada como compacto pela revista britânica *Sounds* (em setembro de 1988), a faixa dispunha de um arranjo inconvencionalmente perfeito. O repertório de *Doolittle* já seria considerado histórico se terminasse por aí. Só que ainda aparece a balada country-espacial "Silver", uma das duas únicas composições do Pixies creditadas a Kim Deal (ao lado de "Gigantic"), com ela ao violão *slide* e Lovering se aventurando no baixo; e, liquidando a fatura com fúria melódica, "Gouge Away". Três outras gravações, "Into the White", "Manta Ray" e "Dancing the Manta Ray", acabaram fora do repertório, reaparecendo doze anos mais tarde na coletânea *Complete 'B' Sides* (2001).

Falsos ingleses

Comprovando novamente que eram mais compreendidos fora de seu próprio país, os bostonianos testemunharam *Doolittle* ascendendo ao 8º posto da parada britânica, mas apenas ao 98º nos Estados Unidos. Mesmo após "Monkey Gone to Heaven" tocar nas rádios universitárias e "Here Comes Your Man" bater ponto na programação da MTV. Abriram quatro shows do Cure, que por acaso também divulgava o enorme *Disintegration*, o próximo álbum deste livro – que *line-up*! –, mas a turnê de divulgação foi cheia de conflitos internos.

Em 1993, quando se separaram em pé de guerra, os Pixies não haviam transcendido completamente a bolha independente, mesmo com o sucesso de seguidores e divulgadores como o Nirvana. Entretanto, em seu retorno, ocorrido onze anos depois com passagem épica pelo Curitiba Pop Festival que, em êxtase, presenciei, receberam o devido tratamento de Messias do indie.

THE CURE
Disintegration

[1989]

1980

"A música do Cure não reflete o mundo material de um jeito muito óbvio, o que acho que é um ponto forte." Falando à edição de 15 de abril de 1989 da *NME*, Robert Smith ao mesmo tempo definia com destreza a sua banda e dava pistas alarmantes sobre o que esperar do álbum que estavam prestes a lançar. Dali a dezessete dias o mundo conheceria *Disintegration*, a obra-prima definitiva cureana, que está para os melancólicos como *Sgt. Pepper's Lonely Hearts Club Band* está para os beatlemaníacos. O oitavo trabalho de estúdio do grupo encerra os anos 1980 com a mais perfeita amostragem da estética musical de beleza sombria, um dos principais legados daquela década.

Gravado no frio do outono-inverno inglês de 1988, em sessões quase 100% noturnas, o disco é fruto de uma reimersão de seus autores em sua etapa gótica (1980-1982). Mas a guinada não foi meramente nostálgica, posto que já influenciada por artistas de dream pop – Robert estava obcecado por Cocteau Twins – e pela geração shoegaze, devota do grupo. Com suas peças longas e contemplativas, cada qual encerrada em seu próprio universo de introspecção romântica, *Disintegration* é uma espécie de sonho utopista em forma de disco – e que se transformou no disco dos sonhos para uma legião de devaneadores.

O lançamento de *Disintegration*, que em 2024 a revista estadunidense *Paste* considerou como o 2º melhor álbum da história, correspondeu também a um ato de coragem. Sobretudo se observarmos o contraste entre o seu repertório glacial e os de seus antecessores, *The Head on the Door* (1985) e *Kiss Me, Kiss Me, Kiss Me* (1987), duas referências do indie pop oitentista. O risco se pagou, e a bolacha ocupou o 3º lugar da parada britânica, com o single "Lovesong" beliscando o número 2 na lista estadunidense de singles. Foi o único trabalho do Cure teoricamente feito em sexteto, com a chegada do tecladista Roger O'Donnell. Ele veio para compensar a apatia do membro fundador Lol Tolhurst, que, no cume de seu alcoolismo, não tocou uma nota e acabou demitido ao final das sessões.

Escapismo suburbano

Parece piada quando Robert James Smith conta que o pavor diante da proximidade dos 30 anos (!) catalisou o clima nebuloso de *Disintegration*. Só que, a julgar pela quantidade de fases que o Cure já tinha atravessado em 1988, é compreensível que ele se sentisse, de alguma forma, um veterano.

Nascido em 21 de abril de 1959 em Blackpool, no noroeste da Inglaterra, Smith viveu desde os 7 anos em Crawley, cidade sem graça a 56 quilômetros de Londres. Era um escapista precoce, leitor da saga *As crônicas de Nárnia* e atraído pelo folk enigmático de Nick Drake; aos 14 já tocava guitarra com a irmã. Da amizade entre Smith e Lawrence Andrew "Lol" Tolhurst (Horley, 3 de fevereiro de 1959), forjada no ônibus a caminho da pré-escola, emergiu em 1976 o quinteto Malice. Estrearam ao vivo em 18 de dezembro de 1976, numa festa da empresa do pai de Robert, pouco antes de mudarem o nome para Easy Cure e se reorganizarem em quarteto, com o baixista Michael Dempsey e o guitarrista Paul "Porl" Stephen Thompson (mais tarde, após transição de gênero, conhecida como Pearl Thompson; Wimbledon, 8 de novembro de 1957). Testaram vários vocalistas até Smith assumir o microfone, mesmo achando estranho o seu jeito de "cantar da mesma forma que fala". A gravadora alemã Hansa financiou sua primeira demo.

Em 1978, rebatizados simplesmente The Cure e reduzidos a um trio com a saída de Pearl, produziram outra fita, que atraiu Chris Parry, da Polydor. Em 13 de setembro de 1978 assinaram contrato com o Fiction, selo pertencente à gravadora, e o LP de estreia, *Three Imaginary Boys*, saiu em maio de 1979, precedido pelo single "Killing an Arab". Mesmo contendo futuros hinos do grupo, como "Boys Don't Cry", o astral punk minimalista do *début*, o único trabalho da banda a não trazer Robert Smith nos créditos de produção (assinada por Parry), não agradou os envolvidos. Pelo menos já dava para perceber a originalidade de Robert, não apenas pelo miado cósmico de sua voz, como também por seus sons de guitarra, de poucas e memoráveis notas. Ao longo dos anos ele se aprofundaria em timbres cada vez mais específicos, experimentando com modelos de instrumento e variações do pedal Chorus.

Cansado dos perrengues das turnês, Michael Dempsey abandonou o trio em novembro. Foi a deixa para a entrada do amigo Simon Jonathon Gallup (Duxhurst, 1 de junho de 1960), que se transformaria num dos grandes baixistas do pós-punk e no segundo membro mais importante da história do Cure. Outra novidade daquele 1979 era a atividade paralela de Robert Smith como guitarrista de Siouxsie and the Banshees.

Mergulho gótico

Com Simon veio o tecladista Matthieu Hartley, uma adesão que ajudou a nortear a primeira grande guinada estética, na qual Robert sentiu que "o Cure começou de verdade". Com o single "A Forest" e o LP *Seventeen Seconds*, o ano de 1980 é o marco zero do mergulho deles num novo tipo de som atmosférico, influenciado pelos experimentos berlineses de David Bowie, pelos ecos cavernosos do Joy Division e pela experiência de Smith com Siouxsie. Ao mesmo tempo, a trupe ficava mais conhecida, participando de programas televisivos como *Top of the Pops* e excursionando pelos Estados Unidos, uma rotina frenética que engatilhou em seus componentes o consumo de álcool, cocaína e ácido.

Matthieu tampouco aguentou o tranco e, para a gravação de *Faith*, de abril de 1981, eles já eram novamente um trio. O hábito de usar teclados que produzissem camadas climáticas "maiores do que o mundo", porém, permanecera – a cargo do próprio Robert –, e o terceiro LP aprofundava o salto ao abismo lúgubre. Agora sim o Cure estava fazendo rock gótico (e também antecipando espiritualmente o que se chamaria de shoegaze). A capa cinzenta e abstrata de *Faith*, do Parched Art, estúdio de design de Pearl Thompson que depois cuidaria da arte floral de *Disintegration*, só reforçava essa intenção.

"A lenda do Cure como a banda essencial dos góticos, que usavam sobretudos e eram obcecados com a morte, foi estabelecida de forma sólida em 1981", resume o escritor australiano Jeff Apter na biografia *Nunca é o bastante: a história do The Cure* (2015). O problema é que aquela morbidez começou a afetar os integrantes, que, segundo Lol, passaram a filtrar suas "experiências reais de perda, dor e morte" nas canções, antes guiadas por referências literárias.

O limite dessa catarse de autossofrimento ocorreu no álbum *Pornography*, de maio de 1982, uma avalanche de guitarras ruidosas e sintetizadores considerada um dos cálices sagrados do goth rock. Ali nascia também o icônico visual, com o batom, as roupas escuras e os cabelos em forma de ninho, copiados do protagonista do filme *Eraserhead* (1977), de David Lynch. Mas ali também morria o período dark do Cure e sua existência enquanto trio, após Robert Smith e Simon Gallup saírem na mão em pleno palco. A essência daquela trilogia discográfica enevoada, no entanto, permaneceria no coração de Robert até ser descongelada, atualizada e recanalizada em *Disintegration*.

Alegremente tristes

Cureosamente, os dois últimos daqueles discos tão tristões vinham agradando o público do Reino Unido, que os colocou respectivamente nos 14º e 8º lugares da parada. Entretanto, ninguém previu a reviravolta pop que aqueles anti-heróis de cabelos desgrenhados iriam protagonizar. Entre o fim de 1982 e a metade de 1984, o duo remanescente formado por Robert e Lol (largando a bateria para pilotar os teclados) tirou da cartola três singles inclassificáveis, que mantinham a identidade do Cure mas eram inegavelmente acessíveis. Um deles, o indie jazz "The Lovecats", de outubro de 1983, foi número 7 no Reino Unido. Começava também a parceria deles com o diretor Tim Pope, responsável pela imagem lúdico-sinistra desconcertante que os definiria no resto da década.

Robert percebeu que, em seu jeito alegre de ser triste, aquele Cure pop era ainda mais autêntico que o Cure punk e que o Cure vampirístico. Assim, entre os compromissos de sua segunda temporada nos Banshees e do projeto paralelo The Glove, ele recriou e expandiu a sua banda. O *line-up* envolvendo Lol, a reaparecida Pearl, o baterista Andy Anderson e o baixista Phil Thornalley (coprodutor de *Pornography*) durou pouco. Mesmo assim, gerou o quinto álbum de estúdio, *The Top* – que marca o início da parceria de Robert com David M. Allen na produção – e o ao vivo *Concert: The Cure Live*, ambos de 1984.

Àquela altura, Smith estava tão exausto que entregou um atestado médico para escapar de uma turnê com Siouxsie, e Lol começava a sua derrocada alcóolica.

A boa notícia é que, antes do final do ano, com as saídas de Andy e Phil, Simon regressava, juntamente com o baterista Boris Peter Bransby-Williams (Versalhes, França, 24 de abril de 1957), ex-Thompson Twins. Selava-se a formação clássica, o quinteto Smith-Tolhurst-Thompson-Gallup-Williams, que levou o Cure ao mainstream com *The Head on the Door*, de agosto de 1985. Ninguém jamais esqueceria de seus dois singles, "In Between Days" e "Close to Me" (ambos no top 25 britânico).

Com a ajuda dos clipes de Tim Pope e da coletânea *Standing on a Beach* (1986), abriam-se, também, os portões do mercado mundial. A badalação era tanta que o próximo projeto, *Kiss Me, Kiss Me, Kiss Me*, de maio de 1987, seria gravado num castelo francês e lançado em edição dupla. Dois meses antes, passaram pelo Brasil, sendo saudados pelo placar eletrônico e atacados carinhosamente pelo Beijoqueiro, durante um Vasco x Bangu pela Taça Guanabara. Foi uma das últimas séries de shows do célebre quinteto. Na mesma turnê já contariam com o reforço de Roger O'Donnell (Londres, 29 de outubro de 1955), ex-colega de Boris no Thompson Twins com passagem pelo Psychedelic Furs. O dependente químico Lol Tolhurst era então apenas um estorvo para os companheiros, que tampouco economizavam no assédio moral e físico a ele.

O sétimo álbum continha o delicioso "Just Like Heaven", primeiro hit deles no top 40 dos Estados Unidos, exemplo perfeito da magia que transformou o Cure numa atração de estádio. Os executivos da Fiction esfregavam as mãos, pensando em qual seria a cartada bombástica seguinte daqueles sujeitos pálidos que enchiam os seus cofres. Não faziam ideia do que estava por vir.

O disco que tinha que ser

Atormentado pela própria fama, em abril de 1988 Robert Smith completou seus 29 anos mergulhando numa reclusão regada a LSD, durante a qual planejou a "coisa mais intensa que o Cure já fez". No meio do ano, pouco antes de se casar com sua namorada de adolescência,

Mary, reuniu o grupo na casa de campo de Boris em Devon, no sudoeste inglês, gravando esboços de 32 composições. Ele demorou para convencer os demais embarcarem na sua proposta "incrivelmente soturna e lenta", e cogitou encaminhá-las para um projeto solo. Felizmente, essa ideia acabou descartada. *Disintegration*, afinal, era o disco que o Cure tinha nascido para fazer. Em algum lugar de seu âmago, Robert sabia disso.

De um refúgio campestre se transferiram a outro, o estúdio Outside/Hook End, que David Gilmour mantinha num casarão do século 16 em Checkendon, a duas horas de Londres. Ali, trabalharam com David M. Allen em rotina de seis dias por semana entre novembro e o Natal de 1988. Quer dizer, "dias" não, porque as gravações começam de tarde e avançavam até alta madrugada. Como era outono no hemisfério Norte e o pôr do sol ocorria cedo, quase sempre as sessões eram noturnas. Poucos dados explicam melhor a sonoridade do material que estavam criando, e que assinariam coletivamente. E que sonoridade. Reimaginando as paisagens fantasiosas de *Faith* e as guitarradas espaciais de *Pornography*, *Disintegration* funcionava como uma continuação amadurecida daqueles álbuns góticos. Mas sem ser nem tão prostrado e tétrico quanto o primeiro, nem tão agressivo e apocalíptico quanto o segundo.

Oficializado como integrante, Roger foi fundamental para que os arranjos despontassem tão sorumbaticamente luxuriantes. Suas muralhas de teclados, projetadas ao primeiro plano juntamente com os sintetizadores adicionais tocados por Robert e Simon, contribuíram para que os presentes esquecessem da virtual ausência de Lol. O ocupante oficial do cargo só fez beber, jogar sinuca e ver TV durante todo o processo. Já Boris se mostrava o baterista ideal para o Cure, organizando em ciclos de vários compassos seus ritmos hipnóticos, cheios de detalhes de bom gosto. Sua simbiose com as palhetadas firmes e melódicas de Simon compunha a espinha dorsal da melhor formação do grupo.

A performance da "cozinha" sustenta uma das características mais preciosas de *Disintegration*: as longas aberturas das canções, que convidam o ouvinte ao transe antes mesmo da entrada da voz de Robert. Essas divagações fantasiosas introdutórias já se notavam em canções de obras introvertidas como *Seventeen Seconds*, e até mesmo em hits como

"In Between Days". Entretanto, para o repertório de *Disintegration* tal conceito se aprimorou, com esses prelúdios alongados estruturados em sutis exercícios de entra e sai de elementos. Tirando "Lovesong", todas as outras nove faixas da edição original em LP, e as outras duas, "Last Dance" e "Homesick", exclusivas da edição em CD, contam com introduções de no mínimo um minuto de duração. Esse padrão, pouco comum no âmbito pop, imprime ao repertório do álbum um feitiço homogêneo.

Roteiro onírico

Se levarmos em conta a sua versão original em vinil, *Disintegration* exibe um lado A praticamente imbatível. E, ainda no quesito "introduções épicas", custa encontrar uma mais deslumbrante que a da faixa inicial "Plainsong", utilizada por Sofia Coppola na cena de coroação do filme *Maria Antonieta* (2006). Após badaladas de sinos de igreja, um oceano de teclas abre espaço para o mais slowcore dos ritmos, sobre o qual Robert deita a sequência definitiva de *riffs* românticos. Suave e intimista, em oposição à grandiosidade do arranjo, ele derrete os corações quando canta "Às vezes você me faz sentir / Que vivo na beira do mundo / É só o jeito que eu sorrio, você disse".

"Pictures of You" dá sequência ao roteiro onírico. Sua parte instrumental inicial, com as guitarras embaralhadas ao baixo, é tão bem articulada que quase dá para esquecer que os vocais ainda vão surgir. E, quando isso acontece, é inevitável ser sugado pela narrativa de Smith, inspirada nas fotos que encontrou de Mary após um incêndio na casa-estúdio. Nunca uma música *precisou* ser tão longa como essa (mais de sete minutos), de forma que todas as suas nuances possam ser devidamente saboreadas. É gritante o gosto com que o grupo a toca em seus concertos.

Fechando o avassalador trio inicial de pepitas sentimentais grandiloquentes de *Disintegration*, temos "Closedown". Antes da lamúria que soaria cafona em qualquer voz, menos na de Robert Smith ("Se ao menos eu pudesse / Encher o meu coração de amor"), o duelo entre guitarra e teclado já garante o deleite. Destaque aqui para o vigor da linha de Simon e o ritmo tribal de Boris, um dos bateristas mais subestimados da década de 1980, fraseando melodicamente nos tom-tons.

Passado o massacre sem trégua, a banda desembarca de seu transatlântico de névoas para entregar uma canção de indie pop singela e memorável: "Lovesong", o terceiro single, de agosto de 1989, número 2 nos Estados Unidos. No contrapé temático de amores inalcançáveis de suas três antecessoras, a composição era um presente de casamento de Robert a Mary, apoiada em belas notas de baixo, uma camada de órgão e *riff* de teclado. "Para um homem que preferia cantar sobre desprezo em vez de amor, foi uma confissão corajosa", definiu Jeff Apter em seu livro. Adele regravou "Lovesong" em seu blockbuster *21*, de 2011 (ver texto sobre esse álbum na p. 420).

O assombroso lado A ainda guarda outro sucesso, "Lullaby" (5º lugar na parada britânica), que rendeu folclórico clipe no qual Tim Pope emula outro Tim, o Burton, realizando o pesadelo aracnídeo infantil tratado na letra (que tem o verso "o homem-aranha está me jantando esta noite"). A música, por sua vez, parece ter sido formulada ao longo de uma década, de tão bem que aglutina todas as eras do The Cure: tem um pouco do mistério de "Charlotte Sometimes" (1981), da estranheza de "The Caterpillar" (1984) e da intimidade sussurrada de "Close to Me" (1985). Outra vez, a dupla Gallup-Williams desempenha com primor um *groove* sólido, para que o resto da turma trace suas... er... teias de cordas e tecla. São eles os senhores também de "Fascination Street", o potente encerramento da primeira face. Na versão em CD, "Lullaby" é precedida por "Last Dance", cujo arranjo intrincado de cordas e teclas o credencia como firme representante do gótico "raiz" no repertório.

Com menos ganchos melódicos, o segundo lado propõe uma introspecção mais compenetrada e sombria. A lenta "Prayers for Rain" apresenta outro impactante "diálogo" guitarro-tecladístico, como se fosse uma parente mais mântrica e ameaçadora de "Lullaby". Poderia pertencer a *Pornography*, a exemplo da penúltima canção, que dá nome à bolacha. Ao passo que "The Same Deep Water as You", outro dos melhores momentos, não ficaria fora de lugar em *Faith.* Trata-se de uma joia do ambient pop, que testemunhei uma criança de 8 anos descrever como "música espiritual". A viagem, que em CD faz escala nos pianos nostálgicos de "Homesick", encerra-se com a primorosa "Untitled", de riff em uníssono de baixo, teclado e guitarra e Robert sendo Robert: "Eu nunca sei se é real".

Vitória da melancolia

A festa de audição de *Disintegration* com os executivos da Elektra, gravadora do Cure nos Estados Unidos, terminou com um silêncio constrangedor, interrompido apenas por algum comentário sobre "suicídio comercial". Mas o êxito dos singles "Lullaby", "Lovesong", "Pictures of You" e do próprio álbum – que em 2004 atingiria as duas milhões de unidades vendidas em solo estadunidense – calaria aqueles engravatados insensíveis.

Todavia, faltava resolver o problema com Lol Tolhurst. "Passei a maior parte do tempo fechado dentro da minha cabeça, enquanto *Disintegration* era gravado" rememora ele na autobiografia *Cured: A história de dois Imaginary Boys* (2025). A gota d'água para que ele saísse? Sua crítica ao resultado da mixagem, no estúdio londrino RAK, após não ter praticamente participado das gravações. Quando, seis meses depois, o grupo partiu para a gigantesca Prayer Tour, já era novamente um quinteto – Lol se internou numa clínica de reabilitação. Na foto de divulgação da reportagem citada no começo do texto, ele já não aparece. Tolhurst processou os ex-companheiros por mais *royalties*, perdendo a ação, e só se reconciliou com Robert dez anos depois.

ANOS 1990

AUGE ANTES DA CATÁSTROFE

Spotify

deezer

Ouça uma seleção de músicas da década em sua plataforma preferida

SINÉAD O'CONNOR

I Do Not Want What I Haven't Got

[1990]

"Eu não nasci para ser uma estrela pop." Vinda de qualquer celebridade musical, esta frase pareceria suspeita, hipócrita, condescendente ou simplesmente mentirosa. Mas não quando proferida por Sinéad O'Connor, como ocorre, de fato, em seu livro de memórias *Rememberings* (2021). Ela, que nos anos anteriores à sua morte estava planejando estudar para ser auxiliar de enfermaria, insiste: "Não tinha o menor desejo de alcançar a fama".

Vítima de vexações e tortura por parte da própria mãe durante anos, a cantora irlandesa encontrou na arte uma forma de exorcismo, que a levou a canalizar sua introspecção e desconfiança do mundo com uma intensidade visceral. Mapeando suas experiências traumáticas em canções profundamente pessoais e reveladoras, ela as expelia recorrendo a uma paleta completa de tonalidades interpretativas, dos sussurros mais delicados a impressionantes brados raivosos.

Sinéad fez da timidez uma indigesta aliada, concebendo uma das presenças cênicas francamente *sui generis*: nunca alguém tinha cantado mirando tão convictamente o chão, ou simplesmente com os olhos fechados, como ela. Indisposta a concessões, O'Connor usava a cabeça raspada, para desespero de sua gravadora, que a queria "mais feminina". A carequinha não abria mão de seu ativismo por diferentes causas, protestando contra o belicismo ou enfrentando o racismo e o machismo no *showbusiness* – algo que sentiu na pele ao engravidar antes do lançamento de seu primeiro disco.

A bandeira que levantou de forma mais insistente, porém, foi justamente a do assunto que conhecia melhor, o abuso infantil. Essa escolha acabou custando a sua carreira, que começou a ser severamente sabotada em outubro de 1992, quando ela rasgou foto do Papa João Paulo II em transmissão ao vivo no programa televisivo estadunidense *Saturday Night Live*. Sua manifestação, acompanhada do grito "combatam o verdadeiro inimigo!", era uma justificada denúncia do líder da Igreja Católica pela ocultação de casos de pedofilia.

Contribuiu também para o seu sumiço parcial o imenso desconforto que lhe causavam os holofotes midiáticos e a sua relutância em alimentar a imagem pública proposta para ela pelos que lucravam em seu nome. Durante as décadas seguintes, até morrer precocemente em 2023, aos 56 anos, Sinéad O'Connor teve o seu nome muito mais vinculado à sua vida pessoal conturbada do que à sua obra (que continuou em progresso). No entanto, ela é considerada uma precursora de um feminismo que, ao longo dos anos, só fez crescer na indústria musical. "Tentaram me enterrar; não perceberam que eu era uma semente", resumiu a cantora, que em 2018 se converteu ao islamismo e adotou o nome Shuhada' Sadaqat.

Mas nem esse ostracismo, ao qual foi relegada pela indústria que sempre criticou, conseguiu apagar da memória coletiva o fato de que, entre o final dos anos 1980 e início da década seguinte, Sinéad O'Connor foi uma das artistas pop mais importantes e populares do planeta. O grande testamento daquele momento é *I Do Not Want What I Haven't Got*, seu segundo álbum, que chegou ao topo das paradas estadunidense, britânica e de dezenas de outros países, e foi considerado o melhor de 1990 por diferentes publicações.

Lançado em março daquele ano, o disco é um amálgama de indie pop, folclore irlandês e baladas melancólicas, com acenos ao hip-hop. Traz oito composições densas e confessionais da própria Sinéad e duas covers de canções que ela transformou em suas. Uma delas é "Nothing Compares 2 U", hino escrito por Prince que, graças a uma performance monumental de O'Connor – na gravação e no inesquecível videoclipe – também foi número 1 pelo mundo afora.

Pesadelo

Carrie (1974), romance de Stephen King adaptado mais de uma vez ao cinema de terror, poderia servir de referência para a infância de Sinéad Marie Bernadette O'Connor (Dublin, 8 de dezembro de 1966).

Ela e seus três irmãos viveram um pesadelo permanente nas mãos da mãe Marie, religiosa desequilibrada que se separou de seu pai quando Sinéad, a terceira da prole, tinha 10 anos. Marie espancava, humilhava e torturava os filhos. Em uma ocasião, a vice-caçula foi trancada num quarto sem comida durante todo um fim de semana; noutra, proibida de entrar em casa, morou durante uma semana no jardim.

Contraditoriamente, o padecimento de Sinéad fortaleceu seu elo com o catolicismo. Ela chegou a querer dedicar-se integralmente à religião, e só mudaria de fé em 2018, ao converter-se ao islamismo e mudar de nome, para (novo) choque da opinião pública. "Amo Jesus porque ele apareceu para mim uma noite, quando minha mãe me obrigava a deitar no chão da cozinha", relatou em suas memórias. O título de sua primeira bolacha, *The Lion and the Cobra*, por exemplo, foi extraído do salmo 91 da Bíblia.

Diante de tanto sofrimento e instabilidade, ela foi expulsa de várias escolas e, aos 14 anos, enviada a um internato controlado por freiras. Apaixonada por Elvis Presley, Bob Dylan e o grande poeta irlandês William Butler Yeats, começou a tocar violão e montou sua primeira banda em confinamento. Aos 16, já morando sozinha e sob uma eclética gama de influências que abrangia reggae, punk e Barbra Streisand, O'Connor teve a primeira experiência autoral com um grupo, In Tua Nua, que acabou gravando uma música sua, "Take My Hand". Em 1984, entrou para a banda Tonton Macoute, com quem tocou até ser chamada a Londres por Karl Wallinger, tecladista dos Waterboys, para gravar demo de quatro faixas. Em 5 de agosto de 1985 assinou contrato com a gravadora Ensign, lidando com um acontecimento que marcaria a sua vida e obra: a morte da mãe num acidente de carro.

Entre leões e cobras

Feliz por deixar o país natal onde, segundo sua percepção, as mulheres eram sufocadas pelo conservadorismo católico, O'Connor se estabeleceu em Londres, onde começou a compor o material para seu primeiro álbum e pegou amizade com jamaicanos praticantes do rastafarianismo. Conheceu também músicos determinantes em sua trajetória, como o baterista e produtor John Reynolds, também seu companheiro sentimental, e dois ex-integrantes do recém-terminado

Smiths, o baixista Andy Rourke e o baterista Mike Joyce, que comporiam sua banda de palco.

Adepta de um corte de cabelo curto, ela resolveu raspá-lo precisamente após a sugestão de um dos executivos da Ensign de que usasse longas madeixas e vestisse saia. Grávida de John durante a produção de seu trabalho de estreia, descobriu que a gravadora queria que ela fizesse um aborto. Mais de uma década antes do drama vivido por Lauryn Hill (ver texto sobre o álbum *The Miseducation of Lauryn Hill* no volume 1 deste projeto), portanto, Sinéad O'Connor protagonizava um episódio de uma artista mulher sendo pressionada pelo mundo corporativo apenas por optar pela maternidade.

Editado em outubro de 1987, três semanas antes de sua autora de 20 anos parir o primeiro de seus quatro filhos, *The Lion and the Cobra* causou sensação internacional. O LP chamava a atenção por sua fórmula de pós-punk, indie oitentista e elementos celtas, além de trazer um certo toque etéreo nos arranjos, adequado às nuances de sua voz, que ela exibia com maestria no primeiro single, "Troy". Começava também a tentativa das gravadoras de tutelar a estrela em ascensão: a Chrysalis, responsável pelo lançamento em território estadunidense, trocou a foto original da capa, que trazia Sinéad gritando, por uma dela caladinha.

Cantando o seu delicioso segundo compacto, "Mandinka", na cerimônia de entrega do Grammy, prêmio ao qual seu disco tinha sido indicado, ela exibiu o logo do Public Enemy desenhado na lateral esquerda da careca, em protesto ao fato de a categoria melhor performance de hip-hop não ser televisionada. A indústria tomou nota da estripulia, mas a jovem estava apenas começando sua tradição de se meter em assuntos espinhosos. Seu próximo projeto foi atuar no filme *Hush-a-Bye Baby* (1990), sobre gravidez adolescente.

Nada se compara

Outra característica de Sinéad O'Connor que incomodava os executivos era a pessoalidade das suas letras. Quando ouviu o repertório que ela preparava para o segundo disco, um dos chefes da Ensign comparou a experiência a "ler o diário de outra pessoa". As gravações ocorreram ao longo de 1988 e 1989 no estúdio STS, em Dublin, onde o U2 gravara parte de *The Joshua Tree* (ver texto sobre esse álbum no volume 1 deste projeto), com produção assinada pela própria estrela.

O público pôde saber que Sinéad falava sério já em outubro de 1988, quando ela soltou o single "Jump in the River", fantástico indie rock de vocais sensuais e arranjo sem frescuras. Encomendada para a trilha sonora de *De caso com a máfia*, longa do diretor estadunidense Jonathan Demme, ela seria a segunda faixa do lado B do segundo LP. Já a amostra seguinte demoraria mais de um ano para vir à tona. Mas a espera valeu bastante a pena: em 8 de janeiro de 1990 emergia "Nothing Compares 2 U", releitura de composição obscura de Prince que o músico havia entregado em 1985 a uma de suas "bandas *spin-off*", The Family. É a única faixa de *I Do Not Want What I Haven't Got* em que ela divide a produção com outra pessoa. No caso, o então homem da moda, o inglês Nellee Hooper, envolvido em trabalhos com Neneh Cherry e Soul II Soul.

Originalmente sobre uma separação de casal, a balada foi reinterpretada por Sinéad como uma mensagem a sua falecida mãe. Imersa numa imensidão de acordes tristonhos, enunciados por violinos e sintetizadores e completados por backing vocals incorpóreos, a proposta atingia um nível exorbitante de emotividade. A ambígua conexão retroativa com Marie explica uma das grandes cenas de clipe musical já registradas, na qual ela não aguenta o choro a partir do verso "todas as flores que você plantou, mãe, no jardim / morreram quando você se foi". Dirigido pelo inglês John Maybury, que também se encarregou do projeto gráfico do álbum (em foto da francesa Dominique Le Rigoleur), o premiado vídeo de "Nothing Compares 2 U" teve suas clássicas passagens em *close* rodadas num estúdio londrino, entre queimações de baseados e audições de dub. As tomadas externas foram captadas no parque Saint-Cloud, próximo a Paris.

A peça audiovisual funcionou como um complemento estupendo ao clima cinzento e apaixonadamente triste da gravação, tocando fundo na alma do público. Antes do final de janeiro, "Nothing Compares 2 U", que abriria o lado B do novo disco, era número 1 no Reino Unido, onde permaneceu por quatro semanas seguidas, repetindo o tetracampeonato nos Estados Unidos em abril. (Ela relatou depois ter sido perseguida e ameaçada fisicamente por Prince num bizarro encontro posterior entre os dois na casa dele em Hollywood.)

Intensidade para as massas

De forma que, quando finalmente apareceu no mercado, em 12 de março de 1990, *I Do Not Want What I Haven't Got* era possivelmente o lançamento mais aguardado do mundo. O tamanho da expectativa se justificou com a presença do LP no 1º lugar dos dois mercados fonográficos mais cobiçados e em mais de uma dezena de países. Apenas nos Estados Unidos teria mais de dois milhões de cópias vendidas. Mesmo sendo uma obra francamente intensa e valente, que já inicia com "Feel So Different", em arranjo concebido apenas por cordas e pela voz de Sinéad, que trava uma "conversa" com a mãe ("Eu devia sentir ódio por você / Mas não sinto nenhum / E eu sempre te amei").

Adaptação de um velho poema irlandês sobre a morte, a segunda faixa, "I Am Stretched on Your Grave", vem guiada pela melodia mântrica e cheia de *reverb* da intérprete, sobre um baixo eletrônico e o famigerado sample de "Funky Drummer", de James Brown. Na parte final, a fusão entre o inconfundível breakbeat e instrumentos folclóricos celtas serve como um manifesto de que os anos 1990 acabaram de começar. Já na música seguinte, "Three Babies", a autora tece uma tristíssima e comovente narrativa sobre os três abortos espontâneos que sofreu: "O rosto em vocês / Os seus cheiros / Estarão sempre comigo".

É quase muita intensidade para um lado de disco só. Noutra de suas grandes pérolas pop, "The Emperor's New Clothes", o terceiro single, publicado em junho e trazendo Andy Rourke no baixo, a bola da vez é a gravidez precoce. Antes de o ouvinte reposicionar a agulha, há tempo para outra paulada, "Black Boys on Mopeds", cantiga folk de linda melodia sobre Colin Roach, jovem negro morto em 1983 pela polícia de Londres em circunstâncias nebulosas. Citando nominalmente a primeira-ministra Margaret Thatcher no primeiro verso, Sinéad vocaliza que a Inglaterra é "o lar da polícia que mata meninos negros em ciclomotores".

Na face B, após a dobradinha de singles "Nothing Compares 2 U" e "Jump in the River", o disco se endereça rumo ao fim com outras três baladas: "You Cause As Much Sorrow", cujo instrumental suave contrasta com o pesado recado a Marie ("Morta você causa a mesma tristeza / Que causava quando era viva"); a acústica "The Last Day of Our Acquaintance", aparentemente sobre uma ruptura sentimental (que conta com Jah Wobble, do PIL, no baixo); e a hipnótica faixa-título, cantada *a cappella.* Para variar, a referência é Marie que, de acordo com Sinéad, apareceu em um sonho seu para lhe dizer que "*I do not want what i haven't got*" (Eu não quero o que eu não tenho). É uma espécie de reconexão mediúnico-espiritual proposta por Sinéad com a mãe, apesar da dificuldade dela de perdoá-la pelos maus-tratos em vida. Além disso, propicia um encerramento impactante para o álbum, coerente com o seu lirismo sem concessões.

Ela mesma

Nos mais de dois anos e meio que separam o surgimento de *I Do Not Want What I Haven't Got* e o episódio da foto do Papa, Sinéad O'Connor viajou pelo mundo numa grande turnê e dividiu o palco com a nata do mainstream. Mas se sentia deslocada: "Tinha muito medo do palco e me sentia como uma verdadeira impostora".

Em agosto de 1990, ela entrou na mira de "patriotas" ao não topar a execução do hino estadunidense antes de um show em Nova Jersey. No início do ano seguinte, tornou-se a primeira artista a recusar um Grammy, argumentando que o seu segundo disco "fez muitos homens que não se importavam com o que suas canções diziam ganharem dinheiro". Frequentemente disposta a ver algum lado bom das coisas, ela contou que, após a bombástica aparição no *SNL*, sentiu-se livre e pôde voltar a ser ela mesma. Sinéad O'Connor já está fazendo muita falta.

MY BLOODY VALENTINE
Loveless

(1991)

Há discos modernos, que atualizam e rejuvenescem determinados gêneros musicais. Há discos *muito* modernos, que estão à frente do seu tempo e antecipam o que toda uma geração virá a fazer nos anos seguintes. Mas, no universo roqueiro, apenas um álbum soa tão moderno, mas *tão* moderno, que parece ainda estar por ser concebido, mesmo tendo mais de trinta anos de existência. Com o perdão da turma alemã do krautrock setentista e do Radiohead, mas eu estou me referindo a *Loveless*, do My Bloody Valentine. No momento em que edito este texto, o segundo disco da banda irlandesa, lançado em novembro de 1991, continua aparentando simplesmente pertencer a um futuro incerto. Simultaneamente, seu legado persiste vibrante na influência que exerceu sobre incontáveis bandas que, embora não tenham sido capazes de superá-lo, mantêm o shoegaze como uma das tendências em voga no indie rock na aurora do segundo quarto de século 21.

"Toda vez que eu o escuto, o faço de uma forma diferente", afirmou Kevin Shields, o cérebro por trás de *Loveless*, à *Mojo* em junho de 2021. Se o próprio criador da obra, que conhece cada um de seus múltiplos e misteriosos revestimentos de sons, ainda está descobrindo barulhinhos três décadas depois, imagine a sensação de alguém que a escuta pela primeira vez.

Em *Loveless*, Shields levou os preceitos da cena shoegaze, da qual o seu My Bloody Valentine era um dos principais expoentes, muito além da fórmula baseada em lindas-canções-sonhadoras-soterradas-pelas-guitarras-na-mixagem. Ensimesmado e obsessivo a ponto de inventar uma *Wall of Sound* de um homem só – nem que para isso fosse capaz de empilhar dezenas de tomadas de guitarra num mesmo arranjo –,

Shields propunha um mergulho na abstração sonora. Ainda que, sob as montanhas de ecos e efeitos, morassem algumas das mais platonicamente amorosas das melodias indie.

Os radicais volumes guitarro-samplísticos de *Loveless* relegam os versos de suas músicas ao âmbito do indefinido/indecifrável. Kevin afirma que até hoje não viu alguém acertar totalmente as letras, e está satisfeito com isso. Esse recurso, definido pelo escritor Bob Stanley no livro *Yeah! Yeah! Yeah!* (2014) como "um romântico senso de abandono linguístico", é mais um dos vários enigmas do álbum. Favorito de gente como Brian Eno, Robert Smith e Trent Reznor, *Loveless* foi eleito o melhor da década de 1990 pela *Uncut* e pelo Pitchfork.

Tanta mitologia passa também pelo folclore em torno da produção do LP que, com conclusão inicialmente prevista para dois meses, demorou mais de dois anos para ficar pronto. Seu processo envolveu incontáveis estúdios diferentes e, segundo o grupo, custou 160 mil libras – uma fábula para o meio independente de sua época. E olha que a Creation, gravadora responsável por seu lançamento, alega ter gasto muito mais.

Punks no cosmos

Com nome tirado do título original do filme de terror *slasher* canadense *Dia dos namorados macabro* (1981), o My Bloody Valentine surgiu em Dublin em 1983. Seus fundadores, o guitarrista Kevin Patrick Shields (21 de maio de 1963), um nova-iorquino que imigrara para a Irlanda aos 10 anos, e o baterista Colm Ó Cíosóig (Dublin, 31 de outubro de 1964), já tocavam juntos covers de punk rock desde a adolescência. A primeira formação mais sólida do grupo se firmou com o guitarrista David Conway e a tecladista Tina Durkin. Góticos e introspectivos, não se sentiam compreendidos em seu próprio país, o que os levou, em 1984 e 1985, a morarem na Holanda e em Berlim Ocidental. Mudaram-se outra vez, para Londres, levando a tiracolo o primeiro EP, *This Is Your Bloody Valentine*, editado por um pequeno selo alemão, e uma nova integrante, a baixista inglesa Deborah Ann "Debbie" Googe (Yeovil, 24 de outubro de 1962), que substituiu Tina.

Em menos de três anos, lançaram outros sete *extended plays* por diferentes gravadoras independentes. Os três últimos, *Ecstasy*, de novembro de 1987, *You Made Me Realise*, de agosto de 1988, e *Feed Me With Your Kiss*,

de outubro do mesmo ano, já continham a estampa da Creation Records, casa de The Jesus and Mary Chain e Primal Scream, quartel-general da cena então depreciativamente chamada de shoegaze. A outra novidade era a presença da vocalista e guitarrista londrina Bilinda Jayne Butcher (16 de setembro de 1961), no lugar de David Conway. Com dois irlandeses e duas inglesas, definia-se o *line-up* clássico do My Bloody Valentine.

You Made Me Realise é o berço da sonoridade única do My Bloody Valentine, juntando a busca de seus integrantes por nuances de estúdio com o espírito extremo de seus shows. Ao vivo, eles se mostravam francamente vanguardistas, preenchendo a passagem instrumental da faixa-título com uma arremetida infernal de *noise* assustador, que podia durar uma eternidade. Quando voltaram brevemente à ativa no século 21, presenciei tal *happening* duas vezes, em shows ocorridos em Barcelona em 2009 e 2013 que tiveram protetores auditivos distribuídos ao público. Parte dos fãs simplesmente desertava antes do final. Após vários minutos de um barulho atroz, no limite do suportável por um ser humano, emergia dos amplificadores uma beleza indescritível, de consistência quase palpável. Vi de perto Sunn O))), Aphex Twin, Swans, Mogwai e Sonic Youth. Nenhum superou o My Bloody Valentine em volume. "Era um ruído tão grande e com tanta textura que permitia as pessoas imaginarem qualquer coisa", explicou Shields a MacDara Conroy no webzine *Buddyhead*, em 2004.

Paralelamente, na canção "Slow", Kevin Shields inventava o seu estilo de guitarra único, no qual as reverberações do instrumento percorrem um movimento pendular sensorial, aproximando-se e se afastando do ouvinte em espasmos tentaculares. Fã de colegas ruidosos como Rowland S. Howard (Birthday Party) e J Mascis (Dinosaur Jr.), ele descobriu o seu próprio som por acidente, ao tentar um *bending* (técnica em que se empurra a corda, deslizando-a para cima ou para baixo, para alterar a nota) duplo enquanto fuçava na alavanca de sua Fender Jazzmaster. Afinações alternativas e efeitos como o *reverse reverb* aprimoraram a sua imitadíssima receita, cuja primeira "aprendiz" foi Bilinda, então também sua namorada.

Cantando e tocando cosmicamente suas guitarras, os dois emitiam juntos algo semelhante ao balido de uma ovelha fanha flutuando noutra dimensão. Isso já se escutava em faixas como "All I Need", de *Isn't Anything*, o impressionante primeiro LP do My Bloody Valentine, lançado em novembro de 1988.

Do etéreo ao eterno

Como a banda parecia prolífica e o trabalho de estreia liderava a parada independente britânica, a Creation imaginou que em algum momento de 1989 já poderia distribuir um segundo CD no mercado. Ledo engano. Kevin Shields encasquetou em descobrir como materializar os tinidos imaginários que só ele conseguia escutar. Para empregar devidamente o seu utópico experimento de sinestesia musical, engatilhou uma infinita "rotação de lâmpada". De acordo com o livro *My Bloody Valentine's Loveless* (2007), de Mike McGonigal, ele desejava nutrir, com guitarra e recém-adquiridos teclados sampleadores, uma massa sonora que emulasse as bases industriais criadas pelos produtores do Bomb Squad para o Public Enemy.

Porém, sua obsessão, que pastilhas de êxtase ajudaram a aguçar, cresceu de tal forma que os companheiros de grupo pararam de comparecer às sessões. *Loveless* seria, portanto, um projeto virtualmente solo de Kevin Shields. Mesmo que entre suas principais qualidades estejam os vocais de Bilinda – também autora de algumas letras – e que Colm Ó Cíosóig apareça creditado como coprodutor. O baterista, aliás, precisou samplear seu instrumento e programar os beats de quase todas as faixas, já que estava doente quando lhe tocou gravar.

Com a conclusão dos trabalhos adiada repetidas vezes, coube à Creation se contentar em editar dois EPs, *Glider*, de abril de 1990, e *Tremolo*, de fevereiro de 1991, cada qual antecipando uma das faixas do tão aguardado álbum. Perdeu-se a conta do número dos estúdios utilizados em gravações que nunca terminavam, mas há quem estime em dezenove. Só de engenheiros de som foram dezesseis, entre eles Alan Moulder, colaborador do Jesus and Mary Chain, e Dick Meaney, um dos responsáveis pela notável mixagem.

Vórtex shoegaze

Finalmente, em 4 de novembro de 1991, *Loveless* foi lançado. Tanto tempo tinha passado que o romance entre Kevin e Bilinda já estava em declínio, e o título (que significa "Sem amor") dava pistas sobre isso. Extraída de *frame* do psicodélico videoclipe do diretor britânico Angus Cameron para a faixa de abertura "Only Shallow", a capa mostra um close trêmulo de uma das guitarras filtrado em rosa, e parece retratar exatamente os intangíveis murmúrios extraterrestres do disco.

O massacre se desata já na virada de bateria de Colm, a única propriamente tocada por ele no repertório, que puxa consigo um turbilhão de guitarras de um peso e de uma estranheza ainda hoje insuperáveis. Os feedbacks do *riff* mastodôntico e alucinógeno de "Only Shadow" se obtiveram com os amplificadores das duas guitarras se encarando. A isso se somou uma versão sampleada e modificada delas. Foi com esse tipo de peripécia que Kevin Shields gastou dois anos às custas da Creation. E valeu a pena.

"Loomer", a segunda faixa, nos suga a um vórtex shoegaze de sonho e delícia, onde o delicado sussurro de Belinda se afoga em lagos de guitarra e sintetizador. A banda não demonstra a menor intenção de normalizar a situação na faixa seguinte, a abstrata vinheta "Touched", composta por Colm, que emula gemidos de elefantes metafísicos. Depois, os *drones* melodiosos de "To Here Knows When" praticamente nos levam a uma realidade paralela, onde a voz é quase um espectro, uma *presença* que devemos adivinhar. Kevin calculou ter passado três meses obtendo os samples e texturas desse arranjo. A impressão é de que estamos num caminho alucinógeno sem volta, até que surge "When You Sleep", uma canção impossível de não se amar. Sua melodia é tão irresistível que Shields se viu obrigado a ressaltar um pouco mais seus vocais, que aqui sugerem uma espécie de miado dengoso.

A "concessão" dura pouco, e na música seguinte, "I Only Said", novos recordes negativos de volume da voz são batidos, em detrimento de um *riffzinho* agudo demoníaco, que entra lá no fundo da alma. Também aparelhada com um sem-fim de andares guitarreiros, a pesadona e lenta "Come In Alone" conecta o My Bloody Valentine aos seus discípulos do Mogwai (ver texto sobre o álbum *Happy Songs for Happy People* na p. 379). Mas nenhuma outra faixa de *Loveless* seria tão bajulada posteriormente quanto a próxima: puro encantamento melancólico, "Sometimes" vagou pelo inconsciente coletivo shoegazer por doze anos até finalmente ser traduzida em imagens, na cena de *Encontros e desencontros* (2003) em que Scarlett Johansson e Bill Murray voltam, de táxi, de uma noitada em Tóquio. Dá a impressão de que a indie incorrigível Sofia Coppola só rodou o memorável filme para poder usar a composição. Não por acaso, a trilha original do longa é assinada por Kevin Shields.

Após o vendaval hipnótico de "Blown a Wish", ergue-se no horizonte "What You Want", que, com seu desenho melódico saboroso vencendo a batalha contra os blocos de ruído, é a canção-irmã de "When You Sleep". Na derradeira "Soon", o MBV parece dar algum tipo de "resposta" ao mundo real, utilizando um beat eletrônico que não destoaria na cena Madchester, em alta naquele momento.

Desandando

A imprensa roqueira saudou efusivamente o segundo álbum do My Bloody Valentine como um dos melhores do concorridíssimo ano de 1991. Mas a relação da trupe anglo-irlandesa com a Creation estava desgastada demais, e em outubro de 1992 eles migraram para a Island. Começava ali uma novela muito mais longa que a de *Loveless*, protagonizada por um Kevin Shields que, naquele ponto, avançara do status de "cientista maluco" ao de "doido de pedra". Ao longo dos cinco anos seguintes, ele torrou 250 mil libras de adiantamento, construiu um estúdio, gravou e regravou as mesmas ideias centenas de vezes e... nada de apresentar um novo trabalho.

Em 1995, Colm e Debbie pularam fora de um barco que, a bem da verdade, já nem navegava direito. Bilinda botou a tampa no caixão do My Bloody Valentine ao desistir em 1997. Considerado o *Chinese Democracy* do indie rock, o terceiro e ótimo disco do quarteto, *m b v*, só viria a luz em 2013, coincidindo com o segundo retorno passageiro da formação clássica.

BEASTIE BOYS
Check Your Head

[1992]

O ano era 1990 ou 1991. Num apartamento em West Hollywood, Los Angeles, três nova-iorquinos brancos de origem judaica tentavam tirar de ouvido as batidas e acordes de soul jazz de seus LPs de Jimmy Smith e Richard "Groove" Holmes. O vizinho de cima bateu à porta e, ao ser atendido, avisou: "Estou limpando a minha arma e pensando em utilizá-la". Era a senha para que aqueles esforçados músicos empacotassem suas tralhas e procurassem um local mais apropriado para fazer barulho. Tivessem comprado a briga com o morador armamentista, é possível que os três ameaçados, então mundialmente conhecidos como Beastie Boys, já não estivessem vivos há mais de trinta anos e o mundo não chegasse a conhecer o álbum que estavam tramando naquele apê: *Check Your Head.*

Lançado em abril de 1992, o terceiro disco da banda é o documento milagroso de como o ecletismo musical compulsivo, quando munido de talento e ousadia destemida, pode resultar numa obra-prima inclassificável. *Check Your Head* dá sequência à imersão deles na cultura do sample, iniciada no trabalho anterior *Paul's Boutique* (1989), mas vai muito além. Ao retomarem suas raízes de banda de hardcore, Ad-Rock, MCA e Mike D desempoeiraram seus instrumentos para se meterem no vespeiro de tocar algo parecido com o jazz, naquele lugar especial onde o gênero bifurca com o funk, o soul e ritmos latinos. O risco valeu a pena. Na somatória geral das diferentes frentes, posicionando de um lado microfone, toca-discos, sampler e bateria eletrônica, e, do outro, baixo, guitarra, percussão acústica e teclados, o álbum de vinte faixas é um extático carnaval multifacetado. Passadas três décadas, sua fusão de hip-hop, psicodelia, punk, transes batuqueiros, jazz, mantras budistas e breakbeats não envelheceu sequer um dia.

Mais do que isso, *Check Your Head* constituiu uma peça importante num dos mais bem-sucedidos casos de ressignificação de um grupo, tanto musicalmente quanto em termos de imagem. Inesperada sensação pop devido ao disco *Licensed to Ill* (1986), uma mistura de hard rock de arena com rap, a banda havia queimado o seu filme por suas caricatas letras misóginas e postura machista adotadas naquela fase. O *rebranding* ocorreu graças à genialidade deles, mas também à boa dose de humildade que demonstraram na admissão de equívocos.

Hardcore e rimas

Respirando a diversidade de sua Nova York natal desde cedo e usufruindo dos benefícios de nascerem em famílias progressistas de classe média, os garotos Michael Louis Diamond (depois Mike D, 20 de novembro de 1965) e Adam Nathaniel Yauch (depois MCA, 5 de agosto de 1964) se conheceram num show do Bad Brains no final de 1980. Michael já integrava um conjunto, The Young Aborigines, mas quis criar um novo, de hardcore, após presenciar com Adam outra entidade do gênero, Black Flag, no ano seguinte. Batizaram o projeto de Beastie Boys, sendo "bichos" o significado da primeira palavra, mas também a abreviação para Boys Entering Anarchistic States Towards Internal Excellence (Garotos Adentrando Estados Anarquistas Rumo à Excelência Interna). Com Mike nos vocais e Adam no baixo, contavam ainda com o guitarrista John Berry na guitarra e Kate Schellenbach (futura integrante do Luscious Jackson) na bateria.

Sucederam-se a primeira apresentação, no apartamento da família de Yauch no Brooklyn, em 4 de agosto de 1981, e o primeiro EP, *Polly Wog Stew* (1982) pelo selo independente Rat Cage. Em 1983 apareceu outro nova-iorquino, Adam Keefe Horovitz (depois Ad-Rock, 31 de outubro de 1966), da banda Young and Useless, para o lugar de John. Abriram shows de Swans, Sonic Youth e outras lendas do underground local, ao mesmo tempo que frequentavam clubes de Manhattan da talha do Danceteria e do Negril, voltados ao ascendente hip-hop, de artistas negros oriundos do Harlem e do Bronx.

"Nosso mundo hardcore punk já não podia competir com aquilo", relembrou Ad-Rock no livro *Beastie Boys Book* (2018). "Boa parte do hardcore se baseia nos limites – faça-o mais curto, o mais simples, o mais rápido, o mais alto –, enquanto os breakbeats do hip-hop se baseavam na ausência de limites: possibilidades ilimitadas, imaginação ilimitada."

Irreversível, o impacto do hip-hop nos Beastie Boys já se notou no EP de quatro faixas "Cookie Puss" (1983) que, indicando também o sincretismo sonoro deles, incluía o reggae "Beastie Revolution". Num desses momentos que mudam a história de uma banda, um dia Ad-Rock entrou numa loja de instrumentos com o plano de comprar uma guitarra, mas saiu de lá com uma bateria eletrônica TR-808. Bolaram um formato híbrido de show, metade protagonizado pelo quarteto hardcore, metade por seus avatares MCs e um DJ convidado. Através de amigos, chegaram a Rick Rubin e Russell Simmons, da recém-criada gravadora Def Jam, que andavam atrás de rappers brancos.

Viagem errada

Antes de lançarem "Rock Hard", o primeiro single pela Def Jam, os três mandaram Kate embora para firmar a pecha de machões. No *Beastie Boys Book*, ela dimensiona o vacilo dos amigos de longa data: "custava para mim aceitar aquele comportamento típico de idiotas por parte daqueles garotos tímidos que jamais tinham me sexualizado de maneira aberta".

Na época, eles pouco se lixaram. Antes mesmo do primeiro LP, *Licensed to Ill*, já tinham feito até turnê com Madonna. Difundido em novembro de 1986, o disco de estreia surpreendeu ao chegar ao número 1 na parada estadunidense e vender um milhão de cópias em apenas três meses, puxado por nada menos que quatro singles prévios. Entre eles "(You Gotta) Fight for Your Right (To Party!)", hard-hop que teve clipe fanfarrônico executado à exaustão pela MTV e atingiu a 7ª posição. Da noite para o dia, eram um fenômeno pop.

Mais tarde, eles alegaram que as letras sexistas e o pênis gigante que usavam na decoração dos shows eram uma sátira ao comportamento das bandas de metal farofa do período. Mas admitiram, também, que foram tomados por aquele espírito. "Estávamos tão viciados em zoar o estereótipo da estrela do rock que nos convertemos exatamente naquilo", reconhece Ad-Rock no livro. Carregariam esse fardo por anos, até se retratarem definitivamente em carta à revista *Time Out New*

York, de 16 de dezembro de 1999. Então já em relacionamento com o ícone feminista-musical Kathleen Hanna (das bandas Bikini Kill e Le Tigre), Rock escreveu: "Não tem desculpas; mas o tempo curou a nossa estupidez".

Novos amigos

Após desentendimentos com a Def Jam, mudaram para a tradicional Capitol Records e deram início à sua grande guinada sonora e filosófica. Sempre o mais experimental e audacioso dos três, MCA há tempos já vinha criando loops de fita, enquanto Ad-Rock se especializava em beats. Enturmados com os Dust Brothers, Matt Dike e o brasileiro Mario Caldato, produtores malucões e craques na arte do sampleio, enterraram a fórmula de rock pesado com rima-bobagem de *Licensed to Ill.* No processo, abriram em 360 graus o leque de referências, afanando trechos de múltiplos gêneros musicais, mas com uma predileção por *rare grooves* de funk, soul e jazz dos anos 1960 e 1970.

Com mais de cem samples identificados, o resultado da pesquisa, *Paul's Boutique* (1989), era um álbum à frente de seu tempo, dividindo com *3 Feet High and Rising*, editado pelo De La Soul no mesmo ano (ver texto sobre esse disco no volume 1 deste projeto) o mérito de levar o hip-hop sampleador a outro patamar. Mesmo sendo tão inovador e totalmente diferente do trabalho anterior, o disco garantiu um honesto número 14 nos Estados Unidos. Sua presença em listas de grandes álbuns da década foi tão constante quanto os processos que seus autores precisaram enfrentar ao longo dos anos subsequentes, por causa de seus vários pedacinhos de música usados sem permissão.

Blitz na cabeça

A Capitol não divulgou especialmente *Paul's Boutique* nem deu muita bola para os três. Assim, com tempo livre para gastar e sem executivos no cangote, em 1990 Michael e os dois Adams pegaram o adiantamento para o novo álbum e reorganizaram suas vidas e metodologia de trabalho. Aprofundaram a busca por vinis de pérolas afro-americanas, mas decidiram transcender o hábito de samplear, planejando recriar aqueles balanços maravilhosos com instrumentos de verdade. "Era um delírio, um pouco arrogante ou diretamente demente, mas não se pode negar que era ambicioso", afirma Mike D no livro.

Cada um alugou um apartamento em Los Angeles, e os ensaios começaram no de Ad-Rock. Após o episódio do vizinho psicopata, encontraram uma espécie de galpão com salão de baile, em cima de uma farmácia no bairro de Atwater. Construíram ali um estúdio, uma rampa de skate e até uma miniquadra de basquete, destinando as salas menores a caprichos hipsterísticos, como a sede do Grand Royale, selo próprio que fundaram com apoio da Capitol, e um fanzine. O nome daquele parque de diversões beastieboysano de dezoito ambientes era G-Son.

Caldato os abasteceu com microfones vintage e outras quinquilharias, e o pretensioso empreendimento de sonoridade analógica ganhou a musculatura faltante com a descoberta de Mark Ramos Nishita. Também conhecido como Money Mark, Nishita era especialista em instrumentos de tecla presentes naqueles LPs empoeirados tão amados pelo trio, como o clavinete Hohner D6, o Moog e o piano Wurlitzer, que ele conseguia a preço de banana. O quarteto contou também com a importante contribuição de quatro percussionistas esporádicos: Arturo Oliva, Juanito Vazquez, Drew Lawrence e James Bradley Jr.

No G-Son montaram também, é claro, toca-discos, mixer e sampler, deixando tudo pronto para gravar qualquer *jam* durante as 24 horas do dia. Até porque, maconheiros de carteirinha, esqueciam boa parte das ideias que criavam. O acesso igualitário às parafernálias orgânica e eletrônica permitiu a mais destemida travessura dos Beasties: gravar rascunhos instrumentais e depois sampleá-los no MPC60 de Mike D. Essa mecânica autofágica é uma das qualidades que melhor distinguem o tal novo álbum, *Check Your Head*, que despontou em 21 de abril de 1992.

Vários mundos em vinte faixas

E por falar em samples, é um recorte da guitarra de Jimi Hendrix, em obscura gravação com o *soulman* Curtis Knight, que dá o combustível para a suingadíssima pedrada inicial, "Jimmy James", um dos cinco singles do repertório. Hendrix ficaria orgulhoso de o quão bem seu pedal wah-wah encaixou com as batidas gordas daqueles três moleques brancos. E com certeza dançaria as duas bombásticas faixas seguintes: "Funky Boss", que perfila os três rimando sobre um soul psicodélico tocado ao vivo; e "Pass the Mic", de vocais cheios de *reverb* montados num beat gigantesco – obtido depois que MCA criou "túnel" de papelão saindo do bumbo de Mike D – e o baixo acústico surrupiado do grande jazzista Ron Carter. É um dos pontos altíssimos de *Check Your Head*.

Não há tempo para piscar, já que a próxima faixa é "Gratitude", amostragem do som porrada que, com o baixo distorcido de Yauch e a voz gritada de Horovitz, prenuncia o hit "Sabotage" (1994). Apesar da agressividade, contém letra sobre agradecer pelo amor, pela amizade e pela vida. Aqueles Beastie Boys realmente eram *outros*.

Após a semi-instrumental "Lighten Up", embalada pela cuíca de Vazquez, e "Finger Lickin' Good", que funde breakbeat a *drones* indianos – antecipando o álbum *Odelay* de Beck em quatro anos –, chega a vez dela, "So What'cha Want". Nunca me esqueço da primeira vez que a ouvi, assistindo seu clipe correspondente na MTV, os três em seus tênis esportivos de brechó, rimando em câmera lenta. Insuperável até hoje em peso e suingue, a base de "So What'cha Want" foi obtida às custas da união de todas as táticas que nortearam *Check Your Head*. Teve garimpo envolvido na escolha do sample original (de "I've Been Watching You", canção de 1972 da banda Southside Movement), mas teve também eles aprendendo a executá-la, gravando o resultado e o processando com mil efeitos.

Entre vinhetas, a versatilidade do disco se mostra sortidamente estelar com o encadeamento do hardcore "Time for Livin'", uma releitura radicalmente diferente de composição de Sly & the Family Stone, e a lisérgica "Something's Got to Give", de vozes espaciais sobrepostas a uma antiga *jam*. "Stand Together", por sua vez, acabou sendo um dos experimentos mais bem-sucedidos do repertório, graças à guitarra sujona, filtrada pela técnica *cut* nos toca-discos.

Pontuadas pelo órgão de Money Mark, "Pow" e "Groove Holmes" são as mais dançantes entre as soul-jazzísticas, ainda que "In 3's" ostente o *groove* mais poderoso. Money Mark também contribuiu com a divertida "Mark on the Bus", na qual gravou todas as partes em avançado estágio de embriaguez. Na ordem do CD, as quatro instrumentais se alternam com outras três traulitadas, "The Maestro", "Live at P.J.'s" e "Professor Booty".

A hecatombe polifacética desemboca em "Namaste", funk-jazz lento da porção *live*, que o trio aproveitou como base para uma locução posteriormente inserida por Adam Yauch. Com versos como "meu medo era apenas uma sombra" e saudação budista no título, a música reafirmava a nova era dos Beastie Boys ao público, que colocou *Check Your Head* entre os 10 mais vendidos dos Estados Unidos. "Adam Yauch se encontrava imerso numa transformação completa. Tinha começado a estudar e praticar o budismo e, sempre que podia, viajava pelo mundo: Índia, Nepal, Tibete, Egito", explica o seu xará no livro. Yauch, o MCA, morreu de câncer em 2012. O culto em torno da banda que ajudou a criar, porém, só aumenta com o passar dos anos.

SONIC YOUTH

Dirty

[1992]

No seminal documentário *1991: The Year Punk Broke* (1992), que cobre a turnê europeia do Sonic Youth de agosto de 1991, em companhia de bandas como Nirvana e Dinosaur Jr., Thurston Moore se recusa a falar qualquer coisa séria às câmeras. Ocupa minutos preciosos da edição final do diretor Dave Markey com piadas internas e *nonsense* punk. Nos raros momentos em que esboça alguma declaração válida, demoniza as grandes gravadoras, contradizendo a própria iniciativa de sua banda, que no ano anterior tinha assinado com a Geffen Records, via selo DGC, embora com o "controle criativo" garantido por contrato.

Essa crise de consciência disfarçada de rebeldia, tão típica nos períodos imediatamente anterior e posterior ao estouro de *Nevermind*, do trio de Kurt Cobain – lançado um mês depois daqueles shows –, abasteceria positivamente a temática e a energia de *Dirty*, oitavo trabalho oficial do quarteto nova-iorquino e segundo sob as asas de uma *major*. Aproveitando as portas abertas pelo furacão de Seattle, o Sonic Youth recrutou como produtor Butch Vig, o arquiteto pela fórmula pegada + melodia milagrosamente bem-sucedida de *Nevermind* (ver sobre esse álbum no volume 1 deste projeto).

A conexão com Vig foi uma das pontas do elo entre o Sonic Youth e o Nirvana. "Eu me sentia como irmã mais velha [do Kurt], quase como uma mãe", escreveu Kim Gordon em sua biografia *Kim Gordon: a garota da banda* (2015). A mesma proximidade aparece em depoimento de Thurston Moore recolhido no livro *Sonic Youth etc.: Sensational Fix* (2008): "estávamos todos bastante empolgados por fazer parte do mundo Nirvana".

Se, em termos comerciais, *Dirty* nem passou perto da repercussão do *blockbuster* de Cobain e companhia, o álbum editado em julho de

1992 triunfou qualitativamente, entrando para o hall dos grandes de sua década. Coroou uma sucessão fabulosa, integrada por *Sister* (1987), *Daydream Nation* (1988) e *Goo* (1990). As quinze faixas presentes no CD (dezesseis na edição em LP duplo, com a adição de "Stalker") formam um conjunto de maior coesão e acabamento mais cristalino, em comparação com os discos anteriores. Evidenciam as múltiplas gradações da sonoridade do grupo, uma gangorra orgânica oscilante entre baladas sussurradas e sovas guitarreiras em afinações esquisitas.

EVOLução

Quando entrou no estúdio Magic Shop, em Nova York, em maio de 1992, para gravar o que viria a ser *Dirty*, o Sonic Youth já era uma verdadeira entidade underground internacional, dona de uma senhora discografia, de vasta influência no mundo "alternativo". Kurt Cobain não parava de falar deles em entrevistas, admitindo que trechos de arranjos de faixas do Nirvana nada mais eram do que afoitas tentativas de imitar a banda que admirava tanto.

A evolução do som da *Juventude Sônica* em seus primeiros anos é um dos processos mais fascinantes da década de 1980. Thurston Joseph Moore era um maníaco por música que, em 1977, veio a Nova York de sua cidade Coral Gables, Flórida, onde nascera em 25 de julho de 1958, com o objetivo de tocar com Sid Vicious. Em 1980, começou relacionamento com a recém chegada Kim Althea Gordon (28 de abril de 1953), multiartista cinco anos mais velha que ele que, apesar de ter nascido em Nova York, tinha crescido em Los Angeles. Em meio à movimentação no wave – um dos desdobramentos mais radicais da revolução punk –, passaram por outras bandas (Moore pelo The Coachmen, Gordon pelo CKM) antes de, em 1981, formarem trio com Lee Mark Ranaldo (Glen Cove, Nova York, 3 de fevereiro de 1956). Lee era discípulo e colega de Glenn Branca, um dos grandes experimentalistas da guitarra que, com suas perversões de afinações e timbres, fazia o instrumento soar como uma abstrata máquina industrial.

Contando com colaboradores esporádicos como a tecladista Anne DeMarinis, os três usariam diferentes nomes (Male Bonding, Red Milk, The Arcadians) até escolherem Sonic Youth. Seus primeiros shows consistiam em uma massa de *drones* e barulhos, regidos por Thurston

a golpes de baqueta no braço da guitarra. Servia como a trilha sonora adequada para os eventos dos quais eles, sempre entusiasticamente envolvidos com as cenas de artes plásticas e performance, participavam.

Desenvolviam ali parte de sua sonoridade inconfundível, algo que Lee Ranaldo definiria como "a beleza em sua feiura". Depois, recrutaram diferentes bateristas. Até 1985, quando trancaram sua formação definitiva com o brilhante Steven Jay Shelley (Midland, Michigan, 23 de junho de 1962), ex-Crucifucks, contaram com pelo menos quatro nomes no cargo, incluindo Richard Edson, do Konk, e Jim Sclavunos, futuro integrante do Bad Seeds. Os dois primeiros discos, *Sonic Youth* (1982), *Confusion Is Sex* (1983), são francamente vanguardistas. Apenas em *Bad Moon Rising* (1985), seu primeiro LP captado em 24 canais, passaram a recriar, em estúdio, as transições sonoras que improvisavam em palcos estadunidenses e europeus.

A partir de *EVOL* (1986), lançado pelo renomado selo de hardcore SST, o Sonic iniciaria sua migração a algo mais parecido ao formato canção. Mas os arranjos do LP ainda se destacavam pelas texturas e nuances dos instrumentos de corda, com as composições dando espaço a longas seções sem voz. As dinâmicas crescentes tramadas pelos quatro geravam um impacto sem precedentes, até hoje não superado, tanto ao vivo quanto em estúdio. O clímax desse período se divide em dois LPs excelentes, *Sister* (1987) e o duplo *Daydream Nation* (1988), melhor dos anos 1980 segundo o site Pitchfork. Entre eles, botaram na praça o curioso *The Whitey Album*, do projeto paralelo Ciccone Youth, em homenagem a Madonna.

A vida numa *major*

Tanta moral fez com que o selo DGC, da então poderosa Geffen Records, fisgasse o quarteto em 1990 para a realização do ótimo *Goo*. Desconfiados das grandes corporações, acalmaram-se quando lhes foi prometido controle artístico total e um suculento orçamento de US$ 200 mil, sete vezes superior ao de *Daydream*... Investiram em clipes *arty* para todas as faixas, e Thurston e Kim compraram apartamento em Manhattan.

Goo, que foi testado ao vivo em turnê com Neil Young, é um discão, mas sua sonoridade não exibe nem a crueza dos trabalhos anteriores nem a clareza obtida em *Dirty*.

Que dupla

Esse problema foi resolvido com pompas graças à escalação não só de Butch Vig, mas também de Andy Wallace, para a empreitada seguinte. Além de *Nevermind*, praticamente todos os outros álbuns daquela época que soam como tapas na orelha tiveram Wallace como engenheiro de som e/ou mixagem: da estreia homônima do Rage Against The Machine (1992) a *Chaos A.D.* (1993), do Sepultura, passando por *Meantime* (1992), do Helmet.

A dupla Butch Vig-Andy Wallace contribui bastante para que, em *Dirty*, o Sonic Youth soe mais conciso e claro do que nunca, com seus aclamados entrosamento e pegada a pleno vapor. A abrasividade das guitarras – a de Lee no lado esquerdo do estéreo, a de Thurston no direito – mantém-se intacta, ainda que se comportando de forma mais "civilizada" na mixagem; os insanos devaneios instrumentais são mais dirigidos e enxutos. Chiaram ao repetir tomadas, uma demanda do produtor que batia de frente com o *modus operandi* youthaniano.

Barulho assobiável

Criada pelo artista estadunidense Mike Kelley, a estranhamente fofa capa de *Dirty* era extraída da obra fotográfica *Ahh... Youth!* protagonizada por uma espécie de brinquedo empalhado. Outros semelhantes apareciam no encarte. O grupo, aliás, já vinha contando com nomes conceituados do mundo das artes para o visual de seus trabalhos anteriores, entre os quais Gerhard Richter (*Daydream Nation*) e Raymond Pettibon (*Goo*).

Em várias músicas cantadas por Thurston no disco, é possível tanto assobiar a linha melódica principal quanto alucinar durante as impressionantes explosões de ruído improvisado. É o caso da faixa de abertura e primeiro dos quatro singles, "100%" (quarto na parada alternativa da *Billboard*), petardo curto e grosso escrito por ele sobre Joe Cole. Amigo antigo do grupo, Cole fora assassinado em assalto, na frente do *roommate* famoso Henry Rollins. "J.C.", de Kim Gordon, também lhe rendia homenagem.

O Sonic Youth era tão *cool* naquele momento que o clipe de "100%" parecia um verdadeiro guia de quem aconteceria em Hollywood nos anos vindouros. Editado por um ainda pouco conhecido Spike Jonze – que conheceu Sofia Coppola durante as filmagens –, é coestrelado pelo skatista Jason Lee (futuramente protagonista da série *Meu nome é Earl*), e o baixo tocado por Kim em cena pertencia a Keanu Reeves.

Assobiável também era a linda "Sugar Kane" (terceiro single, fevereiro de 1993), cuja letra remetia ao personagem de Marilyn Monroe na comédia *Quanto mais quente melhor* (1959). O clipe dessa faixa, dirigido pelo londrino Nick Egan – veterano dos anos 1980 com serviços prestados a Duran Duran – lançou a carreira de outra musa indie, Chloë Sevigny.

Dirty exalava os ares políticos respirados durante o mandato do presidente conservador George Bush. A melódica "Youth Against Fascism" sinalizava essa faceta, e sua promoção como single, em dezembro de 1992, veio acompanhada de um "manifesto internacional" assinado por Thurston: "a música é uma reação elitista e entediada contra o terrorismo social republicano". Em seu arranjo se esconde uma rara canja do reverenciado Ian MacKaye (Minor Threat, Fugazi), que ligou para dar um alô e acabou convidado para uma sessão. Nervoso diante das guitarras em afinações que não dominava, MacKaye tocou sem cogitar que sua colaboração seria aproveitada. Já "Nic Fit", registrada antes das sessões com Vig, em ensaio de 1991, era cover dos Untouchables, outra referência do hardcore de Washington.

Brilha no repertório, ainda, "Theresa's Sound-World", que só pegou para valer quando Butch convenceu a turma a registrá-la com as luzes apagadas. Amostra perfeita do talento sublime do Sonic Youth para gravar ao vivo em estúdio, a canção desenvolve, com uma avalanche de dinâmicas, o som atmosférico explorado em *EVOL*.

O fator Gordon

Os momentos mais agressivos, inspiradíssimos de "Dirty" vêm de Kim Gordon. Seu contundente feminismo comparece com esplendor em "Swimsuit Issue", sobre um executivo da Geffen acusado de assédio sexual. "Não toque os meus seios / Só estou trabalhando na minha mesa", grita. "Nunca tinha passado pela minha cabeça ter a necessidade de me destacar como mulher até que assinamos com a Geffen", escreveu Kim em seu livro. Sua verve única também enquadra geral em "Drunken Butterfly" e "Orange Rolls, Angel's Spit". Sempre versátil, ela contrapõe a fúria com doçura em "Shoot", "On The Strip" e "Crème Brûlée" (captada de improviso).

Enquanto isso, Lee Ranaldo consigna outro de seus sempre instigantes aportes vocais, a ótima "Wish Fulfillment". Ele insistiu para que outra criação sua, "Genetic", entrasse no repertório final, o que ocasionou um atrito quase incontornável, mas a música apareceria apenas em edições especiais posteriores.

Só o começo

O grupo superou essa crise com louvor, como também sobreviveu, sem se abalar, à resposta tímida do mercado estadunidense a *Dirty* (apenas 83º lugar na parada). A onda do grunge, na qual surfou, passou rápido, mas ao longo de outras duas décadas o Sonic Youth continuaria a escrever sua história irretocável, produzindo belíssimos discos e protagonizando shows transcendentais. Diante da ruptura do casal Kim-Thurston, deram adeus, em 14 de novembro de 2011, em apresentação na improvável cidade paulista de Itu.

SADE

Love Deluxe

[1992]

Sade. S-A-D-E.

Substantivo próprio de quatro letras, com pelo menos duas pronúncias popularmente aceitáveis – a correta é "Chadê", mas ingleses e estadunidenses falam "Chardei" – e grande destaque no dicionário informal do pop, no qual apresenta sinônimos como "sofisticação" e "elegância". Pegando emprestados a imagem e o nome de sua *frontwoman*, a nigeriana Sade Adu, o quarteto londrino figura no seleto clube de artistas identificáveis em uma fração de compasso.

1990

Sade ostenta, também, um dom ainda mais raro, o da sonoridade atemporal. Como ocorre quando escutamos Tom Waits e não sabemos se é uma gravação da década de 1970 ou de 2000, a apreciação de sua obra nos suga a uma espécie de limbo cronológico, no qual fica difícil (e nem importa) saber o ano da gravação do trecho ouvido. "Estivemos fora do nosso tempo desde o começo", explicou Adu à revista estadunidense *The Fader* em 2000, em consonância com fala de 1988 do guitarrista e saxofonista Stuart Matthewman, à britânica *Q*: "Nunca somos influenciados pelos sons que estão rolando no momento".

Quarto título de uma discografia de estúdio enxuta – apenas seis álbuns entre 1984 e 2010 – *Love Deluxe*, de outubro de 1992, é o suprassumo do universo sadeiano. Seu repertório de nove faixas mescla lindas baladas de amor a canções com pertinentes comentários sociais. Ambas as modalidades se revestem de arranjos minimalistas e atmosferas melancólicas de um bom gosto sublime.

Representante mais internacionalmente bem-sucedido do pop afro-britânico dos anos 1980, Sade acumula estimados cinquenta milhões de discos vendidos no planeta e jamais viu um de seus lançamentos fora do disputadíssimo top 10 dos Estados Unidos, incluindo duas coletâneas oficiais e um ao vivo. *Love Deluxe* honrou tal tradição, chegando ao número 3 na lista e premiando o grupo com o Grammy de melhor performance R&B pelo hit "No Ordinary Love". É considerado um dos 250 maiores álbuns de todos os tempos pela *Rolling Stone*.

Uma fashionista no microfone

Filha de um professor nigeriano negro e de uma enfermeira inglesa branca, Helen Folasade Adu nasceu em Ibadan, cidade a 120 quilômetros de Lagos, capital da Nigéria, em 16 de janeiro de 1959. Após a separação dos pais, aos 4 anos, mudou-se para Clacton, reduto de classe média caucasiana no leste da Inglaterra, com a mãe e o irmão mais velho. Trouxe na bagagem o apelido Sade, abreviação de seu sobrenome do meio, originado da recusa de seus familiares paternos a lhe chamarem por seu nome anglófilo. Adolescente, apaixonou-se pelo soul e o funk afro-americano de craques como Bill Withers, que sintonizava em rádios piratas britânicas. Seu interesse principal, porém, era a moda, que ela estudou na universidade Central Saint Martins, em Londres.

Na capital, Helen viveu sua primeira experiência musical meio a contragosto, atendendo a pedido de amigos para cantar num trio. Gostou, e em breve já estava elaborando sua primeira composição, "Kisses from the Kama Sutra", antes de assumir, em 1981, o posto de uma das vocalistas do septeto Pride. Na banda, conheceu três músicos da cidade inglesa de Hull, com os quais montou uma espécie de sub-banda: o guitarrista e saxofonista Stuart Matthewman (18 de agosto de 1960), um estudioso de compositores de vanguarda que também adorava The Clash, e o baixista Paul Denman (29 de julho de 1957), entusiasta de glam rock, além do baterista Paul Cook. O tecladista Andrew Hale (7 de dezembro de 1962) foi agregado em 1983. Ralaram na estrada por mais de dois anos, até as gravadoras se interessarem especificamente pela enigmática cantora anglo-nigeriana e o balanço latino irresistível que ela compusera com o guitarrista do Pride: "Smooth Operator".

Timidez genial

Leal aos parceiros, Adu se recusou a embarcar no estrelato sozinha. Em 1983, conseguiu que a Epic lhe oferecesse contrato de artista solo, mas englobando "no pacote" Matthewman, Denman e Hale, vinculados legalmente a ela. Cook ficou pelo caminho. Nascia Sade, a banda. Devido ao carisma magnético, à impressionante beleza física e, principalmente, à voz única e inebriante da moça, para sempre a insígnia Sade se confundiria, inevitável mas compreensivelmente, com o seu pseudônimo pessoal.

Era mais um caso de "parte pelo todo" em nomenclaturas sonoras, como ocorreu antes com Alice Cooper e depois com Marilyn Manson. E que os envolvidos exploraram sem culpa, isolando a diva nas imagens principais dos discos, deixando os outros três para as contracapas. Na capa de *Love Deluxe*, aliás, ela brilha majestosa, de torso nu, em requintado retrato em preto e branco do badalado fotógrafo escocês Albert Watson.

1990

Uma vez contratados, aprimoraram sua mecânica de composição, que envolvia o trio de instrumentistas colorindo com acordes as melodias e letras apresentadas pela intérprete. Em janeiro de 1984, apresentaram seu maravilhoso primeiro single, "Your Love Is King", de êxito imediato (número 6 no Reino Unido). Era uma vitrine do *som Sade* que hipnotizaria o planeta. Ou seja, um *groove* suave e sem grandes firulas a sustentar camadas econômicas de guitarra e teclado, adornadas com frases pontuais de saxofone e, acima de tudo, dominadas pela performance encantadora de uma intérprete perfeccionista.

Embebido na sensualidade e no intimismo de seu timbre natural, o canto de Adu era forjado na timidez de quem "entrava no palco tremendo". "Decidi que ia cantar como eu falo", explicou ela à *Q*. "É importante a gente ser quem é."

O público captou a ideia à perfeição e o magnífico trabalho de estreia, *Diamond Life*, de julho de 1984, atingiu a 2ª colocação na lista britânica, onde permaneceu por 99 semanas, catapultando a trupe também ao mercado que mais a apreciaria, o estadunidense. O terceiro e fundamental compacto, "Smooth Operator", ajudou na missão. No início de 1986, quando Sade faturou seu primeiro Grammy (de artista revelação), já contava com outro LP na praça, o ótimo *Promise*, de novembro de 1985, primeiro colocado nas paradas de ambos os países. Incluía outro fabuloso top 5 hit, "The Sweetest Taboo".

A fama trouxe um preço que a reservada Helen Folasade penou em pagar. Além da canseira das turnês cada vez maiores, ela lidava com as fofocas de tabloides e uma superexposição que a deixava desconfortável. A matéria de 1988 da *Q* reproduz dezessete capas de revista que a longilínea cantora já tinha estampado até então. De forma que a terceira bolacha, *Stronger than Pride*, demorou mais para sair. Quando finalmente apareceu, em abril daquele mesmo 1988, figurou novamente nos dois principais top 5.

Silêncio recompensado

Na década de 2020, é perfeitamente normal. Só que, na virada dos anos 1980 para os 1990, os astros que estavam no auge não costumavam tardar mais do que dois anos entre um disco e outro. Nesse contexto, não passou despercebido pela opinião pública o hiato de quatro anos e meio entre *Stronger than Pride* e *Love Deluxe*, o quarto trabalho de estúdio de Sade, lançado em 25 de outubro de 1992. Se aflitivo para a indústria e os fãs, o período significou, ao menos para sua vocalista, alívio, descanso e desfrute de um saldo bancário gigantesco.

Coproduzido pela banda e Mike Pela, engenheiro de som londrino a bordo desde *Diamond Life*, *Love Deluxe* foi gravado em quatro estúdios de três países diferentes: os folclóricos Ridge Farm, em Surrey, e Hit Factory, em Londres, além do Condulmer, em Veneza, e o Image Recording, de Los Angeles. É o mais Sade de todos os álbuns de Sade, uma imersão completa na redoma única de sensações que o talento do grupo proporciona.

Como novidades, os arranjos vinham munidos de um cardápio sutilmente atualizado de timbres e elementos eletrônicos, com algumas linhas de baixo sintetizadas e elegantes batidas programadas. Apenas uma das nove faixas ("Kiss of Life") conta com um baterista profissional de carne e osso, Martin Ditcham. Incrivelmente, esses ajustes técnicos fortalecem ainda mais a personalidade e a atemporalidade do som dos quatro, em vez de insinuarem uma tentativa afobada de estar em dia com a estética do início dos anos 1990.

Além do mais, o minimalismo das gravações é admirável. Segundo explicaria Stuart Matthewman ao podcast *Pods & Sods* em 2015, o processo de feitura de *Love Deluxe* "foi mais sobre subtrair elementos" do que qualquer outra coisa. Para ele, coautor de oito das nove composições, trata-se do melhor álbum do grupo. Algo que se justifica também com o lirismo, o senso melódico e o instinto melancólico de Sade Adu. "As coisas que mais nos deprimem são frequentemente os temas de nossas composições", afirmou ela à época. "A tristeza nas canções é algo positivo, porque ela tira isso de dentro de você; expulsa a própria tristeza."

Essa catarse lúgubre flui em orientação romântica desde o primeiro single (surgido um mês antes do LP) e faixa de abertura, "No

Ordinary Love", um dos sucessos que marcaram 1992. Lamentando sobre um amor condenado, Adu conduz com maestria a dinâmica de ambiência nua do arranjo, pontuado pelos teclados estupefacientes de Andrew Hale e um curioso *riff* "metaleiro" da guitarra de Matthewman. Difícil esquecer, igualmente, o clipe assinado pela festejada diretora inglesa Sophie Muller e estrelado por uma Adu metade sereia, metade noiva.

Em guinada (à esquerda), as dores do coração cedem espaço a uma trova a respeito de exclusão e desemprego, a fantástica "Feel No Pain", lançada como segundo single em 16 de novembro. "Não conseguem arrumar um emprego / Oh, eles têm que ouvir o blues / Ajude-os a lutarem / Ajude-os a seguirem em frente", canta a vocalista, sobre um dos ritmos mais bem-amarrados de toda a trajetória de Sade. O loop de ares jamaicanos se apropria com autoridade e estilo do trip-hop, a boa-nova daquele início de década.

Gangorra político-pessoal

De volta ao âmbito sentimental, "I Couldn't Love You More" prima pela delicadeza. Aqui encontramos todo um universo de emoções implícito num beat classudo, pouquinhas notas de baixo, acordes de piano sagazmente espaçados e um sintetizador atuando como pano de fundo. A gangorra dos assuntos pende novamente à esfera política em "Like a Tattoo", balada guiada por teclados e um violão aflamencado. Sua letra é baseada no relato de um veterano da Guerra do Vietnã: "A guerra ainda está raivosa dentro de mim / Ainda sinto o arrepio / Enquanto revelo minha vergonha a você / Visto-a como uma tatuagem".

O lado B da versão em vinil de *Love Deluxe* parte da esplêndida "Kiss of Life", o terceiro compacto, promovido já em abril de 1993. Não há detalhe imperfeito aqui, do fraseado jazzístico de sax à poesia do refrão – "Você me deu o beijo da vida" –, passando pela "cozinha" *funky* e o uso posológico das cordas, arranjadas por Nick Ingman, colaborador do Radiohead. O andamento diminui, mas não a qualidade, em "Cherish the Day", a reflexiva faixa seguinte, além de último single (julho de 1993). O moderno recurso de inserir o baixo de Paul Denman só a partir do segundo refrão garante o *crescendo* na emoção tensa da canção, e coroa a aposta do grupo pela economia de elementos.

Ambient desolado, povoado pela orquestração dramática de Ingman, "Pearls" mostra uma Sade Adu comovida com a coragem de uma mulher somali que está "morrendo para sobreviver". A parte em que ela canta "aleluia" seria brilhantemente sampleada pelos Racionais MC's em "Capítulo 4, Versículo 3" (1997). A "Pearls" se sucede a deliciosa "Bullet Proof Soul", cujo clima aveludado se serve de escassos acordes de piano. "Música é o espaço entre as notas", já diria Miles Davis. A fineza do arranjo se completa com a guitarra e o sax de Stuart e a charmosa voz do cantor de apoio Leroy Osbourne. É uma preciosidade, que se encaixa harmoniosamente à despedida instrumental sem beats do disco, *Mermaid*, releitura com viés negro das pesquisas atmosféricas de Brian Eno e Alan Parsons.

Luxo raro

Love Deluxe era tão bom que serviu como desculpa para Sade desaparecer pelo resto da década de 1990. Antes de o grupo voltar, em 2000, com *Lovers Rock*, Sade Adu se dedicou à maternidade, enquanto seus três mosqueteiros se viraram, montando a banda Sweetback. Stuart Matthewman também trabalhou com o incensado cantor de R&B Maxwell. O último disco da turma é *Soldier of Love*, de 2010. Em outubro de 2024, reapareceram com o lindo single "Young Lion", em cuja letra Adu manda um emotivo recado ao seu filho trans Izaak. Até a edição deste texto, a dura espera por um novo álbum de Sade, porém, continua.

WU-TANG CLAN

Enter the Wu-Tang Clan (36 Chambers)

(1993)

Em 1986, quando assistiu ao filme *Shaolin and Wu Tang* (1983) num cinema nova-iorquino, Robert Fitzgerald Diggs sentiu algo crescer dentro de si. Aos 17 anos, ele vinha acompanhando a produção cinematográfica de kung fu dos irmãos Shaw desde os 9. Ele achava que aquelas películas rodadas na longínqua Hong Kong falavam diretamente aos corações de muitos jovens negros das periferias dos Estados Unidos, pois funcionavam como metáforas das disputas violentas enfrentadas por boa parte deles. O mundo de Diggs ainda daria seis voltas em torno do sol até que aquela epifania fílmico-conceitual se materializasse, quando ele já atendia pela alcunha de RZA (se pronuncia "Rizah"). Em 1992, fundou o Wu-Tang Clan, um dos mais importantes – e seguramente o mais numeroso – grupo da história do hip-hop.

Composta por nada menos que nove rappers, a banda – ou "a banca", para usar um termo mais apropriado ao gênero – marcou época por diferentes razões. Ninguém havia ousado reunir tantos MCs juntos sob um mesmo nome, cada qual com seu estilo e personalidade bem definidos. Mérito de RZA, um visionário cuja clarividência transcende sua destreza como rimador e, principalmente, produtor de bases instrumentais, ofício que exerce como poucos. Numa cartada empresarial inédita, ao conceber a Wu-Tang Clan ele conseguiu alavancar paralelamente as carreiras solo de seus membros, quase todas bem-sucedidas, e lucrar com isso.

O inusitado noneto de vizinhos e amigos de infância se irmanava como num "clã", pelas duras experiências reais que compartilhavam e por seguirem mais ou menos os mesmos preceitos filosóficos, estéticos e até religiosos. Em diferentes momentos, por exemplo, todos os componentes se aproximaram da seita muçulmana Nação dos Cinco por Cento, uma dissidência da mais conhecida Nação do Islã.

A Wu-Tang Clan levou a outro patamar o termo *gangsta rap*, realçando a conexão entre a música e a realidade brutalizada dos chamados "guetos" afro-americanos. Nada menos que sete dos seus nove integrantes acumulavam passagens pela cadeia. Todos procediam de lares empobrecidos e fragmentados, e praticamente nenhum deles pôde contar com um pai. Faltavam perspectivas para sair de seus bairros assolados pela criminalidade, enquanto traficar drogas pintava como uma "solução" rápida.

Musicalmente, a trupe soube destrinchar essas vivências ásperas em rimas, exercendo um papel cabal também na transição da sonoridade do hip-hop underground ao mainstream. Sombrio, psicodélico e sofisticado, o coquetel de batidas e samples de RZA serviu de ponte entre a pegada hardcore de seus companheiros e o grande público. Com seus *flows* agressivos e suingados, autênticos ainda que aparentados a outras escolas nova-iorquinas – do jazzístico conglomerado Native Tongues ao combativo Public Enemy –, eles fixaram Staten Island, o distrito da Grande Maçã onde surgiram, no mapa do gênero.

Todos esses atributos sustentam o impacto causado por *Enter the Wu-Tang Clan (36 Chambers)*, o primeiro trabalho da Wu-Tang Clan. Lançado em novembro de 1993, o álbum é uma explosão de intensidade lírica e batidas matadoras, que dispensa refrões e outras concessões. Mais de trinta anos após sua aparição, sua qualidade e relevância seguem intactos. Comparece em todas as listas sérias de maiores discos dos anos 1990, além de ter sido eleito pela *Rolling Stone* o 4º melhor álbum de estreia e o 27º maior de todos os tempos em qualquer critério.

Apresentando

Vale resumir rapidamente o perfil de cada um dos afiliados à Wu-Tang Clan, todos nativos de Nova York ou de sua zona metropolitana. Rebatizados em homenagem a personagens de clássicos do kung fu com passagens sampleadas na bolacha, eles são ordenados aqui em ordem decrescente, considerando a contribuição de cada um em número de estrofes para o seu repertório. O responsável por essa contagem minuciosa de versos é o jornalista Will Ashon em seu livro *Chamber Music: About the Wu-Tang (In 36 Pieces)* (2018). A exceção fica por conta de RZA que, embora mereça o sétimo lugar segundo esse raciocínio, aparece antes dos outros por motivos óbvios. Afinal, como escreveu o mesmo Ashon, "o Wu-Tang é uma hierarquia, e não um coletivo", ou "uma meritocracia que dita que o melhor MC é o que goza de mais espaço". Vamos a eles:

– RZA (5 de julho de 1969): DJ, rapper e produtor, montou na adolescência o trio Force of the Imperial, com seus primos de primeiro grau e futuros *wutangers* GZA e Ol' Dirty Bastard. Usou os codinomes Rakim Allah e Prince Rakeem, com o qual lançou EP em 1991, mesmo ano em que entrou em cana, após se envolver num tiroteio. Absolvido de acusação de tentativa de homicídio, estudou budismo e deu uma guinada de vida que desembocou na gênese da Wu-Tang Clan.

– Method Man (Clifford Smith Jr., 2 de março de 1971): um dos representantes do grupo oriundo de Park Hill, o conjunto habitacional de 1.600 apartamentos em Staten Island, apelidado de Crack Hill por sua má reputação. Segundo RZA, ele representa "a energia das ruas" e aporta um "*flow* inovador". Trabalhou na contravenção narcótica, mas também no setor de limpeza da área turística da Estátua da Liberdade.

– Raekwon (Corey Woods, 12 de janeiro de 1970): outrora conhecido como Raekwon the Chef ou Shallah Raekwon, é um rapper incisivo e soturno. Veio do mesmo condomínio violento do Brooklyn onde cresceu Mike Tyson; vendeu crack.

– Ghostface Killah (Dennis David Coles, 9 de maio de 1970): de timbre vocal mais agudo, usou máscara de hóquei na fase inicial da banda. É o único da turma originário do Stapleton, o projeto de apartamentos populares "rival" de Park Hill. Cuidava de dois irmãos mais novos com distrofia muscular enquanto traficava e chegou a ser baleado.

– Inspectah Deck (Jason Richard Hunter, 6 de julho de 1970): filho de um trompetista que morreu cedo, atua paralelamente como o grafiteiro Rebel INS. Estava em liberdade condicional ao longo da feitura de *Enter the Wu-Tang Clan*.

– GZA (se pronuncia "Jizah", Gary Grice, 22 de agosto de 1969): tal qual o primo RZA, viveu trajetória individual no hip-hop antes da Wu-Tang, sob o *alias* The Genius. É o mais velho e internamente respeitado dos membros, além de um dos dois que não passaram pela prisão.

– Ol' Dirty Bastard (Russell Tyrone Jones, 15 de novembro de 1968): o mais folclórico e cultuado dos nove, rimava em verve histriônica, entregando gritos e onomatopeias, mas sem deixar de soar contundente. Tragicamente, morreu de overdose de cocaína e remédios em 13 de novembro de 2004, com apenas 35 anos.

– Masta Killa (Elgin Evander Turner, 18 de agosto de 1969): o último recruta, teve tempo apenas de participar numa faixa do primeiro LP. Prima pela discrição e, como o seu padrinho GZA, pela ficha limpa.

– U-God (Lamont Jody Hawkins, 10 de novembro de 1970): foi colega de Method Man na Estátua da Liberdade, onde praticaram *breakdancing* juntos. Lidou com vários tipos de entorpecentes ilegais em Park Hill, sua pouca participação no disco se deve ao fato de que se encontrava preso durante a sua produção.

Homens de negócio

Sabendo do potencial de cada um de seus aliados, RZA lhes pediu que se filiassem à sua recém-estabelecida Wu-Tang Productions e um prazo de cinco anos para emplacar o grupo e suas carreiras solo em contratos independentes. Quanto aos direitos autorais, ao menos para a etapa envolvendo *Enter the Wu-Tang Clan*, a divisão seria feita igualitariamente entre oito (ainda sem Masta Killa no páreo).

Produziram e distribuíram uma demo de oito faixas, mas as gravadoras torciam o nariz, diante daquela multidão de nove sujeitos. Partiram então para o autofinanciamento de um maxi-single, botando no lado A "Protect Ya Neck", uma paulada com clima de filme de suspense, e no B a *groovada* "After the Laughter" (depois renomeada "Tearz"). Com a ajuda do videoclipe em preto e branco, do diretor local Kurt Anthony, que oferecia uma apresentação dos então oito integrantes versando em sequência, "Protect Ya Neck" saiu em 14 de dezembro e fisgou a atenção da Loud.

A gravadora, que distribuía seus títulos pela RCA, relançaria o single em 3 de maio de 1993. Só que, além de adiantar US$ 60 mil ao grupo, a Loud corroborou o plano primordial de RZA, liberando os integrantes para negociarem acordos paralelos com outras empresas. "Sacrificamos o dinheiro rápido da vida das ruas pela segurança de uma carreira que não sabíamos se amortizaríamos, mas topamos mesmo assim", descreveu U-God em sua autobiografia *Raw: My Journey Into the Wu-Tang Clan* (2018). Rapidamente, Ol' Dirty Bastard obteve um contrato individual com a Elektra, Method Man se associou à Def Jam e GZA fechou com a Geffen. "Essa era minha estratégia original, ter os artistas em lugares diferentes e obrigar os selos a trabalharem para a minha marca", explicou RZA. Brilhante.

Shaolin e Thelonious Monk

Já de posse de um dos logos mais poderosos do mundo pop, um "W" estilizado em preto e amarelo desenhado pelo colaborador Allah Mathematics, o grupo trabalhou duro no estúdio Firehouse, no Brooklyn, ao longo de 1993. Como mostra a série documental *Wu-Tang Clan: Of Mics and Men* (2019), do cineasta estadunidense Sacha Jenkins, era comum ver todos compartilhando a mesma sala apertada de gravação de voz, estimulando uns aos outros e trocando sugestões. Profético, Method Man avisa, numa cena, que "essa merda nunca será a mesma" depois daquele aguardado lançamento.

Mantendo a sua coerência e alimentando sua obsessão, RZA se baseou em referências de três longas de kung fu para compor o título do disco: *Enter the Dragon* (traduzido no Brasil como *Operação dragão*, de 1973), *A 36ª Câmara de Shaolin* (1978) e, claro, *Shaolin and Wu Tang* (1983). O número 36 também se dotava de importância no misticismo da Nação dos Cinco por Cento. Finalmente, em 9 de novembro de 1993, *Enter the Wu-Tang Clan (36 Chambers)* pintava nas prateleiras. Com U-God cumprindo pena, Method Man detido por posse de maconha horas antes da sessão e Masta Killa ainda não incorporado, apenas os outros seis aparecem na capa, em clique do fotógrafo nova-iorquino Danny Hastings. Dentro de uma sinagoga abandonada e assombrada pelo incrível logo, eles vestem máscaras de meia.

O peso vigora nos alto-falantes desde o minuto zero, com "Bring da Ruckus", protagonizada por Ghostface, GZA, Inspectah, Raekwon e o próprio RZA. Logo irrompe "Shame on a Nigga", que traz ODB soltando fogo pelas ventas, combinando a palavra proibida do título a *trigger* (gatilho). Ao incluir frase de piano de "Black and Tan Fantasy" (1956), de Thelonious Monk, o arranjo realça um dos pontos-chave da labuta de RZA como produtor: os samples de jazz.

E é com outra lindeza do mesmo pianista ("Ba-Lue Bolivar Ba-Lues-Are", de 1957) que ele viaja, ajudado por seu primo GZA, na cabulosa canção seguinte, "Clan in Da Front", que lembra outra entidade nova-iorquina, A Tribe Called Quest. "Em vez de evocar a infinitude dos espaços abertos do dub (ou do afrofuturismo em geral), RZA brinca com as perspectivas mais distorcidas, geometrias variáveis próprias de Escher, em suas aproximações a Thelonious Monk", analisa Will Ashon. "Cada música é uma instância separada, de tamanho e texturas variáveis."

Outro cacoete do álbum são os diálogos introdutórios, às vezes corriqueiros, às vezes comprometedores. É o caso de "Wu-Tang: 7th Chamber", construída sobre um delicioso sample de "Spinning Wheel" (1970), de Dr. Lonnie Smith, vitrine quase completa do poder de fogo da banda, representado aqui em oito vozes.

Tal quota de gogós baixa só para dois no próximo petardo, "Can It All Be So Simple", embora Raekwon, versando sobre o pai *junkie*, e Method Man, distribuindo elogios aos camaradas, deem plenamente conta do recado. Saiu em single em fevereiro de 1994. Quem se garante também é Masta Killa, com "sangue nos olhos" na sua única performance, em "Da Mystery of Chessboxing", canção reforçada por uma das duas contribuições de U-God no repertório. "Wu-Tang Clan Ain't Nuthing ta F' Wit", dominada por Inspectah, Method e RZA, é um *groove* certeiro que convida à dança e aos golpes de kung fu.

Entre hits e duelos

E aí encontramos "C.R.E.A.M.", o segundo single e clipe – um *thriller* sobre a *vida loka* em Park Hill –, sendo o primeiro já bancado pela Loud. Já teria se tornado um clássico do hip-hop por seu inesquecível refrão, entoado por Method Man ("*Get the money / Dollar dollar bill, y'all*"), ou pelas intervenções "dedo na ferida" de Raekwon e, sobretudo, Inspectah ("foram vinte e dois anos longos e duros e ainda estou na luta"). Detalhes como os *scratches* do DJ 4th Disciple, convidado de honra do LP, vêm para somar.

Mas o ápice da faixa é mesmo o trecho de dois compassos de piano surrupiado de "As Long As I've Got You" (1967), do grupo vocal feminino The Charmels, um exemplo impecável da arte sampleadora. Editado no final de janeiro de 1994, o single adentrou o top 60 da *Billboard*. "É incrível que justamente uma música que descrevia a dureza da vida no Park Hill tenha nos tirado do próprio gueto", resumiu U-God.

Após gastarem mais de um minuto imaginando como torturariam uns aos outros, eles abrem caminho para "Method Man", a faixa estrelada pelo MC que lhe batiza. Antes de concluir com "Wu-Tang: 7th Chamber – Part II", vanguardista no entrelace dos samples e recheada de vocalistas (só faltam U-God e Masta Killa) o repertório revisita "Protect Ya Neck" e "Tearz", presentes no maxi-single.

Legado

Em maio de 1995, *Enter the Wu-Tang Clan (36 Chambers)* recebeu disco de platina por um milhão de cópias vendidas nos Estados Unidos. Triplicaria essa marca em contagem de 2018. Seu legado e mitologia, porém, vão muito mais além, constituindo um dos capítulos mais ricos da história do hip-hop.

NINE INCH NAILS
The Downward Spiral

(1994)

Em 1988, quem gravava no estúdio Right Track, em Cleveland, reparava no capricho e na disciplina com que um de seus funcionários cumpria suas tarefas diárias, entre as quais se incluía limpar o banheiro. Alguns frequentadores já o tinham visto em bares daquela cidade no estado norte-americano de Ohio, virando-se como tecladista em grupos de covers. Mas poucos sabiam o seu nome, Trent Reznor, e nenhum imaginava que a dupla jornada que ele encarava, aproveitando as madrugadas livres do estabelecimento para registrar suas ideias, resultaria num projeto de sucesso mundial chamado Nine Inch Nails.

Nas noitadas solitárias de seu anonimato, Reznor desenvolvia um receituário original fomentado pelos contrastes. Era um pianista de formação clássica, mas estava obcecado em obter sons de guitarra os mais ensurdecedores possíveis; o timbre de sua voz se encontrava no espectro radiofônico, mas ele adorava explorá-la em berros guturais; melodista delicado, munia-se de montanhas de ruídos e samples assustadores para arranjar suas canções. Para completar, bancava o risco de fundir rock pesado com eletrônica, algo que, para muita gente ali no final dos anos 1980, representava uma ofensiva heresia.

Convertendo introspecção em um catalisador criativo, o Nine Inch Nails se tornou uma válvula de escape para a autoanálise de seu inventor, um homem angustiado a regurgitar seus ressentimentos e frustrações numa provocadora bílis artística. O povo do Right Track nem imaginava, mas o labor em horas extra de seu faxineiro/engenheiro de som iria marcar a música da década de 1990. E o episódio mais grandioso de tal improvável epopeia se deu em março de 1994, com o lançamento de *The Downward Spiral*.

O segundo álbum da banda-de-um-homem-só alçou os experimentos sonoros de Reznor a um patamar elevado. Obra-prima inovadora, tanto técnica quanto esteticamente, o disco determinou um ponto especial na crônica pop, no qual nenhum detalhe de composição, interpretação, instrumentação e texturas passa despercebido. "*The Downward Spiral* é menos sobre eletrônica, sequenciadores e sintetizadores e mais sobre as aplicações da tecnologia na manipulação e subversão das nossas expectativas sobre o que a música pode ser", filosofa o jornalista Adam Steiner em seu livro *Into the Never: Nine Inch Nails and the Creation of the Downward Spiral* (2020).

Analisando com três décadas de distanciamento, fica difícil acreditar que, além de tudo o que *The Downward Spiral* significou para sua época e as posteriores – está, por exemplo, entre os 125 maiores álbuns da história para a *Rolling Stone* –, ele tenha gozado também de grande sucesso comercial. Entretanto, comprovando a peculiaridade do mercado musical na primeira metade dos anos 1990, o álbum foi dos que surfaram melhor no tsunami alternativo causado pelo Nirvana, que mudou os paradigmas do mainstream (ver texto sobre o álbum *Nevermind* no volume 1 deste projeto). Vendeu quatro milhões de cópias apenas nos Estados Unidos, chegou ao número 2 da parada no mesmo país e recebeu uma indicação ao Grammy. Até a edição deste texto, sua sonoridade se mantém perfeitamente intrigante e nada datada.

Do rural ao industrial

Não acontecia absolutamente nada em New Castle, cidadezinha rural na Pensilvânia onde nasceu, em 17 de maio de 1965, Michael Trent Reznor. Filho de um casal liberal, que se separou quando ele tinha 6 anos, o menino tímido compensava o tédio lendo quadrinhos de terror e estudando sax tenor, trompete e, principalmente, piano. Com o pai, um músico amador que teve loja de instrumentos, Trent se iniciou no hábito de pesquisar equipamentos de sonoridade extraterrestre, como o sintetizador Moog.

Aos 18 anos, estudou música e computação na Faculdade de Allegheny, em Pittsburgh, sem suspeitar que ambas as atividades o definiriam como artista. Mas largou a vida acadêmica e se mudou para Cleveland, Ohio, para ralar como vendedor de teclados e batalhar em conjuntos locais. Tocou hard rock cafona com o The Innocent, abraçou a onda new romantic no Slam Bamboo, atacou de saxofonista no Lucky Pierre e aderiu ao progressivo no Exotic Birds. Integrou até um quarteto fictício, no filme *Light of The Day* (1987), com Michael J. Fox. Faltava apenas encontrar um projeto no qual ele realmente acreditasse.

Até que teve uma iluminação, ao ouvir o som industrial do Ministry. Aquilo continha o peso do metal e atitude punk, mas codificados numa linguagem que ele compreendia, a das sequências eletrônicas e samples. Era música "que não poderia ter sido feita há cinco anos", como explicou em 1996 à revista *Spin*, "baseada em ferramentas que significavam *o agora*". Aos 23 anos, decidiu que precisava largar tudo e se dedicar à sua própria arte.

Faxina estética

1990

Reznor aceitou o emprego de faz-tudo no Right Track, aprimorando, entre escovadas de latrinas imundas, seus dotes em engenharia de gravação. Nas solitárias noitadas que permutou no estúdio, moldou um método que se transformaria em padrão na era digital: para se conceber sons potentes e desafiadores bastava possuir um computador na mão e uma ideia na cabeça.

Na metade de 1988, Trent finalizou demo de três faixas e escolheu um nome para a sua empreitada individual. Fãs especulam que os "*nine inch nails*", ou "pregos de nove polegadas" teriam sido aqueles usados para crucificar Jesus Cristo, ou lendas do gênero; mas ele explica, no livro *Nine Inch Nails: Self-Destruct* (1997), de Martin Huxley, que o título vigorou mesmo por seu potencial de abreviação em sigla. No final do ano de 1988, o NIN já era disputado por selos especializados em eletrônica industrial, como Wax Trax! e Nettwerk. Fechou com o mais eclético TVT, com quem viveria em permanente disputa.

Gravado entre Boston e Londres e com a ajuda de nada menos que quatro produtores, o Nine Inch Nails lançou *Pretty Hate Machine*, o seu primeiro LP, em outubro de 1989. A crítica aprovou com louvor aquele conglomerado de batidas dançantes, que não fariam feio em festas de electro ou hip-hop, e cujo poder se multiplicava nos refrões de guitarras distorcidas e melodias notáveis (exemplificadas no segundo single, "Head Like a Hole"). A fórmula de Trent Reznor ainda se encontrava em construção, mas parecia bastante promissora. Envolvia beats concebidos a partir de samples captados no âmbito urbano, ensinamento aprendido com Einstürzende Neubauten e Depeche Mode.

O público também chancelou. Dois anos depois de seu lançamento, *Pretty Hate Machine* seria o primeiro título rotulado como industrial a ultrapassar os quinhentos mil exemplares comercializados nos Estados Unidos. Extramusicalmente, inaugurou as tretas com a TVT, que Reznor acusou de todos os males possíveis – de não divulgar o suficiente a interferir na arte gráfica – e os videoclipes polêmicos (no do primeiro single, "Down in It" ele "morria" no final), objetos de vários vetos da MTV.

Monstro em evolução

O *hype* cresceu rapidamente e Trent adaptou seu repertório ao formato palco, recrutando músicos como o baterista Jeff Ward, do Ministry. Nascia a versão banda do Nine Inch Nails, que roubou a cena na primeira edição do Lollapalooza, em sua versão itinerante, em 1991, e até abriu para o Guns N' Roses (sendo recebida por uma surrealista chuva de salsichas num show na Alemanha). A configuração híbrida, com instrumentos convencionais e estruturas sequenciadas, injetou ainda mais energia num som já explosivo, ao mesmo tempo amplificando o extremismo da performance de Reznor. 1,70 m de pura marra, intimidador em seu visual de dreadlocks, maquiagem e sobrancelhas raspadas, ele confrontava a plateia e quebrava apetrechos em cena.

O resultado daqueles meses brutais na estrada se escutaria em setembro de 1992 em *Broken*, EP de oito faixas talhado em segredo por Reznor – em campanha de sabotagem à TVT – e um dos quatro produtores do primeiro disco, o incensado inglês Flood. Consolidava-se o *som Nine Inch Nails*, somatória entre melodias cristalinas, muros de guitarra e barulhos apocalípticos indistinguíveis, aglutinados via parafernália samplística.

A agressividade que se apreciava nos arranjos era diretamente proporcional ao ódio exalado nas letras de canções como "Happiness in Slavery", dedicadas ao dono da gravadora, que dessa vez financiava o lançamento em colaboração com a recém-criada Interscope.

O Grammy surpreendeu ao premiar "Wish" como melhor performance metal, para desespero dos puristas.

CEP macabro

Mesmo antes de lançar *Broken*, porém, Trent Reznor já tinha em mente um esboço temático do que seria o seu segundo álbum. Ele se aprofundou em compor sobre as próprias crises existenciais, percebendo, no processo, que abordar os demônios interiores às vezes os nutria, em lugar de exorcizá-los. Chegou, assim, ao conceito da "espiral descendente" (*downward spiral*), uma turbulenta odisseia nos meandros da depressão. Algo que ele levou *realmente* a sério, a julgar pela desconcertante decisão de, em julho de 1992, mudar-se para a casa em Los Angeles onde os tenebrosos assassinatos da "Família Manson" haviam sido cometidos, em 1969. Lá ele montou o estúdio onde parte de *Broken* e praticamente a totalidade de *The Downward Spiral* foram produzidos.

Reznor jura de pés juntos que não sabia onde estava pisando quando alugou o imóvel, mas, amante das controvérsias, depois achou "interessante" a suposta coincidência. Demorou semanas até perder o medo de dormir no novo endereço, mas não perdeu a oportunidade de, em piada de mau gosto, batizar o local de Le Pig, em referência aos xingamentos ("porcos") marcados com sangue nas paredes pelos criminosos. Nos meses seguintes, as vibrações baixastralizantes se reforçaram com dois suicídios de pessoas próximas a Reznor, entre elas o do seu ex-baterista Jeff Ward.

Mecanicamente orgânico

Fascinado pelo seminal LP *Low* (1977), de David Bowie, Trent quis que seu novo material enfatizasse climas e texturas, oferecendo mais tonalidades do que as do massacrante *Broken*. Para tal, ele contou novamente com o auxílio de Flood e do badalado engenheiro Alan Moulder, conhecido por sua labuta guitarreira no enorme *Loveless* (1991), do My Bloody Valentine (ver texto sobre esse álbum na p. 269).

Reznor não economizou em experimentos, chafurdando nas possibilidades de distorcer a voz, e, na contramão do que pregam onze entre dez guitarristas, registrando as guitarras sem usar amplificadores. "Como no expressionismo abstrato de Mark Rothko, ele fabricou colagens, compondo em golpes crus de sons para criar uma não imagem completa", viaja Adam Steiner em sua análise de *The Downward Spiral*.

Redobrou, também, seus estudos sobre o ofício de samplear, gravando bateristas de carne e osso, como o craque Stephen Perkins (Jane's Addiction). "Gosto de reter alguma espécie de humanidade em meio à maquinaria", explicou Reznor à revista *Guitar World* pouco após o lançamento do disco. E por falar na relação homem-máquina, entre os outros poucos convidados estava Adrian Belew, o excêntrico guitarrista do King Crimson, ex-colaborador do Talking Heads e do próprio Bowie, famoso por extrair bramidos estranhíssimos de seu instrumento.

Orgânica e industrial era também a hermeticamente perfeita capa, criada pelo renomado artista inglês Russell Mills a partir de diretrizes simbólicas emitidas por Trent Reznor ("atrito" e "declínio" estavam entre suas palavras-chave). Mills, em cujo currículo figuram trabalhos para nomes como Cocteau Twins e Japan, manufaturou 25 peças, parte das quais se utilizaram na arte gráfica do disco e também nos singles relacionados. A principal, uma colagem que ocupa uma tela de 60 por 60 centímetros, levou duas semanas para ser concluída e recebeu o título de *Wound* (Ferida).

Quase dá para cheirar a ferrugem e tatear a rugosidade dos buracos e dos materiais empregados, como gesso e acrílico, dispostos sobre uma parede marcada por insetos mortos e manchas que parecem machucados humanos. Sim, porque Mills também usou um pouco de seu sangue. "Eu quis fazer superfícies bonitas, que revelassem parcialmente a crueza visceral das feridas abertas que estavam abaixo", explicou Mills à revista estadunidense *Revolver* em 2010.

Rumo à estratosfera

Previsto para o início de 1993, o lançamento atrasou bastante, por diferentes motivos. Entre eles, um bloqueio criativo, que Trent Reznor só destravou após uma conversa com o produtor Rick Rubin. Também estava ocupado no desenvolvimento do seu selo, Nothing, pelo qual lançaria, no ano seguinte, o trabalho de estreia de outro Manson, o

Marilyn. Quando *The Downward Spiral* finalmente chegou às lojas, em 8 de março de 1994, o mundo percebeu que tinha valido a espera. Aquela casa-estúdio frequentada por mais de um Manson famoso já podia ser demolida, como de fato ocorreu.

"Mr. Self Destruct" abre o repertório como um soco na têmpora, que Trent escolhe dar a si próprio ("Sou o ódio que você tenta esconder / E controlo você"). Trota num galope furibundo, turbinado por um bloco supersônico de guitarras de Adrian Belew, que surgem e desaparecem como raios, até se prostrarem num fantasmagórico loop dissonante. Numa primeira audição, dá até para pensar que o novo trabalho seguirá a trilha inclemente de *Broken*. Entretanto, o que emerge a seguir é "Piggy", uma composição que funcionaria numa roda de violões, não fosse a bateria torta a atravessar propositalmente a falsa paz do arranjo. Hora de lidar com outra porrada, "Heresy", um disco--inferno de múltiplas guitarras e frases como "O seu deus está morto / E ninguém liga". A letra denuncia o discurso direitista que culpava a comunidade LGBTQIAPN+ pela epidemia de Aids.

Mais agressiva ainda é a maravilhosa quarta faixa e primeiro single, "March of the Pigs", dividida em três partes diferentes entre si, mas que se conectam magistralmente. Decola de um punk-groove avassalador de tempo quebrado, engata num tecno atmosférico e se resolve em lindos acordes de piano, acompanhados da pergunta "Isso não te faz sentir melhor?". A visceralidade precursora da canção se contempla também no vídeo do diretor inglês Peter Christopherson, protagonizado pela encarnação combo do Nine Inch Nails naquele momento (Reznor, o tecladista James Woolley, o guitarrista Robin Finck, o multi-instrumentista Danny Lohner e o baterista Chris Vrenna).

E, por falar em clipe, o de "Closer", segundo e último single (maio de 1994), submeteu-se à censura da MTV para poder ser exibido. O vídeo, dirigido pelo badalado cineasta estadunidense Mark Romanek com câmeras vintage, trazia cenas de sadomasoquismo, sexo e tortura. Combinava com a música, um funk eletrônico fantasticamente estruturado, de refrão tão cantarolável quanto chocante (precisa traduzir o "*I wanna fuck you like an animal*"?).

Não há nada gratuito e digno de pouca atenção em *The Downward Spiral*. Temos "Ruiner", complexo encontro de *riffs* de thrash metal com synthpop sombrio; ou "The Becoming", cuja linha melódica acessível percorre um ritmo mecânico em 13 por 8, antes de cair em acordes de violão; ou até mesmo "I Do Not Want This", que se apropria de um loop de Stephen Perkins para subir ao olimpo do metal hipnótico. Parece que chegamos ao apogeu, mas o genial manifesto antiarmas "Big Man With a Gun" ainda dobra a intensidade. Mais forte do que isso talvez fosse impossível aguentar. Dá até um certo alívio por ela durar só um minuto e meio.

Descanso

Começa, então, a etapa mais vanguardista e contemplativa de *The Downward Spiral*. Cruzamento entre os ensinamentos de Brian Eno e as facetas mais aventureiras de Joy Division e Depeche Mode, a lindíssima instrumental "A Warm Place" chega como um respiro necessário. Atual demais, serviu de prenúncio para a vitoriosa carreira de Trent Reznor como autor de trilhas de filmes. E harmoniza redondamente com "Eraser", uma aula magna de tensão e medo em 6 por 4, pontuada por um refinado entrelace de teclados. O loop sombrio que sobra ao final resume em segundos a alma de alienação do disco.

Já "Reptile" disfarça, em um refrão palatável a FMs, a presença de motes como "Ela abriu bem as pernas / Para deixar os insetos entrarem". O cerco lírico de Trent Reznor continua apertando e avança a um grau alarmante na penúltima faixa, que leva o nome do disco, cujo teor explicitamente suicida levou o próprio autor a considerar sua exclusão: "Ele não acreditou o quão fácil era / Ele apontou uma arma para sua cara e: bang!". Claro que sua decisão foi mantê-la. O arranjo de "The Downward Spiral", a canção, é tão bem construído que, em dado momento, parece haver duas músicas tocando em uma, num conflito semelhante à instabilidade do narrador.

Tantas gradações emocionais merecem ser coroadas com louvor na faixa de encerramento. E é isso o que acontece em "Hurt", uma balada sobre o ímpeto autodestrutivo cuja beleza incentivou Rick Rubin a propor uma releitura a Johnny Cash. Na voz do ícone country, em 2003, virou uma belíssima carta de despedida da vida, ajudando, pelo filtro de uma inesperada resignação, uma nova geração a redescobrir o legado de *The Downward Spiral*.

PORTISHEAD

Dummy

[1994]

O raro acontecimento de um álbum totalmente original chegar ao pódio das paradas de sucesso costuma significar o surgimento de algo especial. Uma das ocasiões em que o público britânico viveu essa sensação com mais nitidez foi em 6 de maio de 1995, quando *Dummy*, o trabalho de estreia do Portishead, atingiu o 2º posto da lista de discos do Reino Unido.

1990

Era notável que tanta gente se cativasse por uma inédita fórmula francamente soturna, que misturava batidas hip-hop e breakbeats funk-jazzísticos com samples de trilhas de filmes de espionagem. Havia, porém, explicação para o fenômeno: aquela elegância vintage toda nada mais era do que uma roupagem de extremo bom gosto e verve underground para uma coleção de composições lindamente melancólicas, cujas letras exploravam mais imagens e sentimentos do que narrativas convencionais. E, claro, que se canalizavam de forma magnética por Beth Gibbons, uma das mais autênticas e apaixonantes cantoras surgidas no final do século 20, dona de um canto torturado que puxa os ouvintes ao reconhecimento de sua própria humanidade e vulnerabilidade.

A façanha pop do Portishead se deu quando *Dummy*, lançado pelo selo independente Go! Beat, já estava em sua segunda edição; a primeira, enviada às lojas a 22 de agosto do ano anterior, vinha obtendo uma repercussão discreta até que, em janeiro de 1995, a banda soltou o terceiro single do repertório, "Glory Box", que chegou ao número 13. Quando, em abril, o compacto anterior, "Sour Times" alcançou a mesma posição, o relançamento precoce se fez necessário, sendo correspondido à altura pelas massas, que lhe conferiram uma merecida medalha de prata nas *UK Charts*.

Ao lado de *Blue Lines*, do Massive Attack (1991), e de *Maxinquaye*, que Tricky acabara de publicar, o *début* do Portishead rapidamente foi alçado pela imprensa britânica ao olimpo discográfico do que classificava como trip-hop. Nenhum desses artistas gostava do rótulo, mas a verdade é que, além do fato de serem todos da região de Bristol, cidade multicultural no sudoeste da Inglaterra, eles possuíam caminhos cruzados e compartilhavam muitos elementos em suas sonoridades. Entre os quais, a fixação pelos *grooves* saturados e lentos, a influência do dub jamaicano, a preferência por acordes menores e uma vocação irremediável a uma aura de mistério e sombras.

Um lugar chamado Portishead

Tudo começou em 1991, quando Geoffrey "Geoff" Paul Barrow e Beth Gibbons se conheceram num programa estatal de emprego. Nascido em 9 de dezembro de 1971 em Walton-in-Gordano, cidadezinha a meia hora de carro de Bristol, Barrow morava desde os 12 anos na litorânea Portishead (se pronuncia "Portis-head"). Na pré-adolescência, aprendeu bateria, *scratch* e *breakdancing*. Depois, jogou-se na produção musical enquanto batalhava na construção do estúdio Coach House, em Bristol, onde o supracitado *Blue Lines* fora gravado e onde parte de *Dummy* seria feito (dividindo as honras com o estúdio próprio State of Art). Coproduziu "Nothing's Clear" (1991) o primeiro single solo de Tricky, e forneceu batidas para *Homebrew* (1992), segundo álbum de Neneh Cherry.

Nascida em 4 de janeiro de 1965 numa fazenda em Exeter, Beth se mudou para Bristol, a uma hora e meia dali, em 1987. Seu eclético leque de inspiração vocal abrangia desde ícones afro-americanos como Nina Simone a vocalistas brancas europeias afeitas ao experimentalismo, como Sinéad O'Connor e Lisa Gerrard, do Dead Can Dance.

Como ela vinha de um passado mais ligado a rock e soul, demoraram um pouco para se conectar. "Quando nos conhecemos, ela não entendia o que eu fazia", revelou Barrow à revista *Q* em dezembro de 1995. Pouco a pouco, passaram a trocar fitas com ideias autorais. Seis anos mais novo que Beth, Geoff ficou impressionado pela força "adulta" de seu canto e se sentiu intimidado por sua presença. "É a única mulher que conheço com a qual eu não mexeria de forma nenhuma. Ela vai e arranca a tua cabeça", definiu Barrow à *Q*. Autodepreciativa quanto à sua técnica vocal, Gibbons normalmente compunha ouvindo as bases recebidas pelo colega, embora as canções "I Could Be Sweet" e "It's a Fire" (incluída na edição estadunidense de *Dummy*) já houvessem sido escritas por ela antes de serem arranjadas.

Ainda que Geoff detestasse a caretice de seus concidadãos, quis batizar o projeto como Portishead, por ironia e também por se tratar de um nome desconhecido nacionalmente. E, apesar de a contracapa de *Dummy* indicar que "todas as faixas foram produzidas por Portishead & Adrian Utley", como se se tratasse de um duo Barrow-Gibbons, o Utley aqui mencionado já podia ser considerado um integrante da banda desde o início dos trabalhos. O Portishead era, portanto, um trio.

Mais experiente dos três e respeitado como guitarrista de jazz, Adrian Francis Utley (Northampton, 27 de abril de 1957) tinha se mudado para Bristol em 1986. Começou a colaborar em "Sour Times", mas acabou participando do disco todo, recebendo crédito de coautor em sete das dez faixas.

Obsessão analógica

A adesão de Utley foi importante também para que o lado orgânico do Portishead aflorasse, compensando a sua igualmente crucial faceta de eletrônica e colagens. Com o engenheiro de som Dave McDonald, organizaram *jams* integradas pelo baterista Clive Deamer (mais tarde membro do Roni Size & Reprazent e músico de apoio do Radiohead), o tecladista John Baggott e o baixista Jim Barr, das quais saíam partes que reprocessavam em loops. Algumas soavam tão bem que ficavam indistinguíveis dos preciosos pedaços que sampleavam das velhas bolachas, pesquisados com a ajuda do amigo Andy Smith. Prensavam os melhores trechos no formato *dubplate* para que pudessem inserir nos arranjos *scratches* de DNA próprio e a inconfundível textura de vinil.

Na contramão do digitalíssimo início dos anos 1990, a trinca era obcecada por instrumentos e equipamentos de gravação analógicos, capazes de produzir um som sujo e tecnicamente imperfeito. Do emprego de piano elétrico Fender Rhodes a microfones antigos, passando pelo uso do Roland Space Echo, guitarras captadas em ditafone ou a filtração de partes de bateria por amplificadores de guitarra, valia tudo para se obter o aspecto cavernoso, profundo e simultaneamente sofisticado que almejavam para *Dummy*.

Em recurso que nos anos 2000 se popularizaria entre revivalistas, até mesmo o material registrado digitalmente depois era remixado em fitas, para que se emulassem texturas dos anos 1960 e 1970. Assim, a porção original tocada pelos instrumentistas "de carne e osso" ornava à perfeição com os luxuriantes samples separados para as canções. Saltava aos ouvidos o peso das batidas e dos baixos, qualidades absorvidas da adoração de Barrow por entidades do hip-hop como Public Enemy. "Eram músicas saturadas em graves, impregnadas do cheiro da noite e que sugeriam o conforto da companhia em sua essência, mas o sofrimento do exílio em sua forma. O desconhecido; a profundidade da escuridão para sempre", definiu o escritor R. J. Wheaton no livro *Portishead's Dummy* (2011).

O grupo alimentou essa imagem taciturna ao produzir e protagonizar o curta *noir* mudo *To Kill a Dead Man* (1994), dirigido pelo britânico Alexander Hemming, para promover o CD. A borrosa imagem da capa de *Dummy* é tirada de um *frame* do filme, que estreou numa sala de Londres em 2 de junho, gerando algum burburinho. Mas os três não gostaram do resultado do trabalho, cujo principal legado consiste, na verdade, em documentar os momentos mais extrovertidos da carreira de Beth Gibbons, uma tímida compulsiva que deixou de dar entrevistas pouco depois do lançamento. (Ver texto sobre o disco *Out of Season*, de Beth Gibbons & Rustin Man, no volume 1 deste projeto.)

Glória

Assombrada pelos calafrios de um sintetizador Minimoog imitando um theremin, "Mysterons" é um bilhete de primeira classe para se embarcar em *Dummy*, despachando o ouvinte para uma atmosfera de suspense e introspecção. O título se refere à raça de extraterrestres presente na série de ficção científica *Captain Scarlet And The Mysterons* (1967). A fabulosa paleta de samples do CD, porém, aparece pela primeira vez na segunda faixa, "Sour Times", do refrão ambíguo: "Ninguém me ama, é verdade / Não como você". Inteiramente baseado na estrutura de "Danube Incident", peça presente na trilha do grande Lalo

Schifrin para o filme *Missão impossível* (1967), o arranjo aproveita da original também o dedilhado do cimbalom, acachapante instrumento de cordas húngaro montado numa espécie de mesa.

Já o *groove* ruidoso e insistente da pesada "Strangers", introduzida por notas dissonantes extraídas de "Elegant People" (1976) do Weather Report, obriga-nos a obedecer a Beth quando ela canta: "Deixe de lado os medos da vida". É um caminho distinto ao traçado por "It Could Be Sweet", a primeira parceria entre Gibbons e Barrow, próxima ao soul gélido do Massive Attack dos primeiros anos. A claustrofóbica "Wandering Star", por sua vez, exibe *scratches* de "Magic Mountain" (1970), paulada funk do War.

Escolhida como primeiro single em junho de 1994, antes da publicação do álbum, "Numb" é a mais "humana" do repertório, já que arranjada basicamente com Utley no baixo acústico, Gary Baldwin no órgão e Clive Deamer na bateria. "Roads", a invernal faixa seguinte, está entre os momentos mais delicados e reflexivos da tracklist. Seu vocal é intimista e doído – "Como posso me sentir equivocada assim?" –, a ponto de ser possível escutar a respiração da cantora. Versátil, ela redireciona o guidão a um hip-hop quase abstrato na canção subsequente, "Pedestal", pontuada por baixo memorável de Utley e solo de trompete do convidado Andy Hague. Com cara de fim de LP, a arrastada "Biscuit" não antecipa em nada o *grand finale* que está por vir: "Glory Box".

A música que levou o Portishead ao vice-campeonato no ranking de singles do Reino Unido é um milagroso encontro entre melodia acessível, versos femininos (e feministas) no contexto de um relacionamento, uma interpretação vocal deslumbrante influenciada por Billie Holiday e a melhor curadoria samplística do projeto todo.

Os quatro compassos recortados de "Ike's Rap II" (1971), de Isaac Hayes, contêm sutilezas sublimes (a melodia orquestral, o solinho de piano), que harmonizam magicamente com a voz de Beth. Abriu precedente para que o mesmo trechinho de Hayes fosse emprestado por pelo menos outras duas gravações importantes da década, "Hell Is Round the Corner" (1995), de Tricky, e "Jorge da Capadócia" (1997), dos Racionais MC's. Já o *riff* principal e o solo de guitarra de Utley resumem a essência de *Dummy*: estranheza suja e expressiva em meio à beleza.

Morte ao chill out

Considerado o melhor álbum de 1994 por revistas de perfis diferentes, como a vanguardista *Wire* e a pop *Melody Maker*, *Dummy* registrou dois milhões de cópias vendidas no Reino Unido em 1997. Faturou o prestigiado Mercury Prize britânico em 1995 e é *habituée* em listas dos grandes lançamentos dos anos 1990. Só que, desconfortáveis com a fama repentina e incomodados por serem catalogados por alguns como chill out, os integrantes do Portishead se recusaram a vender sua obra para publicidade ou dublá-la em programas de TV, rejeitando convites para tocar em premiações como o Brit Awards 1995. "Somos só pessoas chatas que fazem música", definiu Barrow.

Atormentados por imitadores baratos e paranoicos diante de uma suposta banalização de sua música, questionaram o seu próprio talento. Por essas e por outras, fizeram da seguinte empreitada, *Portishead* (1997), um experimento ainda mais nebuloso e, após um longo hiato, giraram 360 graus com o fabuloso *Third* (2008), inspirado pelo krautrock alemão.

BELLE AND SEBASTIAN
If You're Feeling Sinister

[1996]

Espremido entre as distorções descafeinadas do pós-grunge, a afetação do britpop e o peso sintetizado da eletrônica de pista, o Belle and Sebastian remou contra a maré bravamente na segunda metade dos anos 1990. A banda escocesa capitaneada por Stuart Murdoch não passava despercebida por diversos motivos. Tocava rock com uma leveza que alguns precipitados confundiram com amadorismo, recuperando melodias de bandas não tão conhecidas da década de 1960. Sua formação, um octeto com violoncelo e trompete, era inusitada. E também havia as letras, que retratavam com olhar sagaz e sensível às aflições das "pessoas comuns".

Essa autenticidade até hoje não é apreciada unanimemente, mas valeu para que a trupe de Glasgow hasteasse firmemente a bandeira de seu indie semiacústico "sincerão" num contexto pouco favorável. E a vitória que obtiveram na primeira batalha dessa guerra está na conta de *If You're Feeling Sinister*, o seu segundo álbum, lançado em novembro de 1996 pelo selo independente londrino Jeepster.

Composto por dez lindas canções, cuja pureza transita entre o *naive* e o humor refinado, o disco é um marco na peculiar trajetória do sofisticado rock independente escocês, expandindo trincheiras edificadas por nomes como Orange Juice e Lloyd Cole. Mais amplamente, dialoga também com toda uma geração órfã da vulnerabilidade estético-poética defendida na década anterior pelos Smiths.

Música enquanto cura

O Belle and Sebastian é peculiar até na sua origem. Stuart Lee Murdoch (Clarkston, 25 de agosto de 1968) criou o projeto no comecinho de 1996, quando finalmente superou sua síndrome de fadiga crônica. A doença o havia tirado do curso de física na Universidade de Glasgow e o confinado na casa de seus pais, na cidade de Ayr, por boa parte dos sete anos prévios. Murdoch tocava piano desde menino e, adulto, chegou a registrar demos com um amigo sob o nome Lisa Helps The Blind. Mas ele realmente só sentiu a ânsia por montar uma banda, na qual se encarregaria também de uma das guitarras, durante os tempos de isolamento. "Eu comecei a compor canções porque eu *precisava*", revela no livro *Belle and Sebastian: Just a Modern Rock Story* (2005), do jornalista escocês Paul Whitelaw.

No réveillon de 1996, Stuart terminou a escalação de seu time, então um septeto, ao conhecer a violoncelista e cantora Isobel Campbell (Glasgow, 27 de abril de 1976), de apenas 19 anos. Ele achou que o apelido dela ser Belle era um sinal, pois já tinha decidido nomear o seu projeto como Belle & Sebastian, em homenagem ao desenho animado *Belle et Sébastien* (1981), baseado em livro da escritora francesa Cécile Aubry. Os outros músicos que já se encontravam a bordo eram o baixista Stuart David Black (Alexandria, 26 de dezembro de 1969), o trompetista Mick Cooke (Dundee, 15 de setembro de 1973), ambos companheiros nas demos caseiras de Murdoch; o guitarrista Stephen "Stevie" Thomas Jackson (Erskine, 16 de fevereiro de 1969), integrante do grupo Moondials; o baterista Richard Colburn (Perth, Inglaterra, 25 de julho de 1970), carteiro e ex-jogador de sinuca; e o tecladista Chris Geddes (Stroud, 15 de outubro de 1975). Em documentário do Pitchfork a respeito de *If You're Feeling Sinister*, de 2013, todos demonstram uma admiração reverencial a Stuart como compositor.

Em comum, eles dividiam o apreço por entidades das melodias barrocas da década de 1960, como The Left Banke e The Zombies, mas também pelo indie cru e genuíno dos grupos escoceses do selo Postcard (Orange Juice, Aztec Camera), um dos braços mais interessantes do pós-punk britânico, e de nomes locais surgidos em seguida (Felt, The Jesus and Mary Chain). E, claro, adoravam Smiths, algo que se manifestaria de distintas maneiras, das capas conceituais dos álbuns – nas quais substituíam as fotos de personalidades famosas curadas por Morrissey pelas de amigos – ao tamanho grande dos títulos das músicas. O principal, no entanto, era a inteligência e sensibilidade de seu lirismo.

"Stuart foi o primeiro compositor indie em anos que parecia conceber um mundo inteiramente único com as suas letras, ambientadas em lugares como livrarias, locais estudantis e quartos, e vivenciadas por indivíduos literatos, curiosos e, em geral, socialmente excluídos", analisa o escritor Scott Plagenhoef em seu livro *Belle and Sebastian's If You're Feeling Sinister.* "Ao projetar seus sentimentos e pensamentos nas mentes desses personagens, Murdoch se sente talvez mais livre para tropeçar e cair."

À sua maneira

O Belle and Sebastian processou as suas influências bem à sua maneira. Economizavam em *riffs* e solos, utilizavam poucos acordes e tocavam de forma relaxada, sem muitos efeitos nos instrumentos, e com a bateria conduzida por vassourinha ou baquetas de varetas. Para Murdoch, "o trompete tinha que ser tão importante quanto a guitarra, e o *cello* tão importante quanto o piano". Sua voz, que em muitos momentos lembra a da alemã Nico, colaboradora do Velvet Underground, não executa nenhum floreio especial ou extrapola seu alcance de notas. Entretanto, contém algo de verdadeiro e direto que cria um vínculo com o ouvinte.

Aquela turma circulava pela Stow, faculdade descolada que dispunha de departamento musical com mais de uma gravadora própria e autogestionada. E foi para uma delas, a Electric Honey, que produziram, em apenas três dias de março de 1996, o primeiro álbum, *Tigermilk*, publicado três meses depois numa hoje concorridíssima edição limitada em vinil. Indies até a medula, relutantes a aparecer em fotos – nem mesmo nas promocionais –, encanaram que não fariam singles, focando seus esforços nos álbuns.

Meio folk, meio barroco, oscilando do urbano ao pastoral – a exceção é o synthpop "Electronic Renaissance" – o som do Belle and Sebastian parecia pertencer a uma outra era, ainda que sua orientação não fosse exatamente retrô. O boca a boca funcionou e eles logo estavam na mira de várias gravadoras. Angariaram um grupo fidelíssimo de fãs que, em algumas ocasiões, dançavam com os músicos no palco. Os shows, aliás, ganharam a reputação de ser caóticos, ou até mesmo antiprofissionais, com membros esquecendo suas partes e demorando em afinar seus instrumentos. Para os mais apaixonados por eles, porém, isso era parte de seu charme.

Safra pós-cama

A leva de composições que entrou em *Tigermilk* nascera no quarto de um Stuart convalescente, ainda desprovido de instrumentistas de apoio. Agora era a vez de despejar no mundo a sua primeira safra pós-isolamento, escrita a partir das pessoas que havia voltado a ver diariamente, nas calçadas e nos ônibus, ao longo do primeiro semestre de 1996. "Após tantos anos de nada, eu tinha muita coisa armazenada", explica ele no documentário. Para melhorar, agora dispunha de várias possibilidades de arranjos. Ainda mais porque o B&S acabava de se tornar um octeto, com a adesão de Sarah Martin (Blackburn, Inglaterra, 12 de fevereiro de 1974), violinista com aptidão também em outros instrumentos.

Durante cinco dias de agosto, sem quase nenhum orçamento, mas com um contrato lhes vinculando ao então recém-fundado selo Jeepster, registraram *If You're Feeling Sinister*. Nas sessões, todos tocaram juntos no estúdio CaVa, de Glasgow. Usaram outras três jornadas para a mixagem. O engenheiro de som Tony Doogan (Teenage Fanclub, Pastels) assinou a produção.

Na capa totalmente smithiana, Clara, uma amiga de Stuart Murdoch portadora da mesma doença que ele, aparece deitada ao lado do exemplar de *O processo*, de Franz Kafka, de forma melancólica, ou *sinistra*, como indica o título. No texto do encarte, sobre uma foto dos integrantes em companhia de colegas (alguns com inexplicáveis lenços árabes na cabeça), Stuart os define como "produtos do capitalismo fracassado" e dá um pouco da "ficha" atual de cada um, incluindo a intenção de Isobel de abandonar a faculdade e o status de Chris como atendente num café.

Ex-boxeador e síndico de igreja

Poucos imaginariam, mas Stuart Murdoch, além de ostentar um passado de boxeador, era, antes da doença, um compulsivo corredor de resistência. E ele deixa aflorar essa sua fascinação na primeira canção de *If You're Feeling Sinister*. Em "The Stars of Track and Field", o cantor traça, calmamente e contando com o importante respaldo das cordas de Isobel e Sarah, a narrativa de uma corredora que se relaciona com um rapaz mais jovem. "Estrelas do atletismo são pessoas lindas", resolve ele, no refrão, épico de uma forma indie, mas especialmente comovente devido às limitações físicas do autor.

"Seeing Other People", a segunda faixa, tem Stuart ao piano estudando as inseguranças de jovens no início da vida sexual, enquanto traça um paralelo com os dilemas da monogamia adulta: "Então ficaremos bem / E não nos meteremos em confusão / Porque estamos saindo com outras pessoas / Ao menos é o que dizemos que estamos fazendo".

E é a gaita tocada por Stevie Jackson que resplandece na introdução do incrível rock-folk acústico "Me and the Major", um dos melhores tratados sobre conflito de gerações já redigidos. "Eu e o major poderíamos ser amigos próximos porque / Nós pegamos o mesmo trem e ele quer conversar / Mas há muita história, muita biografia entre nós", lê-se na primeira e acelerada estrofe. O embate etarista se desenvolve num ritmo semelhante ao movimento do trem citado, com outras passagens memoráveis ("Se eu ficar preso no elevador / É sempre com um homem / De posição nobre que me despreza").

O nível continua lá no alto com "Like Dylan in the Movies", na qual Murdoch emprega o título do documentário *Don't Look Back* (1967), sobre Bob Dylan, para recomendar o comportamento antibullying. "Se te seguirem / Não olha para trás / Como Dylan no cinema." Ele imaginou a história em frustradas voltas a pé para casa, quando a carreira musical ainda não deslanchara. O drama é acompanhado de pontuais solos de guitarra e teclado, que ganham em cor e expressividade graças às presenças de violoncelo e violino. Vale como preparação para o astral invernal da balada mais bela e emotiva do disco, "The Fox in the Snow", de melodia delicada e poesia metafórica, conduzidas pela voz e o piano de Stuart.

If You're Feeling Sinister atinge o ápice com "Get me Away From Here, I'm Dying". "Tire-me daqui, estou morrendo / Toque uma música e me liberte", canta Stuart. Quem nunca se sentiu assim? São versos adequados tanto à autopercepção dos oito músicos enquanto *outsiders* musicais quanto ao desconforto que eles, avessos a realizarem turnês em seus primeiros tempos, já davam indícios de sentir. "Sempre choro nos finais", entrega Stuart, em ritmo *shuffle* enfeitado por violões.

O mesmo instrumento é o fio condutor da faixa-título. Sobre o belo piano de Colburn, dois relatos de tentativa de suicídio se emaranham numa dança sutil, que segura tensão até o refrão: "Se você está se sentindo sinistra / Saia e vá ver um padre / Ele tentará, em vão / Curar a sua dor te convertendo". Murdoch sabia do que estava falando já que, no final de 1995, se tornara uma espécie de síndico da igreja Hyland Parish, em Glasgow, morando de graça em cima do edifício. Richard logo se converteu em seu *roommate*. Parte dos ensaios para a gravação de *If You're Feeling Sinister* ocorreram numa sala da igreja.

Em seguida, "Mayfly" soa como se o Love colaborasse com Nico em algum momento perdido dos anos 1960. O Velvet Underground surge como a principal referência na melancólica "The Boy Done Wrong Again", dos versos "Tudo o que eu queria / Era cantar as canções mais tristes". O repertório finda com "Judy and the Dream of Horses", misto de bossa nova e pop orquestral estilo Burt Bacharach, cuja melodia animada contrasta com o alheamento juvenil expresso nos versos ("Judy nunca se sentiu tão bem / Exceto quando estava dormindo").

1990

Clássico inesperado

Stuart Murdoch afirmou depois que, em termos de sonoridade, o Belle and Sebastian poderia ter feito algo mais encorpado, menos "*folky*", porque ainda eram muito ingênuos em termos de produção à época. Divirjo dessa opinião: acho que esse som despido é justamente um dos principais encantos de *If You're Feeling Sinister*. Favorece a que prestemos mais atenção nas vozes, nas melodias e na perenidade das letras.

Aliás, quanto a esse último aspecto, Murdoch e eu estamos em total acordo. "Eu amo esses dois primeiros álbuns", admitiu à *Mojo* em 2024. "Eles são o ponto de partida para que eu ainda esteja aqui 28 anos depois. Não há uma música deles que não continue fazendo sentido pra mim hoje em dia."

Para ele e para muita gente. Presente em diversas listas respeitáveis de melhores dos anos 1990 (de *Q* a Pitchfork), *If You're Feeling Sinister* é considerado pela revista *NME*, por exemplo, um dos 120 maiores da história.

SPIRITUALIZED
Ladies and Gentlemen We Are Floating in Space

(1997)

Jason Pierce gastou boa parte do início dos anos 1980 fumando maconha e cheirando fluido de isqueiro, com o objetivo de aguçar ainda mais a ação narcótica dos LPs que escutava na companhia do amigo Peter Kember. Os dois adolescentes chapados tentavam compensar o tédio de viver em Rugby, no interior da Inglaterra, com epifanias psicotrópicas reveladoras, engatilhadas por Stooges, Cramps e outras bandas roqueiras viscerais e hipnóticas.

Até que um dia Natty Brooker, baterista do fenomenal grupo que eles tinham formado, o Spacemen 3, apresentou a Jason a cantora Mahalia Jackson, os Staple Singers e outros representantes da nata do gospel tradicional estadunidense. O impacto que Pierce sentiu, ao conectar seu fascínio pela repetição sonora àquela louvação afro-americana potencializada pelo transe, só seria plenamente compreendido por ele próprio uma década depois. Mais precisamente, na metade de 1995, quando começou a produzir *Ladies and Gentlemen We Are Floating in Space*, o terceiro álbum de sua segunda grande banda, Spiritualized, lançado em junho de 1997.

Patrimônio da década de 1990 que não fica datado de jeito nenhum, o disco chega a chocar de tão belo, profundo e, sobretudo, autêntico. Seus arranjos são absolutamente inventivos e tocados com um *feeling* de arrepiar, enquanto sua captação e mixagem extraordinárias praticamente sugam o ouvinte para dentro do estúdio. Ao reunir, de forma inédita e irrepetível, as guitarras espaciais e as paredes de efeitos do shoegaze a um coro de igreja, órgão, sopros e cordas, *Ladies and Gentlemen…* permanece como o único exemplar de algo que poderíamos tranquilamente apelidar de gospelgaze, ou shoegospel.

Em outras palavras, é desses raríssimos acontecimentos tão ímpares e resplandecentes que originam um subgênero musical para chamar de seu.

Inspirada pela ruptura sentimental entre Jason Pierce e Kate Radley, tecladista do Spiritualized até então, a obra-prima do grupo causou enorme baque na imprensa musical, sendo eleito pela *NME* o melhor de 1997, à frente do intocável *OK Computer*, do Radiohead, publicado menos de um mês antes. Em 2003, a mesma revista britânica o consideraria o 17º maior disco da história. Numa era em que os tais sons "alternativos" desfrutavam de interesse popular e verba promocional das gravadoras, *Ladies and Gentlemen...* atingiu o 4º lugar na parada do Reino Unido.

Amor e ódio de alma gêmea

Dá pra contar nos dedos os músicos que possuem no currículo a fundação de duas bandas muito influentes. O guitarrista autodidata Jason Andrew Pierce é um deles. A primeira foi o Spacemen 3, que ele criou em 1982 com o chapa de escola de artes Peter Kember. O aspecto "alma gêmea" da dupla ia além da coincidência de data e local de nascimento – ambos haviam vindo ao mundo em Rugby no dia 19 de novembro de 1965 –, residindo principalmente no interesse dos dois por sons viajantes e desafiadores de diferentes estilos. Valia o protoindustrial do Suicide, o jazz cósmico de Sun Ra ou a psicodelia garageira dos 13th Floor Elevators.

Adotando os respectivos codinomes J. Spaceman e Sonic Boom, Jason e Peter fizeram um tremendo estrago na cena indie inglesa a partir de 1984, quando soltaram a primeira demo do Spacemen 3. Investiam no que chamaram de acid-soul-punk, longos *drones* lisérgicos que remetiam à música de vanguarda de nomes como La Monte Young. Distorcendo e filtrando em ecos as suas guitarras e deixando a base rítmica bem baixinha, o grupo seria depois considerado um dos precursores do shoegaze, uma febre que só estouraria para valer no Reino Unido em 1988, pelas mãos de My Bloody Valentine, Ride e outros combos que o reverenciavam.

Sonic Boom desandou em drogas pesadas. Já J. Spaceman, mesmo consumindo sua devida quota, desenvolveu uma visão interessante sobre a relação entre criatividade e entorpecência. "Curtir música boa é o mesmo tipo de experiência que consumir drogas", teoriza ele em entrevista ao livro *Spacemen 3 & the Birth of Spiritualized* (2004), do jornalista Erik Morse. "O problema é quando as pessoas começam a compor estando drogadas, porque geralmente isso soa bastante mal."

Independentemente do grau de *doping* de cada um de seus principais integrantes, fato é que o Spacemen 3, com seus quatro LPs e vários EPs publicados entre 1986 e 1991, deixou seu rastro de doideira ruidosa, persistindo entre os nomes mais cultuados do underground britânico. Sua trajetória só não se estendeu mais porque Jason e Peter já não se suportavam, a ponto de dividirem em dois o seu álbum póstumo, *Recurring* (1991), com cada um se encarregando sozinho de um lado da versão em LP.

Espiritualizando

Em janeiro de 1990, J. Spaceman aproveitou parte das sessões de *Recurring* para iniciar o seu novo projeto solo, de nome provisório Synesthesia. A direção que pretendia seguir era a de "Hypnotized", faixa do derradeiro trabalho de sua já ex-banda, que ele considera o surgimento da sonoridade enfumaçada e gospelizada que consagraria o Spiritualized. "Sempre gostei da paixão com a qual as pessoas cantam 'Jesus!'", revelaria Jason à revista espanhola *Ruta 66* em 2004. Contudo, ele precisou manter tais atividades em segredo, sem avisar Sonic, considerando o "pequeno detalhe" de que tinha convidado para a empreitada individual o guitarrista Mark Refoy, o baterista Jonny Mattock e o baixista Will Carruthers, todos integrantes da última formação do Spacemen 3.

Em junho do mesmo 1990 saía o primeiro single do Spiritualized, "Anyway That You Want Me", cover dos Troggs, bancado pelo Dedicated, mesmo selo londrino da banda que acabara de morrer. Incorporaram a tecladista londrina Kate Radley (19 de fevereiro de 1967), namorada de Jason, e, a partir do ano seguinte, passaram a despejar farto material de estúdio. Vieram os três próximos singles e EPs da banda – entre os quais "Feel So Sad", uma balada espacial e épica de doze minutos editada em junho de 1991 – e o primeiro álbum, *Lazer Guided Melodies*, de março de 1992.

O trabalho de estreia amarrava habilmente características do ecossistema pop britânico do período, como shoegaze, madchester e britpop. Só que com elementos que distinguiam claramente a identidade de Jason, como os ritmos lentos servindo a um astral beatífico ("Step into the Breeze"), ou sua incorrigível atração pela introspecção psicodélica, influenciada pela ambient music ("Symphony Space"). Apareceu entre os melhores do ano de várias revistas, o que não impediu Will de zarpar, cedendo lugar ao baixista Sean Cook (16 de abril de 1969).

Aprovado pela imprensa e surfando na onda indie noventeira, o Spiritualized emendou EPs de forte experimentalismo como *Medication*, de julho de 1992, e *Electric Mainline*, de outubro de 1993, publicando entre eles o disco ao vivo *Fucked Up Inside*. Johnny Mattock e Mark Refoy saíram em 1994, mas não sem antes tocarem em *Pure Phase*, o segundo disco que, editado em março de 1995, era mais alucinógeno que o antecessor (vide canções como "Electric Phase").

Tripulação irrepetível

Nomeado a partir de uma frase do escritor norueguês Jostein Gaarder em seu aclamado livro *O mundo de Sofia* (1991), *Ladies and Gentlemen We Are Floating in Space* foi basicamente composto num arroubo de inspiração de Jason Pierce que durou onze dias. Contudo, entre as dificuldades de conciliar um sem-fim de agendas e outros contratempos, como a impossibilidade do cobiçado Brian Eno de produzi-lo, o projeto demorou dois anos para ser materializado. Tampouco ajudou a agilizar o cronograma o final de seu relacionamento com Kate. A procrastinação aumentou, também, por causa da detalhada busca de Pierce por um som novo, que deveria surpreender até o mais devoto fã. "Comecei a tentar tirar qualquer detalhe identificável instantaneamente como Spiritualized, o que dificultou pro nosso lado", admitiu ao *Melody Maker* logo após o lançamento.

Entre gravações e incontáveis (re)mixagens, as sessões ocorreram em sete estúdios de cinco cidades de dois países. Começaram em meados de 1995 no Moles, em Bath, continuando no londrino The Church, onde boa parte da labuta se realizou, e em locais dos EUA como o House of Blues (Memphis) e os históricos Hit Factory (Nova York) e A&M (Los Angeles). Quando finalmente ganhou vida, em 16 de junho de 1997, *Ladies and Gentlemen...* exibia os créditos "produzido, arranjado e mixado por J. Spaceman". Ainda assim, para as diferentes seções (cordas, metais e voz) ele dividia a autoria dos arranjos com alguns dos vários músicos recrutados.

E eles abundam. Além de Jason, Kate, Sean e o recém-incorporado baterista Damon Reece (Londres, 16 de fevereiro de 1967), participaram nada menos que dezesseis instrumentistas de apoio, incluindo o Balanescu Quartet, grupo multinacional de cordas que já contribuíra em *Pure Phase*, e um naipe de seis metais. Os convidados de maior renome, porém, são o grande pianista e cantor de blues estadunidense Dr. John e o guitarrista inglês B. J. Cole, autoridade em pedal steel. Ah, falta mencionar o ingrediente secreto: o London Community Gospel Choir, que forneceu um número de vozes não quantificado no encarte – tudo indica que supera as vinte –, o realce final da experiência quase mística de se escutar o disco.

"Nossa visão envolve levar essa instrumentação a algum lugar onde ela não esteve antes", explicou Jason à revista inglesa *The Wire* em 1998.

Ele respondia pela enésima vez sobre sua proposta inovadora de extrapolar o formato convencional de uma banda shoegaze, mergulhando nas incertezas de uma aventura sinfônica. Uma epopeia que, deve-se ressaltar, não prosperaria no mesmo nível sem uma equipe técnica de peso. Compareceram figuras como o veterano produtor estadunidense Jim Dickinson – que, mesmo sem ser creditado, exerceu o papel de conselheiro – e o engenheiro de som Darren Allison, um dos sobreviventes da feitura de *Loveless*, o ultraelaborado clássico do My Bloody Valentine (ver texto sobre esse álbum na p. 269). A presença de Allison e os outros dez engenheiros involucrados na produção garantem o complexo balanço da sonoridade de *Ladies and Gentlemen...*, na qual é possível distinguir cada sussurro da voz de Pierce – não especialmente potente, mas sempre genuína e elegante – em meio à muralha colossal dos seus arranjos, concebidos para quase cinquenta músicos.

Para completar essa tripulação, arrebanhada com a missão de levar os ouvintes a "flutuar no espaço", estava a bordo o designer inglês Mark Farrow. Autor de capas de disco inesquecíveis, como as primeiras dos Pet Shop Boys, ele apresentou um dos projetos gráficos mais criativos de toda a cronologia visual pop. Na frente, vemos uma embalagem de remédio azul e branca, estampada com o nome da banda e um "R", estilizado como "marca registrada". Observa-se ainda o título do CD e a "posologia" ("*1 tablet 70 min*", em referência a sua duração em minutos). Numa reedição de 2021, Farrow apresentou outra capa boa e compatível, dominada por uma cartela de seis comprimidos. E só melhora. O encarte se descortina como uma bula, em forma e conteúdo, com direito a seção tipo "FAQ". "Para que serve o Spiritualized?", é uma das perguntas, respondida com um "para tratar do coração e da alma". Uma ideia genial e totalmente adequada ao som ao qual se atribuía.

Impulso de sondar o espaço

É impossível se desvencilhar dos encantos de *Ladies and Gentlemen We Are Floating in Space* a partir de sua largada, dada por Kate ao enunciar a frase-título ao telefone, na introdução da faixa de mesmo nome. O que se segue é um encadeamento comovente de linhas vocais, antecipando em meia década a obra do Animal Collective. "Tudo o que eu quero na vida / É um pouco de amor para expulsar a dor", escutamos Jason cantar, enquanto a melodia principal vai se misturando lentamente a uma citação de "I Can't Help Falling in Love", hit na voz de Elvis Presley.

O ambiente de melancolia e dor no coração se rompe com a furiosa "Come Together", uma comunhão shoegaze apontada para os céus. "O rock é sobre quanta energia você pode imprimir a uma única nota", argumentou Pierce à *Ruta 66*. A pegada desse arranjo, redobrada pela somatória entre metaleira e o *riff* de guitarra, com o coro multiplicando o êxtase no refrão, só endossa esse ponto de vista.

Engatando uma terceira, "I Think I'm in Love" aplica a mecânica hipnótica do krautrock alemão a componentes de blues e country, pontuados por pavimentos sólidos e inalterados de gaita e órgão. Seu instrumental exala tantos vapores tóxicos quanto a sua letra, em que é impossível ignorar versos droguísticos do tipo: "Eu, a agulha no meu braço e minha colher". E o que nela parece contido e regrado explode como o Big Bang em "All of My Thoughts", um entroncamento bipolar avassalador entre a *americana* da The Band e uma avalanche de *noise* roqueiro. Sorte de Kate que o recado a ela ("Não sei o que fazer comigo / Porque todo o tempo estava com você") vem apenas nas partes calmas.

Oscilando entre o cavernoso e o celestial, a balada psicodélica "Stay with Me" caminha numa intensidade gradual luxuosa, o que dá um certo respiro à audição de *Ladies and Gentlemen...* Vale aproveitar bem o momento, porque a próxima é "Electricity", blues-rock acelerado e invocado que cria corpo até soar gigantesco, sem mudar sua curta sequência de notas. "Home of the Brave", por outro lado, emerge como o mais sincero e amargo desabafo diante da separação, ("Eu nem sinto sua falta / Mas é porque estou fodido"), uma toada aparentemente inofensiva, repentinamente tragada por um vórtex de distorções. Esse redemoinho de abstração elétrica emenda em "The Individual", quatro minutos de estrondoso massacre recomendado a free-jazzistas radicais, mas também a doom-metaleiros. Palmas para o saxofonista Terry Edwards, que navega em meio a esse caos.

Ladies and Gentlemen... prima pela ousadia, mas também pelo equilíbrio, e o que se sucede à surra de "The Individual" é uma dilacerante e delicada balada, "Broken Heart", a vitrine mais cristalina das cordas no repertório. "Estou chorando o tempo todo / Preciso cobrir isso com um sorriso." Poderia parar por aí, mas eis que chega a vez de "No God Only Religion", nova investida instrumental interestelar e bombástica, em meio a qual se percebe o sexteto de sopros transcendendo a outro plano. O Radiohead copiaria a ideia em "The National Anthem", peça de seu reverenciado disco *Kid A* (2000).

Mantendo o espírito de oscilações anímicas, o álbum bifurca novamente, rumo a "Cool Waves", pura glória gospel de invejável bom gosto, até estacionar em "Cop Shoot Cop...". Intitulada em homenagem à banda nova-iorquina homônima, essa catarse de dezessete minutos concorre ao posto de gravação mais *cool* da década de 1990. Nela, o piano de Dr. John condimenta saborosamente um funk emaconhado, que se alterna a rompantes guitarrísticos orgiásticos. Lá pelo minuto seis, eles evoluem a um tsunami de barulho melódico que tarda outros seis em se dissipar, diante da volta triunfal do *groove*, a voz de Jason e o coro em ação fantasmagórica. Um epílogo à altura de um disco épico, cujo impacto o jornal inglês *The Guardian* não hesitou em comparar a *Sgt. Pepper's Lonely Hearts Club Band*, dos Beatles.

ANOS 2000

A REVOLUÇÃO DIGITAL

Spotify

deezer

Ouça uma seleção de músicas da década em sua plataforma preferida

YO LA TENGO
And Then Nothing Turned Itself Inside-Out

[2000]

No livro *Perfect From Now On* (2007), o jornalista John Sellers relata uma ida ao cinema com a namorada em que os dois avistaram, a algumas poltronas de distância, Ira Kaplan e Georgia Hubley. Indie-maníacos, Sellers e sua companheira fantasiaram, então, que estavam em um *double date* com o casal mais longevo do rock alternativo, célebres e brilhantes cofundadores do Yo La Tengo em 1984.

O delírio do escritor é infantil, mas compreensível. Compartilho de sua fé de que Ira e Georgia, bastiões intransponíveis da integridade artística e genialidade despretensiosa, transmitam, também como pessoas, a mesma luminosidade de sua música. O que esperar, afinal, de uma banda formada por esses cônjuges hiperconsolidados, candidatos às bodas de ouro, e um grandalhão cabeludo de óculos que toca tudo bem pra caramba (James McNew)? Você os vê – e, sobretudo, os escuta – e tem a certeza de querer fazer parte daquela família. Em um show em Barcelona ocorrido em 2008, uma admiradora simplesmente pediu a Georgia um abraço, sendo prontamente retribuída.

Ecletismo compulsivo

Deduções invasivas sobre o caráter dos músicos à parte, a verdade é que cada item da vasta discografia de vinte LPs e diversos EPs do Yo La Tengo nos transporta ao aconchego de um mundo próprio. Fazem-nos um afago cálido que só melhora com o tempo, como o das avós.

Embora sempre identificados com a ética e a sonoridade indie estadunidense da linhagem Velvet Underground, Kaplan (voz, guitarra e teclados), Hubley (voz, bateria e teclados) e McNew (titular no *threesome* criativo desde 1991, assumindo baixo e outros aparelhos) são gente que ouviu muita música, e da mais diversa possível. Basta uma preguiçosa rolagem nas redes sociais deles para comprovar o ecletismo compulsivo de seus interesses e referências, não necessariamente musicais.

De acordo com a filosofia do Yo La Tengo, portanto, se você se derrete por delicadas baladas folk, mas tampouco resiste a um shoegaze sonhador, nem nega fogo a barulheira experimental, jazz atmosférico ou mantras percussivos, por que não tirar um som que abranja tudo isso? Eles já serviram de músicos de apoio para o ex-Kinks Ray Davies e foram remixados por De La Soul; trocaram figurinhas com os avant-punks do Pere Ubu e o free-jazzista Sam Rivers; celebram, quase anualmente, o Hanukkah judaico reunindo a nata alt-roqueira; declamam íntegras de episódios de *Seinfeld* e *Bob Esponja* em seus shows, e atribuem a *gags* de *Os Simpsons* – cujo famoso tema de abertura reinterpretaram em episódio de 1998 – ideias para composições. Para testemunhar como todo esse apetite por pluralidade pode resultar em música sublime, vá diretamente ao álbum *And Then Nothing Turned Itself Inside-Out*, de fevereiro de 2000.

Feitos um para o outro

Essa saga de bons sons e fofura teve início em julho de 1980, quando os nova-iorquinos Ira Kaplan (7 de janeiro de 1957) e Georgia Hubley (9 de fevereiro de 1960) se conheceram em show do Feelies no restaurante Maxwell's, em Hoboken, cidade do estado de Nova Jersey onde ainda vivem. Oriundo de família "judia laica", Ira havia começado a tocar na adolescência e, desde a explosão do punk em Nova York, atuava como crítico musical, colaborando com veículos como *Soho Weekly News*, além de trabalhar como assessor de imprensa da diva do no wave Lydia Lunch.

Georgia, por sua vez, é a filha caçula do renomado casal de animadores cinematográficos John e Faith Hubley, colecionadores de prêmios Oscar e do festival de Cannes. Os pais artísticos e progressistas chamavam as crianças para dublar alguns dos trabalhos e as incentivavam a praticar instrumentos. Georgia aderiu à bateria aos 18 anos, participando da banda feminina Dangerous Curves.

Atendendo pelo nome Georgia and Those Guys, Kaplan e Hubley tocaram juntos em público pela primeira vez numa festa em 1º de maio de 1982. Contavam com convidados rotativos e faziam exclusivamente covers de canções obscuras, hábito que ainda mantêm. Chamaram-se ainda Astral Planes, Worrying Thing, Yo Le Tengo e Ya Lo Tango, até se satisfazerem com Yo La Tengo. A inspiração vinha de anedota segundo a qual um jogador do time de beisebol New York Mets precisou traduzir a frase "*I've got it*" a um colega venezuelano.

Em dezembro de 1984, com o baixista Dave Rick, realizaram o primeiro show sob novo nome. Meses depois gravaram o single inaugural, a composição própria "The River of Water" e, em 1986, o álbum de estreia, *Ride The Tiger* para o selo Coyote. Georgia e Ira se casaram em 16 de abril de 1987, mesmo ano em que lançaram o segundo LP (*New Wave Hot Dogs*).

O 15º baixista

Continuaram em regime de quase um lançamento por ano, mas sofrendo um azar cômico em relação ao terceiro integrante. No ótimo livro *Big Day Coming: Yo La Tengo and the Rise of Indie Rock* (2012), o escritor Jesse Jarnow contabiliza quinze baixistas na história do trio, uma epopeia que só terminaria em fevereiro de 1991. Então integrante do grupo Christmas, o 15º e definitivo candidato era James McNew, nascido em Baltimore, em 6 de julho de 1969, uma década mais novo que o casal, DJ de uma rádio independente, fanzineiro afeito a sons estranhos e entusiasta de gravações *lo-fi* caseiras. Com James, instituíram os teclados como item permanente dos arranjos, bem como o célebre revezamento de instrumentos que ainda caracteriza o YLT, firme na mesma formação após mais de três décadas.

O sexto trabalho, *Painful*, de 1993, saiu pela festejada gravadora Matador; no seguinte, o lindo *Electr-O-Pura* (1995), instauraram a tradição de se hospedar em Nashville com os músicos do Lambchop e gravar no estúdio Alex The Great, assistidos pelo polivalente produtor de Nova Jersey Roger Moutenot, colaborador de Lou Reed e Caetano Veloso. As composições passaram a ser creditadas aos três membros, que misturavam canções trazidas prontas de casa a releituras de experimentos sonoros de James e *jams* no estúdio de ensaio. Dobraram sua moral com público e crítica com o ótimo *I Can Hear the Heart Beating as One*, de 1997, primeiro título em que James se arrisca como cantor (em "Stockholm Syndrome").

Calma e barulho

Nomeado a partir de uma gravação de 1973 de Sun Ra na qual o free-jazzista alega ter nascido em Saturno, *And The Nothing Turned Itself Inside-Out* saiu em 22 de fevereiro de 2000. "Dado que não pretendiam fazer rock, era difícil dizer a que categoria pertencia a música do disco", resume o produtor Moutenot, então já escolado na multiplicidade estética do trio, em *Big Day Coming*. "A bateria podia ter ecos de dub, os órgãos murmuravam uma fria melodia sobre bateria eletrônica, os alto falantes sussurravam letras assombrosamente íntimas."

And Then Nothing... é um testamento maduro de todas as qualidades acumuladas por James, Georgia e Ira. A começar por seu apreço em relação a aparentes antagonismos que, em suas mãos, irmanam-se. Ora quando dão fino acabamento a improvisações livres, ora na harmonização entre canções "convencionais" e trechos viajantes. Os três promovem um diálogo salutar e respeitoso entre calma e barulho.

Dotado dc farta inventividade, o trio de multi-instrumentistas recorre à combinação que for necessária para dar o toque perfeito a uma gravação. Intuitivos e não firuleiros que são, sempre chegam lá, de forma espontânea. Executam com graça arranjos tão bem-apanhados que parecem haver sempre existido, sem jamais terem sido planejados ou ensaiados por ninguém.

Arte da desconversa

And Then Nothing... é um disco tranquilo, mais do que a média dos feitos pela trinca; farto em divagações instrumentais longas e atmosféricas, mas também em delicadas baladas assobiáveis. Começa suave, com os beats minimais e camadas de texturas de guitarra e teclado de "Everyday", enroupando a voz de Georgia. Em seguida, o delicioso folk "Way to Fall" pede uma escuta à luz da lua em um pacato *suburb*, como na cena retratada pelo fotógrafo estadunidense Gregory Crewdson na capa. "Tentemos e tentemos / Mesmo que dure só uma hora", canta Ira, no que pode ser (ou perfeitamente não) um aceno a uma crise matrimonial.

Em "The Crying of Lot G", ele manda: "Quando você ri, fico com vontade de rir / Quando você chora, me sinto péssimo". Uma abordagem intimista coerente com a definição de Jesse Jarnow sobre os fundadores do Yo La Tengo "serem exatamente quem parecem ser". Já "Saturday", a terceira, é uma ode à arte da desconversa: "A sala estava cheia de fala / Para qualquer um ouvir / Achei um lugar do lado da porta / Com ninguém por perto". Um lirismo adequadíssimo ao perfil de indie cabisbaixo, tão aplicável aos admiradores do grupo. A temática reaparecerá na quinta faixa, "Last Days of Disco".

Georgia em minha mente

Tal *mood* é representado com cumplicidade pelo timbre terno e quebradiço de Georgia, representante honrosa da linhagem de cantoras femininas de voz poeticamente insegura (pense em Astrud Gilberto, Françoise Hardy ou Nico). É na garganta e no coração da baterista-vocalista que também reside a alma de "Let's Save Tony Orlando's House", uma estranha fábula sobre os *crooners* Tony Orlando e Frankie Valli.

Um dos dois, aliás, poderia se encarregar da balada "The Crying of Lot G", de tão simples e bem-resolvida que ela se desenvolve na interpretação de Ira. E vem dele, ainda, "Cherry Chapstick", o momento mais ruidoso e shoegazer de uma das obras menos roqueiras do grupo. Tratando novamente de um *outsider* devaneador deixado de lado num contexto social, essa música é puro substrato de Yo La Tengo; sua confluência entre melodia, golpes guitarreiros e ritmo empolgante nos traz a certeza acerca da magia da banda, também em sua versão mais estrondosa.

Mas o álbum *pertence* mesmo a Georgia, que antes do final ainda encanta no mini-hit "You Can't Have It All" – cover de George McCrae tão querido do público que ao vivo ganhou coreografia –, no triste lamento velvetiano "Tears Are in Your Eyes", e na linda krautbossa "Madeline" ("Se a neblina subir algum dia / Volte e venha me ver, Madeline"). Para a despedida, temos a épica e surpreendente "Night Falls in Hoboken" gravada em tomada única que demoraram dois dias para acertar, por causa dos intercâmbios de instrumentos durante a execução.

COLDPLAY
Parachutes

[2000]

Há quem ameace se levantar da mesa do bar, em sinal de protesto, quando defendo que o Coldplay um dia foi uma banda legal. É compreensível, considerando a questionável metamorfose atravessada pelo grupo londrino ao longo de seus quase trinta anos, partindo de um pós-britpop semiacústico de melodias delicadas para aterrissar num megalomaníaco e rançoso poperô de piscina. Porém, independentemente do rumo tomado pela banda – cuja popularidade se agigantou nas duas primeiras décadas do novo milênio –, ninguém vai tirar de seu currículo uma obra tão singelamente boa quanto *Parachutes*, seu primeiro disco, lançado em julho de 2000.

Único álbum francamente espontâneo do Coldplay, feito ainda sem a preocupação obsessiva de agradar as massas, *Parachutes* é uma coleção desplugada de canções suaves e lentas, conduzidas por violão e piano. Seus arranjos são descomplicados e bonitos, infiltrados esporadicamente por um ou outro detalhe mais roqueiro. Estrear com essa proposta demandou coragem, levando-se em conta que o quarteto era visto como herdeiro da cena britpop, sempre muito associada a guitarras em alto volume.

Como seus antecessores noventeiros, aliás, o Coldplay apostou numa fórmula simples, mas difícil de alcançar, que envolve melodias facilmente memorizáveis associadas a uma voz marcante. Emprestando nuances e trejeitos de um Ian McCulloch aqui, um Richard Ashcroft ali e até um Bono acolá, Chris Martin subiu rapidamente ao patamar dos cantores de timbre imediatamente identificáveis do mainstream internacional. Seu gogó é o maior patrimônio do grupo, compensando a alarmante falta de carisma e presença de palco de seu trio de companheiros.

Adeptos de um visual convictamente *normcore* e totalmente domesticados em sua atitude, o baixista Guy Berryman, o guitarrista Jonny Buckland e o baterista Will Champion se assemelham mais a recrutas de uma "empresa júnior" de um centro acadêmico de faculdade de economia do que a integrantes de uma banda de rock. Parece que a qualquer momento nos depararemos com seus perfis no LinkedIn. Tal inexpressividade acaba sendo também uma cartada inteligente: os três foram agraciados com a sorte de poderem sair na rua sem serem reconhecidos, ainda que tenham acabado de desempenhar um show para oitenta mil pessoas.

Talvez tenha sido justamente a combinação entre baladas irresistíveis, um jeito "comunzão" de ser e o bom-mocismo sorridente do *frontman* Martin o segredo para o fenômeno Coldplay, que começou com *Parachutes*. Passado um quarto de século após o seu lançamento, o disco demonstra ter envelhecido bastante bem.

Indies de mentalidade empresarial

Não chega a surpreender, portanto, o fato de o Coldplay ter se formado em 1996 no dormitório coletivo Ramsay Hall, lar provisório de estudantes da University College de Londres. Nascido em Whitestone, no sudoeste da Inglaterra, em 2 de março de 1977, Christopher Anthony John Martin era um jovem tímido e religioso que se transferiu à capital para estudar história antiga. Primeiro ele conheceu, num ônibus, o multi-instrumentista, DJ e aspirante a antropólogo William Champion (Southampton, 31 de julho de 1978), com quem começou a tocar nas ruas do bairro londrino de Covent Garden. Pouco depois, Chris se aproximou de outros dois companheiros de república, Jonathan Mark Buckland (Londres, 11 de setembro de 1977), guitarrista matriculado no curso de astronomia, e Guy Rupert Berryman (Kirkcaldy, Escócia, 12 de abril de 1978), baixista e estudante de engenharia.

No ano seguinte, Chris, Jonny e Guy passaram a tocar juntos como o Big Fat Noise. Ao levarem o cano de um baterista, Will tentou a sorte no instrumento que não dominava – gostava mesmo era de guitarra – e ficou com a vaga. O não baterista consolidou a formação em quarteto a tempo de ter sua fotinho incluída de última hora na capa do EP demo *Panic*, que publicaram em novembro de 1997. Já com outro nome, Starfish, em 16 de janeiro de 1998 realizaram o primeiro show no pub londrino Laurel Tree, tocando seis músicas, entre as quais "Panic", depois rebatizada "Don't Panic", e "High Speed", ambas futuramente incluídas em *Parachutes*.

Embora a primeira aparição ao vivo tenha rendido apenas quarenta libras para cada músico, eles já sonhavam alto em termos financeiros. Chris e Jonny liam biografias de artistas e estudavam não só os seus sons, mas também os seus passos rumo ao sucesso. O livro *Life in Technicolor: A Celebration of Coldplay* (2018), dos autores britânicos Debs Wild e Malcolm Croft, compila anotações dos rapazes listando metas para 1998 do tipo "ser contratado". Coerentes com sua própria estética protossapatênis, eles ostentavam também uma mentalidade empresarial. Era o sintoma menos charmoso da autoconfiança que eles depositavam no seu próprio material autoral, desde o início assinado por todos, embora a responsabilidade por letra e melodia já recaísse em Martin. Renomearam-se pela última vez, aproveitando nome descartado por um amigo para seu próprio projeto musical, elaborado em alusão ao livro *Child's Reflections, Cold Play* (1997), de Philip Horky.

Em 25 de maio de 1998 o Coldplay soltou o EP de três faixas *Safety*. Por pouco não viraram um quinteto, com a entrada de Tim Rice-Oxley, do Keane, nos teclados, uma ideia de Chris vetada pelos comparsas. Em setembro, participaram do In The City, congresso musical independente de Manchester, atraindo olheiros da indústria, e antes do final do ano apareceram na *NME*. Sem perder tempo, em abril de 1999 tinham outro EP na praça, *Brothers & Sisters*, lançado pelo selo londrino Fierce Panda.

No mesmo mês, após analisarem quatro propostas de seis dígitos, fecharam com a gravadora que mais desejavam, Parlophone (Beatles, Radiohead). Tocaram nos três maiores festivais ingleses, Glastonbury, Reading e Leeds e, em outubro, apresentaram outro EP, *The Blue Room*. Das cinco músicas escolhidas se destacavam "Don't Panic", em versão diferente à que entraria em *Parachutes*, e "High Speed", que seria mantida no trabalho de estreia.

Suavidade infernal

Quem escuta o repertório tão redondo e harmônico de *Parachutes* tende a pensar que tudo correu na mais perfeita suavidade durante a sua produção. Mas gestar o álbum de estreia do Coldplay foi um processo bastante sôfrego. As primeiras sessões, iniciadas ainda em 1999 com o produtor Chris Allison, não funcionaram. Ele botou a culpa na falta de foco no grupo que, por sua vez, jogou a batata no colo de... Will.

Sim, o aprendiz de baterista chegou a ser demitido por, segundo os companheiros, não manter o ritmo adequadamente. Tiveram, porém, a dignidade de trazê-lo de volta dentro de poucos dias e pedirem desculpas. Não à toa, no documentário *Coldplay: A Head Full of Dreams* (2018), do inglês Mat Whitecross, Will usa o termo "inferno" para definir a feitura de *Parachutes*. Passada a crise, conversaram com vários produtores, até chegarem em Ken Nelson, colaborador de Gomez e Badly Drawn Boy.

Realizadas maioritariamente no estúdio Parr Street, de Liverpool, mas também no Rockfield, em Monmouth, Gales, e no londrino Wessex, as gravações com Nelson começaram em novembro do mesmo 1999 e duraram cerca de seis semanas. O novo produtor insistia para que eles gravassem ao vivo em estúdio, processo que consumiu um mês de ralação no Rockfield, mas rendeu algumas tomadas perfeitas. Entre elas, a definitiva de "Shiver", um dos poucos momentos mais roqueiros do sereno e predominantemente acústico *Parachutes*.

2000

Lançada como primeiro single em março de 2000, a segunda faixa do álbum relata o ponto de vista de alguém apaixonado e insistente. "Shiver" é pontuada pela bela somatória do violão de Chris e da guitarra de Jonny, amparada por uma bateria bem segura do outrora rejeitado Will. Reforçada por um clipe modesto, a canção chegou ao número 35 no Reino Unido.

Luz amarela

O momento chave das gravações de *Parachutes*, porém, deu-se quando Chris Martin decidiu abordar o elefante na sala: ainda faltava um potencial grande hit no repertório. Inspirado por um passeio noturno com céu estrelado, ele resolveu a questão ao esboçar "Yellow", a quinta música do álbum, imitando o estilo vocal sensível empregado por Neil Young em suas baladas. Jonny aproveitou e desenterrou para a ocasião um *riff* de sua adolescência, abrilhantando o arranjo da canção. E claro: havia o irresistível refrão em falsete de Martin.

Sabendo que tinham algo grande em mãos, os quatro se preparam para protagonizar um vídeo na praia de Studland, em 23 de maio de 2000, um suposto dia ensolarado. Mas dois imprevistos, o funeral da mãe de Will naquela mesma data e as chuvas torrenciais, obrigaram os diretores ingleses James Frost e Alex Smith a mudarem de planos. O corte final acabou trazendo apenas Chris cantando em câmera lenta, enquanto caminha molhado sobre inóspitas areias. De forma consideravelmente aleatória, estava criado um clássico instantâneo do formato clipe, que ajudou o single de "Yellow", lançado em junho, a beliscar o número 4 da parada britânica.

Assim, quando *Parachutes* foi colocado à venda, em 10 de julho de 2000, o Coldplay já tinha o seu primeiro hit. Não sem antes protagonizar um entrevero com alguns executivos da Parlophone, que não aprovaram a mixagem inicial do disco. O serviço acabou sendo refeito pelo estadunidense Michael H. Bauer, veterano com gravações de James Brown e Aerosmith no portfólio, e realçou consideravelmente a sonoridade elegante e envolvente de *Parachutes*.

Profecias

Dezesseis dias antes do lançamento, quando o Coldplay se apresentou novamente em Glastonbury, Chris Martin profetizou: "é ótimo que vocês nos vejam agora, antes que fiquemos gigantes tipo o Bon Jovi". O tom era de brincadeira, mas em breve eles estariam percorrendo vários dos países presentes no globo terrestre da capa do primeiro álbum (em foto de Martin).

Quarto single do disco, de março de 2001, "Don't Panic" era outro dos registros *live* em estúdio obtidos graças à teimosia de Ken Nelson. Uma das mais agradáveis canções de abertura do novo milênio, ela resume a beleza descomplexada de *Parachutes*. Seu arranjo é enriquecido por detalhes como o solo cirúrgico de Jonny, os efeitos sonoros no *riff* de piano de Chris e a elegante bateria executada com varetas por Will.

Outras duas preciosas baladas são ensanduichadas entre "Shiver" e "Yellow". Uma é "Spies", com climática passagem instrumental remetente ao Radiohead da fase *The Bends* (1995), e voz magnética, cristalina de Martin. Novamente prevendo o próprio futuro, no qual seria acossado pela fauna *paparazzi* por sua relação com a atriz Gwyneth

Paltrow, ele canta: "Espiões se escondem em todos os cantos". A outra belezura é "Sparks", de linha de baixo classuda, minimalismo na escolha das notas e muito espaço para a delicada melodia vocal.

Lançada como terceiro single (outubro de 2000), "Trouble", a música seguinte, exibe uma das qualidades que transformariam o Coldplay em um nome tão querido do público: o piano enquanto fio condutor. Desde a fase *Use Your Illusion* do Guns N' Roses o mundo não se interessava tanto por uma banda com um líder também pianista. "Trouble", que alcançou o décimo posto na parada britânica e teve duas versões em videoclipe, é o último grande momento de *Parachutes*.

O repertório perde parte da sua tração nos minutos derradeiros com a faixa-título, uma curiosa vinheta-balada, e "High Speed", sobrevivente da etapa Chris Allison. Depois temos a baladinha sutil e texturizada "We Never Change", além de "Everything's Not Lost", que vale apenas pelo coro catártico de seu encerramento. Editado originalmente no reinado do CD, *Parachutes* ainda guarda um cacoete típico daqueles tempos, uma "faixa escondida", a descartável valsa "Life Is for Living".

Sina de estádio

2000

Doze dias após ser lançado, *Parachutes* estreou na parada do Reino Unido em 1º lugar. Até o final de 2000, as expectativas comerciais da gravadora se superaram em quase nove vezes. Naquele ano, nenhum outro artista vendeu mais CDs em solo britânico do que os 877 mil do Coldplay. Curiosamente, a Capitol, velha parceira da Parlophone nos Estados Unidos, não se interessou pelo álbum, que acabou editado pelo selo menor Nettwerk. A conquista da América, porém, se daria a partir do segundo disco, *A Rush of Blood to the Head* (2002).

Na altura do quarto, *Viva la Vida or Death and All His Friends* (2008), o Coldplay já recebera do U2 o bastão de grande banda de estádio do planeta, chupinhando dos irlandeses até a preferência por Brian Eno como produtor favorito. No entanto, a maionese do bom gosto, tão importante no saboroso menu de *Parachutes*, desandou gradualmente, conforme o sucesso do grupo multiplicou de tamanho. Ao cumprir sua primeira década de trajetória discográfica, o Coldplay já era considerado um prato indigesto por muita gente.

MISSY ELLIOTT
Under Construction

[2002]

Algumas parcerias entre artistas e produtores simbolizam uma época. Ainda mais quando tal artista é, além de craque em seu ofício, também brilhante em composição e na própria produção. Uma das duplas que melhor se enquadram no perfil acima é a formada por Missy Elliott e Timbaland no início dos anos 1990. Mais do que contribuírem com a expansão do hip-hop para além da dualidade rígida entre os eixos Costa Leste (Nova York) e Costa Oeste (Los Angeles), os dois amigos de juventude, oriundos do pouco prestigiado estado da Virgínia, conceberam um universo sonoro próprio, onde reinam elementos lúdicos, imprevisíveis, futuristas e até cômicos. Ela, apresentando melodias pegajosas e rimas surrealistas, frequentemente baseadas em onomatopeias desconcertantes; ele, confeccionando batidas que parecem originárias de outra galáxia, e cuja capacidade de surpreender os ouvintes é proporcional à rapidez com que têm a sua autoria identificada.

Por causa de sua atuação com Elliott, Timbaland se estabeleceu como um dos produtores mais requisitados do mundo, por estrelas de diferentes gêneros musicais. Ao passo que ela foi uma das primeiras figuras femininas do hip-hop a serem reconhecidas também por seu talento como produtora e compositora. Missy enfrentou o sexismo e o machismo do hip-hop dos anos 1990 e 2000, além de romper com os padrões de beleza vigentes durante o domínio do gangsta rap.

Companheiros nos bastidores dos estúdios muito antes de serem conhecidos, Missy Elliott e Timbaland chegaram ao ponto máximo de sua simbiose em *Under Construction*, o quarto trabalho solo dela, lançado em novembro de 2002. O álbum é ritmicamente indomável e abunda em refrões irresistíveis, rimas aniquiladoras e ruidinhos de tirar o sono dos pesquisadores de samples. Reforçou a ideia de que, mesmo no mainstream, o hip-hop desafiador e "fora da casinha" – qualidades que se aplicam também aos alucinógenos clipes de Elliott – é compatível com sucesso.

Nos Estados Unidos, *Under Construction* conquistou o número 3 na parada de álbuns, gerou dois hits no top 10 de singles, fisgou um Grammy e outras quatro indicações ao mesmo prêmio. Apareceu entre os 10 melhores discos do ano nas listas de publicações como *Village Voice* e *Rolling Stone*, revista que o considera o 7º disco mais importante feito por uma mulher em todos os tempos, bem como o 18º melhor do século 21 entre artistas de qualquer gênero.

Alma gêmea

A infância de Melissa Arnette Elliott em sua cidade natal, Portsmouth, Virginia, não foi fácil. Nascida em 1º de julho de 1971, a menina se acostumou a ver a mãe, uma religiosa fervorosa, sendo agredida pelo seu pai, que certa vez ameaçou a filha única com uma arma. Sua via escapista instintiva era a música e, aos 11 anos, ela já gravava fitinhas com suas próprias criações e as enviava a ídolos como Diana Ross.

Desde os 18, esteve no quarteto Sista, com quem gravou o CD *4 All Sistas Around da World*, mas o selo que deveria lançá-lo, em 1994, acabou o engavetando. A decepção serviu para que Missy, como era chamada pela família, almejasse o papel de produtora. Pegou amizade com Timothy Zachery Mosley, vulgo Timbaland, nativo da vizinha Norfolk que tinha colaborado com o Sista.

Os dois miravam como exemplo uma dupla que estava colocando a Virgínia no concorrido mapa do hip-hop, o Neptunes, de Pharrell Williams e Chad Hugo, que em breve se tornariam os primeiros megaprodutores a dominar gêneros alheios ao hip-hop. Pharrell também inaugurou a transição entre o papel de produtor anônimo e o de popstar, caminho que depois seria trilhado por Missy Elliott (e, mais tarde, Kanye West).

Antevendo isso ou não, fato é que Melissa e Timothy não se desgrudaram mais. "Missy era minha alma gêmea", diz Timbaland na série documental *Hip-Hop Evolution* (2016), dos canadenses Darby Wheeler, Sam Dunn e Scot McFadyen. Ralaram muito e, em 1995, já constituíam um duo de compositores e produtores consolidado e milionário, recrutado por nomes do R&B e do hip-hop como Jodeci, Ginuwine e, principalmente, Aaliyah (no hit “If Your Girl Only Knew”, de 1996). A seguir colaboraram com Mariah Carey (“Baby Doll”, de 1997), Janet Jackson (o remix de “Go Deep”, de 1998) e várias outras cantoras famosas.

Em algumas dessas faixas, Missy, conhecida também como Misdemeanor (Contravenção), mostrava seus dotes de rapper e dançarina. Disputada por diversas gravadoras, ela selou acordo com a Elektra para atuar como artista solo e produtora, ganhando inclusive um selo para supervisionar, o Gold Mind Records.

Salto à linha de frente

“A Missy me fazia tocar cem batidas e dizia: ‘dá pra fazer melhor’”. Assim relata Timbaland, em *Hip-Hop Evolution*, a dinâmica de sua labuta com Missy no primeiro trabalho individual dela, o bombástico *Supa Dupa Fly*, de julho de 1997. “Ela tinha toda a visão de como deveria soar, sempre olhando para frente.” Naquele ponto eles haviam desenrolado uma interessante metodologia de criação, que envolvia, por exemplo, evitar ouvir rádio para não se sujeitarem a nenhuma “influência externa”.

Ainda com forte inspiração do R&B, mas já apontando para múltiplas direções, tanto nos arranjos quanto nos premiados clipes, *Supa Dupa Fly* promoveu um choque de inovação e fez um sucesso tremendo. Alcançou o número 3 da parada da *Billboard*, vendeu mais de um milhão de cópias em três meses e recebeu duas indicações ao Grammy. O festejado *début* alçou-a ao primeiro plano do mainstream. Missy Elliott passava a imagem de uma estrela autêntica, mais interessada em ideias amalucadas do que na sensualização clichê, assumida como *default* pela maioria das estrelas do período. “Estou dizendo às mulheres que sejam fortes e independentes”, afirmou ela à *NME* em dezembro de 1997.

Mais do que um símbolo feminista, Missy era completa, autossuficiente. Em matéria de outubro do mesmo ano da revista *New Yorker*, em que foi chamada pelo jornalista Hilton Als de “a maior e mais negra rapper que a América Média já viu”, ela explicou um pouco suas ambições: “Eu sinto assim: OK, se eu consigo ser cantora, então deixa eu tentar filmar. Se eu consigo ser rapper, então deixa eu tentar compor. Tá bom assim? Se eu consigo ser uma rapper, cantora e compositora, então por que não tentar produzir?".

Abraçada pelo *jet set*, Missy Elliott chegou ao segundo CD, *Da Real World*, de junho de 1999, cercada de grande expectativa e convidados de peso (Destiny's Child, Eminem). Décimo lugar na parada estadunidense, o álbum novamente produzido por Timbaland já insinuava os experimentos rítmicos que ela intensificaria no seguinte, *Miss E… So Addictive*, de maio de 2001. Esse terceiro trabalho, portador do fantástico drum and bass "Get Ur Freak On", é seu maior sucesso até hoje (2º lugar em seu país). Mas a sua melhor faceta ainda estava por ser vista.

Pervertendo o hip-hop

Coprodução Missy Elliott/Timbaland registrada em dois estúdios nova-iorquinos, um em Atlanta e um em Miami, *Under Construction*, o quarto álbum da rapper, viu a luz em 12 de novembro de 2002. O público não aguentava mais esperar, de tanto que tinha gostado do primeiro single, "Work It", lançado três meses antes. Acompanhada de um clipe delirante, com direto a massagista sósia de Prince e Missy coberta de abelhas, a música era uma espécie de vitrine do mundo elliottiano: batida irresistível e imediatamente reconhecível de Timothy (com samples de Run-DMC e Blondie), uma virada de bateria convertida em verso onomatopaico e até uma parte em embromation de chinês.

"Work It" continha ainda o primeiro refrão pop da história composto parcialmente por uma frase tocada ao contrário, algo que ocorreu acidentalmente. Muita gente especulou se aquelas vocalizações incompreensíveis se tratavam de algum código secreto. Uma das melhores canções dos anos 2000, "Work It" obteve o número 2 nos EUA.

Não que, até chegar nela, a quarta faixa de *Under Construction*, o queixo do ouvinte já não tenha caído. O repertório homenageia a sonoridade vintage dos primeiros anos do hip-hop, mas sob o prisma do futurismo; como resultado, temos uma música mais surpreendente do que a outra. Após um manifesto falado, em que Elliott prega a paz no hip-hop, "Intro / Go to the Floor" faz tremer o chão, com ritmo desenvolvido a partir de percussão magrebi e sintetizador electro-funk. A segunda, "Bring the Pain", apropria-se do arranjo sombrio de uma música de Method Man com participação do próprio integrante da Wu-Tang Clan.

A seguir, outro impacto pesado se dá com "Gossip Folks", o segundo single, que saiu na mesma semana que o disco (número 8 nos EUA). É um pancadão sincopado impressionante, que perverte as possibilidades rítmicas do hip-hop, conta com canja do rapper Ludacris e vocais infantis. Atestando a moral de Missy Elliott naquele 2002, o funkão sem frescuras "Back in the Day" contém participação do então badaladíssimo Jay-Z, com quem ela presta tributo a MCs dos anos 1980. A mesma pauta permeia "Funky Fresh Dressed", que sampleia beat robótico da canção "Paul Revere" (1986), dos Beastie Boys, e tem a Ms. Jade como convidada.

A primeira calamaria em *Under Construction* só acontece na sétima faixa, o R&B "Pussycat", uma deixa delicada para a aparição de "Nothing out There for Me", canção cantada por uma certa Beyoncé, ainda em vias de explodir em sua carreira solo. Mas a seção seguinte de *Under Construction*, na qual Missy não divide o microfone com ninguém, enfileira outras quatro pedradas: "Slide", que poderia ser taxada de tecnohop; o breakbeat melódico "Play That Beat"; "Ain't That Funky", um recado a malandros aproveitadores com um baixo eletrônico atronador; e o batidão minimalista "Hot".

Para concluir, outra palhinha de pedigree, das duas remanescentes do grupo vocal TLC, ainda em luto pela morte da colega Lisa Lopes. A ela e a Aaliyah, falecida no ano anterior, é dedicada a comovente letra de "Can You Hear Me", a canção derradeira. Após o último estribilho, Missy sai de cena com outro discurso, dizendo não ser necessariamente uma "verdadeira artista hip-hop". Claro que não. Ela era muito mais do que isso.

CAT POWER
You Are Free

[2003]

Que obra especial é *You Are Free*. Lançado em janeiro de 2003, o sexto trabalho de estúdio de Cat Power figura no seleto grupo dos grandes álbuns de baladas, ao lado de, por exemplo, *Pink Moon* (1972), de Nick Drake, *Out of Season* (2002), de Beth Gibbons & Rustin Man (ver textos sobre ambos no volume 1 deste projeto) ou *The Boatman's Call* (1997), de Nick Cave & the Bad Seeds.

O disco é o retrato mais sensível de uma artista única. Dotada de uma veia confessional para a composição, Chan Marshall, a mulher por trás do nome Cat Power, luta para exorcizar em cantoria os vários demônios de sua personalidade instável. Para isso, emprega arranjos crus e minimalistas aprendidos na esfera alternativa estadunidense e, principalmente, a sua voz iluminada, um encontro raro entre delicadeza, vulnerabilidade e sensualidade. *You Are Free* capta esses talentos como nenhum de seus outros onze álbuns de estúdio.

Mulher de poucos colaboradores, em oito das quatorze canções Chan canta sozinha ao piano ou na guitarra. E, nas outras seis, vê-se acompanhada, em geral, por apenas um ou outro convidado. Mas não qualquer gaiato, é claro: comparecem Eddie Vedder e Dave Grohl, discretamente listados nos créditos com suas iniciais (numa infame tentativa de mantê-los em segredo); marcam presença, também, Warren Ellis, o multi-instrumentista dos Bad Seeds e do Dirty Three, e David Campbell, arranjador de cordas também famoso por ser pai de Beck.

Caminho turbulento

Nascida em Atlanta em 21 de janeiro de 1972, Charlyn Marie Marshall padeceu precocemente de alergias e tristeza, tendo que enfrentar a separação dos pais hippies aos 4 anos. Morou com a mãe, uma pessoa com esquizofrenia e alcoólatra descendente de uma linhagem com histórico de doenças mentais, em diferentes casas no Tennessee e na Carolina do Norte. A volubilidade da família – que logo se complicaria mais com a paralisia cerebral do irmão mais novo – deixou-lhe muito insegura. Seu pai, que a acolheu na adolescência (antes de expulsá-la de casa), era músico, mas não a incentivava, ao contrário de sua avó. Gostava dos velhos LPs familiares de jazz e blues, mas também de Cure e Hüsker Dü.

A trajetória profissional de Marshall começou em 1991, quando ela se mudou para Cabbagetown, bairro artístico de Atlanta. Suas primeiras composições eram uns sons meio mântricos, que ela esboçava em sua guitarra Silvertone nos intervalos de seu emprego numa pizzaria.

Montou uma banda com o baterista Glen Thrasher e o guitarrista Mark Moore. E, enquanto debatiam um nome para o primeiro show, avistaram um cidadão idoso com um boné de uma marca de tratores estampado pelos dizeres "*Cat Diesel Power*". Chancelaram ali mesmo o batismo aleatório e niilista. Chan logo se veria obrigada a, como Alice Cooper e Marilyn Manson, assumir como pseudônimo o título que na verdade pertencia a um grupo. Mais do que aceitar isso, os seus comparsas tiveram que se acostumar com a imprevisibilidade daquela cantora que, no palco, interrompia canções, interagia exageradamente com o público e, às vezes, chorava. Mesmo assim, eles se mudaram com ela para Nova York, onde ganharam o reforço do guitarrista Bob Bannister.

2000

Estética da imprevisibilidade

Em 1993, o selo Making of Americans lançou "Headlights", o primeiro single de Cat Power, pontuado por guitarras dissonantes e a voz de Chan, que oscila entre a fala e os gritos. No ano seguinte, ela se amigou com Steve Shelley, baterista do Sonic Youth. Influenciada pelos performers de vanguarda que via na noite nova-iorquina, foi radicalizando ainda mais as suas aparições ao vivo, nas quais podia tocar de costas para o público e discutir com os presentes.

Em dezembro de 1994 gravou, com Shelley e o guitarrista Tim Foljahn, as vinte faixas que abasteceriam os seus dois primeiros discos: *Dear Sir*, bancado pelo selo italiano Runt Records, veio em de outubro de 1995; *Myra Lee* – o nome de sua mãe –, editado pelo selo do baterista,

Smells Like Records, apareceu em março de 1996. Precursora da febre de bandas indie sem baixo que despontariam na virada do milênio (The White Stripes, Yeah Yeah Yeahs, etc.), Cat Power/Chan Marshall atraiu a Matador, que se encarregaria de todos os seus lançamentos até 2012. Sucederam-se, então, já pela nova gravadora, *What Would the Community Think*, de setembro de 1996, do hit indie "Nude as the News" (sobre aborto que ela fez quatro anos antes), e também as primeiras turnês europeias.

Chan, porém, digeria mal a carga emocional com que boa parte das plateias respondia, empática mas intensamente, às suas letras e interpretações. Timidamente carismática e fisicamente deslumbrante, sentia culpa por ter realizado o sonho de ser artista. Cogitou largar tudo e, em período sabático, engatou relacionamento com o cantor de vozeirão Bill Callahan, em 1997. Mas logo já saltava da Carolina do Sul, onde viveu com Callahan, à Austrália, para registrar *Moon Pix* (1998) com músicos do Dirty Three.

De volta a Nova York, instituiu a rotina de mamar uma garrafa de uísque por show e dar vexames, do tipo deitar no chão e esperar ser consolada por fãs. "Aqueles que conhecem Chan sabem duas coisas principais sobre ela: que tem a voz de um anjo machucado e que é provavelmente louca" resumiu a escritora Elizabeth Goodman na biografia não autorizada *Cat Power: A Good Woman* (2009).

Para fugir do fardo pessoal engatilhado pelos próprios versos, Marshall optou por uma coleção de releituras de outros autores para o seu projeto seguinte, *The Covers Record*, de março de 2000, no qual mostrava outra de suas especialidades: torcer as canções até que elas ficassem quase irreconhecíveis em suas releituras, graças às nuances cada vez mais sofisticadas de sua voz. Após o lançamento, ela tirou umas longas férias. No regresso, nem atualizou a Matador sobre o material que começava a preparar.

Menos é mais – mas dá trabalho

Se diferente na proposta, que retornava ao âmbito autoral, o processo de elaboração do próximo álbum de Cat Power se assemelhava ao anterior quanto ao minimalismo de sua equipe. Ao longo de 2002, ela basicamente labutou na companhia exclusiva do produtor Adam Kasper, de Seattle, parceiro de respeitadas bandas locais, como o Soundgarden.

Kasper encaixava as sessões com Chan nos diferentes estúdios em que gravava, ao mesmo tempo, os novos trabalhos de outras duas instituições de sua cidade, Pearl Jam e Foo Fighters. Daí veio a conexão com os respectivos líderes dessas bandas, Eddie Vedder e Dave Grohl, para que colaborassem com a sua nova cliente. Embora tenha recebido crédito só pela engenharia e pela mixagem em *You Are Free*, ele foi o coprodutor extraoficial do projeto.

Como os encontros eram espaçados entre si, muitas vezes Marshall concebia novas ideias em momentos reservados para a complementação de outras já em andamento. Tal dinâmica incomodava ela própria, habituada a resolver seus discos em poucos dias. Após um ano nesse vaivém, encontrava-se angustiada diante de quarenta músicas inacabadas. Finalmente, com a ajuda de Adam Kasper, conseguiu selecionar as melhores e finalizar um repertório.

É fascinante saber que um álbum tão econômico nos arranjos tenha custado tanta "rotação de lâmpada" para ficar pronto. A mesma direção artística de aparente despretensão parece nortear a capa, em que o conceituado fotógrafo britânico Mark Borthwick capta a cantora (ou alguém parecido a ela) sentada no meio do mato. Menos pode até ser mais, como diz o ditado, mas às vezes é um objetivo estético difícil de se conseguir. De todas as formas, não importa os desertos que Cat Power, ou Chan Marshall, teve que atravessar para chegar ao resultado final de *You Are Free*. Cada um dos 53 minutos das quatorze faixas do disco vale a pena.

Poder intimista

O ouvinte se envolve em sua redoma intimista sem demora, na música introdutória "I Don't Blame You". Sua letra não podia ser mais autobiográfica, abordando a ânsia dos intérpretes em se libertarem das expectativas do seu público: "Eles queriam ouvir aquele som / E você não queria tocar / E eu não te culpo". Recado muito bem dado, ainda mais quando envolto em imagéticos acordes de piano e vocais que crescem no refrão. Aliás, ao criar camadas melódicas com a própria voz, Marshall soa como uma de suas musas, Sinéad O'Connor.

Outro ângulo dos perigos do estrelato nutre "Free", a segunda faixa, uma das quatro exceções mais animadas de um repertório dominado por baladas. "Não se apaixone pelo autógrafo", ensina Chan nesse charmoso roquinho de *riff* hipnótico, guiado por bateria eletrônica, guitarra e teclados. A seguir, os alto-falantes se enchem da atmosfera sulista estadunidense de "Good Woman", um quase-country que oferece uma perspectiva madura sobre um fim de relação. Entre os sussurros pouco perceptíveis de Eddie Vedder e o bonito violino de Warren Ellis, ela tenta se justificar: "Quero ser uma boa mulher / E quero que você seja um bom homem / Por isso vou embora". É uma das duas gravações com arranjo de cordas de David Campbell.

Dave Grohl se encarrega da bateria e do baixo da quarta música, "Speak for Me". É a segunda não balada da tracklist, antecedendo duas joias da calma sonora despida de excessos: "Werewolf", delicada fábula garimpada no cancioneiro do trovador folk Michael Hurley (com complemento dramático de Campbell), e "Fool", outra amostra do feitiço fabricado por Chan somente com uma guitarra e duas ou três melodias vocais empilhadas. Grohl reaparece em "He War", pérola do indie rock que mereceu um curioso clipe – coprotagonizado por Daniel Currie, então companheiro de Marshall na vida real – e na repetitiva "Shaking Paper", com duas tomadas de bateria do ex-Nirvana fundidas na mixagem.

Passadas essas duas últimas "concessões", o prumo de *You Are Free* se volta definitivamente para o universo baladístico. E, nesse ritmo, caminha gloriosamente até sua conclusão. Em "Babydoll", um violão terno abraça outra mensagem dirigida a ela mesma ("Você não quer ficar sóbria?"); enquanto isso, "Maybe Not" explora novamente a combinação fatal entre suas vozes somadas e seu piano de melancólicas notas. Recupera a temática da liberdade, presente também no título do álbum, na música "Free" e nas fotos do encarte, em que Bibi, a filha do fotógrafo Borthwick, aparece correndo. Uma lindeza.

Mas mesmo quem já entendeu, a essa altura, que *You Are Free* é território sólido de manifestações emotivas, não está preparado para a próxima. Inspirada em cinco casos diferentes de abuso infantil, "Names" exibe a melodia de piano mais memorável de todo o repertório e é candidata a música mais triste do século 21. Sabendo disso, a autora cuidou para que as faixas subsequentes, o alt-country "Half of You" e a fantástica cover de "Keep on Runnin'", de John Lee Hooker (totalmente diferente da original), reconduzam o ouvinte à tona. Para liquidar a fatura, ela regressa ao piano na deslumbrante "Evolution", colando seu canto ao timbre grave de Vedder.

Lançado em 18 de fevereiro de 2003, *You Are Free* dividiu águas na biografia de sua criadora, que viu seu público aumentar consideravelmente. Ela se mudou para Miami e entrou numa espiral de álcool e substâncias ilícitas, o que não a impediu de sair em turnê. Três anos depois, soltaria no mercado outra bolacha notória em sua discografia, *The Greatest*, produzido em Memphis com músicos da nata do soul.

THE WHITE STRIPES
Elephant

[2003]

Numa manhã de maio de 2006, um vagão de trem percorria a linda região da Toscana, na Itália, repleto de torcedores do Lucchese, um pequeno time de futebol da cidade de Lucca. Após ofenderem a equipe rival, o Viareggio, com o clássico "*vaffanculo!*", eles emitiram um estrondoso coro de "ô-o-o-o-o-o-ô", imitando o *riff* principal da guitarra de "Seven Nation Army", do White Stripes. Apenas dois meses depois, num bar em Barcelona, outro bando de ruidosos italianos acompanhava a transmissão televisiva da vitória da *Squadra Azurra* sobre a França, na final da Copa do Mundo de 2006. Em sincronia via satélite com a massa que festejava a conquista *in loco*, no estádio Olímpico de Berlim, eles cantavam em uníssono as mesmas sete palhetadas de Jack White.

Estava claro para mim, testemunha de ambos os eventos, que aqueles quatro segundos de puro pentatonismo blueseiro haviam se transformado no trecho musical onomatopaico mais organicamente viral do então novo milênio. Um status que, duas décadas após o surgimento da canção, permanece firme. Todo repertório entoado por qualquer multidão que se preze revisita, instintivamente, a introdução de "Seven Nation Army". Equivalente do século 21 ao "tun-tun-tá" da bateria de "We Will Rock You", do Queen, a música gerou também uma torrente de covers impossível de conter.

Toda essa loucura desatada pela composição de White, e o fato de ela ter sido eternizada no inconsciente coletivo para além da música pop, ameaça até ofuscar a qualidade absurda do álbum ao qual pertence, *Elephant*. O que seria uma injustiça: lançado pelo White Stripes em abril de 2003, o quarto trabalho da parelha de Detroit não possui nenhuma faixa fraca entre as suas quatorze. O disco confirma toda a badalação que vinha cercando Jack e Meg nos quatro anos anteriores, em especial desde seu antecessor *White Blood Cells*, o segundo gatilho mais importante da febre roqueira revivalista do início do milênio – atrás, apenas, de *Is This It*, lançado pelos Strokes no mesmo 2001 (ver texto sobre este álbum no volume 1 deste projeto).

Premiado com o Grammy de melhor álbum de música alternativa, certificado com dois discos de platina pela marca de dois milhões de cópias vendidas nos Estados Unidos e considerado o 14º melhor álbum do primeiro quarto do século 21 pela *Rolling Stone*, *Elephant* é também o atestado do improvável sucesso da banda mais roqueiramente conceitual, ou conceitualmente roqueira, desde os Ramones. Ou alguém aqui pode citar outro grupo de rock bem-sucedido que não tenha baixo e conte com apenas dois integrantes, sendo um deles a mais primitivamente simplista das bateristas?

Tudo no "pacote" White Stripes era idiossincrático. Musicalmente, sua instrumentação minimalista e suas batidas rústicas, teimosamente gravadas de forma analógica, elevaram a sonoridade garageira a uma valiosa *commodity* do hipsterismo sonoro. Visualmente, sua predileção pelas cores branco, preto e vermelho – com predomínio desta última, paradoxalmente ao *white* do nome – nas roupas, nos instrumentos e nas capas dos discos lhes deu um aspecto iconográfico único, de um bom gosto vintage ludicamente "vetorizável".

E, filosoficamente, o fato de serem uma dupla de ex-cônjuges, mas que não desmentiam ser nem um casal, nem um par de irmãos, envernizou-os com um charme misterioso irresistível. Um apelo que se amplificava com o contraste entre a proficiência de Jack nas seis cordas, sua potência vocal e seu talento como compositor e a tosquice fofa, ainda que dotada de pegada e malemolência, da tímida Meg. Da mesma forma que os Ramones tinham, por trás de sua rudeza esquemática, a voz e as melodias de Joey como "armas secretas", o White Stripes guardava um trunfo dissimulado chamado Jack White, um dos performers e criadores que definiram a música dos anos 2000.

O estofador e a garçonete

Derradeiro e temporão filho de uma prole de dez, John Anthony Gillis, o futuro Jack White, nasceu em 9 de julho de 1975, no Southwest

Detroit, bairro etnicamente diverso de classe média da capital do Michigan. A música o fisgou cedo, graças a três irmãos mais velhos que tocavam, o que lhe impulsionou a se jogar em diferentes instrumentos no colégio Cass Tech. Sua obsessão por sons negros estadunidenses, especialmente o blues de ícones como Sonny Boy Williamson e Robert Johnson, vem desse período e forjou sua sonoridade, que muitos comparariam a Rolling Stones e Led Zeppelin. Ao mesmo tempo, transformou-se em assíduo frequentador de sebos e lojas de equipamentos analógicos.

Aos 16 anos, Gillis descobriu grupos de garagem de diferentes épocas, dos anos 1960 (os heróis locais Stooges e MC5) aos 1980 (Flat Duo Jets, The Gories), e conseguiu emprego como estofador (!), ofício que lhe serviu de ganha-pão durante anos. Teve sua primeira experiência musical mais séria aos 17 anos, assumindo a bateria do Goober & the Peas. Num café da cidade vizinha Ferndale, conheceu Megan Martha White, nascida em 10 de dezembro de 1974 em outra cidade próxima, Grosse Pointe. Embora se inclinasse às artes em sua escola North High, a caçula de duas irmãs não tocava nem cantava nada, e era notória por sua timidez e discrição.

Ambos, aos 21 anos de idade, casaram-se em pequena cerimônia familiar ocorrida na cidadezinha de South Lyon em 21 de setembro de 1996, e o marido adotou o sobrenome da esposa. Meses depois, se mudaram para o casarão da família Gillis em Southwest Detroit, em cujo sótão John/Jack realizava gravações artesanais.

No ano seguinte, ele teve o combo country-punk Two-Star Tabernacle, com o qual criou futuras canções do White Stripes. Meg, que se virava como garçonete, arriscava suas primeiras pratadas com o companheiro no sótão. Antes mesmo de pisarem num palco, Jack já visualizava o conceito tricolor, que começou a ser explorado a partir de 14 de julho de 1997, quando o White Stripes estreou ao vivo, no bar Gold Dollar de Detroit. Logo entrariam numa rotina de shows marcados pela fúria cênica do indomável guitarrista, pela concentração disciplinada de Meg no instrumento que tentava aprender e pelo instigante intercâmbio de estímulos entre os dois no palco, facilitado pela proximidade com que se posicionavam um do outro.

Em março de 1998, o duo teve o primeiro single, "Let's Shake Hands", lançado em compacto de 7 polegadas pelo selo local Italy Records. No mesmo formato, saiu antes do final do ano "Lafayette

Blues" que, como o antecessor, fora produzido no casarão, onde Jack também frilava como produtor para grupos como o Greenhornes. Paralelamente, apresentava-se apenas com o violão, e administrava pelo menos outras duas bandas, The Go! e Bricks. Só não havia espaço na agenda para uma coisa importante: salvar o seu casamento.

Elefante na sala

Gravado em quatro dias de janeiro de 1999 com orçamento de US$ 3 mil, *The White Stripes*, teve sérias possibilidades de ser o único álbum do par que lhe batiza. Afinal, nos meses seguintes às sessões que originaram o trabalho de estreia, a relação matrimonial de Jack e Meg degringolou em curva inversamente proporcional ao *hype* que seus avatares musicais despertavam juntos. Num show de março, ele precisou ensaiar o repertório com outros músicos, até a baterista confirmar sua presença na última hora. Foi um gesto determinante.

A surpreendente maturidade dos dois ex-amantes, que em 24 de março de 2000 assinaram oficialmente o divórcio, mudaria suas vidas em mais de um sentido. Morria precocemente um casamento, mas nascia uma banda tortuosamente fadada ao sucesso. Com *The White Stripes*, publicado em junho de 1999 pela gravadora independente Sympathy for the Recording Industry, o White Stripes obtinha, “talvez acidentalmente, uma colisão sublime de inaptidão com minimalismo meticuloso”, como descreve o jornalista Chris Handyside no livro *Fell in Love with a Band: The Story of the White Stripes* (2004). Contra muitos prognósticos, essa fórmula encantaria muita gente.

Jack e Meg passaram o ano 2000 ocupadíssimos, tergiversando em entrevistas sobre seu estado civil ou consanguinidade, abrindo shows do Pavement e do Sleater-Kinney e lançando, em junho, *De Stijl,* seu segundo LP. O título, dado em homenagem ao movimento que revelou artistas como Piet Mondrian, reverenciava inequivocamente o minimalismo deles enquanto opção estética. Num momento de transição, em que o rock cru nostálgico despontava como “zebra” nas preferências comerciais, gravadoras como Sub Pop e Grand Royal (dos Beastie Boys) disputaram o passe do White Stripes. Ainda assim, o aguardado terceiro disco, *White Blood Cells*, gravado em Memphis, foi originalmente lançado, em junho de 2001, pelo mesmo Sympathy.

No mesmo mês, realizaram sua primeira turnê pelo Reino Unido, país que os amaria loucamente. Venerado pela revista *NME*, o White Stripes era oficialmente um fenômeno internacional. Em novembro de 2001, assinaram contrato envolvendo as gravadoras estadunidenses Third Man, fundada por Jack White, e V2, além da britânica XL. O acordo garantiu novas prensagens de *White Blood Cells* e ajudou a bancar o antológico e premiado clipe de Legos dançantes do fantástico garage-punk “Fell in Love with a Girl” (número 21 no Reino Unido), dirigido pelo francês Michel Gondry.

Exército de um homem e uma mulher só

2002, um ano de lua de mel entre a opinião pública e aquela safra inspirada de retrorroqueiros, foi muito especial para o White Stripes. O duo brilhou nos principais festivais britânicos, além de dividir o palco com os Strokes, sem revelar que o seu quarto álbum, composto a partir do ano anterior, já havia sido gravado. Os registros ocorreram numa sessão em novembro de 2001 e em duas semanas em abril de 2002, no estúdio analógico de 8 canais londrino Toe Rag. "Nenhum computador foi utilizado durante a composição, gravação, mixagem ou masterização deste álbum", avisam, orgulhosos, no encarte.

O primeiro indício de que algo grande estava por vir surgiu precisamente com o primeiro single, "Seven Nation Army", divulgado em fevereiro de 2003.

Composta numa passagem de som na Austrália em janeiro de 2002, a música espanta desde seus primeiros compassos, dominados pelo inescapável *riff* que, gravado com uma guitarra semiacústica e processado por um pedal digital, soa muito mais como uma linha de baixo. Mas está longe de parar por aí. A canção é redondíssima, a interpretação de Jack impressiona e o resto do arranjo se organiza numa dinâmica irresistível (*riff* sozinho – *riff* com bumbo – *riff* com voz e bateria – refrão com distorção – só o *riff* de novo).

A linguagem "geométrica" de "Seven Nation Army" se adequava a uma geração que, no início dos anos 2000, já estava acostumada com o sistema de entra e sai de elementos e o ímpeto repetitivo da música eletrônica. Reaplicado num outro contexto, o do rock sujo de amplificadores valvulados, o experimento deu muito certo. Que o digam o 1,9 bilhão de *plays* no Spotify obtidos pela faixa no momento da edição deste texto, e sua onipresença nos estádios do planeta. Destaque para a performance de Meg, enxuta e inteligente no tira e põe de surdo e caixa, além de precisa na "quase-virada" que acompanha a guitarrada explosiva de Jack. Só uma baterista despretensiosa e zero técnica como ela pensaria em desempenhar assim.

O impacto de "Seven Nation Army", que arrematou o 7º lugar na parada inglesa, foi reforçado pelo seu extraordinário clipe. Dirigido pela dupla francesa Alex Courtès e Martin Fougerol, não por caso associada a artistas eletrônicos como Air e Cassius, o vídeo mostra Jack "saindo de dentro" de Meg, e vice-versa, num esplendoroso caleidoscópio imagético de formas triangulares e tons sublimemente alvi-rubro-negros.

Sofia, Kate e *Os Simpsons*

De vestido branco e com corda amarrada ao pé direito descalço, Meg chora num lenço branco; trajando roupa de caubói vermelha com franjas brancas e sapatos pretos, Jack observa uma lâmpada acesa que pende do teto. Os dois estão sentados numa espécie de baú, perto do qual, no chão, contemplam-se um crânio e alguns amendoins (a referência menos críptica ao tal "elefante" do nome). Na contracapa, encontramos outra pista paquidérmica: Meg em cima de um banco, com medo de um ratinho. No interior do encarte, vemos uma imagem do grande compositor estadunidense Cole Porter. Bem-vindos à arte gráfica de *Elephant*, o quarto álbum do White Stripes, assinada pelo designer e baterista britânico Bruce Brand, com imagens do fotógrafo estadunidense Patrick Pantano.

Precedido por um primeiro single avassalador, o CD publicado em 1º de abril de 2003 veio ao mundo ostentando, como de costume, Jack White na produção e nas composições. Para além de "Seven Nation Army", as outras treze faixas do disco também justificavam o investimento. A segunda, "Black Math", é um blues-rock furioso que outro grande guitarrista daquela década, Josh Homme, daria tudo por ter composto. Na seguinte, "There's no Home for You Here" – quarta faixa de trabalho, em março de 2004 –, Jack exibe uma verve dylanista na maneira de encaixar os melodiosos versos, e um solo de agudos e *bends* infernais. A seguir emerge o segundo single (setembro de 2003), a potente releitura de "I Just Don't Know What to Do with Myself", de Burt Bacharach e Hal David. Solitária cover no repertório e única a ser gravada em estúdio da BBC, ela foi divulgada com ajuda de clipe em P&B, estrelado por Kate Moss como uma pole dancer e dirigido por Sofia Coppola. White Stripes era mesmo *a banda* em 2003.

Soavam mais descoladas ainda a quinta canção, a adorável balada "In the Cold, Cold Night" – uma das quatro exemplares do cancioneiro stripeano cantadas exclusivamente por Meg – e a subsequente, "I Want to Be The Boy To Warm Your Mother's Heart", com divertida letra sobre conquistar o afeto de uma sogra. Provando que é um compositor multifacetado, Jack logo emenda "You've Got Her in Your Pocket", que engrossa seu currículo de bonitas criações acústicas.

A batelada de músicas boas prossegue com o blues elétrico lento "Ball and Biscuit", a canção mais longa da discografia do White Stripes (7 minutos e 19 segundos), em cujos versos Jack aborda a mitologia meio maldita envolvendo um sétimo filho. A próxima é a poderosa "The Hardest Button to Button" que, com seu bumbo-surdo hipnótico e *riff* infalivelmente grave, entrecortado de forma irresistível pelos vocais, é a música-irmã de "Seven Nation Army". Ciente disso, o grupo a escolheu como terceiro single (novembro de 2003) e convocou novamente Gondry para o laborioso clipe, no qual foram utilizadas mais de trinta baterias, e que tem participação de Beck. Noutro sintoma certeiro de sucesso de um artista, o vídeo ganhou até impagável paródia de *Os Simpsons*. Destaque para o esperto jogo de palavras do título que, em tradução livre, significa algo como "o botão mais difícil de abotoar".

Elephant já se garantiria com mais essa maravilha. Mas seu arsenal ainda guarda munição para disparar a pesadona "Little Acorns", o enfezado surf-podreira "Hypnotize", espécie de continuação de "Fell in Love with a Girl" (do verso "quero te hipnotizar pelo telefone") e a suingada "The Air Near My Fingers", guiada por um piano elétrico tocado por Jack. Há também "Girl, You Have No Faith In Medicine", outra que tranquilamente poderia ter sido single.

O desfecho ocorre em tom brincalhão no indie-country "It's True That We Love Another", a única representante da sessão de novembro de 2001 na lista. Sua letra, sobre uma espécie de triângulo amoroso humorístico, é cantada por Jack, Meg e a cultuada cantora londrina Holly Golightly.

Uma banda dos anos 2000

Número 1 no Reino Unido e 6 nos Estados Unidos, *Elephant* ungiu o White Stripes no mainstream, de onde só saiu... morto. Vieram os álbuns *Get Behind Me Satan* (2005, terceiro lugar nos dois lados do Atlântico) e *Icky Thump* (2007, primeirão na parada britânica), turnês que passaram pelo Brasil (em 2003 e 2005) e uma badalação permanente, que colocou os dois em filme de Jim Jarmusch (*Sobre café e cigarros*, de 2003) e promoveu Jack a colaborador de figuras como Loretta Lynn – a quem *White Blood Cells* é dedicado –, o próprio Beck e Alicia Keys.

Até que, em 2 de fevereiro de 2011, o duo anunciou sua separação após treze anos e meio de atividade, aparentemente sem grandes rancores a digerir. No ano seguinte, Jack White iniciou sua carreira solo, enquanto Meg White desapareceu dos holofotes.

Contém trechos de texto originalmente publicado no blog Lá vem o Mala da Lista em 10 de novembro de 2009.

MOGWAI
Happy Songs for Happy People

[2003]

Mogwai é a banda que mais me fez feliz ao vivo. Entre 2002 e 2022, assisti a nove shows dos escoceses. Quatro foram OK. Os outros 5, incluindo aquele primeirão em que as cadeiras pareciam prontas para voar do teatro Sesc Vila Mariana, em São Paulo, perpetuaram-se inesquecíveis, demolidores, transcendentais em minha memória. Experiências *larger than life*, como se diz quando se exagera em inglês.

O Mogwai é uma quadrilha de *hooligans* que pratica um som abertamente emotivo e, às vezes paradoxalmente, decididamente intenso. Seus próprios integrantes não escondem que originalmente tentavam tocar metal – à *Folha de S.Paulo*, admitiram, lá em maio de 2002, operar sob influência de Black Sabbath e Guns N' Roses; mas, com a pouca técnica e velocidade que Deus lhes deu e sua inclinação inexorável à melancolia, acabaram por direcionar seus anseios de outra maneira.

Elaboraram e executaram um plano que seguramente já havia sido imaginado por outros, mas que ninguém tivera coragem de tirar do papel: o de concentrar, em peças instrumentais não raro bem lentas, a doçura malcontente do Cure, o minimalismo claustrofóbico do Slint, a dinâmica explosiva do Sonic Youth e o volume absurdo e as texturas sobrenaturais do My Bloody Valentine, obtendo assim a síntese da estética indie "sensível". Um extrato de shoegazerismo concentrado e contagioso, apreciável em disco, sim, mas nunca tão eficaz quanto quando consumido em doses *live*. Críticos chamaram isso de post-rock, mas a verdade é que também usaram esse termo para formações de sonoridades totalmente diferentes, como o Tortoise.

Fofura monstruosa

A proposta, surgida quando o britpop ainda reinava no Reino Unido, apresentava-se formalmente nova, mas de referências reconhecíveis. Funcionava como se o quinteto tivesse passado a adolescência selecionando apenas as melhores partes das canções favoritas de seus heróis do shoegaze, e depois amarrando-as tão habilmente que a ausência da voz não só se justificava, como se tornava obrigatória. Tudo isso com uma perícia quase científica das oscilações de volume e intensidade, aplicável tanto nos momentos de rebentação repentina, quando passam de 0 a 100 em meio segundo, quanto nas passagens de crescimento gradual diabólico, rumo a um ápice extático.

Nem os heróis do Mogwai, bandas como Cocteau Twins ou Slowdive, haviam sido capazes de alcançar tal destreza e controle, que justificam, inclusive, o nome do grupo. Mogwais, afinal, são os bichinhos fofos do filme *Gremlins* (1984), do cineasta estadunidense Joe Dante; lindos e meigos, mas que sofrem mutação em monstros grotescos, maldosos e ruidosos ao acréscimo de água. No caso da banda-besta, tal transformação bombástica se aprecia nos seus obscenos *crescendos* de distorções e ecos de guitarra, que convertem suas composições em pandemônios evocativos da transcendência que tantas vezes experimentei.

Imagine o mais gigantesco carro abre-alas do mundo pedindo passagem em uma avenida infinita. Em seguida substitua o impacto de surdos e tamborins pelas guitarras do infernal carequinha Stuart Leslie Braithwaite (Dalserf, 10 de maio de 1976) e do discreto John Cummings (Glasgow, 1979, ex-integrante desde 2015). Sempre há um pedal mais poderoso para eles pisarem nos compassos que estão por vir. "Tocamos como se nossos avós tivessem morrido", definiria Braithwaite à *Mojo* em 2008.

E o efeito físico, *corporal*, causado por tais sobreposições de andares sonoros – equilibradas sobre o baixo firme de Dominic Aitchison (Balfron, 11 de outubro de 1976) –, contrasta esplendidamente com as melodias de teclado tristes, mas esperançosas, de Barry Burns (Glasgow, 14 de novembro de 1974), o único dos cinco que estudou música formalmente. Essas danças de barulhos desencadeiam lufadas de vento sonoro na cara dos ouvintes, deixando como rastro algumas das ambiências mais belas e sutis que um bom uso de efeitos de guitarras podem oferecer.

É mais ou menos assim ver Mogwai ao vivo. Uma vivência extraordinária que, embora assimilável plenamente apenas presencialmente, comparece também generosamente no quarto álbum deles, *Happy Songs for Happy People*, lançado em junho de 2003 pela gravadora belga Play It Again Sam, em sincronia com a estadunidense Matador.

Equipe jovem

A gênese da banda é o encontro entre Braithwaite e Aitchison, ambos com 14 anos, num show do combo indie inglês Ned's Atomic Dustbin ocorrido em Glasgow, em abril de 1991. Ambos adoravam esquisitices como The God Machine. Tocaram cada um em diferentes projetos até formarem o Mogwai na metade de 1995, com o baterista Martin Bulloch, camarada do guitarrista.

Os shows inaugurais, ainda como um trio, ocorreram no final do mesmo ano, a partir da incorporação de Cummings. Em 1996, lançaram seus primeiros singles por pequenos selos independentes. Quando gravaram *Young Team*, em julho de 1997, eram finalmente cinco, reforçados pelo turbulento Brendan O'Hare, ex-baterista do Teenage Fanclub, nos teclados e na terceira guitarra. Só que, antes mesmo de o *début* chegar às lojas, O'Hare já não pertencia mais ao Mogwai, dando lugar a Barry Burns.

Futebol e humor corrosivo

Chamava a atenção também a personalidade do quinteto de Glasgow. Esqueça aqueles indies indefesos de cabelinho sobre o olho; estamos falando de beberrões dispostos a subir no palco uniformizados em agasalhos do Celtic F.C. e dedicar um concerto ao técnico catalão Pep Guardiola. Gente como o baterista Martin Bulloch – portador de um onipresente cachecol alviverde do time escocês sobre seu *kit* –, um homem capaz de seguir em turnê, em 2008, mesmo vendo o seu marca-passo saltar embaixo de sua pele e caminhar sob o seu peito.

E tentem não amar o senso de humor corrosivo e *nonsense* do grupo ao batizar suas peças, aproveitando que quase nenhuma tem letra.

Funciona mais ou menos assim: quanto mais delicada e introspectiva é a composição, mais escrachado e pitoresco seu título. "Mogwai Fear Satan" (Mogwai teme a Satã), "I Chose Horses" (Optei por cavalos), "I'm Jim Morrison, I'm Dead" (Sou Jim Morrison, estou morto), "You're Lionel Richie" (Você é o Lionel Richie) e o imbatível "I Love You, I'm Going to Blow Up Your School" (Eu te amo, vou explodir a sua escola) são alguns dos nomes das faixas, distribuídas pelos onze discos de estúdio oficiais da banda (sem contar trilhas para filmes, séries televisivas e até um documentário de 2006 sobre Zinedine Zidane).

Aprendendo com os erros

Transbordando títulos-piada, *Happy Songs for Happy People*, o quarto álbum do Mogwai, é também o que melhor sintetiza o talento deles fora dos palcos. Depois da estreia no reverenciado *Young Team*, de outubro de 1997, e *Come On Die Young*, de abril de 1999, dois CDs guiados pelas guitarras e que primavam pela crueza, eles deram uma guinada em *Rock Action*, de abril de 2001, recorrendo a novos instrumentos e buscando um caminho mais texturizado, de inspiração cinematográfica.

O disco saiu aquém do que os envolvidos esperavam, mas por culpa dos próprios. Eles preferiram torrar na noite nova-iorquina parte do orçamento de meio milhão de dólares, que incluía os honorários do produtor Dave Fridmann, conhecido por suas colaborações psicodélicas com The Flaming Lips e Mercury Rev. Mas serviu para que começassem a amadurecer essa etapa de nuances adicionais. O Mogwai chegaria ao seu melhor momento em *Happy Songs...*, amarrando não só o contraste entre calmaria e tempestade, como também o "botão de volume" de elementos como cordas, sopros e firulas eletrônicas.

Haja ironia

Gravado e mixado por Tony Doogan, (Teenage Fanclub, Belle and Sebastian), o álbum inicia com um pé nos cosmos em "Hunted by a Freak" (Perseguido por um doidão). É uma das seletas composições do grupo com letra, ainda que a voz de Barry Burns seja filtrada num vocoder, como acontece na quarta faixa, "Killing All

The Flies" (Matando todas as moscas). O repertório envereda por rotas paisagísticas sem percussão em "Moses? I Amn't" (Moisés? Não sou), sublinhada pelo violoncelo de Caroline Barber, uma dos cinco músicos convidados.

Seguindo a cartilha do humor *versus* melancolia, é difícil não ficar desconcertado diante da linda "Kids Will Be Skeletons" (Crianças serão esqueletos). Se o título nos relembra de forma ácida sobre a efemeridade da vida, os choros melódicos das guitarras são o consolo de que a eternidade também bate à porta. Já "Ratts of the Capital" – vejam bem, não são ratos de qualquer lugar, são *ratos da capital*, e com dois Ts – é o ponto mais alto do álbum e uma das grandes músicas do Mogwai. O desenvolvimento progressivo de sua intensidade chega a um nível inimaginável quando Burns assume a terceira guitarra, somando ainda mais peso a um *riff* que faria gelar a espinha de Tony Iommi.

Após o apogeu, o álbum adentra uma certa bonança, com a tranquila e tristonha "Golden Porsche" (Porsche dourado) e a cinemática "I Know You Are But What Am I" (Eu sei o que você é mas o que sou eu?), antes de se autoimplodir com "Stop Coming to My House" (Pare de vir à minha casa), um rompante épico dissolvido num vórtex de distorções. O desenlace é profundo e desconcertante, como o próprio título do disco, "Canções felizes para pessoas felizes", e sua capa espelhada (desenhada pela misteriosa alcunha Uncontrollable Urge), que nos força a vivenciar essa espécie de divertida tristeza. Haja ironia.

Contém trechos de textos publicados em 2005 na revista *Trip* e em 1 de dezembro de 2009 no blog Lá Vem o Mala da Lista.

GORILLAZ
Demon Days

[2005]

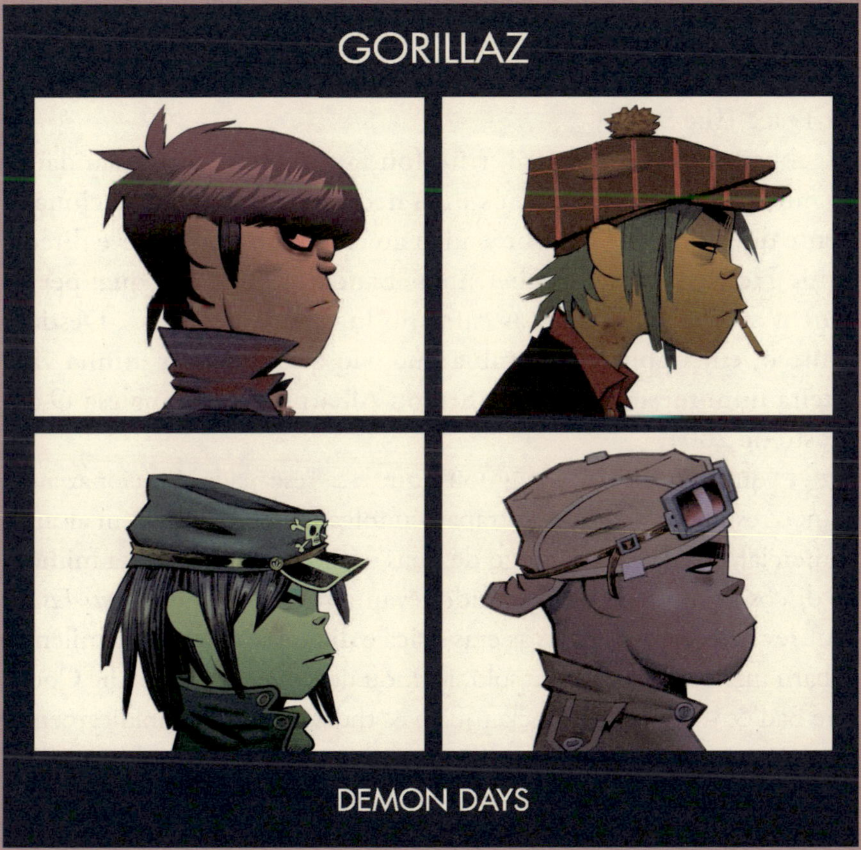

Uma das manias mais interessantes dos chamados artistas alternativos consolidados nos anos 1990 foi a de criar projetos paralelos de qualidade. Temos, por exemplo, Mike Patton, do Faith No More, eternamente zanzando entre vários outros grupos, como Fantômas e Dead Cross; há o caso de Kim Deal, do Pixies, fundando o Breeders; não nos esqueçamos também de Thom Yorke, sempre disposto a preencher as folgas do Radiohead explorando novos territórios (Atoms for Peace, The Smile).

Nenhum deles, porém, triunfou tanto nessa "promiscuidade" quanto Damon Albarn. Após uma década de êxito internacional à frente do Blur, o astro surpreendeu ao chamar o ilustrador e diretor Jamie Hewlett para conceber uma "banda-cartum", na qual personagens animados dariam as caras no lugar dos músicos. "Desde o começo, eu simplesmente sabia que não queria passar minha vida inteira num mesmo grupo", afirmou Albarn à revista inglesa *Q* em agosto de 2001.

O que pouca gente imaginou é que essa "escapada" funcionaria tão bem: o resultado, Gorillaz, ultrapassou folgadamente o Blur em alcance comercial, vendendo ao longo de duas décadas mais de trinta milhões de discos mundialmente, segundo levantamento do site *ChartMasters* (que leva em consideração as eras física e digital). No terceiro milênio, Albarn iniciou uma carreira solo, formou dois supergrupos (The Good, The Bad & the Queen e Rocket Juice & the Moon) e, esporadicamente, ressuscitou o Blur. Mas o Gorillaz, com seus oito álbuns de estúdio e uma curadoria certeira e plural de colaboradores, transformou-se no seu veículo criativo principal.

Lançado em maio de 2005, *Demon Days*, o segundo álbum da empreitada multimídia, é um fascinante manifesto de ecletismo e experimentação guiado por um aguçado instinto pop. Mesmo com praticamente cada uma de suas quinze faixas percorrendo um âmbito sonoro distinto, o disco soa homogêneo. Mérito do brilho autoral e da voz inconfundível de Damon, mas também do cardápio pluralíssimo de participantes, que vai de entidades do hip-hop como De La Soul e MF Doom ao controverso precursor do rock Ike Turner, passando pelo astro de Hollywood Dennis Hopper e o doidaço de carteirinha Shaun Ryder.

Vinte anos depois, *Demon Days* soa atualíssimo, seja por sua rica multiplicidade de estilos e sonoridade inovadora ou por suas letras, concernentes às guerras modernas e ao declínio ambiental do planeta. Um conceito complementado genialmente pelas animações de cunho político de Hewlett. Não por acaso, o disco aparece entre os 100 maiores do primeiro quarto de século 21, em ranking publicado em 2025 pela *Rolling Stone*. O CD encabeçou a parada britânica, teve mais de oito milhões de unidades arrematadas pelo mundo afora e valeu um Grammy.

Anonimato relativo

Damon Albarn (Londres, 23 de março de 1968) conheceu Jamie Christopher Hewlett (Hawarden, País de Gales, Reino Unido, 3 de abril de 1968) em 1990, ao ser entrevistado por ele e seus comparsas do Blur para a revista *Deadline*. Além das afinidades estéticas e etílicas, ostentavam em comum o apreço por 1988, ano em que Damon montou seu grupo e Jamie publicou a sua novela gráfica *Tank Girl* na mesma *Deadline*. Reverenciado como um clássico instantâneo, o *comic* viraria filme sete anos depois. Os dois dividiram um apartamento em 1997, discutindo ideias mirabolantes entre festas homéricas, nas quais recebiam membros de Spice Girls e Radiohead.

Damon, filho do ex-empresário da banda psicodélica Soft Machine, havia passado os últimos anos no olho do furacão midiático. Os tabloides não o deixavam em paz, ora por sua recente separação de Justine Frischmann, do Elastica, ora pelos desdobramentos da rivalidade com o Oasis, inventada pela imprensa inglesa. De forma que, em

1998, quando começaram a esboçar uma banda virtual representada por figuras animadas, seus olhos cintilaram.

Não se tratava de uma sacada totalmente inédita. Os Archies, dos Estados Unidos, haviam feito algo na mesma linha lá em 1968. Mas era, sim, a primeira iniciativa do gênero a envolver um popstar já consagrado (Albarn) e um artista badalado (Hewlett) que, até a edição deste texto, continua na relação dos "suspeitos" de ser o enigmático Banksy.

O projeto Gorillaz exibia a cara dos novos década/século/milênio que se iniciavam, período no qual o termo "multimídia" emanava o poder de uma palavra mágica. O lançamento de um site inovador ajudou a completar o impacto. Protegido pelo relativo anonimato, Damon poderia, ao menos parcialmente, desviar os holofotes de si e focar na música. De lambuja, ainda aproveitaria para realizar um desejo que cultivava há tempos, o de desbravar influências sonoras que não cabiam no Blur.

Mãos à obra

Conforme mostrado no documentário *Bananaz* (2008), do cineasta britânico Ceri Levy, o material audiovisual inicial do Gorillaz já estava em plena produção pelo menos desde janeiro de 2000, com Albarn cuidando das gravações no seu estúdio 13 e Hewlett elaborando a parte gráfica em sua sala no andar de cima. "Ele faz lá o que ama, eu faço cá o que amo", disse o cantor à *Q*. "É a banda perfeita; sem conflitos." Quando, em novembro do mesmo ano, a EMI soltou o primeiro EP, *Tomorrow Comes Today*, a receita estava prontinha. Numa panela, os saborosos ingredientes musicais: as melodias de Damon e sua miscelânea de rock, hip-hop, dub e ritmos latinos. Noutra, os quatro protagonistas digitais inventados por Jamie: Noodle, uma menina de 10 anos e olhinhos puxados nos teclados e na guitarra; Murdoc, o baixista bandidão (e satanista!) que controla os demais; 2-D, guitarrista e tecladista batizado em homenagem a Robert "3-D" Del Naja, do Massive Attack; e Russell, o baterista negro bem reputado entre rappers. Nos primeiros tempos, eram os dubladores desses heróis fictícios que se encarregavam das entrevistas telefônicas com os jornalistas.

Tudo desabrochou para valer em março de 2001, com o lançamento de *Gorillaz*, impulsionado pelo irresistível hit "Clint Eastwood" (número

4 no Reino Unido) e realçado por um abrangente leque de participações especiais, característica gorilliana fundamental. Estreando essa tradição estavam o veterano cantor cubano Ibrahim Ferrer e os ex-Talking Heads Tina Weymouth e Chris Frantz, entre outros. O ecletismo da triagem de convidados combinava com a diversidade dos personagens e a própria ética de Damon Albarn, um artista preocupado em incluir mais influências africanas e caribenhas na cena contemporânea do Reino Unido. O trabalho de estreia, ao qual se sucederam, nos meses seguintes, um CD de sobras (*G-Sides*) e outro de remixes (*Laika Come Home*), chegou ao 3º lugar na parada britânica e no 14º da estadunidense.

Bem mais sombrio

"O que mudou entre o *début* e o lançamento de *Demon Days* foi que Albarn passou a se concentrar menos na criação de um mundo próprio para o Gorillaz, utilizando mais o projeto como uma forma de refletir toda a merda que se cernia sobre o nosso mundo." A interessante análise do jornalista Angus Harrison, escrita para a revista estadunidense *Vice* em agosto de 2016, ajuda a compreender a evolução sofrida pelo Gorillaz do primeiro para o segundo álbum. Lançado no Reino Unido em 23 de maio de 2005, portanto posteriormente ao 11 de setembro, à escalada do jihadismo e às invasões do Afeganistão e Iraque, *Demon Days* (Dias demoníacos), é uma obra abertamente política. Exterioriza, também, o impacto sentido por Albarn ao conhecer um "cenário apocalíptico de deserto e árvores mortas" numa viagem por China e Mongólia. Além disso, sua sonoridade pega carona no flerte com sons "não ocidentais" presentes em *Think Tank*, disco publicado pelo Blur em maio de 2003; sem abrir mão, é claro, de um certo senso de paródia pop, evidenciado já na capa alusiva a *Let It Be* (1970), dos Beatles, assinada por Hewlett.

O que já tinha começado bem mudava de escalão. A proposta polissensorial do Gorillaz, desde o princípio chamativa por sua audácia, revestia-se de um verniz mais sério e adulto. Pop inventivo e de qualidade, sim, "tocado" por estrelas de desenho animado, só que dessa vez os inserindo em roteiros cada vez mais sérios. "As letras são o mais importante, e funcionam no contexto do cartum", explicou o autor à revista inglesa *Notion* à época do lançamento. "Esse disco é bem mais sombrio."

Pensado como uma "trilha sonora pop para um filme", *Demon Days* foi gravado ao longo de 2004 no 13 e no Kong, o estúdio do duo na região inglesa de Essex. Além de cantar, Damon Albarn toca instrumentos como guitarra e teclados, acompanhado por Simon Tong, ex-guitarrista do The Verve, e um septeto de cordas. Agregadores pontuais, como os contrabaixistas Al Mobbs e Emma Smith, contribuem em algumas canções. Jamie Hewlett recebe créditos de coautor em todas.

Após labutar com Dan "The Automator" Nakamura em *Gorillaz*, Albarn escolheu como coprodutor outro estadunidense, Brian Burton, o popular Danger Mouse, creditando também os engenheiros de som ingleses Jason Cox e James Dring. A este núcleo compacto se juntou um time de visitantes irrepetível, pelo pedigree e pela variedade.

Pop existencial

A largada se dá com a instrumental "Intro", que sampleia trecho da *soundtrack* de *Despertar dos mortos* (1978). Avançamos, então, a "Last Living Souls", fusão de dub e synthpop dotada de tecladinho viciante e um bonito refrão ao piano, ressaltando o questionamento existencial da letra. O minimalismo pós-punk de grupos como Wire é o alicerce do tema seguinte, "Kids with Guns", cujo *groove* hipnótico interage com a temática abordada, de crianças envolvidas em guerras e criminalidade ("estão nos transformando em monstros"). Quase não dá para perceber os backing vocals da ilustríssima Neneh Cherry.

"O Green World", por sua parte, lembra muitíssimo Blur, principalmente pelas guitarras, pela voz filtrada em efeito "radinho de pilha" e pelos barulhinhos lúdicos. É mais uma amostra de pop estranhamente bem resolvido, uma característica crucial de Damon Albarn. Dele também partem pirações como escalar um coro infantil para os versos "Eu preciso de uma arma / Para me manter / Entre pessoas pobres / Que ardem ao sol", presentes na quinta faixa e terceiro single (novembro), "Dirty Harry". Seu *groove* fica ainda mais irresistível com a canja de Bootie Brown, rapper do Pharcyde, que rima sob a perspectiva de um soldado no Iraque. Ele atua também no clipe, ambientado num deserto.

A coisa esquenta definitivamente com "Feel Good Inc.", talvez o maior clássico do repertório do Gorillaz, sublime electro-rock de refrão inesquecível, a respeito da obrigatoriedade social de ser feliz.

A presença do De La Soul no arranjo e no clipe deixou tal marca que o trio integraria permanentemente as turnês do Gorillaz. Saiu como single inicial do repertório, duas semanas antes do CD, e atingiu a 2ª posição no Reino Unido. Falando em vídeos, aliás, o de "El Mañana" fez história ao mostrar helicóptero bombardeando a menina Noodle numa beira de penhasco, ao som da melancólica melodia da voz.

"Perdi minha perna como perdi meu caminho". A frase inaugural de "Every Planet We Reach Is Dead" resume o tom desse blues eletrônico apocalíptico. O piano é do ressuscitado Ike Turner, sumido por anos após o mundo saber que ele espancava a ex-mulher Tina (ver texto sobre o álbum *River Deep – Mountain High* no volume 1 deste projeto). Logo depois, "November Has Come" abre alas ao formidável e misterioso rapper mascarado MF Doom. Sobre texturas de western psicodélico, ele intercala suas rimas cavernosas ao estribilho adocicado de Damon. O repertório se mantém no rap com "All Alone", de batida quebrada apta às estrofes potentes e o canto suave de Roots Manuva e Martina Topley-Bird.

Hollywood e Manchester

O álbum, então, sofre nova mutação, engatando a vinheta new wave retrofuturista "White Light" em "DARE", o segundo single (agosto). Mistureba de disco, electro e folk, ela é estrelada por Shaun Ryder, o folclórico vocalista do Happy Mondays e arruaceiro de marca maior. Considerado por Albarn "um dos primeiros MCs ingleses", o *junkie* de Manchester divide os vocais com Rosie Wilson e estrela o divertido clipe, no qual tem seu cérebro controlado por Noodle.

Outra figura histórica, Dennis Hopper, comparece para recitar o poema "Fire Coming out of the Monkey's Head", uma parábola sobre as consequências reais do fim do petróleo, disposta sobre um estranho funk sintetizado. "Estou tão nervoso que mal consigo fumar o meu baseado", entrega Damon na cena de *Bananaz* que mostra a gravação com o ator.

Compulsivamente sortido, o repertório de *Demon Days* ainda visita o mundo barroco de Brian Wilson ("Don't Get Lost in Heaven") antes do adeus via faixa-título, um delicado gospel-dub cantado por Damon em falsete, reforçado por um coro de igreja. É a merecida pompa final para uma jornada de sons e imagens que ajudou a definir a época à qual pertence.

KANYE WEST
Late Registration

[2005]

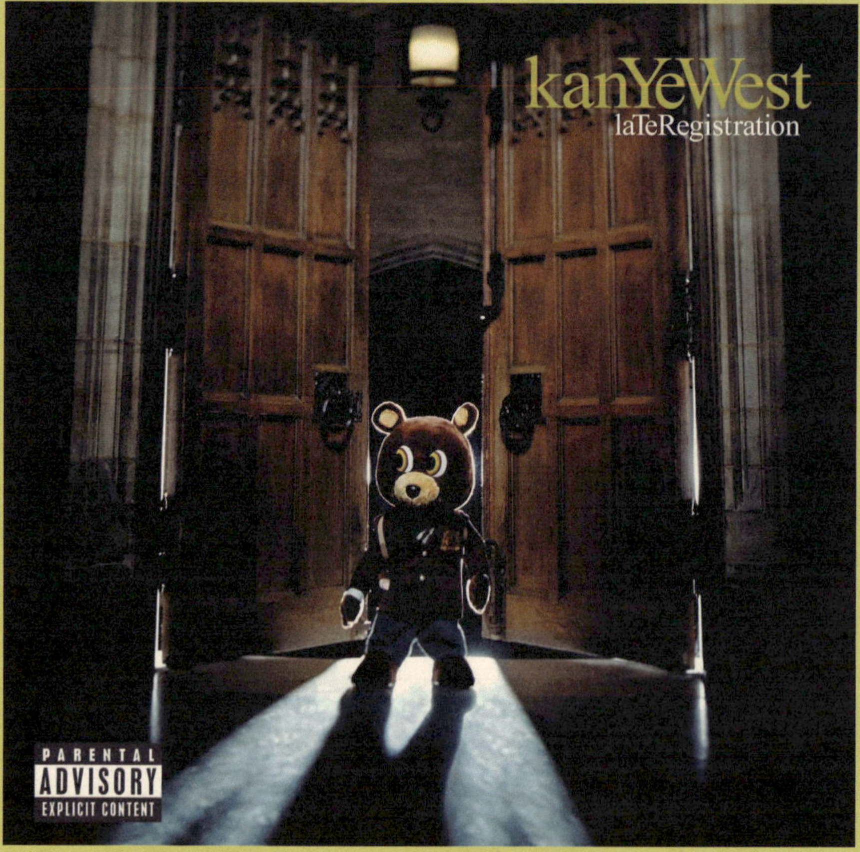

Qualquer balanço sobre quem foram os principais artistas pop internacionais do primeiro quarto do século 21 perde a credibilidade sem a inclusão de Kanye West. Gigante de seu tempo, o mais egocêntrico, megalomaníaco e polêmico dos astros do hip-hop é também um dos mais visionários e inovadores deles.

Como rapper, ainda que não figure entre os mais técnicos ou surpreendentes, West possui um magnetismo que capta a atenção do ouvinte desde o primeiro verso, envolvendo-o intimamente. Há algo de firme e incisivo em seu *flow*, que aguça a expressividade de suas mensagens e explica a sua autoconfiança extrema, uma característica que lhe serve de qualidade em seus melhores momentos e de defeito nos piores.

Enquanto produtor – seu ofício de origem –, West projetou à linha de frente do mainstream os ensinamentos experimentalistas e sem fronteiras da cena underground. Não há arranjo seu que passe despercebido, seja pelo primor na pesquisa dos samples originais, pelos elementos orgânicos que ele escolhe para complementá-los ou pela combinação entre ambos.

Intenso num nível incompatível com a superficialidade pop, mas condizente com sua bipolaridade diagnosticada, Kanye (se pronuncia "Cánie") perdeu a mão inúmeras vezes, geralmente quando usou sua fama para extrapolar a esfera estritamente musical. Isso ocorreu, por exemplo, quando invadiu o palco para questionar um prêmio ganho por Taylor Swift, quando apoiou publicamente Donald Trump, ou quando se pré-candidatou a presidente dos Estados Unidos. Pouco antes da edição deste livro, ele passou de todos os limites ao anunciar sua simpatia ao nazismo e vender camiseta estampada com a suástica, aparentemente só para chocar a opinião pública.

No entanto, seu ímpeto por estar no centro de tudo não o levou somente a cometer cretinices e absurdos; aliada à sua inquietude patológica, essa força incontrolável o impulsionou a conceber sempre uma proposta artística diferente da sua anterior. Isso contribuiu em muito para a evolução do hip-hop e a expansão do gênero rumo a direções de possibilidades infinitas. "Sucessivamente, Kanye seria pioneiro em abordagens totalmente novas, bem-sucedidas a ponto de gerarem um monte de imitadores famosos, para depois imediatamente abandoná-las por algo ainda mais desafiador e revolucionário", analisa o jornalista Mark Beaumont em seu livro *Kanye West: God & Monster* (2015).

A trajetória desbravadora de Kanye West – ou também conhecido como Ye, nome que adotou em 2021, ou Ye Ye, variação incorporada em 2025 – pode ser mapeada em seu catálogo de álbuns, um departamento no qual ele se tornou um especialista. *Workaholic* incorrigível, lançou nada menos do que doze discos solo e quatro colaborativos em 21 anos, além de dois registros ao vivo – incluindo *Late Orchestration* (2006), com versão sinfônica de *Late Registration* – e diversas mixtapes extraoficiais.

Tal prolificidade dançou colada com um sucesso comercial arrebatador: desses dezesseis lançamentos de estúdio, nada menos que onze ocuparam o topo da *Billboard*, o que o posiciona como um dos dez músicos mais bem-sucedidos da história da parada discográfica estadunidense. Se considerarmos a consecutividade de números 1, simplesmente ninguém supera os onze de West. Em tempo: dois de outros cinco títulos "só" chegaram ao segundo posto. Sua lista de superlativos condecorativos vai longe, passando pelo rótulo de segundo rapper mais premiado da história do Grammy, com 24 estatuetas em surreais 75 indicações.

E, se *The College Dropout* (2004) guarda como triunfo o impacto dos estreantes, *My Beautiful Dark Twisted Fantasy* (2010) impressiona pela grandiosidade, *Jesus Is King* (2019) retrata o seu curioso "renascimento cristão" e *Donda* (2021) acumula recordes de streaming, o álbum mais certeiro e redondo de Kanye West é *Late Registration*.

Lançado em agosto de 2005, ele reúne mais de uma hora de música inventiva, dançante e politicamente assertiva, que visita um âmbito diferente a cada mudança de faixa. Sua sonoridade nada datável acena a outros estilos, como pop, gospel e soul, e dá indícios de que a ambição de seu autor só continuaria a crescer posteriormente. Uma audácia que se manifesta na corajosa opção de Kanye por Jon Brion, um homem oriundo do indie rock, para a coprodução. Ah, e contém o seu primeiro megahit solo, "Gold Digger", número 1 por dez semanas em seu país.

Late Registration, que em julho de 2022 recebeu seu quinto certificado de platina nos Estados Unidos (cinco milhões de cópias vendidas), também conquistou a crítica, sendo eleito o melhor álbum de 2005 por revistas como *Spin* e *Rolling Stone*. Esta última o incluiu na 117ª posição de sua famosa lista de 500 maiores de todos os tempos, juntamente a outros cinco itens de Kanye West.

O Único

De alguém cujo primeiro nome significa, em suaíli etíope, "O Único", e o segundo, "Homem Sábio", talvez realmente não devêssemos esperar pouca coisa. Filho único de uma professora de inglês e um fotógrafo, ambos ligados à luta antirracista e ao cristianismo, Kanye Omari West nasceu em Atlanta, Geórgia, em 8 de junho de 1977. Após a separação dos pais, em 1980 Kanye se mudou para Chicago com a mãe, Donda, sua grande referência de vida. Na nova cidade, ele desenvolveu uma personalidade ensimesmada, paralelamente ao cultivo de sua obsessão por ícones pop da época, como Michael Jackson, Madonna e Phil Collins, e grupos de hip-hop da talha de Run-DMC e A Tribe Called Quest.

Kanye começou cantando Stevie Wonder em shows de talento. Aos 8 anos de idade, já tentava as primeiras rimas. Em 1987, quando passou temporada na China por causa de um emprego da mãe, divertia as crianças locais dançando break. O passo seguinte de imersão na cultura hip-hop ocorreu em sua volta aos Estados Unidos quando, aos 12 anos, criou seus beats inaugurais e formou o trio State of Mind. Aos 14, se tornou pupilo do produtor No I.D. e fundou seu próprio núcleo de batidas, o Numbskulls.

West estudou seis meses na Academia Americana de Artes, em Chicago, passando rapidamente também pela Chicago State. Porém, com a cabeça nas batidas e nos samples, acabou engrossando a estatística da evasão universitária, ou seja, a "*college dropout*" que inspiraria o título de seu trabalho de estreia.

De produtor-rapper a rapper-produtor

Não houve muito tempo para lamentar, já que 1996 foi também seu ano de calouro como profissional dos estúdios. Produziu o disco *Down to Earth*, de MC Grav, em cuja faixa "Line for Line" participava rimando. Estava dada a largada à sua campanha para provar que era, também, um rapper. Contudo, diante de sua insistência infantil em demonstrá-lo – retratada com clareza na ótima série documental *Jeen-Yuhs* (2022), dos cineastas afro-americanos Coodie Simmons e Chike Ozah –, seu nome e seu visual "não muito típicos" do gênero, a maioria dos colegas desconfiava. Montou outro trio, o Go Getters, com Timmy G e GLC, mas sem muita repercussão.

As oportunidades nos bastidores, porém, continuaram a surgir, e ele forjou bases para Jermaine Dupri (no disco *Life in 1472*, de 1998) e Foxy Brown (*Chyna Doll*, de 1999), entre outros. Até que caiu nas graças de Jay-Z, que o trouxe para as gravações de *The Dynasty: Roc La Familia* (2000) e do consagrado *The Blueprint* (2001). Chancelado pela entidade suprema do hip-hop no início do terceiro milênio, Kanye West garantia sua vaga no primeiro escalão da produção. Faltava, então, convencer os demais de seus dotes de rimador e, indo mais além, de que era um artista completo, dono de uma *visão*. "Tenho aspirações... tenho sonhos, *muthafucker*", confidencia um jovem Kanye a amigos no filme, que capta seus dias pré e pós estrelato. Em 18 de agosto de 2002, após dar canja vocal no disco *The Fix*, de Scarface, ele finalmente assinou contrato com a Roc-A-Fella, selo de Jay-Z associado à histórica gravadora Def Jam.

Só que, em 23 de outubro, voltando de sessão em estúdio de Los Angeles, sofreu um acidente grave que lhe causou três fraturas na mandíbula. Assim, as gravações de seu primeiro álbum, *The College Dropout*, começaram com ele ainda em recuperação. Além disso, ele não contava com um respaldo explícito da Roc-A-Fella, o que causou repetidos atrasos no lançamento. Deu até tempo de soltar a mixtape *Get Well Soon...*, em dezembro de 2002, e obter seu primeiro número 1, como convidado vocal na canção "Slow Jamz", de Twista, em novembro de 2003.

Quando finalmente saiu *The College Dropout*, em fevereiro de 2004, o mundo sentiu o baque. Com petardos do naipe de "Through the Wire" e "Jesus Walks", ambos alçados ao top 15 nos Estados Unidos, o álbum impressionava. O público correu para as lojas, arrematando, nos dois primeiros meses, dois milhões de cópias do CD, ilustrado pelo "Ursinho Dropout", personagem criado pelo designer estadunidense Sam Hansen (e que reaparece na capa de *Late Registration*, em projeto gráfico do estúdio nova-iorquino Morning Breath). Atingiu o 2º posto na parada e recebeu incríveis dez indicações ao Grammy, vencendo três.

Um indie infiltrado

O que talvez nem os *homies* mais chegados a Kanye soubessem era o quão prolífico ele poderia ser, uma vez que estivesse totalmente à vontade na pele de artista multiplatinado, com cheques em branco nos bolsos de seus paletós de alfaiate. Sem perder tempo, bem antes de terminar a coleta de louros por *The College Dropout,* ele já trampava no seu sucessor. Em janeiro de 2005, semanas antes de comparecer à cerimônia do Grammy como uma das principais atrações, West mostrava uma das primeiras versões de "Gold Digger" para amigos.

As sessões se distribuíram por sete estúdios, com a maioria do expediente desenrolado no nova-iorquino Sony e em três locais de Los Angeles (Chalice, Grandmaster e o lendário Record Plant). O orçamento de assombrosos US$ 600 mil cobriu, entre outras despesas, a incomum e arriscada cartada de recrutar para a mesa de mixagem um estranho ao mundo do hip-hop: Jon Brion, um indie branco de Nova Jersey que nunca imaginou que seria o braço direito de Kanye West em onze das quinze canções propriamente ditas de *Late Registration* (há ainda cinco vinhetas humorísticas curtas, inspiradas por cantos militares, e uma faixa escondida).

Kanye chamou Brion após ouvir as suas tocantes orquestrações na trilha do clássico *Brilho eterno de uma mente sem lembranças* (2004), do cineasta francês Michel Gondry, e seu labor no álbum *When the Pawn...* (1999), de Fiona Apple. Com a possível exceção do OutKast, é difícil imaginar qual outro nome do hip-hop apostaria numa figura como essa. Mas, como ocorreria em grande parte de suas empreitadas grandiloquentes, Kanye West mostrou que sua intuição estava correta. O inesperado colaborador fez muita diferença e o disco, com suas passagens instrumentais orgânicas, reflexivas e, em alguns casos, longas, soa como nenhum outro do gênero até então.

Samples que viram ouro

Lançado em 30 de agosto de 2005, um dia após seu autor sair capa da revista *Time,* e só dezoito meses depois de *The College Dropout*, *Late Registration* teve 860 mil exemplares arrematados na primeira semana, um recorde para a Def Jam. Duas semanas e meia depois, estava no posto mais alto da parada nos Estados Unidos. A resposta colossal do público endossava o fenômeno "Gold Digger" que, editada como segundo single do repertório no início de julho, havia servido de aperitivo. Ela se baseava em sample de "I Got a Woman" (1954), pérola de Ray Charles que inspirou Kanye após uma sessão do filme *Ray* (2004), estrelado por seu amigo Jamie Foxx. Ye inicialmente ofereceu a sua versão a MC Shawna, mas a parábola sobre a vida com ou sem dinheiro acabou se convertendo em hit nas vozes dos próprios West e Foxx.

Antes de "Gold Digger", a quarta em sua ordem, o disco já está em plena ebulição. Após introdução do comediante DeRay Davis, veterano do primeiro CD, a bonita "Heard 'Em Say" (terceiro single, em outubro) aproveita de maneira sublime o arranjo de piano e a melodia da balada radiofônica "Someone That I Used to Love" (1980), de Natalie Cole, e encaixa delicadamente os vocais do então recém-despontado Adam Levine, do Maroon 5. Os dois aparecem juntos no clipe dirigido por Gondry, que conta ainda com trechos de animação.

"Touch the Sky", a terceira faixa e quarto single (janeiro de 2006), navega por mares bem diferentes, mas não menos fascinantes. Seu poderoso arranjo empresta trecho ralentado do *groove* de metais de "Move On Up" (1970), de Curtis Mayfield, e tem reforço de Lupe Fiasco. Naquele que seria o primeiro de seus desconcertantes papelões, Kanye invadiu o palco para protestar quando o caríssimo clipe correspondente, dirigido pelo estadunidense Chris Milk e estrelado por Pamela Anderson, não triunfou no VMA 2006, da MTV.

Vexames à parte, *Late Registration* não perde o fôlego em nenhum de seus setenta minutos. "Drive Slow", o último single (junho de 2006), apoia-se em sample soul-jazzístico de "Wildflower" (1973), de Hank Crawford, para criar o ambiente propício ao verso "Calibre seu breques, irmão / Vá devagar". M.I.A., a rapper-sensação de 2005, era a primeira opção para o *featuring*, mas a função acabou no colo dos camaradas Paul Wall e GLC.

Na sequência, nos deparamos com outro sample matador em BPM desacelerado, extraído da emocionante "Home Is Where the Hatred Is" (1971) de Gill Scott-Heron, que sustenta os vocais de "My Way Home", emitidos apenas pelo chapa Common. Ela emenda em "Crack Music", um breakbeat avassalador, no qual Kanye cita o próprio Heron e traça um paralelo entre a epidemia de crack nos Estados Unidos e a disseminação do hip-hop no país. Três dias após *Late*

Registration aterrissar nas prateleiras, ele atacou duramente, em rede nacional, o presidente republicano neoconservador George W. Bush, a quem acusou de "não ligar para as pessoas negras".

Fôlego

Ainda claramente política, mas enviesada por uma trilha mais melódica e pessoal, "Roses" critica a falta de um serviço médico público estadunidense, mencionando a agonia da avó do próprio rapper num hospital. É um dos pontos altos do repertório, com seu arranjo abundante em referências setentistas e trechos de "Rosie" (1977), de Bill Withers. "Bring Me Down", por sua vez, expõe um Kanye paranoico com seu novo status de superastro. "Sempre soube que algum dia / Eles tentariam me derrubar", canta a parceira Brandy no refrão, duelando com trinta instrumentistas de cordas. "Por que tudo o que deveria ser ruim me faz me sentir tão bem?", com essa pergunta tão pertinente, West apresenta outra canção mortal, "Addiction", na qual revira uma releitura de Etta James de 1995 para o *standard* "My Funny Valentine" até transmutá-la num afrofunk moderno e psicodélico.

Outra diva, Shirley Bassey, em seu hino "Diamonds Are Forever" (para filme de James Bond de mesmo nome de 1971) é sampleada em "Diamonds From Sierra Leone", a primeira música de trabalho (maio de 2005), com Jay-Z de aliado e um improvável Michel Gondry na bateria. O diretor afro-americano Hype Williams rodou o elegante clipe em preto e branco em Praga. Não sem razão, Ye ganhou a pecha de hipócrita ao defender o uso de diamantes mesmo após pregar, nessa música, sobre os abusos na cadeia de exploração da pedra preciosa. Coisas de Kanye West.

A esfumaçada "We Major" toma tempo (mais de sete minutos) até surtir efeito, com a ajuda do cascudo Nas no microfone. Já "Hey Mamma" é uma declaração de amor cafona, mas doce, a Donda. Ainda temos a autocongratulatória "Celebration"; a suingada "Gone", espécie de "prima" de "Gold Digger", com sampler de "It's Too Late" (1965), de Otis Redding, e canjas de Cam'ron e Consequence; um remix de "Diamonds of Sierra Leone"; e o funk soturno "Late", *hidden track* na edição original em CD. Em resumo, *Late Registration* é uma viagem intensa e extensa, mas que vale cada minuto.

M.I.A.
Kala

(2007)

Não é fácil citar um artista do começo do terceiro milênio tão transgressor, audacioso e surpreendente quanto a rapper e produtora M.I.A.. Londrina de origem tâmil – uma minoria étnica do Sri Lanka e da Índia –, ela transformou a sua própria experiência pessoal num permanente manifesto musical-conceitual sobre as vivências dos imigrantes contemporâneos. Seu instinto desbravador e corajoso lhe converteu num radar da produção sonora das periferias do planeta, que ela fagocitou sem preconceitos, em uma espécie de apropriação cultural benéfica, realizada muitas vezes *in loco*.

Como resultado, M.I.A. obteve uma sonoridade originalíssima, que a posicionou em um lugar único, de difícil catalogação, a partir do qual cavou seu espaço no mainstream e influenciou muita gente graúda. Politicamente, sua opção por botar o dedo na ferida imigratória e, mais tarde, seu engajamento na denúncia do martírio sofrido por seu povo, incomodaram o *establishment* anglo-estadunidense e a projetaram como uma ativista relevante e polêmica.

"Todas as culturas imigrantes que vêm ao Ocidente estão muito arraigadas e fazem parte do tecido social de qualquer cidade grande; mas as pessoas se sentem ameaçadas e assustadas com isso." Falando em evento da Red Bull Academy, em Toronto, em novembro de 2007, M.I.A. resumia a motivação central de sua obra e, principalmente, do álbum que lançara quatro meses antes, o apaixonante *Kala*.

Gravado com tecnologia portátil em diferentes países dos cinco continentes, entre os quais Trinidad e Tobago, Jamaica, Índia, Libéria e Austrália, o segundo CD de M.I.A. exibe uma mistureba multicolorida de ritmos, samples e citações sem precedentes no mundo pop. Empregando referências de kuduro angolano, funk carioca e disco indiana, utilizando samples de Clash e filmes de Bollywood e ressignificando letras de bandas indie, *Kala* deixou a mídia de queixo caído e alcançou um robusto sucesso comercial, entrando no top 20 na parada estadunidense.

Considerado o melhor de 2007 e um dos 60 melhores do primeiro quarto de século 21 pela *Rolling Stone*, *Kala* povoou todas as listas importantes de álbuns da década de 2000, além de figurar entre os 50 discos definitivos de artistas mulheres da história da conceituada rádio NPR. Seu brilhante hit "Paper Planes", composto após ela ter visto negado aos Estados Unidos, ironicamente chegou ao 4º lugar no país, onde também recebeu certificado de platina tripla, por três milhões de descargas digitais.

Entre tiros e cusparadas

Embora Mathangi Arulpragasam tenha nascido em Londres, em 18 de julho de 1975, ela passou praticamente toda a infância em Jaffna, no Sri Lanka. Só que, por causa da guerra civil iniciada no país asiático em 1983 e, especialmente, pela atividade política do pai, fundador de um grupo armado de resistência separatista, a família retornou à Inglaterra em 1986, com status de refugiados. Vieram Mathangi, um irmão, uma irmã e a mãe Kala, que, como o pai, Arular – que permaneceu no Sri Lanka e passou anos sem ver a prole –, futuramente seriam homenageados em títulos de trabalhos da filha.

"Num dia eu estava sendo baleada por ser uma tâmil, noutro sendo cuspida e xingada de *paki* [termo depreciativo destinado a paquistaneses] na Inglaterra." No ótimo documentário *Matangi/Maya/M.I.A.* (2018), do diretor londrino Steve Loveridge, Mathangi, ou Maya, como é apelidada, define o difícil período de transição entre Jaffna e Londres. A dor pelo não pertencimento que sentia, enquanto criança discriminada dentro e fora de sua própria terra, sempre a assombrou, e só se atenuava relativamente com sua paixão por Madonna e hip-hop ("a primeira vez que me senti ocidental foi através da música").

Despertar

O caminho de Maya nas artes começou pelo cinema, ofício que ela estudou formalmente na faculdade Central Saint Martins, em Londres, entre 1996 e 2000. Nas salas de aula, ela era uma das poucas pessoas de pele escura. A mesma desigualdade ocorria em sua turma de amigos músicos, entre os quais estava Justine Frischmann, do Elastica, grupo de destaque da cena britpop. Ainda que se sentisse deslocada, o seu elo com o Justine deu frutos. Em 2000, ela criou a capa do segundo CD da banda, *The Menace*, e dirigiu o clipe da música "Mad Dog God Dam", no qual inseriu jovens negros bailando *streetdance*.

Mathangi também começou a compor demos para a colega famosa, imaginando-se inicialmente no papel de produtora. Mas a semente de sua criatividade musical só floresceu mesmo quando ela teve o seu despertar político. Passou o período entre maio e julho de 2001 no Sri Lanka gravando um documentário, no qual investigava o paradeiro desconhecido de um primo combatente, mostrando também a situação barra pesada do país.

Dessa experiência tirou o seu nome artístico, a partir da expressão "*missing in action*" (desaparecido em combate), que ela perverteu com o trocadilho "*missing in Acton*", em referência a bairro londrino de Acton. Mais do que isso, Maya compreendeu que, na volta ao Reino Unido, comporia o próprio material, em seu próprio estilo. Inspirada pela musa do electroclash Peaches, iniciou seus testes com teclados vagabundos, gravadores caseiros e o sequenciador/bateria eletrônica Roland MC-505, com os quais produziu suas primeiras e incríveis batidas. Sobre aqueles arranjos intuitivos, versava em seu peculiar *flow*, farto em onomatopeias deliciosas, como "*bama-bama*" ou "*rama-rama*".

"Galang", sua canção de estreia, saiu em 2003, no formato maxi-single, pelo selo londrino Showbiz. Embasbacada com aquela novidade, a imprensa tentou associá-la a rótulos como o grime, uma ramificação agressiva do hip-hop britânico então em voga. Mas aquele batidão sincopado não se parecia com nada. Sua performance, suas rimas, sua presença e seus figurinos eram autênticos de forma igualmente extraordinária.

DJ Marlboro e Palestina

Em 2004, M.I.A. assinou contrato com a gravadora XL Recordings, mesma de Peaches e The Prodigy. Em dezembro do mesmo ano, publicou a mixtape *Piracy Funds Terrorism* V*olume 1*, que vendia em shows. Mesmo sendo um lançamento extraoficial, apareceu no 12º lugar na lista de melhores álbuns daquele ano segundo o Pitchfork. De forma que, em março de 2005, quando finalmente surgiu no mercado, *Arular*, o primeiro disco de M.I.A., era um dos mais aguardados da temporada. Trazia nos créditos colaboradores como o produtor estadunidense Diplo, então também seu namorado, e contava com distribuição da Interscope nos EUA.

A expectativa se cumpriu, por meio de singles bombásticos como "Bucky Done Gun", um aceno claro ao funk carioca de seu novo amigo DJ Marlboro. Mais repercussão ainda causou "Sunshowers", tanto pelo fabuloso clipe, rodado em floresta indiana, quanto pelo controverso apoio à Organização para Libertação da Palestina expresso na letra.

Uma outra globalização

Arular recebeu indicação ao prestigiado prêmio anglo-irlandês Mercury. Contudo, por causa do laço de Maya com o pai, considerado em alguns países membro de uma organização terrorista – e, possivelmente, por sua simpatia pela OLP –, ela demorou quase dois anos em conseguir renovar seu visto estadunidense. O veto, porém, acabou alterando o curso da biografia da cantora de maneira inusitada.

Dispondo pela primeira vez de verba da gravadora, ela decidiu registrar o seu segundo trabalho em viagens pelo mundo, munida apenas de um microfone na mão, um laptop na mochila e muitas ideias na cabeça. Até dentro de armários mofados ela se meteu para poder captar a sua voz. Na companhia do fiel escudeiro David "Switch" Taylor, produtor inglês com quem já colaborara em *Arular*, entre 2006 e 2007 Maya zanzou pelo globo à procura da miscelânea perfeita que escutava em sua mente. "Foi como fazer um bolo, preparando as diferentes camadas, para depois reparti-lo em músicas", resumiu.

Além de uma solução logística, o método itinerante representava a defesa aberta de uma nova forma de se produzir música, emergida no século 21. Com sua expedição artística nos rincões perdidos do Sul Global, M.I.A. traçava a conexão secreta entre a mecânica das gravações tradicionais de campo, o espírito punk de autossuficiência e o conceito de colagens do hip-hop. E fazia tudo isso com um olhar feminino, destemido e não ocidental.

Na Índia, aconselhou-se com o megaprodutor AR Rahman, mas também captou os *grooves* de percussionistas folclóricos na quadra esportiva de um vilarejo esquecido; em Trinidad e Tobago, alugou uma aparelhagem de som caindo aos pedaços para usar como monitores. "Achei muito importante ter algo orgânico", explicou à Red Bull Academy. Para completar, o disco ainda teve como coautores e coprodutores renomados magos dos estúdios, como Timbaland e, novamente, Diplo.

Atlas rítmico

Os doze frutos de tanta pesquisa e ecletismo não podiam ser mais suculentos. A começar por "Bamboo Banga", pós-electro-funk de vocais hipnóticos e sample da trilha sonora do filme *Thalapathy* (1991)

do compositor indiano-tâmil Ilayaraja, esplendidamente encaixado na batida. Tratando o suingue como idioma universal, M.I.A. enxerta na letra referências a diversos países, entre os quais Gana e Mianmar, mas também um trecho de "Roadrunner", canção de 1976 do combo protopunk ianque The Modern Lovers.

Mais eclética ainda é "Bird Flu", a segunda faixa do álbum e primeiro single, cujo clipe, rodado próximo a um campo de refugiados no Sri Lanka, apareceu já em fevereiro de 2007. A soma das vozes de meninas cantando em brincadeiras de palmas com um sample de outra peça fílmica (*Jayam*, de 2003, composta por R. P. Patnaik), reforçada por percussão ao vivo, emboca num *groove* irresistível em 6 por 8. "Boyz", o segundo single (junho de 2007), percorre o mesmo caminho, só que portando um refrão indigesto ("Quantos meninos sem grana começam uma guerra?"). Numa corajosa fusão de comentário político e espírito de pista, M.I.A. mescla, em "Jimmy", um ritmo extraído da trilha da produção de Bollywood *Disco Dancer* (1982) com os versos "Quando for a Ruanda e Congo / Leve-me a uma turnê do genocídio". Em "Hussel", a quinta faixa, ela abre espaço ao rapper nigeriano Afrikan Boy, que conheceu via MySpace.

Do oeste africano, viajamos aos confins australianos, em "Mango Pickle Down River", arranjada com didgeridoo e cantada pelo grupo de MCs mirins aborígenes The Wilcannia Mob. Missy Elliott deve ter sentido no mínimo uma ponta de inveja do resultado. Já "20 Dollar" reveste provocações antibélicas ("Sabe quanto custam os AKs na África?") de referências indie-pop: a cadência percorrida pelo sintetizador imita "Blue Monday" (1983), do New Order, enquanto uma das estrofes pertence a "Where Is My Mind" (1988), do Pixies. Uma baita releitura, que M.I.A. resolveu numa sala de espera de aeroporto.

A continuação, encontramos "World Town", um pancadão bastardo do Miami Bass, e "The Turn", breakbeat psicodélico desenvolvido com o rapper e produtor estadunidense Blaqstarr. A próxima é "XR2", outra arrasa-salões, que explora até a exaustão a repetição de um *riff* sampleado.

Xeque na xenofobia

Ao deixar a penúltima faixa, "Paper Planes", para derradeiro single, a ser promovido em fevereiro de 2008, M.I.A. não parecia especialmente confiante em seu alcance comercial. Mas, quando usada no trailer da comédia *Segurando as pontas*, do diretor estadunidense David Gordon Green em agosto do mesmo ano, a canção desfrutou de um sucesso tardio. A bola de neve aumentou meses depois, ao ser incluída na trilha do badaladíssimo *Quem quer ser um milionário?*, do inglês Danny Boyle. Quanto merecimento. "Paper Planes" já valeria só por sua letra, uma crítica à xenofobia pulsante na Europa e nos Estados Unidos. Ela ironiza o ponto de vista daqueles que veem os imigrantes como pessoas interessadas apenas em, como indica o refrão, "Bang bang bang bang / E pegar o seu dinheiro". A frase, aliás, aparece originalmente na música "Rump Shaker" (1992), do grupo nova-iorquino de R&B Wreckx-N-Effect.

A inspiração de Maya para compor o hit veio do visto negado, mas também do tratamento recebido por imigrantes africanos no Brooklyn, comportamento que ela testemunhou no bairro, onde se radicou após o imbróglio. Tudo no arranjo de "Paper Planes" se destaca: a contundência malemolente de seus vocais, os quatro disparos e o som de caixa registradora transformados em batida, o inesquecível sample de "Straight to Hell" (1982), do Clash, não por acaso um hino antixenofobia.

"Paper Planes" quase não viu a luz do dia: numa briga com Diplo, M.I.A. lhe atirou o HD com a gravação, que sobreviveu por milagre. Em setembro, Jay-Z a sampleou em sua "Swagga Like Us", com participações de Lil Wayne e Kanye West. Era mais uma prova de que sua autora tinha conquistado a realeza do hip-hop, como já indicava "Come Around", a faixa de encerramento de *Kala*, produzida e coestrelada pelo grande Timbaland. Em 2018, a *Rolling Stone* a considerou a 2ª melhor canção do século 21 até então.

Na câmera com Madonna

Tanta lisonja alçou Maya ao olho do furacão midiático. Ela aproveitou a atenção para abordar os massacres sofridos pelo povo tâmil em entrevistas, nas quais terminava ridicularizada ou simplesmente ignorada. Num dueto com Madonna no megaevento televisivo Super Bowl, em fevereiro de 2012, mostrou o dedo do meio às câmeras, o que motivou uma avalanche de respostas negativas, potencializada pelo racismo. Mal sabiam os responsáveis por aquelas hostilidades que estavam dando mais material para M.I.A. continuar em sua trajetória de artista combativa que, até a edição deste texto, acumula seis álbuns de estúdio.

ERYKAH BADU

New Amerykah Part One [4th World War]

[2008]

Erykah Badu estava ocupadíssima em meados de 2006. Amamentando a filha Puma, de 2 anos, e cuidando do filho Seven, de 8, ela não conseguia engrenar em seu plano de, pouco a pouco, retomar a carreira, interrompida em 2004 pelo nascimento da menina. Não dava conta dos e-mails, que chegavam saturados de arquivos MP3 com ideias para novas composições, enviadas por seus potenciais colaboradores. Naquele contexto, fazer um novo álbum, sucessor de *Worldwide Underground*, de setembro de 2003, parecia um sonho ainda distante.

Até que Seven, fruto de sua relação prévia com o brilhante rapper André 3000, do OutKast, mostrou-lhe o caminho com uma pergunta: "Por que você não usa este software de produção musical aqui, mamãe?". Erykah topou o desafio e passou a organizar, com a ajuda do programa informático, as batidas e os samples que recebia dos parceiros, criando pequenas estruturas de canções, geralmente de uma parte só.

Durante o processo, ela gostou de poder aglutinar facilmente seus vários lampejos vocais, o que lhe permitia testar diferentes combinações melódicas e harmônicas, sem mal precisar desencaixar a criança do peito. Além disso, desenvolveu um fascínio pela disparidade de acabamento entre as distintas gravações que recebia, não raro distorcidas ou sem qualquer refinamento técnico. Também se divertiu aplicando efeitos nos seus próprios trechos cantados caseiramente. Recombinando aquelas texturas distintas entre si e colorindo-as com a sua voz, Erykah percebeu que estava indo além de contornar um empecilho prático; concebia, lentamente, uma proposta estética de disco.

O resultado daquele procedimento, condicionado pelas limitações logísticas maternais e pautado pela tecnologia, só viria em fevereiro de 2008. Mas valeu cada ruído de comunicação e perrengue doméstico vivenciado por sua criadora. Me refiro a *New Amerykah Part One (4th World War)*, o quarto trabalho de estúdio de Erykah Badu, bancado pela Motown/Universal. Coproduzido com um elenco estelar de cúmplices, incluindo mestres dos estúdios como Madlib, Questlove e Georgia Anne Muldrow, o álbum é uma vitrine fabulosa do talento da cantora, uma das almas mais desbravadoras do R&B e do hip-hop.

Em *New Amerykah...*, a estrela texana cozinha fartas doses de funk, jazz, soul e psicodelia com refinada gastronomia samplística. Da vanguardista receita, obtém um molho particular, com o qual besunta canções sobre maternidade, racismo, drogas e amor. Surpreendente e audacioso, mas nem por isso inapto à degustação das massas, o disco ocupou a 2ª colocação na parada da *Billboard* e se sedimentou como numa referência do afrofuturismo.

Sincretismo artístico

Apenas quatro anos após o seu nascimento, em 26 de fevereiro de 1971, Erica Abi Wright já começou a explorar seus dotes artísticos, atuando numa peça. Crescendo no North Park, bairro de classe média baixa com predominância afro-americana em sua Dallas natal, ela tinha como referência a sua mãe solo, uma atriz de teatro, e as duas avós, das quais absorveu a espiritualidade. Já adulta e artista, Erica direcionaria essa influência a um sincretismo criativo, misturando em sua obra pitadas de cristianismo, teologia egípcia antiga, islamismo e rastafari. “Nenhuma religião consegue definir minha relação com o criador; se tiver uma que defina, provavelmente é a arte”, afirmaria ela em entrevista à *Vibe*.

Aos 7, Erica tocava piano e compunha. Também cantou num coro de igreja batista e desenvolveu o hábito de imitar instrumentos de sopro. Era autodidata enquanto musicista, mas estudava formalmente dança moderna e balé. Pré-adolescente, no início da década de 1980 acrescentou o hip-hop à sua lista de paixões musicais, até então dominada por nomes do funk (Chaka Khan), jazz (Miles Davis) e reggae (Bob Marley). Encarou “batalhas” de rima e *breakdance* organizadas por seu primo Robert "Free" Bradford e, em 1984, lançou-se como rapper, adotando a alcunha MC Apples.

Erica estudou teatro na Universidade Estadual de Grambling, em Louisiana, ao passo que estreitava os seus laços com a música e ampliava sua consciência antirracista e afrocêntrica. Introduziu no vestuário artigos de roupa de inspiração africana, como o seu famoso turbante, e decidiu alterar o seu nome, que associava à escravidão. O "kah", segundo ela, significa "eu interior" para os egípcios antigos; *Badu* era o som de seu *scat* (improvisação vocal jazzística) favorito.

Reinventando o R&B

Em 1994, Badu criou com Robert a dupla Erykah Free. Prepararam uma demo de dezenove faixas e abriram shows de Notorious B.I.G. e D'Angelo, cujo empresário, Kedar Massenburg, ofereceu-lhe um contrato individual. A cantora se mudou para Nova York no início de 1996 e assinou com o selo homônimo de Kedar, distribuído pela gigante Universal. Em dezembro do mesmo ano, três meses após aparecer em "Your Precious Love", dueto com D'Angelo, lançou o seu primeiro single, "On & On", remanescente do repertório do Erykah Free, que chegaria ao 12º lugar nos Estados Unidos.

Foi um bom aperitivo para *Baduizm*, seu aclamado CD de estreia, de fevereiro de 1997, e que, com seus *grooves* lentos, limpos e minimalistas, ventilou um forte sopro de renovação no R&B. O *début* teve mais de três milhões de cópias vendidas e lhe propiciou dois Grammy, o que encorajou a gravadora a bancar o ao vivo *Live* antes do final do ano. Em 11 de outubro de 1997, vi uma Erykah Badu ainda pouco conhecida no Brasil abrir para o Jamiroquai no extinto Palace, em São Paulo, como parte do saudoso Free Jazz Festival. Ostentava um barrigão de oito meses ocupado por Seven.

Mesmo criando praticamente um ramo próprio na árvore genealógica dos sons afro-americanos com *Baduizm*, Erykah Badu não se acomodou. Até porque estava frequentando um grupo muito especial, autoapelidado Soulquarians, formado por seu então namorado, o rapper Common, e gente como Questlove, baterista do The Roots (já presente em *Baduizm*), D'Angelo e Jay Dee, vulgo J Dilla, um dos mais reverenciados criadores de beats e samples do universo hip-hop.

A partir de 1998, vários deles fizeram simultaneamente seus discos, com cada um participando no trabalho do outro (ver texto sobre o álbum *Black Messiah*, de D'Angelo & The Vanguard, na p. 458).

A contribuição de Erykah à fornada dos Soulquarians foi o suingado *Mama's Gun*, que marca o início de sua filiação à história gravadora Motown e que, mesmo sem repetir o impacto comercial do anterior, ultrapassou a marca de um milhão de exemplares arrematados. Vendagem parecida, aliás, à do seguinte, *Worldwide Underground*, de setembro de 2003, de sonoridade ligeiramente mais experimental que os anteriores, ainda que firmemente ancorado em *grooves*. Incluindo canjas de Queen Latifah e Lenny Kravitz, apareceu no 3º posto estadunidense.

Farta safra

Com a chegada da segunda filha em 2004, Erykah viveu o segundo maior hiato discográfico de sua carreira, inferior apenas ao que mantém desde 2010. Após meses de trocas de arquivos e debates virtuais sobre possíveis canções, ela se dedicou às sessões "pra valer", no seu estimado estúdio Electric Lady, de Nova York, o quartel-general dos Soulquarians, com partes realizadas também no Cosmic Dust (Los Angeles) e no Luminous Sound (Dallas). Não sem antes encarregar ao engenheiro Mike "Chav" Chavarria a edição do material que tinha registrado caseiramente, de forma que os arranjos finais preservassem também "todas as imperfeições e distorções de microfone", conforme revelou ela em entrevista à Red Bull Academy de 2014. "Eu queria estar no hiperespaço, mas também ser analógica", explicou.

Com Badu e Chav assinando a produção executiva e outras duas figuras em ascensão como produtores associados (Shafiq Husayn, membro do Sa-Ra Creative Partners, e o rapper Jay Electronica, então companheiro da artista), *New Amerykah Part One (4th World War)* saiu em 26 de fevereiro de 2008, data de seu 37º aniversário. Àquela altura, sua criatividade estava tão represada que a mesma safra renderia, dois anos depois, o álbum-continuação *New Amerykah Part Two (Return of the Ankh).*

2000

De Roy Ayers a Madlib

Antes do primeiro *play*, a bolacha traga o ouvinte por sua representação visual, assinada pelo cultuado ilustrador estadunidense Emek. Na capa de *New Amerykah Part One,* ele estiliza uma imagem exuberante de Erykah, clicada pelo premiado fotógrafo haitiano Marc Baptiste. Ela exibe um olhar desafiador, os dois punhos cerrados e um majestoso penteado afro enfeitado por inúmeros ícones. No encarte interno, o teor politizado das letras se traduz graficamente com criações de Emek, do tipo um "Tio Sam" demoníaco, as mãos de um homem sem face a segurar as grades de uma cela, e um "*kit junkie*" com seringa e colher.

Esse conceito imagético caminha paralelamente à riqueza da obra, principiada em clima festeiro com "Amerykahn Promise", balanço produzido e coescrito pelo saudoso Roy Ayers, gigante do vibrafone e lenda do funk-jazz. Soa como uma remanescente funkeada e psicodélica dos anos 1970, em seus vocais de andamento alterado, e não destoaria num setlist do Parliament.

De lá, saltamos ao futuro, com a extraordinária "The Healer", na qual Madlib, mago do hip-hop mais excêntrico, sampleia os pianinhos de "Kono Samourai", obscuridade de 1971 do projeto francês Yamasuki. Badu navega pela deliciosa melodia resultante, enquanto profere discurso filosófico-religioso e homenageia J Dilla, morto em 2006. O mesmo Madlib se encarrega da quarta faixa, "My People", um mantra de afirmação racial que sampleia "My People... Hold On" (1972), clássico afro-soul de Eddie Kendricks. É uma das quatro do álbum que contam com o cantor Bilal, de timbre princeano, nos vocais de apoio.

Entre essas duas, porém, reside a cálida "Me", embelezada pelas notas jazzísticas do trompetista Roy Hargrove e do tecladista James Poyser (outro integrante dos Soulquarians). Na letra, ela reflete sobre a relação entre maternidade, carreira e relacionamentos: "Às vezes é difícil de se mover, sabe / Quando você cresce em público", canta ela em um trecho. "Tive dois bebês diferentes com caras diferentes / E por ambos o meu amor era verdadeiro", lê-se noutro. Atenção para o bebop aloprado da dupla Badu-Hargrove nos últimos compassos.

Falando em sons inesperados, Erykah e outro comparsa, Karriem Riggins, acharam em "Theme", raridade de 1972 da banda holandesa de rock progressivo Solution, o sample perfeito para "Soldier", segunda música de trabalho (abril de 2008) e um dos pontos altos de *4th World War*. No mesmo nível está a seguinte, "The Cell", outra com o dedo de Husayn, um imenso funk sobre dependência em narcóticos. Os vários vocais gravados por Erykah arrepiam, tanto quanto o baixo do então pouco conhecido Thundercat.

Política e paródia

Escondendo em sua massa sonora de efeitos cósmicos a guitarra de Omar Rodríguez-López (Mars Volta), "Twinkle" oferece um clima instrumental mais relaxado, com direito a parte ambient. Sua letra, porém, é das mais duras, apontando racismo estrutural e injustiça social em versos como "eles nos mantêm doentes e deprimidos".

A mesma trilha de sons refinados embalando mensagens contundentes é percorrida em "Master Teacher", apresentando como coautora e uma das vocalistas Georgia Anne Muldrow que, na década seguinte, se converteria numa craque dos estúdios. Seu arranjo se apropria de estrofe de "Freddie's Dead" (1972), hino de Curtis Mayfield (ver texto sobre o álbum *Super Fly* no volume 1 deste projeto). Na segunda parte, se envereda por uma soul-bossa tênue. "That Hump", uma cooperação entre Badu, Husayn e Om'Mas Keith, resgata a Erykah dos primeiros álbuns, com seu R&B *slowcore*, enquanto a intensidade segue baixando em "Telephone", sublinhada pela bateria inconfundível de Questlove.

New Amerykah... ainda guarda uma derradeira descarga de energia com o electro-funk adocicado "Honey", single que antecedeu o disco, ainda em dezembro de 2007. No clipe correspondente, dirigido pelo afro-americano Chris Robinson, Erykah faz, entre outras estripulias, uma paródia do vídeo de "Hey Ya!", do OutKast, e se transforma em personagem de várias capas de LPs clássicos (de Minnie Riperton a Grace Jones). Um epílogo divertido para uma obra seriamente boa.

ANOS 2010

O STREAMING E A REVANCHE DO VINIL

Spotify

deezer

Ouça uma seleção de músicas da década em sua plataforma preferida

ADELE
21

(2011)

Se, na década de 2010, a chegada do streaming relegou o álbum a um produto musical secundário, a trincheira de resistência mais sólida desse formato se manifesta no sucesso de Adele. De acordo com a IFPI (Federação Internacional da Indústria Fonográfica), ela é a artista que mais vendeu álbuns, física e digitalmente, no terceiro milênio. Dois dos quatro discos que a cantora inglesa lançou até a edição deste texto aparecem no top 3 desse ranking. Todos eles alcançaram o número 1 no Reino Unido, e três repetiram a dose nos Estados Unidos.

Com 31 milhões de unidades materiais ou virtuais vendidas globalmente, primeiro lugar nos dois principais mercados pop e recordista feminina histórica em tempo de domínio na parada estadunidense (24 semanas), *21*, o segundo trabalho de Adele, lançado em janeiro de 2011, é simplesmente o álbum mais bem-sucedido do século 21.

Os numerologistas provavelmente têm algo mirabolante a dizer sobre a presença insistente dos algarismos 2 e 1 nessa história (o disco 2 que se chama 21, e chega ao número 1 no ano 2011 do século 21). Mas a verdade é que a explicação para o fenômeno gerado pelo *best-seller* de Adele dispensa a matemática esotérica. *21* atingiu em cheio o coração das massas, que empatizaram sem ressalvas com a sinceridade crua extravasada por sua autora no exorcismo de suas dores de amor reais, vivenciadas após o fim de um relacionamento.

Todo aquele sofrimento de recém-adulta, sintetizado em canções "sinceronas" e à flor da pele, era uma fórmula potente demais para ser ignorada. Ainda mais quando expelida por uma voz abençoada como a de Adele, estrela dotada de um carisma único, uma caixa torácica apta a rachar paredes e uma sensibilidade autoral e interpretativa capaz de extrair lágrimas de uma estátua.

Entre outras façanhas, *21* alçou três singles ao topo da parada estadunidense e um ao da britânica. O disco também fez de Adele a primeira mulher da história a contar com uma trinca de canções ao mesmo tempo no top 10 dos EUA, além de a transformar na terceira artista de qualquer gênero a ostentar, simultaneamente, dois álbuns e duas músicas nos top 5 do mesmo país. *21* é o quarto mais vendido da história do Reino Unido em qualquer formato e um dos 20 no mundo inteiro.

Para completar, *21* faturou impressionantes seis Grammy e dois Brit Awards, e recebeu o título de melhor álbum de 2011 de publicações como *Billboard* e *Rolling Stone*, revista que o considera o 5º melhor álbum já gravado por uma mulher.

Vozeirão curtido em ecletismo

A carreira de Adele Laurie Blue Adkins também se destaca pela rapidez com que floresceu. Nascida em 5 de maio de 1988 em Londres, ela cresceu no bairro popular de Tottenham com a mãe, apenas 18 anos mais velha, separada do pai desde que a filha tinha 3 anos. Aos 5, Adele viu um show do Cure em companhia materna e começou a tocar violão; aos 7, já cantava razoavelmente bem. Única branca em uma classe de maioria afro-britânica, ela adorava as divas do R&B e do hip-hop, como Lauryn Hill e Mary J. Blige, o que não a impedia de babar também pelas sensações adolescentes Britney Spears e Spice Girls. Tampouco perdia *Pop Idol* e outros *reality shows* de calouros.

Mas foi a descoberta, na adolescência, das gigantes do jazz e do soul que a levou a querer ser cantora. De acordo com a biografia *Adele* (2015), do jornalista Chas Newkey-Burden, a jovem aspirante desenvolveu seu estilo de canto prestando atenção na técnica acrobática de Ella Fitzgerald, no controle de Roberta Flack e, sobretudo, na pegada apaixonada de Etta James.

Enquanto batalhava em empregos como atendente em café ou vendedora em loja de roupas, Adele se ligava na nova safra de cantoras brancas influenciadas por sons afro-americanos que tomava as paradas britânicas, encabeçada por figuras como Duffy e Amy Winehouse. Pouco depois ela formaria, com elas e a estadunidense Lana Del Rey, uma espécie de clube não declarado de estrelas pop de vozeirão potente, uma das marcas sonoras mais interessantes da virada dos anos 2000 para os 2010.

Do MySpace a Jools Holland

Um grande passo para o início da trajetória profissional de Adele se deu quando ela entrou no curso de música da BRIT, escola pública de artes onde a própria Amy estudou. Durante seus quatro anos lá, compôs regularmente e gravou suas primeiras demos. A partir de faixas publicadas no MySpace, desde dezembro de 2004, passou a receber ofertas de gravadoras, decidindo-se, em setembro de 2006, pela *hypada* XL Recordings (Radiohead, The White Stripes).

Iniciava-se a sua ascensão meteórica, impulsionada ainda mais em 8 junho de 2007, com sua aparição no concorrido programa televisivo *Later... with Jools Holland*. Acompanhada por seu violão, cantou de forma divina "Daydreamer", uma de suas composições mais antigas, perplexa por ter "Björk à minha esquerda, Paul McCartney à minha direita e minha mãe chorando na minha frente". Logo, aquela garota de 19 anos estaria no mesmo patamar comercial daqueles novos colegas.

Começando com tudo

Escrita por Adele aos 16 anos, a canção "Hometown Glory" foi o seu primeiro single, lançado pelo selo Pacemaker em outubro de 2007, apenas em vinil e prensagem limitada de quinhentas cópias. Em janeiro de 2008, veio a primeira música editada pela XL, "Chasing Pavements", número 2 no Reino Unido. Duas semanas depois saía *19*, seu álbum de estreia, reunindo baladas de voz e violão, cover de Bob Dylan ("Make You Feel My Love"), flertes com jazz e pop-soul, elementos de gospel e até a presença do produtor mais badalado daquele momento, Mark Ronson, na faixa "Cold Shoulder".

O título surgiu da idade em que ela achou que havia "virado uma mulher". Mais tarde, ao insistir nas métricas etárias para nomear não só *21*, como também os outros sucessores – *25*, de 2015, e *30*, de 2021 – Adele inconscientemente contribuiria para a defesa do álbum enquanto um conceito, uma obra com lógica própria a ser absorvida como um todo, em plena era do streaming.

Com seus quatro singles no top 20 britânico, nomeado ao prestigiado Mercury Prize e saudado pela BBC, *19* engatilhou a temida e difícil travessia comercial de Adele rumo ao outro lado do Atlântico. Lançado nos Estados Unidos pela Columbia, o disco subiu ao 4º lugar em 2012.

O fato de suas músicas pintarem em trilhas sonoras de algumas das séries mais populares da TV estadunidense, como *Grey's Anatomy*, bem como a presença da cantora em programas como o *Saturday Night Live*, ajudaram muito na "americanização" de seu público e nas consequências lucrativas disso. A indústria ianque respondeu à altura, indicando-a em quatro categorias na 51ª edição do Grammy, da qual ela saiu com duas estatuetas.

A dor enquanto conceito

O mundo não estava preparado para toda a carga emocional que Adele injetaria em *21*, seu aguardadíssimo segundo disco, que ela começou a gestar em 2009, mas que só nasceu em 24 de janeiro de 2011. Na verdade, nem ela tinha planejado tamanha intensidade, pois a princípio queria que seu novo repertório fosse mais animado que o do *début*, refletindo um pouco mais de seu lado bonachão, que o público conhecia de suas entrevistas.

Só que, diante do fim amargo do seu primeiro namoro sério, com um homem mais velho de identidade não revelada, ela ostentava um coração em frangalhos. Dramática, chegou ao ponto de dizer que preferia ainda estar com o sujeito do que todo o êxito do qual gozava desde 2007. Porém, isso parecia não ser mais uma opção, e restou a Adele compor sobre sua experiência traumática, auxiliada por seis parceiros diferentes.

Ícones do country, como Dolly Parton, e grupos contemporâneos como Mumford & Sons serviram de inspiração para a nova fornada de canções, uma gloriosa coleção nutrida de choro de pitangas e dor de cotovelo. Com bombásticas atualizações *millennial* das inesquecíveis *power ballads* dos anos 1980, *21*, cuja capa ostenta Adele captada pela disputadíssima fotógrafa estadunidense Lauren

Dukoff, metamorfoseou-se praticamente num álbum conceitual sobre aquela sua ruptura.

Escaldada após o inesperado sucesso de *19*, a XL patrocinou gravações em nada menos que onze estúdios diferentes nos Estados Unidos e no Reino Unido, incluindo o londrino AIR, de George Martin. Adele contou com a ajuda de seis produtores, entre os quais o gabaritadíssimo Rick Rubin, mas também nomes em ascensão no mainstream, a exemplo do estadunidense Ryan Tedder (OneRepublic, Beyoncé), e apostas de currículo mais indie, como os ingleses Paul Epworth (Primal Scream, Bloc Party) e Jim Abbiss (Placebo, Kasabian), veterano do primeiro álbum. Por pouco Jack White não entrou na lista. Engrossam ainda mais os créditos de *21* pesos-pesados de estúdio, entre os quais o baterista Chris Dave, o percussionista Lenny Castro, o baixista Pino Palladino e o arranjador de cordas David Campbell, pai de Beck.

Do retrô ao baladismo *millennial*

A julgar pelo começo de *21*, a esconjuração pretendida por Adele para os males do relacionamento condenado parece servir à proposta enérgica que ela inicialmente tramara. Composto e produzido por Epworth, "Rolling in the Deep", o single que saiu antes do disco, em novembro de 2010, é uma monumental canção revanchista, organizada num galope retrô umedecido em blues e country. Contém versos como "transformo minha tristeza em ouro" e uma das melhores pontes (a parte que liga as estrofes iniciais ao refrão) do século, explodindo num estribilho arrasador. Ocupou o número 1 nos Estados Unidos e o 2 no Reino Unido.

O clima se conserva quente na segunda faixa (e quarta música de trabalho, novembro de 2011), a também agitada e blueseada "Rumour Has It". Criada e produzida com Ryan Tedder, a canção aposta em tiradas sobre um suposto fracasso da seguinte relação do ex, destacando as guitarras e as palmas na marcação do tempo.

A catarse vingativa em BPM acelerado, porém, para por aí, e o ambiente se altera contundentemente em "Turning Tables", outra parceria com Tedder, produzida por Abbiss. Apoiada pelo renomado pianista Neil Cowley e um arranjo de cordas, ela reclama de não "conseguir respirar" por meio de um refrão maior do que o mundo, que brilharia mesmo num radinho de pilha sintonizado numa rádio AM.

Tal grandiosidade baladística aumenta de nível na faixa seguinte, "Don't You Remember", uma explosão melodramática cuja letra aborda a perplexidade ingênua de quem leva o primeiro pé na bunda ("Você não se lembra / Da razão pela qual me amava antes?"). A produção e a coautoria aqui são do veterano Dan Wilson, estadunidense especializado em country-pop.

Já "Set Fire to the Rain", terceiro single (julho de 2011) e também número 1 nos EUA, escolhe um atalho um pouco diferente, intermediário entre a Adele das baladas e a Adele das pistas de dança, sem esquecer a dinâmica crescente e o refrão épico. Na única contribuição do produtor inglês Fraser T. Smith (Gorillaz, Sam Smith) no álbum, cordas e piano formam uma textura de britanismo melancólico não tão distante de um Keane ou até mesmo um The Verve.

O dedo de Rick Rubin em *21* se nota pelo emprego de arranjos singelos, que valorizam ainda mais a voz de Adele. O mago barbudo se encarrega da sexta faixa, "He Won't Go", um classudo soul de inspiração setentista com piano de James Poyser (Soulquarians); Rubin também cuidou da nona música, "One and Only", um deep soul inspirado na comédia romântica *Nunca fui beijada* (1999). E, mais notoriamente, da única cover do repertório, "Lovesong", memorável hit lançado pelo Cure em seu maior disco, *Disintegration* (1989 – ver texto sobre esse álbum na p. 248). Segundo declarou o produtor à *Rolling Stone* em fevereiro de 2016, o arranjo de bossa bucólica, com o qual Adele ressignificou tão bem o goth-pop romântico criado por Robert Smith, já tinha sido descartado por Barbra Streisand. "A Adele cantou a música umas trinta vezes seguidas, e cada uma delas foi assombrosa", relembrou o produtor.

21 ainda guarda nova imersão piano-voz, "Take It All", outra sobre o amaldiçoado relacionamento em sua etapa terminal, e "I'll Be Waiting", mais um fruto da simbiose com Paul Epworth, um groovaço que lembra as primeiras gravações de Aretha Franklin pela Atlantic Records. Até que nos deparamos com o *grand finale* e segundo single de *21* (janeiro de 2011): "Someone Like You". Coescrita e produzida por Dan Wilson, que se encarregou também do emotivo piano, a música mais tocada de Adele no Spotify (2,3 bilhões de reproduções até a edição deste texto) flagra a cantora lutando para encerrar um ciclo de sofrimento.

Após tentar uma derradeira cartada para reatar com o seu algoz sentimental, ela finalmente se conforma e, talvez ambiguamente, deseja-lhe o bem. Quando Adele chega no verso "Não me esqueça, te imploro / Lembro de você dizer" é impossível resistir a tamanha cafonice benigna. "Someone Like You" é uma *power ballad* que ressuscitaria Whitney Houston a qualquer momento, e que a própria Adele disse cantar muitas vezes pensando em outros assuntos, para não se afogar no próprio mergulho emocional. Em 15 de fevereiro de 2011, ela se doou em uma de suas interpretações mais famosas, a de "Someone Like You" no Brit Awards. A performance ajudou diretamente em boa parte dos superlativos listados no início deste texto.

A repercussão de *21* foi tão estrondosa que resvalou na saúde de sua criadora, que nunca escondeu o quão nervosa fica antes dos seus shows. Em outubro de 2011, ela teve que cancelar uma turnê nos EUA por causa de uma hemorragia nas cordas vocais, o que a obrigou a passar por uma cirurgia, algo que impediu que ela protagonizasse mais clipes (como o fez nos casos dos dois primeiros singles). A recuperação ocorreu a tempo de fazer a varredura geral e cantar no Grammy e no Brit de 2012, ano em que teve um filho e lançou "Skyfall", música para a trilha do filme de James Bond de mesmo nome.

Até o final de 2015, quando reapareceu com um novo trabalho, *25*, Adele ficaria longe dos holofotes, apreciando o impacto afetivo-musical de *21* no consciente coletivo pop. "Eu estava com o coração partido quando fiz esse disco, então o fato de que tantas pessoas o levem em seus corações é a melhor maneira de me recuperar", disse.

SWANS
The Seer

(2012)

Como conto na Apresentação do volume 1 de *Do vinil ao streaming*, uma pesquisa feita pela Deezer em 2019 apontou que 15% dos britânicos com menos de 25 anos jamais tinham escutado um disco inteiro em sua vida. Seis anos depois, se a plataforma atualizar o levantamento, possivelmente detectará uma porcentagem maior. Por isso é tão admirável a resistência inexorável do formato álbum representada pelo Swans a partir da segunda década do século 21, início da idade musical do streaming e das playlists, domínio que reempoderou o single.

Como se não bastasse já ter remado contra a corrente durante toda a sua primeira encarnação – entre 1982 e 1997 –, na qual deixou um legado de radicalismo sem concessões, a banda nova-iorquina retomou suas atividades em 2010 ainda mais desafiadora. Nos palcos, protagoniza os mais catárticos concertos do período pós-revolução digital, uma legítima experiência espiritual guiada pela música; em estúdio, de 2012 a 2025 o sexteto enfileirou uma impiedosa sequência de nada menos que seis álbuns de estúdio, cujas durações variam de 90 a 120 minutos. São obras que convidam ao transe e à introspecção musical elevada, ignorando solenemente a média de 35-45 minutos recomendada pelo suposto bom senso.

Lançado em agosto de 2012, *The Seer*, o primeiro desses discos-experiência, é uma imersão sonora roteirizada para se degustar em 1 hora, 59 minutos e 13 segundos. A geração Z que me perdoe, mas aqui um *skip* não vai dar conta do recado. Ouvir o Swans 3.0., tomando *The Seer* como ponto de partida, requer bem mais entrega do que a oferecida por um polegar ansioso em busca da faixa seguinte. Estamos falando de um álbum com uma música de 32 minutos e que, em sua edição tripla em vinil, teve que dividir três de suas canções em dois lados diferentes. E cujo título traduz-se em "O vidente". Mas acreditem: vai valer a pena.

Medo e delírio no Oriente

Tão fascinante quanto o poder da música do Swans é a trajetória de vida de seu criador e figura principal. Nascido em Los Angeles em 19 de fevereiro de 1954, Michael Rolfe Gira (se pronuncia "Girá") exalou inquietude desde cedo. Lidando mal com o alcoolismo da mãe e a ausência do pai, antes da etapa adulta se envolveu com drogas e furtos, sendo preso.

Levado para viver com o pai em Paris, Gira fugiu para uma comunidade hippie de Amsterdã, cidade onde entrou em cana pela segunda vez. Regou a ácido suas andanças europeias, nas quais testemunhou *in loco* a fina flor do vanguardismo musical iluminado, de Frank Zappa a Amon Düül, de Pink Floyd a Art Ensemble of Chicago. Flanou de carona pela Turquia, pela antiga Iugoslávia e conheceu o xadrez num terceiro país, Israel.

Dando a vida em cena

De volta aos Estados Unidos, o mau elemento internacional conseguiu, sabe se lá como, uma bolsa na prestigiada escola de artes Otis, em Los Angeles. Depois, se mudou para o então violento bairro nova-iorquino do East Village onde, em 1982, fundou o Swans com o baterista Jonathan Kane. Sua inspiração vinha de ícones do underground estadunidense fissurados em repetição sonora, como Stooges, Suicide e Glenn Branca.

As formações seriam bastante fluidas ao longo dos anos seguintes. Mas no primeiro LP, *Filth* (1983), uma paulada de ruídos dissonantes, ele já contou com aquele que seria seu mais fiel escudeiro, o guitarrista Norman Westberg (Nova York, 27 de junho de 1958). Estampado pelo *close* de uma boca cheia de dentes, o *début* do Swans mostrava também sua preocupação com as capas. Todos os dez discos da primeira vida do grupo seriam impactantes também nesse quesito.

Outra constante desde o início do Swans era a sua reputação de shows assustadores, tocados com uma energia sobre-humana e em volume inverossímil. Michael frequentemente terminava os sets em estado incorpóreo, catatônico, banhado em suor e muco. Nem a banda-irmã Sonic Youth, conhecida por sua performance arrasadora, gostava de entrar no palco depois deles. Tanta intensidade afrontadora atraía o público da cena no wave, mas também apreciadores do chamado som industrial.

"Minha ideia era soar o mais violento, cáustico e emocionalmente perturbador possível", explica Michael no ótimo documentário *Where Does a Body End?* (2019), do diretor italiano Marco Porsia. Numa entrevista à revista *East Village Eye* de março de 1983, ele se aprofundava: "Gosto de qualquer coisa que pareça anular o senso de ser". Em sua peculiar fórmula cênica-conceitual, Michael encontrou espaço também para absorver a influência do mais cavernoso e casca grossa dos *bluesman*, Howlin' Wolf.

Mantras em evolução

Em 1984, ano do segundo disco (*Cop)*, Michael recebeu carta de uma misteriosa fã chamada Jarboe, contendo uma fita com berros aterrorizantes. Deu *match*. Ela começou a namorar o ídolo e entrou na banda, tornando-se, graças a sua presença estranha e suas intervenções vocais xamânicas, um de seus elementos mais interessantes. Sucederam-se vários álbuns de estúdio, quase sempre editados por selos independentes e intercalados a uma profusão de EPs e registros ao vivo.

A partir do LP *Children of God* (1987), nota-se no grupo uma certa guinada a uma sonoridade menos agressiva, mais climática, lenta e melódica, até acústica em alguns momentos, ainda que decididamente sombria. No seguinte, *The Burning World*, tiveram a ajuda do incensado produtor Bill Laswell. Acertaram mais, porém, em *White Light from the Mouth of Infinity* (1991), uma coleção de peças grandiosas e atmosféricas influenciada por Ennio Morricone, a primeira bancada pelo selo Young God, do próprio Michael Gira. Teve participação de Christopher Hahn (Idar-Oberstein, Alemanha, 6 de fevereiro de 1959), especialista em lap steel (a guitarra "tocada na horizontal"), e mais tarde um dos principais responsáveis pela massa sonora swânica pós-2010.

Mesmo com as mudanças no som, mantinha-se o componente repetitivo, mântrico, que caracterizaria o Swans em todas as suas versões. A notoriedade performática extremista da turma também permanecia intacta; em Londres, os donos de um clube desligaram o som deles durante um concerto. Ainda assim, o ânimo de Michael Gira entrou em declínio com o passar da década de 1990, em parte por seu crescente alcoolismo. Após mais três títulos de estúdio, ele anunciou o fim do Swans. A derradeira apresentação, ocorrida em março de 1997 em Londres, terminou com ele pelado. No ano seguinte, criou o projeto paralelo Angels of Light, mais voltado para baladas.

Um feiticeiro vendendo camisetas

Não sei se há alguma outra banda que tenha voltado de um longo hiato com uma nova proposta tão impressionante, capaz de surpreender o mais cético dos fãs. Desde que, em 2008, começou a articular a ressurreição do Swans, Michael Gira bateu o pé para que a experiência extrapolasse um simples revival. "A decisão de reativar o grupo se baseou na busca por novas formas de trabalhar, não em ser essa banda nostálgica que toca suas velhas canções", explicou ao site inglês The Quietus em agosto de 2012.

Só que talvez nem ele esperasse arrebanhar para sua missão uma equipe tão danada, que estreou no álbum *My Father Will Guide Me up a Rope to the Sky*, de setembro de 2010 e duração ainda "civilizada" (44 minutos). Ao lado dele e dos sobreviventes do "Velho Swans" Norman Westberg e Christopher Hahn, estavam a bordo o baterista Phil Puleo (Nova York, 27 de setembro de 1960), presente no CD ao vivo *Swans Are Dead* (1998), e duas caras totalmente novas, o baixista Christopher Pravdica (Nova York, 2 de outubro de 1975), e o multi-instrumentista Thor Harris (La Porte, Texas, 7 de fevereiro de 1965).

Juntos, eles formavam não apenas uma intimidadora gangue que parecia originária de uma HQ de western futurista, como também um dos mais simbióticos combos já testemunhados num palco. "Essa é a melhor banda que já tive como um todo", admitiu Michael ao The Quietus. Presenciei-os ao vivo em Barcelona em 2014 e não poderia concordar mais.

Tocando como um imenso ser orgânico e multitentacular, o sexteto fluía de acordo com a extraordinária "regência" promovida por Gira, convertido em cena numa espécie de maestro-feiticeiro. Ora movimentando os braços, ora correndo para as laterais do palco,

ora saltando para determinar os acentos do vórtex de ruídos, ele se comunica com os outros cinco numa sintonia quase telepática. Os presentes saíam de cada recital com a nítida impressão de que o homem havia partido rumo a outra dimensão. Dez minutos depois, porém, lá estava Michael, conversando amigavelmente com os espectadores que formavam fila para comprar vinis e camisetas do Swans, vendidas por ele mesmo.

O vidente

Percebendo o tesouro que tinha em mãos, Gira quis emular em estúdio a mesma catarse que conduzia diante das plateias, ao lado de antigos sócios e discípulos recém-convertidos. Nascia o novo conceito discográfico daquele Swans revigorado: álbuns longuíssimos e profundos, elaborados para serem apreciados como se o ouvinte estivesse numa daquelas missas, quer dizer shows, que rapidamente ganhavam uma merecida fama.

Com sua arrepiante capa do cachorrinho raivoso (em pintura do artista inglês Simon Henwood), *The Seer*, o primeiro dos seis extensíssimos trabalhos seguintes, é o mais monumental documento dessa fase. Segundo Michael, no processo de gravação, ocorrido ao longo de 2011 em dois estúdios de Berlim e dois de Nova York, foram empregados métodos e ideias remanescentes de todas as etapas do grupo. Das onze peças, sete são de autoria só dele e quatro foram compostas por todos.

Além dos seis integrantes oficiais, comparecem antigos aliados, como o falecido multi-instrumentista Bill Rieflin (Nine Inch Nails, King Crimson), tratado no encarte como "Swan honorário", e a reclusa Jarboe. Contribuem também diversas figuras carimbadas do indie estadunidense, tais quais Ben Frost, Karen O, dos Yeah Yeah Yeahs, e o então o casal formado por Alan Sparhawk e a saudosa Mimi Parker, do Low, entre outros.

"Lunacy" inaugura o repertório mostrando ao ouvinte onde ele se meteu. As vozes sinistras de Michael, Alan e Mimi repetem a palavra "loucura" à exaustão, esticando ao limite a corda da tensão anímica. Prepara, mas não o suficiente, para os dez estranhos minutos do *shuffle* hipnótico "Mother of the World", uma boa amostragem da texturização dos arranjos do Swans do século 21. Tanto pela fusão das guitarras de Gira e Westberg com o lap steel de Hahn, quanto pelo ecletismo percussivo de Puleo, ou os mil e um badulaques operados pelo viking Harris, que se reveza entre o clarinete o dulcimer. Outros convidados engordam a massa sonora onírica com instrumentos como o acordeom.

Tudo isso pode ser contemplado na furiosa "The Seer", um épico da hipnose que, ao final de seus inacreditáveis 32 minutos e 14 segundos, não deixa ninguém incólume. E, para quem acha que é muito, ainda há a continuação "The Seer Returns", *groove* atmosférico de "apenas" seis minutos a embalar enigmas cantados por Gira ("Eu sei que nunca vou morrer"). Curiosamente, esses quase quarenta minutos de massacre musical são precedidos pela balada-vinheta curtinha "The Wolf".

Gemidos apavorantes de cordas, golpes primitivos de tambores e vozes sepulcrais se alternam na estrutura de "93 Ave. Blues", uma verdadeira carnificina sonora terminada num êxtase de barulho agônico. É a maneira que o Swans encontrou para encaminhar dois momentos calmos (ufa) de "The Daughter Brings the Water", uma fábula acústica costurada em torno de um amedrontador *riff* de country-blues, e "Song for a Warrior", bela balada cantada pela fã devota Karen O.

Só que "Avatar" nos devolve ao delírio. Seu galope insistente, colorido pelos sinos de Thor Harris, encerra-se numa apoteose pós-punk. É hora, então, da terceira maior peça do repertório, "A Piece of the Sky" que, em seus 19 minutos e 10 segundos, parte do ambient – condimentado por colagem de voz de Jarboe –, transmuta-se num *groove* reflexivo até desaguar numa valsa bêbada e melódica, de letra existencial ("Nos nomes que esquecemos / Num pensamento que acabamos de perder").

A ceifa final chega com os 23 minutos de "Apostate", uma monumental constelação de bramidos e ressonâncias, balidos free-jazzísticos, brutais arremetidas percussivas e drones cósmicos. É uma classe de opereta do caos, apta ao pitoresco desempenho gestual do regente Michael Gira quando no palco. "Estamos numa escada rumo a deus!", berra o vocalista, transido de purga imaterial. E, nós, os que chegamos até aqui com ele, também.

BLOOD ORANGE
Cupid Deluxe

[2013]

“Ué, mas o som que você tá fazendo agora não tem nada a ver com o do ano passado.” Taí uma frase que Devonté Hynes deve ter escutado algumas vezes ao longo das últimas duas décadas. Porta-estandarte do ecletismo *millennial*, o cantor, compositor, multi-instrumentista e bailarino inglês mudou de identidade musical mais de uma vez, até se decantar pela mais interessante delas, Blood Orange.

O projeto exerceu um papel importante na fusão entre R&B, synthpop, neo-soul e dream pop, um dos pontos fortes da música dos anos 2010. Além disso, alçou Hynes ao posto de um dos produtores mais cobiçados do período, durante o qual prestou serviços a nomes como Solange, Haim e Mariah Carey.

Lançado em novembro de 2013, *Cupid Deluxe*, o segundo trabalho do Blood Orange, assenta a sonoridade inaugurada por Dev dois anos antes, no álbum *Coastal Grooves*. Atualizando sons negros oitentistas, *Cupid Deluxe* aglutina melancolia e suingue com espírito indie, soando simultaneamente espontâneo e sofisticado e coroando o canto em falsete de seu autor. Apareceu nas listas de melhores da década de 2010 de sites como Noisey e Pitchfork.

Troca de pele

Filho de mãe guianesa e pai serra-leonês, David Michael Joseph Hynes, depois Devonté Hynes, nasceu em Ilford, na zona metropolitana de Londres, em 23 de dezembro de 1985. Caçula semitemporão de três filhos, sofreu racismo por ser negro e agressões físicas por pintar as unhas, ouvir heavy metal e ter amigos gays. Estudava violoncelo e ouvia de Blink-182 a Bach, passando por Michael Jackson. Sua facilidade para tocar instrumentos e a diversidade de seus gostos culminaram nas suas primeiras bandas, em Londres, para onde a família se mudara em 2003.

No ano seguinte, tornou-se guitarrista e um dos vocalistas do trio Test Icicles, que pegava carona no disco-punk então em voga no Reino Unido e flertava com o pós-hardcore. A banda obteve alguma repercussão na cena local com o CD *For Screening Purposes Only*, lançado pela badalada gravadora independente londrina Domino em outubro de 2005, mas terminou meses depois. Hynes se mudou, então, para os Estados Unidos

Antes de se radicar em sua adorada Nova York, porém, ele esteve em Omaha, Nebraska, onde gravou *Falling off the Lavender Bridge*, estreia de seu novo projeto solo, Lightspeed Champion. O álbum saiu em janeiro de 2008 pela mesma Domino. Mais voltado para um alt-folk que em nada lembrava o Test Icicles, o Lightspeed Champion sobreviveu só por mais um disco, *Life is Sweet! Nice to Meet You*, de fevereiro de 2010.

Isso porque o radar de Dev já captava novas influências. Desde o ano anterior, ele vinha criando as demos de outra empreitada artística, Blood Orange, parcialmente inspirada por nomes como Billy Ocean e Sade, astros do pop afro-britânico escutados pelos pais em sua infância. Além disso, Hynes estava fascinado pela Janet Jackson da fase *Control* (1986).

O lado produtor

Em abril de 2011, o Blood Orange expediu single com as canções "A Dinner" e "Bad Girl" pelo selo Terrible Records, da banda nova-iorquina Grizzly Bear; em agosto, a Domino entregava o primeiro disco, *Coastal Grooves*, inspirado no bullying sofrido por Dev na juventude.

Sua nova guinada atraiu Solange, então conhecida como a "irmã indie da Beyoncé", de quem se tornou amigo e colaborador inseparável. Ainda em 2011 gravaram juntos o material que resultaria em *True*, aclamado EP da estrela, lançado apenas em novembro do ano seguinte. Soava consideravelmente parecido a Blood Orange, uma impressão que se intensificava com a presença de Devonté na banda de apoio de Solange. A parceria entre os dois acabou estremecendo, mas ele apareceria (timidamente) no fabuloso disco dela de 2016, *A Seat at the Table* (ver texto sobre esse álbum na p. 474).

A partir de *True*, a reputação de Devonté Hynes como produtor multiplicou de tamanho. Ao longo do resto da década, ele atuaria ao lado de Sky Ferreira (na música "Everything Is Embarrassing", de 2012), FKA Twigs (no conceituado álbum *LP1*, de 2014), Haim (*Something to Tell You*, de 2017) e Mariah Carey (*Caution*, de 2018), entre muitas outras.

Sim, todas artistas femininas. "Eu odeio a minha voz", revelou o astro em ascensão à revista estadunidense *Fader*, em 19 de novembro de 2013, um dia após o lançamento de *Cupid Deluxe*. "Prefiro vozes de mulheres." Assim ele explicava, entre outras coisas, a presença de três cantoras no seu segundo LP. Ao mesmo tempo, seu timbre vocal delicado e sua opção recorrente pelo uso de falsetes, sussurros e vibratos se estabeleceram como duas de suas principais marcas registradas.

Sons para intrigar

Produzido entre 2011 e 2013 no estúdio caseiro de Devonté no bairro nova-iorquino de Chelsea, *Cupid Deluxe* foi mixado pelo rodadíssimo engenheiro de som afro-americano Jimmy Douglass (Aretha Franklin, Iggy Pop). Provavelmente por isso, sua estética auditiva é peculiar, situada em algum ponto entre um intimismo natural e uma grandiosidade melancólica.

Uma complexidade, aliás, coerente com a experiência de um músico que, apesar de estar vivendo na crista da onda, lidava com crises de ansiedade e depressão. E que se absorve melhor conforme apreciada mais vezes pelo ouvinte. "Eu não quero muito que as pessoas gostem das minhas coisas imediatamente; gosto que elas fiquem um pouco intrigadas", explicou ao jornal inglês *The Guardian* em 2016. Intrigada ficou muita gente, diga-se, também com a marcante foto da capa, protagonizada por uma mulher negra em salto, biquíni e máscara durante um Halloween. A imagem tem a assinatura de Bill Butterworth, fotógrafo australiano que se especializou em retratar a boemia LGBTQIAPN+ da Nova York dos anos 1980.

Cantando, programando ritmos e tocando guitarra, baixo e sintetizadores, Hynes conta com a vocalista estadunidense Samantha Urbani, então também sua namorada, como principal parceira. Ela contribui com vozes solo ou em dueto em sete das onze faixas de *Cupid Deluxe*.

Em anedota típica da vivência *millennial* na década de 2010, eles tinham se conhecido num contato via redes sociais, após ela criticar seu enfoque supostamente "estereotipado da vulnerabilidade feminina" na letra de "Everything Is Embarrassing".

As interações entre Dev e as convidadas femininas, por sinal, constituem uma das características identificáveis do Blood Orange e de *Cupid Deluxe*. Que o diga "Chamakay", primeiro single (setembro) e introdução do disco, um majestoso pós-chillwave embelezado pela performance de Caroline Polachek, outra cria de Nova York, então integrante do Chairlift e depois uma concorrida musicista solo. Adam Bainbridge (o homem por trás do projeto Kindness), gravou o sax oitentista do final do arranjo e também dirigiu o bonito clipe, no qual Dev zanza pela multicolorida Georgetown, capital da Guiana, em viagem de reconexão com seus parentes.

Voltamos aos anos 1980 com uma homenagem explícita à cultuada década, "You're Not Good Enough". Se, por um lado, esse indie pop negro não faria feio num lado B de Michael Jackson – atenção para a guitarrinha *à la* "Human Nature" –, por outro, o seu vídeo, dirigindo por Gia Coppola, neta de Francis Ford, recupera com brilhantismo a estética dos programas de ginástica daquela era.

Oitentismo antipânico

Groove atmosférico e hipnótico com ares de demo, "Uncle ACE" caminha na maciez, antes de se enveredar por uma seção instrumental inesperada. Sua intensidade aumenta sutilmente, quando linhas de guitarra e sintetizador anunciam a entrada de um esquisito arranjo de metais. O "ACE" do título vem de um programa social para artistas LGBTQIAPN+ em situação de rua, que dormiam nas linhas A, C e E do metrô de Nova York.

Outra surpresa ocorre em "No Right Thing", um soul etéreo e tristonho cantado com grande emoção por Dave Longstreth, vocalista do Dirty Projectors, com coprodução de Michael Volpe (vulgo Clams Casino). É um dos melhores momentos do disco, juntamente com a seguinte, "It Is What It Is", que, composta logo após o seu desentendimento com Solange, captou Dev em momento de incerteza e ataques de pânico. "Ninguém está à sua espera / Então não se estresse agora", canta Samantha no refrão, um dos trechos mais representativos do *som Blood Orange*, sensivelmente melódico e de roupagem dramática.

Essa sensação se repetirá mais tarde em duas faixas: na oitava, "Always Let U Down", única cover do repertório, gravada originalmente pela banda inglesa Mansun em 2000, e na nona, "On the Line", na qual as vozes dele e de Samantha grudam em simbiótica harmonia. Já "Chosen", a sexta, é uma viagem nostálgica a tardes chuvosas dos anos 1980, ornamentada com sopros jazzísticos, batida estilo Prince e potente baixo em *slap*, outro cacoete destacável do Blood Orange. Nas gravações, Devonté dividiu a função de baixista com Adam Bainbridge e David Ginyard.

Sem se comprometer, *Cupid Deluxe* perde um pouco de força nas duas músicas com rappers convidados. O MC nova-iorquino Despot não acrescenta nada especial a "Clipped On", e o londrino Skepta não salva "High Street" de uma certa normalidade. Mas as oscilações se corrigem na canção de encerramento, "Time Will Tell", espécie de continuação em tom otimista de "It Is What It Is", da qual exporta trechos idênticos de melodia e letra.

Somos quem somos

Com *Cupid Deluxe*, Dev Hynes adentrou o clube dos queridinhos alternativos dos anos 2010, mas mantendo um pé no mainstream. Numa hora aparecia tocando em uma peça de Philip Glass ("20 Etudes", exibida em Washington em março de 2018), noutra estava jogando futebol com seu camarada Julian Casablancas. A imprensa deu trela exagerada à sua sexualidade indecisa, mas também cobriu com atenção seus seguintes lançamentos como Blood Orange: *Freetown Sound* (2016), *Negro Swan* (2018) e *Angel's Pulse* (2019).

Hynes também explorou sua faceta de compositor de trilhas sonoras, com os filmes *Palo Alto* (2014) e *Queen & Slim* (2019) e, em grande estilo, na série *We Are Who We Are* (2020), de Luca Guadagnino. O incensadíssimo diretor italiano tinha gostado tanto de um show do Blood Orange em Bolonha que decidiu recriá-lo num dos episódios. Depois, pediu a Dev que compusesse material original para algumas cenas. O resultado foi uma verdadeira catarse musical com a cara da geração Z, o nicho retratado na série.

2010

BEYONCÉ
Beyoncé

[2013]

No século 21, há dois casos emblemáticos de discos cujos formatos ou estratégias de lançamento repercutiram tanto quanto a sua qualidade musical. Um é o maravilhoso *In Rainbows* (2007), do Radiohead, que causou uma revolução ao ser disponibilizado na internet pelo preço que os fãs quisessem (não) pagar (ver texto sobre esse álbum no volume 1 deste projeto). E, já nos momentos finais da era do MP3, temos o magnífico *Beyoncé*, que a cantora de mesmo nome soltou digitalmente em dezembro de 2013, sem aviso ou divulgação prévia. Só que, como o clássico da banda inglesa, o quinto trabalho da rainha do pop neste milênio era tão bom que, rapidamente, o fato de ter sido publicado em um esquema inusitado passou a ser secundário em seu inventário de qualidades.

Radiografia de uma criadora madura, que completava uma década no topo do mainstream e assumia de vez o controle de sua direção artística e empresarial, *Beyoncé* é uma obra diversa, sofisticada, ousada e adulta. Dream pop, neo-soul e bass music são alguns dos elementos detectáveis nos variados arranjos para as quatorze refinadas composições da diva, nas quais ela versa sobre sexualidade, casamento e maternidade. Além disso, elas constituem mais um degrau na escalada feminista do lirismo e da atitude da estrela, uma tendência que floresceria de vez no seu também estrondoso disco seguinte, *Lemonade* (2016).

Para materializar seu projeto secreto e bombástico, a Queen Bey contou com uma equipe estelar de colaboradores, na qual saltam aos olhos nomes então já consagrados (Timbaland, Pharrell Williams, Justin Timberlake, Drake), mas também talentos que se encontravam em ascensão (Miguel, Frank Ocean, Caroline Polachek). Uma lista, diga-se, à altura dos cineastas a quem ela delegou a tarefa de rodar os quatorze clipes correspondentes. Sim, porque *Beyoncé* inova também nisso: é um "álbum visual" no qual todas as músicas são representadas em vídeos. Um mais sensual que o outro, aliás.

Indicado a seis prêmios Grammy, *Beyoncé* venceu três, o que contribuiu para que a sua autora posteriormente se tornasse a maior vencedora da história do prêmio, com 35 estatuetas. O disco apareceu nos top 5 da década de 2010 de publicações como Pitchfork e *Spin* e, mais tarde, surgiu entre os 100 maiores de todos os tempos da *Rolling Stone*, revista que o considera o 16º título mais importante desde o ano 2000. Ganhou igualmente os corações do público, liderando a parada dos Estados Unidos, façanha obtida por seus quatro antecessores e três sucessores de estúdio. Tal hegemonia credencia Beyoncé como uma das dez artistas com mais números 1 consecutivos na categoria discos em seu país. Contribuiu também para que a *Billboard* a tenha apontado, em 2024, como a principal artista do primeiro quarto de século 21, e para que a mesma *Rolling Stone* a tenha posicionado, em 2023, como a 8ª maior cantora de todos os tempos.

Criança destinada

Os trechos de áudios de arquivo familiar sampleados ao longo de *Beyoncé* não deixam mentir: Beyoncé Giselle Knowles era uma performer desde cedo. Nascida em 4 de setembro de 1981 em Houston, Texas, no berço de uma família afro-americana de classe média alta, ela começou a cantar e dançar aos 7, ganhando mais de trinta competições locais. Passou por duas escolas de artes, cantou em coro de igreja e, na pré-adolescência, montou um quarteto de R&B, Girls Tyme, acompanhada pela irmã de criação Kelly Rowland.

O grupo evoluiu para o Destiny's Child, que se reduziu a um trio e passou a contar com Matthew, pai de Beyoncé, como agente. Estreando em 1998 pela Columbia, mesma gravadora que depois promoveria a carreira solo de sua principal estrela, o Destiny's Child teve dois álbuns e quatro singles no número 1, além de vender dezenas de milhões de CDs. O enorme sucesso ajudou a preparar Beyoncé para um patamar de fama bem maior. Também popularizou os seus atributos de intérprete, dançarina e compositora; ela está entre as autoras do sucesso "Survivor", de 2001, por exemplo.

Durante uma pausa da banda, a trajetória individual de Beyoncé explodiu, com a aparição, em junho de 2003, de *Dangerously in Love*. O repertório do disco pegava carona no R&B, mas apresentava batidas quebradas e instrumentações modernas, além de várias participações de peso, do icônico *soulman* Luther Vandross aos rappers Missy Elliott, Big Boi (OutKast) e Jay-Z, seu companheiro sentimental. O trabalho de estreia superou os seis milhões de cópias comercializadas apenas nos EUA e colocou dois singles no topo da parada, entre eles a eterna "Crazy in Love". O pop tinha uma nova rainha.

O Destiny's Child ainda se reuniu após o furacão *Dangerously in Love*, mas encerrou as atividades em 2006. Até porque, em 4 de setembro do mesmo ano, Beyoncé celebrou o seu 25º aniversário com o adequadamente batizado *B'Day*, outro item multiplatinado de sua obra, em que divide autoria e produção com a dupla The Neptunes, sua irmã mais nova Solange e, claro, Jay-Z. Mantendo a tradição, a canção "Irreplaceable" encabeçou o ranking da *Billboard*.

Atriz e empresária

Não era o bastante para Bey que, no meio de tudo, abraçou simultaneamente o ofício de atriz, protagonizando filmes como *Dreamgirls: em busca de um sonho* (2006), de Bill Condon, e *Cadillac Records* (2008), de Darnell Martin, no qual vive Etta James. O longa marcou a inauguração de sua empresa Parkwood Entertainment, mistura de produtora cinematográfica e gravadora, que apareceria nos créditos da maioria de suas realizações seguintes. Em novembro de 2008, apresentou *I Am... Sasha Fierce*, disco em que atualizava sua sonoridade com batidas de trap, sintetizadores e ritmos afro-futuristas, como no potente *number one hit* "Single Ladies (Put a Ring on It)". Beyoncé lacrou os anos 2000 como a popstar que mais vendeu nos EUA em diferentes formatos, recebendo 64 certificados diferentes da RIAA. No pacote, figurava também a trinca de CDs e DVDs ao vivo que ela tinha despejado no mercado, um após cada um dos seus três LPs de estúdio.

A década mudava e a vida de Beyoncé também. No início de 2011, soube que estava grávida, enquanto lidava com a ruptura profissional com o pai, após mais de quinze anos de parceria. De todas as formas, com *4*, disco de junho de 2011, ela logrou manter sua predominância comercial, ao passo que continuava a expandir suas influências, colaborando com André 3000 (OutKast) e apresentando Frank Ocean ao mundo. Ao mesmo tempo, impressionava com o pancadão "Run the World (Girls)", parente do funk carioca que, por sua letra contundente sobre a desigualdade de gênero, é considerada o marco zero do feminismo na obra de Beyoncé.

Surpresa da rainha

"As mulheres têm que trabalhar muito mais duro para dar certo nesse negócio; fico furiosa por elas não terem as mesmas oportunidades que os homens." Falando em seu próprio documentário *Beyoncé: Life Is But a Dream* (2013), ela desabafa sobre as dificuldades de ser a maior estrela do planeta durante uma gravidez. Também dava indícios do quão aliviada estava de tirar o pai da gestão de sua carreira ("meu objetivo era a independência") e como isso afetava a sua própria direção estética: "não quero mais ser *cool*; quero ser honesta, apaixonada, vulnerável, triste... quero cantar com o coração".

Com esse estado de espírito e tais diretrizes em mente, Beyoncé dedicou a maior parte de 2012 à filha Blue Ivy, nascida em janeiro, mas também a tramar secretamente um novo projeto-xodó, o seu quinto álbum. Surpreende que, mesmo envolvendo tantos parceiros – só de coprodutores foram cerca de vinte, além de onze diretores fílmicos –, os trabalhos tenham se desenvolvido longe dos holofotes. Tampouco dá para explicar como ela se virou para tocar a empreitada tendo pela frente a megaturnê The Mrs. Carter World Show durante grande parte de 2013, ano em que participou também da segunda posse de Barack Obama e do Super Bowl. Sabe-se lá como, mas em 13 de dezembro, sem aviso prévio, o iTunes liberava exclusivamente *Beyoncé*. As encarnações físicas do álbum chegaram na semana seguinte, quando as faixas "XO" e "Drunk in Love" saíram como singles.

Basicamente, a cartada inesperada ocultava um motivo artístico e outro mercadológico. Preocupada com as reviravoltas tecnológicas de seu meio, Beyoncé fazia com sua obra homônima – como expressa em *Life Is But a Dream* – uma defesa contundente do formato álbum, cujo prestígio andava em queda. Por outro lado, ficava evidente que o plano-surpresa, executado em sincronia entre a Parkwood, a Sony/

Columbia e duas das maiores redes sociais do planeta, também visou evitar o "vazamento" de faixas antes da hora, um pesadelo recorrente das gravadoras durante a era do MP3. A artimanha deu muito certo: *Beyoncé* bateu o primeiro milhão de cópias digitais vendidas em apenas seis dias, o que estimulou até um estudo de caso na Universidade de Harvard sobre novas maneiras de promover uma obra fonográfica.

Sensualidade e estilo

Claro que tudo teria sido diferente se *Beyoncé* não fosse tão especial e bem-cuidado. Em contradição com a aposta pelo lançamento originalmente digital, sua edição em CD vinha acompanhada de um livreto de 28 páginas, farto em imagens de alto bom gosto da diva, parte delas extraídas dos videoclipes. A capa oficial é do californiano Todd Tourso, que, vejam só, buscou no clássico metaleiro *Metallica* (1991) a inspiração para sua simples resolução gráfica: o nome da cantora escrito com letras inspiradas em cartazes de lutas esportivas masculinas, tingido de rosa, sobre um fundo negro. Muita gente preferiu a versão alternativa, dominada pelas costas e a bunda de Beyoncé, extraída de *frame* do clipe de "Partition", mas a escolha por tirar tamanho símbolo sexual da iconografia principal da empreitada era corajosa.

A viagem sonora de *Beyoncé* parte de "Pretty Hurts", uma pensata emotiva em parceria com a enigmática australiana Sia, cuja letra questiona os padrões de beleza ("Você não consegue consertar o que não pode ver / É a alma que precisa de cirurgia"). A produção, assinada por Ammo (Britney Spears, Katy Perry), filtra bem a sonoridade grandiosa que dominou as paradas na primeira metade da década de 2010, e orna com o clipe da incensada diretora afro-americana Melina Matsoukas, em que Bey participa de um concurso de miss. Atenção para a "ponta" do grande Harvey Keitel.

"Haunted", um synth-soul suingado e escuro que muda de partes – cortesia do jovem produtor Boots – é um dos momentos mais classudos de *Beyoncé*. E um dos mais sexy também: "Me estapeie" e "Beijo, mordida, preliminares" estão entre os versos, que a autora interpreta com muito vigor e pouquíssima roupa no vídeo do belga Pierre Debusscherre, sensualizando pesadamente numa espécie de bordel de luxo. A libido permanece alta, só que mais direcionada, em "Drunk

in Love", na qual os subgraves de um trap fornecido por Detail (produtor parceiro de Lil Wayne) sustentam a troca de carícias poético-eróticas entre Beyoncé e Jay-Z. O disputado diretor afro-americano Hype Williams cuidou de juntar os dois numa praia para celebrarem a sexualidade atualizada de um casal consolidado.

Beyoncé visita um estilo musical e um universo cinematográfico praticamente a cada canção. O electro-funk minimalista "Blow" exala a malandragem de seus dois tarimbados coautores, Pharrell Williams e Justin Timberlake, com ajudinha de Timbaland na mesa de som. Stevie Wonder deve ter ficado orgulhoso do funk colossal da segunda parte, ideal para embalar o divertido e multicolorido filme do mesmo Williams, no qual a musa, entre outras coisas, patina e dança numa esteira rolante.

O cenário se transfere a um subúrbio de Houston, onde o cineasta local Lil Internet ambienta a aveludada "No Angel". Com seu beat lento e vocais em falsete, ela lembra o trabalho de Solange ao lado de Dev Hynes (ver texto sobre o álbum *A Seat at the Table*, na p. 474). Não por acaso, uma das autoras e produtoras responsáveis pela música é Caroline Polachek, ligada ao Blood Orange, projeto de Hynes (ver texto sobre o álbum *Cupid Deluxe* na p. 435).

O repertório ruma de volta aos batidões da pesada em "Partition", arranjo de Timbaland que lembra as criações de M.I.A., portando Justin nos créditos e samples de fala feminista de personagem da comédia *O Grande Lebowski* (1998), em sua dublagem francesa. Puro sexo, o vídeo assinado pelo inglês Jake Nava (o mesmo de "Crazy in Love") capta nada menos que um striptease da protagonista dedicado ao maridão. Já o de "Jealous" (a cargo de Todd Tourso), uma balada grandiloquente escrita com Boots e outros cinco coautores, explora esteticamente a desconfiança matrimonial ("Te preparei pelada essa comida / Onde diabos você tá?"). Esse caminho nortearia as letras do também multimídia *Lemonade*, composto após ela descobrir infidelidade de Jay-Z.

"Deixa eu sentar esse traseiro em você." Assim, sem censura, começa a linda e erotizada balada neo-soul "Rocket", canetada com Timberlake e o cantor Miguel, uma das revelações do início daquela década. Sabendo que o público jamais se cansará de uma Beyoncé sensualizante, a dupla estadunidense Ed Burke e Bill Kirstein (seus parceiros no documentário de 2013) a retrata seminua num quarto, em preto e branco. No balanço atmosférico e vanguardista "Mine", com texto sobre o cotidiano de casal após o nascimento de um filho, o microfone é dividido com Drake. Debusscherre se encarrega da parte visual.

Feminismo em evolução

E o desfile de nomes não para. A épica "XO" foi gravada com o apoio de Ryan Tedder, membro do OneRepublic, e filmada pelo grande fotógrafo nova-iorquino Terry Richardson num parque de diversões em Nova Jersey. Até que nos deparamos com "***Flawless", a canção na qual Beyoncé sampleia um trecho de "Todas deveríamos ser feministas", um TED Talk viral de dezembro de 2012 proferido pela influente escritora e ativista feminista nigeriana Chimamanda Ngozi Adichie. Com o gesto, a cantora passava a se identificar abertamente como feminista. Em *Lemonade*, ela ressaltaria o seu alinhamento, ao mesmo tempo que entrava com tudo na pauta antirracista.

"A posição de Beyoncé implica uma classe econômica privilegiada; mas continua estando atravessada por outras variáveis de opressão, inerentes ao seu gênero e à sua raça", afirma a pesquisadora espanhola Elena Herrera Quintana em seu livro *Beyoncé en la intersección: pop, raza, género, clase* (2022). Destaque também para o vídeo de "***Flawless", outro de Nava, no qual Beyoncé "poga" com skinheads brancos e negros num show de rock.

Com expertise, ela regula a sua energia em fluxo totalmente distinto na faixa seguinte, "Superpower", tendo Frank Ocean nos vocais e Pharrell na produção. É um deep soul sublime que parece vir do futuro, em resultado que contrasta diretamente com a batalha de facções violentas do clipe correspondente, pilotado pelo veterano sueco Jonas Åkerlund, colaborador de Madonna.

Beyoncé finaliza com uma dupla de baladas escritas e coproduzidas com Boots: "Heaven", em cujo clipe (de Tourso) ela chora numa igreja, e a delicada "Blue", estruturada em ritmo funk-jazzístico pontuado por piano. A própria Beyoncé dirigiu, com o duo Burke e Kirstein, sua interpretação imagética para essa homenagem à filha, e o fez em grande estilo, com cenas gravadas em Trancoso e numa favela do Rio de Janeiro. É uma boa – e, novamente, inesperada – maneira de concluir uma obra tão inspirada, rica em detalhes e impecável na depuração de referências.

THE WAR ON DRUGS

Lost in the Dream

[2014]

Para misturar elementos musicais muito distintos em busca de um novo som, é preciso dispor de coragem e paciência, mas também fé. Se, na aurora deste século, alguém revelasse intenções de fundir o rock de arena de Bruce Springsteen com as digressões hipnóticas do krautrock alemão dos anos 1970, dificilmente teria sido levado a sério. Eram duas vertentes aparentemente tão distantes entre si que encontrar um único denominador comum a ambas já parecia uma tarefa árdua.

Contudo, um certo cantor e guitarrista estadunidense chamado Adam Granduciel decidiu investir na arriscada combinação. E, graças a essa ousadia, hoje temos a sua The War on Drugs garantida na lista de melhores bandas em atividade. Escrevi "banda" mas, como Granduciel é autor de quase 100% do material, toca inúmeros instrumentos nos seus álbuns e aparece sozinho na capa dos três mais recentes deles, dá para considerar também que se trata de um projeto basicamente solo. Ambiguidades formais à parte, foi com o terceiro título de sua discografia, *Lost in the Dream*, lançado em março de 2014, que The War on Drugs consagrou a sua peculiar sonoridade, uma fonte simultânea de familiaridade e surpresa muito importante para a linha evolutiva roqueira nos anos 2010.

Com uma hora de duração distribuída em dez faixas, três das quais superando os sete minutos, o disco é uma experiência que pede para ser vivida em sua plenitude, sem pressa. Suas elaboradas telas instrumentais, pintadas com várias demãos de sintetizador e guitarra, produzem um efeito fantasista, quase tão visual quanto auditivo; ao mesmo tempo, a voz e as melodias de Adam mantêm os nossos pés no chão. É uma espécie de folk-transe contemplativo, que nos atrai para a esfera íntima de um compositor disposto a lidar liricamente com fantasmas depressivos, em verve e timbre de voz springsteeneanos.

Considerado o melhor álbum de 2014 por publicações como *Uncut* e *Spin*, *Lost in the Dream* também figurou nos rankings da década de 2010 de *NME*, Pitchfork e outros veículos. Abriu os caminhos do mainstream para The War on Drugs, que teria seu trabalho seguinte bancado por uma grande gravadora e premiado com um Grammy.

Phil Collins eterno

Tudo mudou para Adam Granofsky (nascido em 15 de fevereiro de 1979) naquele dia de 1989, quando ele visitou uma loja de discos com o irmão mais velho. Ambos voltaram para casa em Dover, sua cidade natal em Massachusetts, próxima a Boston, carregando em mãos *...But Seriously*, o então novíssimo CD de Phil Collins. A grandiosidade oitentista que emanava dali permaneceu na alma do caçula que, décadas mais tarde, faria questão de usar em suas próprias criações o mesmíssimo teclado Yamaha DX7 tão explorado por Collins em suas baladas radiofônicas.

O gosto de Adam seguiu o curso transformador do início da década seguinte, e logo ele já havia migrado do pop sintetizado de estádio para o chamado grunge de Seattle. Vibrou quando o Pearl Jam gravou com outro de seus heróis, Neil Young, de quem admirava tanto a faceta de delicado cantautor quanto o lado guitarreiro barulhento. Naquela parceria residia uma das raízes de sua pesquisa sonora, que vislumbrava o encontro entre o formato canção e uma certa expansividade instrumental.

Granofsky começou a tocar guitarra aos 13 anos, logo se revelando também um pintor compulsivo. E, ao gravar demos de suas primeiras criações, bolou seu pseudônimo a partir de um jogo de palavras envolvendo seu sobrenome de origem russa judaica. Notando que Granofsky era quase o equivalente a "*grand of sky*" (grande do céu), pediu a uma professora que traduzisse a frase ao francês, o que resultou em "*gran du ciel*". Quando deu por si, já estava utilizando o novo nome artístico.

Estágio com Kurt Vile

No início da década de 2000, após estudar história e arte na faculdade Dickinson, da Pensilvânia, Adam se mudou para Oakland.

Na cidade californiana, servia mesas durante as tardes e virava as madrugadas compondo e gravando. Mergulhou em LPs de Bob Dylan, pirou com Wilco e teve a ideia de montar um projeto chamado The War on Drugs, aproveitando a expressão muito usada naquele período pelo governo de George W. Bush (a fracassada "guerra às drogas"). Vale notar que há uma ambiguidade no nome, já que *war on drugs* pode significar também "guerra sob o efeito de drogas".

Em 2003, transferiu-se à Filadélfia, onde se conectou com o agitador indie Kurt Vile. A inseparável dupla finalmente botou em prática o The War on Drugs dois anos depois, ao passo que Granduciel integrava o Violators, a banda de apoio de Vile. Em março de 2008 surgiu, pelo selo independente estadunidense Secretly Canadian, o primeiro EP do TWOD, *Barrel of Batteries*, ao qual se seguiu, em junho, o disco de estreia *Wagonwheel Blues*. Ambos tiveram participação de Kurt e do baixista Dave Hartley, o único membro que se mostraria constante na formação, além do próprio Granduciel. Ainda no mesmo ano, os dois estiveram juntos também no primeiro CD do Violators, *Constant Hitmakers* antes que cada um fosse para um lado cuidar de suas próprias carreiras.

"Sujão" em seus arranjos e com vocais de entonação insistente, alusivos a Bob Dylan, *Wagonwheel Blues* se difere consideravelmente de seus sucessores. A semente do *som The War on Drugs*, que o *The Guardian* brilhantemente definiria como "[a banda alemã] Neu! tocando 'Dancing in the Dark' [de Bruce Springsteen]", surgiu a partir do EP *Future Weather*, de outubro de 2010, e do segundo álbum, *Slave Ambient*, de agosto de 2011.

O grupo/projeto, que naquele ponto trazia também o tecladista Robbie Bennett e o baterista Mike Zanghi, entrou na mira da crítica e na rota dos grandes festivais do planeta. Ao vivo, o The War on Drugs ia aprendendo progressivamente como dilatar ainda mais o estilo catedrático que acabara de fomentar em estúdio. Na última vez que os vi ao vivo, em 2023, promoveram uma monumental catarse de rock texturizado e viajante.

Angústia que se pagou

Com a moral e os cachês em alta, Adam Granduciel sentiu a pressão de ter um novo trabalho de estúdio muito aguardado. Entre agosto de 2012 e novembro de 2013, ele deixou montada toda a sua parafernália de instrumentos vintage no primeiro andar de sua casa na Filadélfia. No entanto, frequentemente angustiado e bloqueado, às vezes passava dias sem fazer nada, recolhido a seu quarto no terceiro andar. "Foi uma época bem estranha", revelou o músico à *Mojo* em outubro de 2021. "Estive bem desconfortável em meu próprio corpo e em minha própria mente por um período longo."

Conceitualmente, Granduciel queria manter o esquema de "quebra-cabeças" dos arranjos do álbum anterior, mas aplicados a peças que "pudessem ser tocadas num violão". A nova safra seria, portanto, algo como um monstro de duas faces: identificável e assobiável quando hipoteticamente despida, mas contundente e transcendental em suas versões definitivas de banda, cheias de camadas. Para ajudá-lo na empreitada, contou com quinze instrumentistas diferentes, incluindo velhos conhecidos como Harley e Bennett, além do baterista Charlie Hall e do saxofonista Jon Natchez, com quem já dividia os palcos. No entanto, ficava evidente que o dono do lance era mesmo Granduciel.

Após quinze meses de sessões intermitentes, que envolveram outros sete estúdios de quatro estados diferentes, ele finalmente avançou à mixagem com o colaborador Jeff Zeigler. Mas ambos acharam que aquelas dez músicas selecionadas soavam muito como a sua obra prévia. Entrou em cena, então, Nicolas Vernhes, francês escolado em vanguardismo sonoro, aliado de Animal Collective e Deerhunter. Inspirados por ícones da hipnose eletroacústica dos anos 1970, como a dupla nova-iorquina de punk-industrial Suicide e – bingo! – bandas alemãs como Neu! e Cluster, içaram a nova fornada preparada por The War on Drugs a uma outra superfície. Em crise de ansiedade, Adam demorou para se convencer de que o novo álbum era tão bom quanto todos à sua volta diziam. Até que, finalmente, deu o braço a torcer ao próprio talento.

Sonho springsteeneano

A viagem começa em "Under the Pressure", quase nove minutos baseados em dois acordes de guitarra, uma bateria proibida de fazer viradas e poucas notas de piano. Sobre essa plataforma, o cantor disserta sobre sua instabilidade emocional. Versos como "Paralisados por nossa dor / Fitamos diretamente o nada" encaixam no jogo de tira e põe de elementos, uma das melhores qualidades de *Lost in the Dream*. De seu clipe, assinado pelo diretor britânico Houmam Abdallah, foi extraída a despretensiosa imagem da capa, do fotógrafo estadunidense Dustin Condren, mostrando Adam Granduciel próximo a uma janela, olhando para baixo.

Outros dos trunfos do disco, os *drones* repetitivos de cordas e teclas, enlaçam a faixa de abertura ao segundo tema, o empolgante "Red Eyes". Representada em vídeo de motivos vaudeville-circenses, dirigido pelo estadunidense Anthony Zagarella, a canção explode num refrão adornado com o sintetizador ARP de Adam, numa conexão direta com a E Street Band de Bruce Springsteen. Já a bela balada *soulful* "Suffering" navega por outras águas, deixando no ar amplos espaços entre notas bem escolhidas. Seu *riff* de piano, também executado por Granduciel, é um dos momentos definidores do repertório. "Eu estarei congelado no tempo / E você estará aqui / Sofrendo", canta.

"An Ocean in Between the Waves", que demorou um ano para ser concluída, encarrila novamente o álbum nos trilhos do kraut, ainda que a new wave prevaleça como referência. Chama a atenção como as guitarras de Granduciel, filtradas em cordilheiras de eco e carregadas pela bateria eternamente reta do convidado Jon Ashley, "narram" histórias. Mais elétrico-blueseiro do que indie – o que levou algumas pessoas a lembrarem de Dire Straits –, seu desempenho nas seis cordas em "Disappearing" orna lindamente com o seu *groove* aprazível, obtido via bateria eletrônica Linn, outra clássica geringonça oitentista.

Composta numa sentada na cozinha, "Eyes to the Wind" vai criando corpo e intensidade com o passar dos minutos, até desembocar numa maçaroca de piano e ambiências e um bonito solo de sax barítono de Natchez. Contrastando com a intenção relaxada do arranjo, Adam canta que "Há um estranho vivendo em mim". Ele prescinde das palavras para destrinchar semelhante introspecção na peça instrumental vindoura, "The Haunting Idle", para a qual processou o som da guitarra em sete amplificadores, cada um com uma timbragem diferente. O resultado não destoaria num LP de rock pós-progressivo de bandas dos anos 1990, como Ozric Tentacles, ou num dos últimos lançamentos do Pink Floyd.

Bruce Springsteen, de quem Adam Granduciel se tornou bom amigo – seu filho, nascido em 2019, leva o nome do ídolo –, certamente ficou orgulhoso da próxima, "Burning". Ou quem sabe até um pouco incomodado: a música se assemelha tanto a algumas de suas composições que até os backing vocals parecem ter sido cantados por Steven Van Zandt, da E Street Band. Inclusive frases do tipo "E rearranjo o jeito com que escuto no escuro / Sonhando em começar de novo" poderiam pertencer aos diários do *Boss*.

Para completar *Lost in the Dream*, Adam retoma a calma na faixa-título e na canção de encerramento, "In Reverse", alusiva ao indie cool psicodélico de seu antigo companheiro Kurt Vile. O *timing* é adequado: quando o álbum dá um mínimo sinal de que ficará repetitivo, acaba.

D'ANGELO & THE VANGUARD

Black Messiah

[2014]

Álbuns que são aguardados por uma eternidade constituem um dos capítulos mais fascinantes – e angustiantes, para quem os espera – da mitologia pop. Refiro-me àqueles discos sobre cuja realização circulam rumores durante anos, mas que ninguém sabe ao certo se ficarão prontos; sequências de obras-primas em torno das quais se gerou uma expectativa tão grande, que parece que as mentes criadoras responsáveis por elas não estão dando conta da responsabilidade de materializá-las.

Entre os casos mais famosos desses *long awaited albums* que, finalmente, acabaram sendo lançados, temos os de resultado desastroso (*Chinese Democracy*, do Guns N' Roses, quinze anos de enrolação), e os artisticamente bem-sucedidos, a despeito de não surpreendentes (*m b v*, do My Bloody Valentine, 22 primaveras de embaço). Mas há também *Black Messiah*, de D'Angelo. Tardando eternos quatorze anos para ver a luz do dia e carregando o peso nunca expirado de suceder o aclamado *Voodoo* (2000), o terceiro trabalho do cantor, compositor e multi-instrumentista estadunidense saiu, finalmente, em dezembro de 2014. Acabava a torturante delonga de quase uma década e meia, período durante o qual o nome daquele gênio de talento transbordante ressoou na mídia muito mais por seus problemas pessoais do que por sua obra.

A ladainha cansou, mas pelo menos serviu para D'Angelo gestar um outro disco-acontecimento, consideravelmente diferente de seu predecessor. Em *Black Messiah* nasce o D'Angelo político, digerindo as manifestações contra a impunidade do policial que matou o jovem negro Michael Brown em Missouri, em agosto de 2014, que alavancaram o movimento Black Lives Matter. Em termos sonoros, o LP também exibe um novo lado do autor, que acerta ao manter o seu tradicional suingue nos arranjos e a elaboração sofisticada nos vocais, mas sem tentar reproduzir o clima "relaxadão" que fez a fama de *Voodoo*.

Black Messiah extasiou os fãs sobreviventes do hiato interminável, e apresentou D'Angelo a uma nova geração de ouvintes. Faturou dois Grammys, adentrou o top 5 dos mais vendidos nos Estados Unidos e obteve um retorno efusivo da crítica.

Fishbone no altar

Tocando piano desde os 3 anos, Michael Eugene Archer (Richmond, Virgínia, 11 de fevereiro de 1974), mais tarde simplesmente D'Angelo, iniciou-se ainda menino como pianista na igreja do pai, um pastor pentecostal. Como a bateria era proibida naquele ambiente rígido, o garoto balbuciava sons percussivos, enquanto sua mão esquerda desenvolvia habilidades rítmicas acima da média. Adolescente, estudou música clássica e atuou em grupos de louvação cristã, nos quais introduzia influências seculares de seus ídolos pop, entre os quais Prince. Tentava disfarçar em seu set gospel covers de grupos de funk-rock como Fishbone. Liderou a banda Michael Archer and Precise, com quem se apresentou na histórica casa noturna Apollo aos 16 anos.

Em 1993, após uma rápida incursão como rapper e produtor no grupo IDU, Michael conseguiu contrato com a EMI, e começou a criar uma reputação de compositor, cooperando com o combo Black Men United. Sua estreia oficial enquanto artista solo, já como D'Angelo, ocorreu em julho de 1995 com *Brown Sugar*, elegante álbum permeado por um R&B avançado, embebido em jazz e hip-hop. Impulsionado pelo top 10 single "Lady", o CD vendeu mais de um milhão de cópias nos EUA. Ali já despontavam características importantes do jovem prodígio, como tocar vários instrumentos, organizar cuidadosamente as harmonias vocais e trocar figurinhas com músicos e produtores de ponta (no caso, Ali Shaheed Muhammad, do A Tribe Called Quest, e Raphael Saadiq).

A melhor turma

Apesar de bem acompanhado em *Brown Sugar*, foi só após o seu lançamento que D'Angelo formou a turma com a qual desenvolveria a sua sonoridade própria de maneira mais clara. Em abril de 1996, compareceu a um show dos Fugees no House of Blues, em Los Angeles, e chapou com Ahmir "Questlove" Thompson, baterista da banda de abertura, The Roots, uma figura que se tornaria fundamental para a música negra no século 21. No ano seguinte, teve outro *match* definitivo, ao conhecer o lendário baixista galês Pino Palladino na gravação da faixa "Ain't Nobody Home", com B. B. King. Nascia uma equipe que se tornaria sinônimo de *grooves* modernos e irresistíveis.

Tudo ficou ainda mais colorido quando, no mesmo ano de 1997, D'Angelo e Questlove recuperaram as três salas do histórico Electric Lady, estúdio criado por Jimi Hendrix em Nova York, transformando-o em sua segunda casa e central de produção. Logo se agregaram, entre outros, o inimitável produtor de hip-hop J. Dilla, a brilhante estrela R&B Erykah Badu e os rappers de primeiríssima linha Q-Tip (A Tribe Called Quest) e Method Man (Wu-Tang Clan) e Common. Nesse período de trocas e espírito colaborativo, o coletivo autodenominado Soulquarians pariu obras excelentes de The Roots (*Things Fall Apart*), Common (*Like Water for Chocolate*) e Badu (*Mamma's Gun*), mas nenhum tão impactante quando *Voodoo*, de D'Angelo.

Com seu funk ultramoderno, elegante e futurista, permeado pelas influências absorvidas daqueles amigos da pesada, o disco estabeleceu um marco do chamado neo-soul. Dentre suas qualidades mais chamativas estavam as batidas *líquidas*, propositalmente fora do compasso, que D'Angelo pedia para Questlove "tocar de um jeito mais bêbado". No documentário *Devil's Pie* (2019), de Carine Bijlsma, o baterista confidencia: "nunca vi alguém tão desrespeitoso às regras de ritmo e melodia quanto ele".

O longo calvário do Messias

Voodoo ocupou o ponto mais alto do ranking estadunidense, ganhou dois Grammys, superou novamente a linha do milhão de exemplares comercializados e se perpetuou em listas superlativas, inclusive sendo considerado o 28º da história pela *Rolling Stone*. Mas levou o seu autor ao limite.

Convertido em símbolo sexual a partir de sua performance sensualizante no clipe da balada “Untitled (How Does it Feel)”, ele era literalmente atacado pelas fãs nos shows, algo que presenciei em sua histórica passagem pelo Free Jazz Festival de São Paulo, em 22 de outubro de 2000. Para alguém com uma criação religiosa conservadora tão enraizada, ser tão carnalmente desejado podia ser algo confuso. “Sou muito real para essa merda; por isso tenho que deixar [o personagem D’Angelo] no palco”, admite o artista no filme de Bijlsma. Ele sairia de cena por um loooongo tempo.

A década de 2010 não deixou saudades para Michael Archer. Abalado pela morte da avó, que também era pregadora, em 2002 foi preso duas vezes por conflitos no trânsito. Três anos depois, esteve em cana novamente, por dirigir alcoolizado, e sofreu acidente automobilístico grave. Passou por três reabilitações, ganhou muitos quilos e não conseguiu levar nenhum projeto adiante, além de uma ou outra participação em LPs de chegados, como Dilla e The Roots. Até que, em 23 de maio de 2014, numa entrevista à Red Bull Academy, D’Angelo convocou ao palco Questlove, que deu o “furo” de que um novo trabalho estava finalmente a caminho. Em 15 de dezembro daquele ano, o jejum acabou.

Política e novos *grooves*

Gravado com equipamento exclusivamente analógico em sete estúdios de Nova York, Los Angeles e San Francisco, *Black Messiah* foi produzido por D’Angelo entre 2012 e 2014. Conceitualmente, é a obra mais consciente e combativa do cantor, como mostram os punhos erguidos de manifestantes na fotografia da capa, cuja direção de arte é assinada pela agência multinacional Exposure e pela plataforma estadunidense Afropunk. “Tem tanta coisa acontecendo... o movimento Black Lives Matter; homens e mulheres negras sendo mortos por nada”, afirmou em entrevista à PBS em 2015. “Quero contribuir com minha voz de homem negro e pai.” À época, seu filho com a cantora Angie Stone, o futuro rapper SwayvoTwain, era um adolescente. No texto do encarte, o escritor afro-americano Nelson George explica que o *Messias Negro* “somos todos nós”.

Musicalmente, *Black Messiah* soa menos pretensioso que *Voodoo*, como se seu autor não precisasse mais provar nada a ninguém. É menos cristalino e mais sujo que o aclamado CD de 2000, apesar de recorrer a alguns elementos essenciais da fórmula com a qual se forjou o *som D'Angelo*. Leia-se elegantes *grooves* baseados em cadências curtas – às vezes apenas um *riff* –, instrumental refinado de tintes jazzísticos e vocais soberbos.

Para a empreitada, D'Angelo contou com os leais camaradas Palladino, telepático executor das inimitáveis linhas de baixo boladas pelo chefe – atenção para o sutil *walking bass* da belíssima "Betray My Heart" –, o veterano trompetista de jazz Roy Hargrove e Questlove, que dessa vez dividiu espaço com dois baluartes baterísticos de gerações distintas: o gigante James Gadson (Marvin Gaye, Aretha Franklin) e o craque dos ritmos neo-soul Chris Dave. Os três passam 56 minutos sem dar praticamente uma virada, tamanho o seu compromisso com o suingue. Das levadas abstratas de outrora, só se ouvem ecos no loop torto e orgânico da multitexturizada "Prayer" (provavelmente tocada por Dave) e "Another Life" (com Questlove honrando o estilo "desquantificado").

Mas não só. Compareceram tarimbados novos ajudantes, base da sua nova banda The Vanguard, com quem assina o álbum. Entre eles, o veterano guitarrista Jesse Johnson, ex-The Time, projeto apadrinhado por Prince. Johnson exerceu papel determinante no desabrochar da faceta *guitar hero* assumida por D'Angelo em *Black Messiah*. Dos outros tripulantes a bordo, destaque para o sempre brilhante Q-Tip, que comparece como compositor de duas músicas, e a cantora e tecladista Kendra Foster, ligada ao P-Funk de George Clinton. Foster é coautora de oito composições, incluindo as cinco primeiras, uma série que debuta em grande estilo com "Ain't That Easy", creme do funk psicodélico atualizado para ouvidos *millennials*.

O repertório se politiza na segunda faixa, "1000 Deaths", introduzida por fala do pantera negra Dr. Khalid Abdul Muhammad no documentário *The Murder of Fred Hampton* (1971). "Venho testemunhando esse jogo desde sempre" entoam D'Angelo, Kendra e outros vocalistas de apoio. O arranjo é um dos mais aventureiros de sua trajetória, com o baixo ressoando em movimentos espasmódicos. "1000 Deaths" exemplifica bem um D'Angelo resistente a se repetir, como ocorre depois em "The Charade", um soulwave atmosférico que contém frases como "Tudo o que queremos é uma oportunidade para conversar".

Já o irresistível *groove* de "Sugah Daddy", criado com Gadson e Palladino (que maravilha de trio), é o funk se apropriando do jazz de forma natural, como fazia Stevie Wonder. Remete ao período *Voodoo*, como a seguinte, a parcialmente acústica "Really Love", o primeiro single, lançado juntamente com o disco. Nela, a banda se adapta, malemolente e fluida, ao arranjo de cordas de Brent Fischer. O elemento orquestrado cai muito bem novamente em "Back to the Future", canção dividida em duas partes (as faixas 6 e 11) na qual violinos e violoncelos "dialogam" com as vozes flutuantes.

A continuação, "Till It's Done (Tutu)" impregna o ar de fumaça psicodélica e mensagens contestatórias ("Filhos e pais morrem / Soldados e filhas morrem"). "The Door", um saboroso folk-funk que alegraria Bill Withers e Al Green, e a vigorosa balada soul "Another Life", encorpada pelo piano e a cítara elétrica operados pelo próprio D'Angelo, enclausuram a deliciosa epopeia.

Gênio bissexto

Noutra passagem de *Devil's Pie*, registrada em meio à turnê promocional de *Black Messiah*, seu empresário Alan Leeds soava profético: "Deus me livre… vai que na semana que vem ele decide de repente não fazer mais shows e nós o perdemos por mais dez anos?". Dito e feito: como bom gênio bissexto e complicado que é, D'Angelo já está, no momento em que este texto se edita, há mais de uma década sem lançar praticamente nada, a não ser discretas participações em trilhas de filmes.

No entanto, em setembro de 2024, Raphael Saadiq revelou que estava trabalhando com o astro em um novo repertório. Quem sabe o segundo período sabático mais extenso de D'Angelo não chega ao fim assim que este livro sair?

2010

KENDRICK LAMAR
To Pimp a Butterfly

[2015]

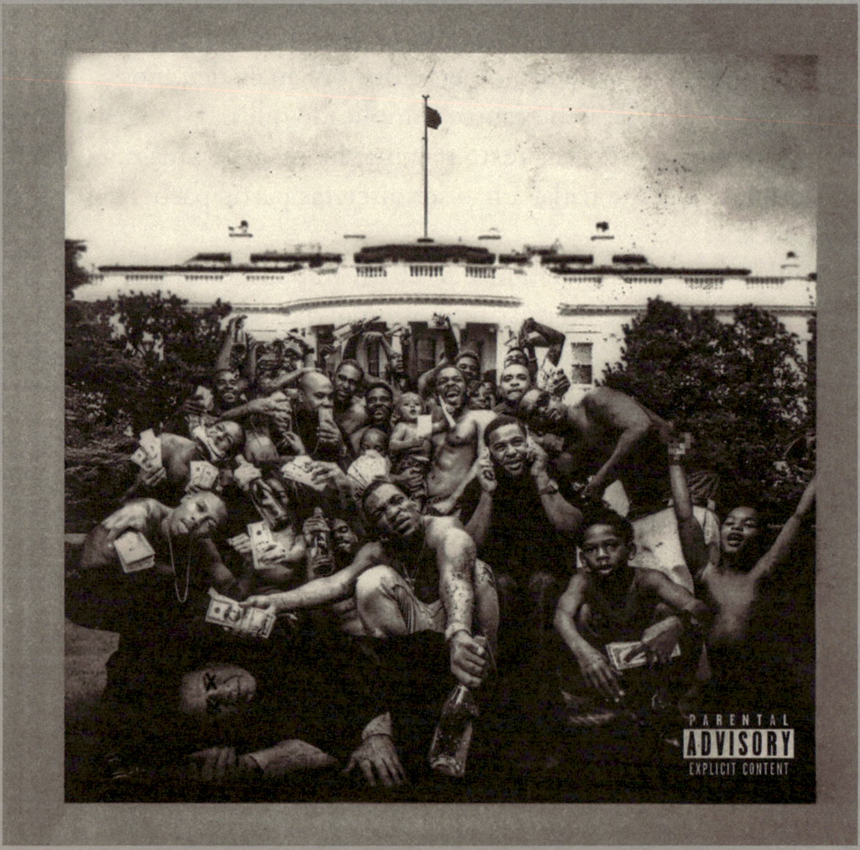

Na terceira década deste milênio, o hip-hop completou cinquenta anos ostentando dois méritos monumentais. Além de ser um dos gêneros musicais mais populares do planeta, tendo correspondido a um quarto de todas as reproduções do Spotify na primeira metade de 2023, é também o ramo da árvore pop que evolui mais rapidamente e cresce sempre em sentido vertical, evitando dar passos nostálgicos para trás (como frequentemente ocorre no rock).

Pouquíssimos astros conseguiram atingir o entroncamento entre esses dois fluxos principais, o de megassucesso comercial e o de excelência artística. E um dos mais especiais deles é Kendrick Lamar. Considerado de forma quase unânime o maior rapper em atividade, o californiano é uma esponja humana de informações e referências, que absorve, digere e devolve ao mundo em rajadas métricas de inventividade impressionante.

Trata-se de um virtuoso do ofício, capaz de rimar sobre qualquer ruído que encontre pelo caminho. O *hitmaker* Pharrell Williams comparou seu *flow* "sem divisórias" ao fraseado de Miles Davis no trompete. Pura intensidade distribuída em apenas 1,65 m de altura, Kendrick não teme a armadilha do excesso verborrágico, frequentemente a desarmando e utilizando em seu favor para a construção de estrofes inesquecíveis.

Mais do que isso, Lamar opera em espírito aberto, colaborando com alguns dos mais progressistas produtores e músicos contemporâneos para obter os sons que ouve em sua mente. "Eu cresço; sou como um camaleão", disse Kendrick ao produtor Rick Rubin em entrevista à revista *GQ* em outubro de 2016. "Isso é um dom e uma maldição para mim."

Com seu álbum *To Pimp a Butterfly*, de março de 2015, Kendrick cimentou um importante degrau na transformação do hip-hop lírico-conceitualmente, mas também em termos de arranjo e sonoridade. Político e introspectivo, orgânico e futurista, texturizado e jazzístico, o disco foi inspirado numa viagem de seu criador à África do Sul e gerou "Alright", um hino espontâneo do movimento Black Lives Matter. Seus quase oitenta minutos retratam um artista ciente de estar lidando com uma grandeza particular, que transcende a esfera do hip-hop.

To Pimp a Butterfly bateu o recorde de streamings no dia de seu lançamento (9,6 milhões), foi número 1 nos dois lados do Atlântico, conquistou cinco dos oito prêmios Grammy aos quais foi indicado e encabeçou praticamente todas as listas de melhores álbuns de 2015. Entrou no top 5 da década de 2010 de veículos como Pitchfork, *Spin* e *Rolling Stone*, revista que o considera o 19º maior de todos os tempos.

Rap no berço

Integrante de uma geração que cresceu ouvindo hip-hop com os pais, Kendrick Lamar Duckworth nasceu em 17 de junho de 1987 em Compton, a violenta cidade-satélite de Los Angeles retratada nos versos gangsta do grupo N.W.A. Envolvido com gangues, viveu na pele uma era notória pelos casos de abusos policiais.

Felizmente, a facilidade com que escrevia suas redações escolares acabou lhe encaminhando precocemente ao rap, que começou a praticar na adolescência sob o pseudônimo K.Dot. "Kendrick era o introvertido cerebral com talento teatral, o garoto quieto que absorvia silenciosamente a plenitude de seu entorno e soltava o que via em fluxos comoventes de dor, luta e perseverança", descreve o jornalista afro-americano Marcus J. Moore em seu livro *The Butterfly Effect: How Kendrick Lamar Ignited the Soul of Black America*, de 2020.

Inspirado por Eazy-E, Eminem – com quem viria a ser comparado pelas rimas ultratécnicas – e seu ídolo Tupac Shakur, em 2004, aos 16 anos K.Dot lançou sua primeira mixtape, *Youngest Head Nigga in Charge (Hub City Threat: Minor of the Year)*. A ela se sucederiam outras cinco: *Training Day* (2005), *No Sleep Til NYC* (2007), *C4*, *The Kendrick Lamar EP* (ambas de 2009) e *Overly Dedicated* (2010). Nas duas últimas, passou a assinar com dois terços de seu nome de batismo.

Bancado pela gravadora TDE, *Section.80*, o primeiro lançamento oficial de Kendrick Lamar, chegou às lojas em julho de 2011. Seu repertório vinha parcialmente moldado em refinadas ornamentações jazzísticas e experimentais, frutos de sua colaboração com o multi-instrumentista Terrace Martin. Caiu nas graças da elite suprema do hip-hop, e o trabalho seguinte, *good kid, m.A.A.d city*, já trouxe uma verdadeira constelação nos créditos: seu futuro inimigo Drake nos vocais, Pharrell na produção e a gravadora Aftermath, de Dr. Dre, no financiamento.

Com o segundo CD alcançando a vice-liderança na parada estadunidense e gerando hits como "Bitch, Don't Kill My Vibe", Kendrick Lamar saltava definitivamente ao mainstream, o que incluiu dividir uma turnê com Kanye West. Em 26 de janeiro de 2014, na 56ª edição do Grammy, que contou com apresentação de Lamar, *good kid, m.A.A.d city* concorreu em nada menos que sete categorias – inclusive a de álbum do ano –, mas não levou nenhum troféu. O episódio desatou polêmica e o MC branco Macklemore, que desbancou o favorito, destilou publicamente sua culpa de ganhador.

Gatilhos

Pouco depois da frustração no Grammy, Kendrick viajou à África do Sul, visitando a prisão da Ilha Robben, onde Nelson Mandela esteve preso por dezoito anos. Prolífico como poucos, antes de embarcar o rapper já tinha material para encher dois LPs. No entanto, a experiência sul-africana lhe insuflou a recomeçar a nova safra praticamente do zero. Também estava impactado pela morte a tiros do irmão caçula de seu melhor amigo. A tragédia inspirou, entre outras coisas, o poema que dá título ao disco, cuja tradução resulta em algo como "Prostituir uma borboleta". O texto tem trechos distribuídos ao longo da tracklist até aparecer na íntegra na derradeira faixa "Mortal Man".

A nova obra de Lamar conectaria, portanto, o trauma irreparável do apartheid que estudara *in loco* com as desumanidades e violências cotidianas sofridas pelas pessoas negras naquele 2014. "A narrativa pessoal de Kendrick examina o que significa permanecer saudável e inteiro num sistema de capitalismo racial que nega a autodeterminação e encurta vidas promissoras", analisa a poeta e professora afro-americana Sequoia Maner em seu livro *Kendrick Lamar's To Pimp a Butterfly*, de 2022.

Jazz e política

A primeira atitude dele em seu retorno a casa foi convocar o coletivo de jazz contemporâneo West Coast Get Down, formado em Los Angeles por seu velho amigo Terrace Martin e outras figuras carimbadas, do porte do saxofonista Kamasi Washington, do baterista Tony Austin e do baixista e cantor Thundercat. Os encontros, que eles realizaram ao longo de vários meses em diferentes estúdios, transformaram-se em pelo menos trinta ideias para os estupendos arranjos que acabariam em *To Pimp a Butterfly*. Alguns daqueles concorridos jazzistas afro-americanos engrossariam a populosa ficha de coautores do álbum, que tem uma média de seis nomes por gravação e traz mais de dez produtores nos créditos gerais. Entre eles, invejáveis grifes dos estúdios como Pharrell Williams, Flying Lotus e Knxwledge.

Quase tão numeroso quanto a lista de participações é o grupo de amigos e familiares, incluindo três mulheres e quatro crianças, que dividem com Kendrick o protagonismo na histórica capa da bolacha. A montagem revela o astro segurando um bebê, cercado por outras 22 pessoas negras de seu entorno, algumas delas ostentando maços de dólares e garrafas, em pleno êxtase celebratório diante da Casa Branca. No chão é possível ver um juiz branco de toga e martelo em mãos, seus olhos marcados por dois "x". Com fotografia do francês Denis Rouvre, a imagem foi chamada pela revista *Vice* de "uma das peças iconográficas mais poderosas da era Obama".

Jardins sonoros

Obra com começo, meio, fim, heróis e anti-heróis, *To Pimp a Butterfly* veio ao mundo em 15 de março de 2015, desvelando diferentes paisagens sonoras a cada faixa. Introduzida por um sample de "Every Nigger is a Star" (1973), do intérprete jamaicano Boris Gardiner, a primeira, "Wesley's Theory", atualiza o funk psicodélico do enorme George Clinton, que engrossa os vocais com Thundercat. Na letra, Kendrick disserta sobre as possibilidades e deslumbramentos de uma fama recém-adquirida, o mesmo tema que inspirou o conceito da capa. "*To Pimp a Butterfly* contribui para o debate sobre saúde mental, ao considerar que a riqueza é alienante, transitória, pesada e enlouquecedora para o artista negro", teoriza Sequoia Maner.

Mas é na segunda canção, "For Free? (Interlude)", que vem o primeiro choque do repertório. Ele entra no assunto espinhoso da (ausência dc) reparação histórica pela escravidão ("Ah, América, sua *bad bitch* / Eu colhi algodão e você enriqueceu"), encaixando o recado num fraseado absurdamente complexo, apoiado por um *walking bass* jazzístico frenético. É como se Kendrick fizesse o caminho inverso da conexão entre hip-hop e jazz, encaixando o primeiro no segundo, ao contrário do que fizeram antecessores como A Tribe Called Quest e Guru Jazzmatazz. Concebido pelo próprio Kendrick com o diretor estadunidense Joe Weil, o clipe acompanhante representa os Estados Unidos como uma prostituta.

Depois de "King Kunta", um funk minimal com ecos de guitarra indie, surge outro momento brilhante, "Institutionalized", que pega carona no soul futurista de J. Dilla e inclui rimas memoráveis de Snoop Dogg e do próprio Kendrick. O refrão boca-suja, mas estiloso, fica por conta de Bilal, vocalista cujo timbre lembra o de Prince (que, fã de Lamar, esteve perto de participar). Bilal também comparece na ótima faixa seguinte, "These Walls", analogia entre sexo, liberdade e poder.

As duas partes de "U", a sexta na ordem, reencaminham *Pimp...* para o campo da vanguarda. Na primeira, ele emprega rimas sem uma base rítmica clara por trás, e na segunda recria o próprio timbre e "embebeda" a entonação até soar irreconhecível. Tudo isso para lidar com o fardo pela morte do irmão do amigo. "Amar você é complicado", vocifera, referindo-se a si mesmo, planando num vórtex de jazz. Dá para sentir a tensão em cada uma de suas sílabas.

Voa, Kendrick

Até que emerge "Alright", a quarta das cinco músicas de trabalho (junho de 2015), arranjada numa espécie de trap-jazz pós-new age enviado por Pharrell Williams. O instrumental e a linha melódica pensada originalmente para o refrão eram tão interessantes e inovadores que Kendrick se sentiu desafiado. Cozinhou mentalmente ideias por cerca de seis meses até o dia em que a letra lhe "baixou" inteira, de uma vez. "E odiamos a polícia / Querem nos matar nas ruas com certeza / Estou na porta do pregador / Meus joelhos estão enfraquecendo / E minha arma pode disparar / Mas a gente vai ficar bem." Com sua letra demolidora, "Alright" significou para o recém-fundado Black Lives Matter o que "People Get Ready", dos Impressions, tinha sido para a luta pelos direitos civis dos anos 1960. Nas manifestações, as pessoas entoavam espontaneamente o seu refrão, cantado por Pharrell na gravação. O impactante clipe correspondente, assinado por Kendrick, Weil e o californiano Colin Tilley, mostrava Lamar voando sobre ruas californianas.

Não há minuto perdido no disco. "For Sale? (Interlude)" se banha em psicodelia e temperos latinos, além de exprimir outra habilidade de Lamar, os arranjos de voz que ele duplica, cantando cada tomada de uma forma e com diferenças de textura. Já "Momma" trata diretamente da viagem sul-africana, e de como conhecer pessoas naquele país o estimulou a repensar sua vida e sua carreira. “Percebi que não sabia porra nenhuma / No dia em que vim pra casa” canta ele, polirritmicamente, tendo ao fundo o apoio da cantora Lalah Hathaway. Mais surpreendente ainda é “Hood Politics”, na qual ele inventa onomatopeias poéticas para versar sobre rivalidades dentro e fora do hip-hop – com direito a um inesperado sample de “All for Myself” (2010), do cultuado indie Sufjan Stevens.

Um pianão imponente permeia “How Much a Dollar Cost”, canção com canja vocal de Ronald Isley, do Isley Brothers, eleita a melhor de 2015 pelo então presidente estadunidense Barack Obama. Surgiu de uma interação entre o astro e um pedinte na África do Sul. Da mesma viagem veio a inspiração para a próxima música, “Complexion (A Zulu Love)”, declaração de amor à negritude por meio da beleza feminina, com participação excelente de MC Rapsody. É uma tomada de alento para a paulada “The Blacker the Berry”, o segundo single, lançado um mês antes do LP. Nesse colossal ataque antirracista, Lamar não alivia: “Você odeia a minha gente / Seu plano é aniquilar a minha cultura”.

Mandela e Tupac

O álbum não perde o gás, culminando em três pérolas bem distintas entre si: o jazz-rap “You Ain’t Gotta Lie (Momma Said)”, no qual Kendrick concebe mais uma nova forma de usar a voz; “I”, disco-funk bombástico com base instrumental emprestada de “That Lady” (1973), dos Isley Brothers (o primeiro single, setembro de 2014); e “Mortal Man”, o épico que alude ao “espírito de Mandela” e questiona a fidelidade do ouvinte: “Quando voar merda no ventilador / Você ainda será um fã?”).

A longa faixa de encerramento reúne todas as estrofes da poesia que intitula a obra. Inicialmente, Lamar havia dado ao poema o título de “To Pimp a Caterpillar” (Prostituir um casulo), baseado nas iniciais T(u)PAC. Segundo ele, o texto é uma reflexão sobre usar a sua fama para o bem e não ser explorado pela indústria. Passados cinco minutos, conforme “Mortal Man” vai terminando, o monólogo de Kendrick emenda numa conversa fictícia com Tupac Shakur, aproveitando áudio de entrevista real do ícone. Trata-se de uma cartada surpreendente, mas coerente com a intensidade de Kendrick Lamar, que não dá trégua durante os quase oitenta minutos deste grande álbum.

SOLANGE

A Seat at the Table

(2016)

Raros álbuns dos anos 2010 deixaram uma marca tão profunda e geraram tanto debate quanto *A Seat at the Table*. Lançado em setembro de 2016, o terceiro trabalho de Solange mergulha no feminismo negro, na ancestralidade e na feminilidade com um lirismo cortante, ainda que elegante. Provando que, quando há talento envolvido, discurso político e linguagem musical sofisticada podem formar uma linda simbiose, a cantora e compositora afro-americana concebeu uma das obras antirracistas definitivas do universo pop. No disco, ela molda suas letras tão certeiras e necessárias em melodias delicadas e arranjos minimalistas de extremo bom gosto, nunca previsíveis ou repetitivos.

"Solange fala diretamente ao complexo relacionamento da comunidade negra com dor, perda, cura, trauma intergeracional, propriedade e empoderamento", reflete a jornalista afro-britânica Stephanie Phillips em seu livro *Why Solange Matters* (2021). "É um álbum que ganha poder a partir de sua leveza, atribuída ao falsete ofegante de Solange, a suas linhas de baixo cambaleantes, suas partes de piano influenciadas por jazz livre e a suas batidas polimáticas."

A Seat at the Table desfrutou de grande sucesso comercial, chegando ao número 1 da parada estadunidense e ganhando um Grammy. Eleito o melhor álbum de 2016 por publicações como *Spin* e Pitchfork, ocupou os postos mais altos de diversas listas da década, ganhando vaga também no famoso top 500 da *Rolling Stone*.

A resposta efusiva do público e o reconhecimento unânime da crítica constituíram vitórias em duas lutas duradouras travadas por Solange. Por um lado, ela mostrava que era muito mais do que a "irmã caçula e alternativa da Beyoncé"; por outro, forçava o *establishment* branco a entender que artistas negros não querem ou precisam se confinar em rótulos estilísticos predeterminados.

Entre a história e a dança

"Eu precisava compor este disco para me conectar comigo mesma, com minha linhagem e com minhas raízes." Falando à revista estadunidense *W* na ocasião do lançamento de *A Seat at the Table,* Solange Piaget Knowles (nascida em 24 de junho de 1986) remetia a uma aspiração artística que vinha da sua infância em Third Ward, zona de classe média alta de Houston, Texas. Aos 10 anos a menina já tinha escrito um poema sobre seus antepassados e cantado em concurso a fortíssima canção "Strange Fruit", eternizada por Billie Holiday, sobre afro-americanos enforcados por supremacistas brancos.

A mãe Tina ensinava história com um olhar afrocêntrico a ela e à irmã quase cinco anos mais velha, Beyoncé. Nas paredes da casa que as três dividiam com o pai Matthew, havia diversas obras de pintores negros. Entre conversas conscientizadoras e aulas de canto e dança, Solange formou um gosto eclético, que partia da diva soul setentista Minnie Riperton e chegava ao nu-metal experimental do System of a Down, com paradas em compositoras brancas como Fiona Apple e Björk.

Sua carreira começou precocemente, como dançarina substituta do Destiny's Child, grupo de Beyoncé, com quem estreou em 2001 na gravação do tema da animação *The Proud Family*, da Disney. Em dezembro de 2002, aos 16 anos, lançou pela Columbia o seu primeiro CD, *Solo Star*, coescrito por ela em diferentes parcerias e produzido por craques como Timbaland e The Neptunes. Porém, sem fugir de um R&B básico, o *début* não apontava um caminho identitário próprio.

Mãe aos 18 anos, Solange precisou reduzir o ritmo e acabou se mudando para uma microcidade no estado de Iowa. Mas logo retornou à atividade artística, compondo para nomes como Michelle Williams, do Destiny's Child, e atuando em filmes. O segundo álbum, porém, só viria em agosto de 2008. Mais adulto, *Sol-Angel and the Hadley St. Dreams* dialogava com o movimento retrô-soul de Amy Winehouse, listando entre os agregados o produtor da inglesa, Mark Ronson. Entrou no top 10 da parada estadunidense.

O caminho da independência

Ainda em 2008, Solange ajudou a mana mais velha a compor a canção "Why Don't You Love Me". Mas ela queria se firmar como artista, independentemente de seu DNA, e deixou isso claro em "Fuck the Industry", single extraoficial do mesmo ano. "Nunca serei a perfeita Beyoncé", canta em um trecho. "Solange optou por priorizar a sua independência e pesquisar novas disciplinas para desenvolver sua criatividade; tudo isso enquanto reivindicava e descartava várias identidades, até que finalmente pudesse criar um amálgama de tudo aquilo que lhe servia" aponta Stephanie Phillips. Essa inclinação libertária culminaria, em 2013, com a criação de sua própria gravadora, Saint Records, pela qual *A Seat at the Table* seria lançado, em parceria com a Columbia.

Até lá, Solange lidaria com a desconfiança racista de parte da imprensa, que não sabia lidar com uma mulher negra reinterpretando música de uma banda indie branca como o Dirty Projectors ("Stillness in the Move", de 2009). Os jornalistas tampouco compreendiam o que ela pretendia ao levar o supercasal Beyoncé/Jay-Z a um show do Grizzly Bear, por cujo selo Terrible Records ela editou seu próximo projeto, o delicioso EP *True*, de novembro de 2012. Composto com o brilhante Devonté Hynes (ver texto sobre o álbum *Cupid Deluxe*, do Blood Orange, na p. 435), o miniálbum transparecia uma clara influência do dream pop e a posicionava entre as musicistas mais *cool* do planeta.

Mas Solange tinha outras preocupações em mente. Acompanhou de perto e com entusiasmo o crescimento do Black Lives Matters, o mesmo movimento que inspirou os dois álbuns anteriores deste livro, e frequentou manifestações antirracistas. Em agosto do mesmo ano, mergulhou na criação da obra que refletiria sua visão sobre aquela mobilização e os acontecimentos a seu redor.

À mesa, em ótima companhia

Os trabalhos resultantes em *A Seat at the Table*, que saiu em 30 de setembro de 2016, começaram em um estúdio em Long Island, perto de Nova York. Na primeira etapa, ela se cercou de jovens colaboradores, como os multi-instrumentistas estadunidenses Bryndon Cook (do projeto Starchild & the New Romantic) e Patrick Wimberly (vulgo Chairlift). Em outubro, a base de operações se transferiu para o New Iberia, em Nova Orleans, e entraram em cena convidados afro-britânicos, como o cantor e pianista Sampha e o baixista do Metronomy, Olugbenga Adelekan.

A maioria das gravações, que duraram mais de dois anos, ocorreram na cidade-berço do jazz, origem da família materna de Solange, mas há trechos registrados também durante viagens a Gana e Jamaica. Entre uma tomada e outra, a cantora e seus parceiros, a maioria deles músicos negros, aprofundavam-se em assuntos como a diáspora africana. O time evoluiu para um nível estelar e multigeracional, incluindo desde baluartes do hip-hop dos anos 1990 (Raphael Saadiq, Questlove, do The Roots, André 3000, do OutKast, e Q-Tip, do A Tribe Called Quest) a musicistas vanguardistas afro-americanas que fariam bonito no resto da década de 2010 (Kelela, Kelsey Lu).

Solange assina a composição, os arranjos e a coprodução das 21 faixas. Oito delas são interlúdios que fundem ambientação suave a falas do veterano produtor Master P e dos pais de Solange, que, divorciados desde 2011, reuniam-se pela primeira vez. Os comoventes depoimentos dos três, abordando vários ângulos sobre o racismo, ajudam a interconectar as músicas. Dessa forma, ressuscitam o desgastado conceito das vinhetas. Além disso, esses interlúdios estão em sintonia com o título, que a artista tomou da histórica frase de Shirley Chisholm, a primeira mulher negra deputada nos Estados Unidos: "se eles não te dão um lugar à mesa, traga uma cadeira portátil".

Dor convertida em ouro

Com arranjos que chamam a atenção por uma convicta e sofisticada nudez de elementos, o sublime *A Seat at the Table* enfileira surpresas. A começar por "Rise", uma espécie de oração musicada introdutória, amparada pela batida singular de Questlove. Sua inspiração veio das mortes de Michael Brown e Freddie Gray, homens negros desarmados, por policiais. A seguir, "Weary" aborda a inércia causada pelo esgotamento sentido por quem enfrenta o racismo diário: "Vou procurar meu corpo / Volto muito em breve". É notável o emprego de uma melodia e uma estrutura instrumental tão finos – a bateria parece uma carícia – para uma mensagem tão densa e desesperadora.

"Cranes in the Sky" propõe uma espécie de spiritual soul hipnótico, com texturas profundas e piano certeiro, sobre a inevitabilidade de se lidar com uma depressão ("Tentei afastá-la bebendo / Tentei jogá-la no ar"). O impressionante clipe correspondente, dirigido por Solange e seu companheiro, o cineasta afro-americano Alan Ferguson, a coloca em diferentes cenários naturais e urbanos, vestindo roupas espetaculares e na companhia de outras atrizes e dançarinas negras. O mesmo conceito imagético está no encarte da edição em vinil.

Em "Mad", um pós-R&B lento com elementos jazzísticos, a cantora divide o microfone com o rapper Lil Wayne, que rima sobre uma tentativa de suicídio. "Don't You Wait", por sua vez, aborda as microagressões raciais e se dirige a um jornalista que a criticou por frequentar a cena indie rock. Dispõe de três linhas de baixo costuradas entre si e uma batida de timbre requintadíssimo.

Introduzida pelo discurso de Tina a respeito do orgulho negro, "Don't Touch My Hair" é o complemento sonoro à capa, da fotógrafa espanhola Carlota Guerrero, na qual Solange aparece com o cabelo natural ornado por pequenas fivelas. O recado, reforçado pelo belo clipe concebido com Ferguson e participação de Sampha, é claro: "Eles não entendem o que significa para mim / Onde escolhemos ir / Onde estivemos para saber". Cabe notar que ela vinha levantando a bandeira da transição capilar desde 2011, quando assinou com uma marca de cosméticos especializada em cabelos de mulheres e homens afrodescendentes. Já na emocionante balada "Where Do We Go", a cantora recupera a história dos avós, obrigados a fugirem do Alabama em perseguição racista ("Não dirijam muito devagar na estrada"), com reforço vocal do canadense Sean Nicholas Savage. Atenção para o ritmo genialmente simples, uma das marcas de *A Seat at the Table*.

Os grandes momentos abundam no repertório. "F.U.B.U.", faixa em que Solange relembra quando a barraram no seu próprio condomínio ("Te perguntam de novo onde você mora"), tem canja de BJ The Chicago Kid; "Borderline (An Ode to Self Care)" dispõe de um *groove* suave e fantástico, além dos backing vocals de Q-Tip; "Junie", na qual ela abre espaço a um não creditado André 3000, aborda apropriação cultural e homenageia o músico de funk Walter "Junie" Morrison; e a atmosférica "Don't Wish Me Well" relata as transformações pessoais da autora. A melancólica, "Scales", com a presença de Kelela, finaliza a tracklist.

Referência antirracista

Preocupada com a exposição excessiva e desconfortável quando se apresentava para públicos maioritariamente brancos, Solange chegou a ter crises de pânico após alguns shows de divulgação de *A Seat at the Table*, boa parte deles realizados em espaços pouco convencionais, como galerias de arte. Mas logo percebeu a catarse coletiva que o disco, feito predominantemente por e assumidamente para pessoas negras, provocava nelas.

Em abril de 2017, dois museus e uma escola londrina organizaram um evento totalmente voltado para discuti-lo; em maio, Solange recebia em mãos *Testimonies from the Table*, um livro criado a partir da relação entre 61 mulheres negras e o LP. Em outubro do mesmo ano, figurou na relação de mulheres do ano pela revista *Glamour*. Ao agradecer pela honraria, afirmou seu desejo por "continuar lutando para garantir que meu corpo seja meu corpo, minha mente seja minha mente, minha história seja minha história".

BILLIE EILISH

When We All Fall Asleep, Where Do We Go?

[2019]

Historiadores da música já sabem o que responder quando perguntados sobre quem foi a primeira megaestrela "100% século 21": Billie Eilish. Nascida em 18 de dezembro de 2001, portanto num mundo pós-11 de setembro e numa indústria fonográfica pós-CD, ela se tornou a primeira artista originária deste milênio a alcançar o número 1 das paradas de álbuns e singles nos Estados Unidos, repetindo o feito em outros países. Uma das várias façanhas realizadas pela intérprete e compositora californiana, legítima menina prodígio que iniciou sua carreira aos 13 e conquistou o mundo aos 17.

Lançado em março de 2019, *When We All Fall Asleep, Where Do We Go?*, o disco inaugural de Billie Eilish, confirmou o que, nos quatro anos anteriores, pintava como um dos maiores fenômenos pop adolescentes de todos os tempos. Teve 194 milhões de streamings de suas quatorze faixas em sua semana de estreia, um dado extraordinário, sobretudo porque ouvir álbuns estava bem fora de moda. Nada menos que doze das músicas do repertório coabitaram no top 100 da *Billboard* e, somadas a outras duas canções de Eilish presentes na lista, renderam à jovem o recorde feminino de presença na histórica parada de sucessos.

Contudo, *When We All Fall Asleep*... não representa o "puro suco" do século 21 apenas por ser obra de alguém cuja data de nascimento é posterior a 1º de janeiro de 2000. Inovador em termos de composição, interpretação e produção, o disco capta uma espécie de *Zeitgeist* estético do final da década de 2010. É o retrato de uma criadora precocemente madura, à vontade no trânsito entre as eras digital e da inteligência artificial, embora ávida por injetar calor humano em sua expressão artística.

Com a ajuda preciosa de seu irmão Finneas O'Connell, um craque das gravações caseiras, Billie Eilish inventou uma linguagem de intimismo lírico e minimalismo sonoro misteriosamente apta às multidões. Seus sussurros melódicos servem, sabe-se lá como, à cantoria uníssona de estádios lotados.

Essa abordagem arrebatou também a crítica. Melhor de 2019 para veículos pop como *NME* e Consequence, o álbum figurou igualmente entre os favoritos de publicações voltadas para sons mais esquisitos, como o site inglês The Quietus. Compareceu em todas as listas de clássicos definitivos dos anos 2010 e virou um dos mais novos títulos da relação dos 500 maiores discos da história da *Rolling Stone*, revista que também o elegeu o 7º melhor trabalho de estreia *ever* e 31º mais importante do século 21. Eilish arrasou no Grammy 2020, faturando cinco estatuetas e se convertendo na segunda mulher a vencer os quatro prêmios principais (revelação, disco do ano, música do ano e gravação do ano, os dois últimos pelo hit "Bad Guy").

Em família

Na casa apertada onde Billie Eilish Pirate Baird O'Connell vivia com a família, no bairro de Highland Park, em Los Angeles, havia vários instrumentos. Aos 4 anos ela já compunha, frequentemente em companhia do mano quatro anos mais velho. Estímulos criativos não faltavam, pois os pais batalhavam como atores de teatro e de séries e a mãe, Maggie Baird, chegou a gravar um CD de country-folk (*We Sail*, de 2009).

Billie flertou com a dramaturgia, fez algumas dublagens, mas acabou focando nas aulas de dança, desde os 8 anos, e de música, a partir dos 11. Tinha Justin Bieber como ídolo soberano, mas expandiu gradualmente seu gosto ao descobrir rappers como Drake, Tierra Whack e seu preferido, Tyler, The Creator. Mais tarde, uma lesão no quadril a obrigou a riscar a dança de suas prioridades.

As apostas em torno de qual rebento dos Baird O'Connell se alçaria ao estrelato apontavam para Finneas, que já ciscava por Hollywood e liderava a banda The Slightlys. No caminho, porém, havia o talento de Billie. Em agosto de 2015, os dois subiram no SoundCloud "sHE's BrOKen", emotiva canção composta pelo primogênito de 18 anos e cantada pela caçula de 13, à qual se sucedeu, no mês seguinte, "Fingers Crossed", balada de autoria dela.

A brincadeira ficou séria, porém, no terceiro lançamento dos irmãos, "Ocean Eyes", publicado na mesma plataforma em novembro do mesmo ano. Pensado como acompanhamento para um número de dança ensaiado por Billie, esse dream pop lento com influência de Lana Del

Rey protagonizou uma escalada viral envolvendo blogs e redes sociais. Do nada, surgiram no SoundCloud remixes de produtores famosos, como Cautious Clay e Astronomyy.

Em janeiro de 2016, com 14 anos recém-completados, Billie Eilish já tinha um empresário para chamar de seu. Em março, quando os irmãos O'Connell começaram a tocar ao vivo em Los Angeles, acompanhados apenas por um baixista e um percussionista, saía o clipe de "Ocean Eyes"; em junho, lançaram "Six Feet Under", obra de Finneas cujo estranho e artesanal clipe contou com direção da própria Billie. Em novembro de 2016, após outras duas canções soltas na rede ("Bellyache" e "My Boy"), Billie Eilish assinou com a Interscope.

Em junho de 2017, a gravadora liberou o EP de oito faixas "Don't Smile at Me". Apesar do assédio de produtores de renome, a moça manteve-se leal ao irmão. De preferência, trabalhando no quartinho dele, à base apenas de computador e sintetizador, como mostra o documentário *Billie Eilish: The World's a Little Blurry* (2021), do diretor estadunidense R. J. Cutler. *When We All Fall Asleep, Where Do We Go?* foi gravado no mesmo esquema.

Ainda em 2017, Billie estrelou com o rapper Vince Staples o dueto "&burn" e excursionou pelo mundo. Em suas andanças, firmava a sua imagem de "pessoa comum" à sua maneira: uma garota de cabelos coloridos e roupas folgadas que partia sem medo para o abraço com os fãs, ou que debatia a sua direção artística em uma reunião familiar na cozinha de casa.

O primeiro bilhão

Apenas em dezembro de 2018, ao cancelar shows na Austrália para poder concluir um certo "projeto misterioso", o público teve a confirmação de que, finalmente, Billie Eilish lançaria seu primeiro álbum. Era o passo que faltava. Até porque, ao longo daquele ano, ela já havia gravado as músicas e os clipes de "Lovely" (com Khalid) e "Hostage" (com Stromae), se apresentado no *Tonight Show* de Jimmy Fallon e tocado até na Ásia.

Na verdade, ainda que os fãs não soubessem, duas canções de seu aguardadíssimo LP já apareceram como singles durante 2018. A primeira, surgida em julho, era "You Should See Me In a Crown" (futura quarta faixa do disco), um pancadão futurista cujas vibrações sinistras ela realçou num vídeo vertical, no qual tragava e devolvia aranhas assustadoras. No ano seguinte, apareceria outra versão fílmica do mesmo tema, uma animação concebida pelo badalado artista japonês Takashi Murakami.

O segundo single (e sexta track do LP), "When the Party's Over", chegou em outubro de 2018. Embelezada por um coro de inspiração gospel gravado pela própria cantora, é uma linda balada sobre uma separação amorosa, chorada em lágrimas negras e viscosas como petróleo no desconcertante clipe correspondente, do mexicano Carlos López Estrada. Juntamente com a suingada e irresistível "My Strange Addiction", que sampleia diálogos da série *The Office*, a composição é assinada apenas por Finneas O'Connell que, no resto de *When We All Fall Asleep...*, divide os créditos com a irmã.

Sem parar de fazer shows – e viajando em companhia dos pais, por ser menor de idade –, Billie entrou em 2019 com 17 anos, um bilhão de streamings acumulados no Spotify e mais de cem shows agendados, alguns deles nos maiores festivais do planeta. Tudo isso sem um disco. E a próxima amostra do dito cujo não podia constituir um aperitivo mais saboroso.

"Bury a Friend", que emergiu no final de janeiro, é um arrepiante shuffle eletrônico de barulhinhos industriais, pontuado pelos vocais suspirados que tanto distinguem Eilish. Obteve a então melhor resposta comercial da autora (14ª posição no top 100 dos EUA). Inspirada no velho conceito do "monstro debaixo da cama", essa música flutua na redoma do terror. E tal clima se materializa visualmente pelo olhar de Michael Chaves, cineasta estadunidense que no mesmo ano lançou *A maldição da chorona*. Em 2024, "Bury a Friend" seria usada na abertura da quarta temporada da badalada série-thriller *True Detective*.

Um álbum, enfim

A expectativa estava a ponto de explodir quando o pop acústico "Wish You Were Gay" – a sexta track – despontou como quarto *advance*. Até que, finalmente, em 29 de março saiu *When We All Fall Asleep, Where Do We Go?*, com produção assinada por Finneas O'Connell.

Segundo Billie, o extenso título ("Quando todos dormimos, para onde vamos?") é uma pergunta que perpassa todo o repertório, parcialmente concebido a partir de pesadelos. Essa mesma sensibilidade sombria migrou para a imagem da capa, encarregada ao fotógrafo estadunidense Kenneth Cappello. Na imagem, observamos a cantora numa cama desarrumada, vestindo um traje que pode ser interpretado como um pijama de hospício, usando lentes de contato sinistras e sorrindo de forma perturbadora. Na véspera do lançamento, ela apresentou "Bury a Friend" no programa *Jimmy Kimmel Live!* com Finneas e o baterista Andrew Marshall, chocando o apresentador por nunca ter ouvido falar de Van Halen.

Caía nas redes também o quinto single, "Bad Guy", a abertura propriamente dita do álbum após a vinheta brincalhona "!!!!!!!". Esse electro-indie texturizado e de dinâmica sutil é dominado pela performance vocal de Billie, novamente repleta de murmúrios. Vanguardistas são também o refrão sem canto, ocupado apenas por uma frase de teclado, e o colorido vídeo, protagonizado por uma Billie esfolada e cheia de hematomas, dirigido pelo premiado californiano Dave Myers. Trinta e cinco milhões de pessoas o assistiram em sua primeira semana.

Em 13 de abril de 2019, com o salto de "Bad Guy" e *When We All Fall Asleep*... aos primeiros postos dos rankings estadunidenses, Billie Eilish era oficialmente a primeira performer oriunda do século 21 a "chegar lá". Dois dias antes, entrou para a história também da parada britânica de discos, como a mulher mais jovem a abocanhar o número 1.

Não há quase nenhum desperdício no álbum. Em "Xanny", a terceira música, ela manifesta sua desconfiança em relação às drogas, numa lenta melodia que visita sintetizadores distorcidos e inesperadas paisagens jazzísticas. Sua voz soa tão próxima do ouvinte que quase dá para adivinhar o seu hálito. Destaque também para "All the Good Girls Go to Hell", o sexto single (setembro), um pós-funk eletrônico de refrão pegajoso e o recado "o meu Lúcifer está sozinho".

A atmosfera se altera em "8", a mais antiga da fornada, ressaltada por acordes de ukulele e o zunzum da voz de Billie parcialmente alterado por efeitos. O estilo eilishiano vibra também em "Ilomilo", o sétimo e último single (abril de 2020), cuja letra relaciona videogame ao medo da perda. A inspiração veio da morte de seu amigo XXXTentacion no ano anterior ("Não posso perder outra vida").

When We Fall Asleep... embica, então, rumo ao sentimentalismo baladístico, primeiro baseado em piano (a bonita "Listen Before I Go") e em seguida em violão (a delicada "I Love You"). Conclui com "Goodbye", um curioso experimento poético no qual o duo O'Connell aglutina uma sentença de cada uma das letras anteriores. Nada como um pouco de dadaísmo versão geração Z para resumir um álbum que, embora ultrapopular, será sempre conhecido por seu espírito arrojado.

MICHAEL KIWANUKA
Kiwanuka

[2019]

Um dos baratos musicais dos anos 2010 foi acompanhar a evolução de Michael Kiwanuka. Nascido numa família de refugiados ugandenses, o músico londrino demonstrou, a cada álbum, um progressivo controle de seu talento e uma segurança cada vez maior em explorar novos caminhos, que o foram credenciando como um artista completo.

Enquanto compositor, Kiwanuka atualiza com classe suas influências de folk, soul, rock e baladas, esculpindo canções que parecem pertencer a diferentes épocas. Sua voz celestial expressa naturalmente uma melancolia sincera, que se conecta sem intermediários ao âmago dos ouvintes. Ele é também um exímio guitarrista e ótimo curador para as próprias colaborações, tendo como parceiros, desde 2016, Danger Mouse e Inflo, dois dos mais requisitados produtores do século 21.

Quando escutamos em sequência os seus três primeiros discos, lançados entre 2012 e 2019, notamos uma curva ascendente cujo desenlace é o magnífico *Kiwanuka*, de novembro de 2019. Comovente coleção de soul sinfônico de cores psicodélicas, o terceiro trabalho de Michael Kiwanuka se mostrou à altura da responsabilidade de encerrar uma década marcada pela diversidade sonora. O álbum ocupou o 2º lugar na parada do Reino Unido e, em 2020, rendeu a seu autor o prestigiado Mercury Prize, ao qual ele já tinha sido indicado pelos seus dois discos anteriores.

Muzungu

"Crescendo no Reino Unido, não contava com muitos Kiwanukas ao meu redor." Falando ao programa de televisão sueco-norueguês

Skavlan em outubro de 2019, Michael Samuel Kiwanuka (Londres, 3 de maio de 1987) tentava definir a solidão e as barreiras discriminatórias que enfrentou ao longo da vida, enquanto filho de imigrantes africanos. Seus pais haviam fugido da ditadura de Idi Amin em sua Uganda natal e, assim que conseguiram, estabeleceram-se no bairro londrino de classe média Muswell Hill.

Segundo Michael, o plano ajudou a afastar ele e o irmão mais velho das más companhias e, mais tarde, em sua etapa de músico, a inseri-lo num circuito em que seus colegas dispunham de recursos (bons equipamentos, estúdios caros). Entretanto, esse privilégio não resolvia questionamentos interiores sobre o seu senso pleno de não pertencimento. Em Muswell Hill, Kiwanuka era aquele descendente de estrangeiros vindo de um país "exótico"; em casa, não falava bem o idioma dos progenitores e, nas visitas a Uganda, ouvia de familiares e amigos o termo "*muzungu*" (o equivalente a "gringo" em suaíli).

Esse desconforto identitário seria um dos traços formativos da musicalidade do Kiwanuka adolescente, imerso em velhos discos de funk e jazz, mas interessado em desbravadores sonoros contemporâneos, como Radiohead e J Dilla. Guitarrista profissional precoce, acompanhou o monumental baterista afro-americano James Gadson e o rapper afro-britânico Chipmunk, entre outros, mas sentia que aqueles frilas não o definiam. Tampouco estava totalmente à vontade entre a maioria de estudantes brancos do curso de artes da Universidade de Westminster, onde aprofundou seus conhecimentos.

Sempre com sua guitarra a tiracolo, Michael acabou aprendendo também a tocar baixo de tanto que lhe perguntavam sobre isso, ao ser visto com o estojo, ligando automaticamente a cor da sua pele ao instrumento de quatro cordas. Posteriormente, ele seria também o baixista de quase todo o seu material gravado.

Novos amigos

Contudo, o que deixava Michael feliz mesmo era compor e cantar, algo que ele passou a fazer com frequência na noite londrina, até cair nas graças de Paul Butler, da banda The Bees. Contratado pelo selo Communion, de integrantes do Mumford & Sons, estreou em dois EPs de três temas, *Tell Me a Tale* e *Home Again*, surgidos respectivamente em junho e julho de 2011, levando o *The Guardian* a questionar: "Soul vintage feito por um londrino de 23 anos?".

Seu nome não tardou em viralizar, pois "Lasan", uma das faixas do segundo miniálbum, tinha sido produzida com Dan Auerbach, do Black Keys. E, afinal, ele estava em turnê abrindo para ninguém menos que Adele. Em janeiro do ano seguinte, Kiwanuka venceu o Music of 2012, prêmio dado pela BBC às "apostas" da temporada seguinte, superando concorrentes de peso como Frank Ocean. Até por Kanye West ele foi paparicado, mas as sessões com o gigante do hip-hop, no Havaí, não resultaram em nada concreto.

Lançado em 12 de março de 2012, o primeiro disco de Michael Kiwanuka, produzido por Paul Butler e também batizado *Home Again*, saiu pela Polydor no Reino Unido, com distribuição da Interscope nos Estados Unidos, mesma parceria que bancaria os dois álbuns seguintes. Baseado num repertório de canções "puras e inocentes, no bom sentido", segundo o próprio Michael, o *début* estabelecia uma interessante ponte entre o spiritual folk da linha Van Morrison e elementos afro-americanos, mas ainda pendendo mais para a faceta acústica de quem, como ele, compunha no violão. Obteve o número 4 no Reino Unido. Em pouco tempo, o cantor passou a receber e-mails de potenciais novos colaboradores, como Jay-Z, dividir palco com Alabama Shakes e ser prestigiado por ídolos seus, como Bill Withers.

O cerco de artistas de elite a Kiwanuka continuou após o burburinho de *Home Again* e, para o segundo LP, *Love & Hate*, de julho de 2016, ele contou com dois reforços potentes. Um era Danger Mouse, comparsa de nomões como Gorillaz (ver texto sobre o álbum *Demon Days* na p. 385). "O Danger Mouse me deu confiança pra ser quem eu sou", explicou o cantor ao site HMV em dezembro de 2019. O outro, cujo nome de batismo é Dean Josiah Cover, usava o pseudônimo Inflo e começava a sua escalada rumo ao posto de produtor mais *hypado* da cena afro-britânica do final da década de 2010. Após labutar com Kiwanuka, Inflo faria miséria em sua aliança com a rapper londrina Little Simz e à frente de seu misterioso projeto solo Sault.

Os novos cúmplices de Michael Kiwanuka, que transcenderam a produção para se tornarem também coautores do seu novo material, contribuíram decisivamente para a sua surpreendente guinada.

O lindo *Love & Hate* mostrava um som mais elaborado, distribuído em peças longas e aprofundadas de arranjos orquestrados, psicodélicos e revestidos de timbres analógicos. Continha o afrofunk "Black Man in a White World", sua composição mais política até então, lamento autobiográfico antirracista realçado num belo clipe. Também integrava o repertório a épica "Cold Little Heart", que teve trecho utilizado na abertura de *Big Little Lies*, uma das séries televisivas mais populares de 2017. O álbum alcançou o 1º posto no Reino Unido.

O barato da confiança

Lançado em julho de 2019, "Money", o primeiro single de Michael Kiwanuka em dois anos – parceria com o suinguento Tom Misch –, denotava forte influência de disco music. Confundiu muitos fãs, que pensavam que esse seria o novo rumo tomado pelo cantor. Mas *Kiwanuka* percorreria uma rota bem distinta e multifacetada. Registrado no Air-Edel, estúdio de George Martin em Londres, o álbum se desenrolou novamente a seis mãos. Nas sessões, Michael se encarregou de vozes, guitarras e baixos, enquanto Inflo ficou com bateria, teclados, vocais e outros instrumentos esporádicos. Danger Mouse, por sua vez, se encarregou de programações, percussões e ocasionais contribuições guitarrísticas. Fora esse núcleo-base, participam convidados como o tecladista Kadeem Clarke e a harpista Jean Kelly, além de um conjunto de cordas e um coro.

Apresentado ao mundo em 1 de novembro de 2019, *Kiwanuka* representa uma intensa autoimersão de um criador que, após batalhas internas contra a própria insegurança, reconhecia-se como artista, ciente também de como lidar com seu público. "Amo os dois primeiros discos e adorei o processo de fazê-los, mas sempre sentia uma síndrome do impostor, de que iriam me 'descobrir'", admitiu o cantor à *NME* no dia do lançamento. "Durante a feitura de *Kiwanuka*, cansei demais dessa sensação e isso influenciou as letras."

2010

Esse espírito se aprecia em "You Ain't the Problem", faixa 1 e primeiro single, divulgado três meses antes do lançamento do disco. É um delicioso soul-rock acelerado adornado com congas, palmas, e um *riff* lisérgico de guitarra e voz. "Eu vivia um sonho / Eu esperava ser / Quem eu acreditava ser / Eu me odiava", desabafa. O processo de terapia reafirmativa transparecido nesses versos engloba também o ensolarado videoclipe, dirigido pela irlandesa Leonn Ward, e o retrato do autor como um nobre africano da bela capa, concebida pelo incensado pintor afro-americano Markeidric Walker.

E, sobretudo, a escolha de seu sobrenome para intitular o álbum. "Demorei a ter a confiança para chamar o disco de *Kiwanuka*", explicou Michael à SVT. "O álbum é sobre uma idade em que você se sente confortável, não quer mais se encaixar, ser aceito; é quem você é", explicou à *NME*. "O nome tem muito de minha história e de minha unicidade, e também minha história de homem negro britânico."

Melancolia e soul cósmico

O andamento continua alto em "Rolling", um robusto cruzamento de rock garageiro e northern soul filtrado nas texturas cavernosas de Inflo. É uma das quatro gravações sem a participação de Danger Mouse, do repertório total de treze. Embora pareça a continuação da música anterior, "I've Been Dazed" bifurca num gospel lento e catártico de combate à depressão ("Me ajude a continuar").

O clima passa de esperançoso a sombrio com a arrepiante "Piano Joint (This Kind of Love) (Intro)", embelezada pelas vozes modificadas em efeitos enigmáticos. Trata-se de uma característica que Inflo espalharia por suas diferentes empreitadas, do repertório do Sault ao disco *30* (2021), de Adele, que ele coproduziu. O trecho instrumental emenda na sentida balada "Piano Joint (This Kind of Love)", a terceira música de trabalho (outubro). Apesar de seu título quase idêntico à anterior, é outra faixa, o que mostra o apreço de Kiwanuka pelo conceito de álbuns, algo que ele também admite em entrevistas.

Antecedido por "Another Human Being", um avançado interlúdio de piano e harpa, "Living in Denial" apresenta outro *riff* de soul sideral e uma interpretação melódica de rasgar corações. "Hero", o segundo single (também divulgado em outubro), aproveita a carona, dividindo-se em duas partes e trazendo o violão de volta ao primeiro plano, enquanto Kiwanuka despeja frases como "Sou eu o seu negro / Um herói caído, agora". O luxuoso clipe, dirigido pelo duo londrino CC Wade, presta homenagem aos Panteras Negras.

Já a narcótica orquestração da introdução de "Hard to Say Goodbye", que encheria Isaac Hayes de orgulho, metamorfoseia-se num delicado soul lento de letra amorosa ("Você me deu confiança / Me mostrou a vida"), vocais grandiosos e guitarras ácidas. A seguir, o funk sutil de Inflo não alivia a tristeza poética de "Final Days", que deságua na vinheta "Loving the People", pós-trip-hop orgânico concluído com sintetizadores alienígenas. Sua representação videoclípica, conduzida pelo jovem cineasta afro-americano Phillip Youmans, é uma colorida celebração do orgulho negro.

O fluxo corre, as músicas se enlaçam novamente e a melancolia e o alheamento persistem, em "Solid Ground": "Sei que estou aqui e não pertenço", geme Kiwanuka, do fundo de sua alma. Elegante, ele dá um tapa vertical no próprio astral ao partir para o balanço gospelizado de "Light". É uma dose de otimismo importante, ideal para colocar ponto final numa sequência de canções emocionalmente intensas e esteticamente belas. E para finalizar este livro, também.

BIBLIOGRAFIA

Livros

APTER, J. *Nunca é o bastante: a história do The Cure*. Tradução de Ligia Fonseca. 1. ed. São Paulo: Ideal, 2015.

ASHON, W. *Música de cámara: sobre el Wu-Tang Clan (en 36 cámaras)*. Tradução de Alba Pagán. 1. ed. Barcelona: Libros del Kultrum, 2020. [Ed. orig.: *Chamber Music: About the Wu-Tang (In 36 Pieces)*. London: Granta Books, 2018.]

BEAUMONT, M. *Kanye West: God & Monster*. 1. ed. London: Omnibus Press, 2015.

BERENGUER, J. *Colección imágenes de rock: Blur*. 1. ed. Valencia: La Máscara, 1996.

BESLEY, A. *Billie Eilish: de e-girl a icono*. Tradução de Jorge Rizzo. 1. ed. Barcelona: Roca, 2021. [Ed. orig.: *Billie Eilish: From e-girl to Icon: The Unofficial Biography*. London: Michael O'Mara Books, 2020.]

BOOTH, S. *La verdadera historia de los Rolling Stones*. Tradução de Atalaire. 1. ed. Madrid: Planeta, 2012. [Ed. orig.: *The True Adventures of the Rolling Stones*. [*S. l.*]: Vintage, 1984.]

BROWN, G. *James Brown*. Tradução de Elena Castro. 1. ed. Madrid: Rock Pop Cátedra, 2001. [Ed. orig.: *James Brown: A Biography*. London: Omnibus Press, 1996.]

BROWN, J. *I Feel Good: Las memorias de James Brown*. 1. ed. Barcelona: Global Rhythm, 2007. [Ed. orig.: *I Feel Good: A Memoir of a Life of Soul*. New York: New American Library, 2005.]

CARLIN, P. A. *Bruce*. Tradução de Raquel Sanz e Marisa Rodríguez. 1. ed. Barcelona: Cúpula, 2013. [Ed. orig.: *Bruce*. New York: Simon & Schuster, 2012.]

CHICK, S. *Psychic Confusion: The Sonic Youth History*. 1. ed. London: Omnibus Press, 2007.

CLERC, B. *Queen: La historia detrás de sus 188 canciones*. Tradução de María Teresa Rodríguez Fischer. 1. ed. Barcelona: Blue, 2021. [Ed. orig.: *Queen All the Songs*. New York: Black Dog & Leventhal, 2020.]

CRENEY, S; HERRON, B. *The Story of the B-52s: Neon Side of Town*. 1. ed. London: Palgrave Macmillan, 2023.

DAVIDSON, M.; FISHEL, P. *Bob Dylan: Mixing up the Medicine*. 1. ed. Barcelona: Cúpula, 2023.

DAVIES, D. *Kink: una autobiografía*. Tradução de Ricard Gil Giner. 1. ed. Barcelona: Lenoir, 2005. [Ed. orig.: *Kink: An Autobiography*. New York: Hachette Book Group USA, 1997.]

DAVIES, R. *X-Ray: The Unauthorized Autobiography*. 1. ed. New York: The Overlook Press, 2007.

DAVIS, E. *Led Zeppelin's Led Zeppelin IV*. 1. ed. New York: Bloomsbury Academic, 2005.

DIAMOND, M; HOROVITZ, A. *Beastie Boys: El Libro*. Tradução de Javier Blánquez. 1. ed. Barcelona: Reservoir, 2019. [Ed. orig.: *Beastie Boys Book*. New York: Random House, 2018.]

DICKER, C. *Beyoncé Biography: Rise to Stardom, Relationships and More*. 1. ed. [*S. l.*]: Digital Publishing Group, 2017. *E-book*.

DYLAN, B. *Crônicas: volume um*. Tradução de Lúcia Brito. 1. ed. São Paulo: Planeta, 2005.

GEORGE, N. *The Death of Rhythm & Blues*. 2. ed. London: Omnibus Press, 1989 [1. ed. 1988].

GORDON, Kim. *Kim Gordon: La Chica del Grupo*. Tradução de Montse Ballesteros. 1. ed. Barcelona: Contra, 2015. [Edição brasileira: *Kim Gordon: a garota da banda*. Tradução de Alexandre Matias e Mariana Moreira Matias. São Paulo: Fábrica 231, 2015.]

GOODMAN, E. *Cat Power: A Good Woman*. 1. ed. New York: Three Rivers Press, 2009.

GROENENBOOM, R. *Sonic Youth etc.: Sensational Fix*. 1. ed. Paris: Life, 2008.

GURALNICK, P. *Dream Boogie: The Triumph of Sam Cooke*. London: Abacus, 2012. *E-book*.

GURALNICK, P. *Elvis: La construcción del mito – Último trem a Memphis*. Tradução de Alberto Manzano, Gerald Fannon, Ivan Giesen, Ricky Gil e Santiago Jordán. 1. ed. Barcelona: Global Rhythm Press, 2008. [Ed. orig.: *Last Train to Memphis: The Rise of Elvis Presley*. Detroit: PBS Books, 1994.]

GURALNICK, P. *Elvis: la destrucción del hombre – Amores que matan*. Tradução de Alberto Manzano, Gerald Fannon, Ivan Giesen, Ricky Gil e Santiago Jordán. 1. ed. Barcelona: Global Rhythm Press, 2008. [Ed. orig.: *Careless Love: The Unmaking of Elvis Presley*. Detroit: PBS Books, 1999.]

HALE, G. *Cool Town: How Athens, Georgia, Launched Alternative Music and Changed American Culture*. 1. ed. Chapel Hill: The University of North Carolina Press, 2020.

HAWKINS, L. *En carne viva: mi viaje con el Wu-Tang Clan*. Tradução de Milo J. Krmpotic. 1. ed. Madrid: Sexto Piso Realidades, 2018. [Ed. orig.: *Raw: My Journey into the Wu-Tang*. London: Picador, 2018.]

HANDYSIDE, C. *Fell in Love with a Band: The Story of the White Stripes*. 1. ed. New York: St. Martin's, 2004.

HINTON, B. *Van Morrison: el genial poeta del rock*. Tradução de Joan Sardà. 1. ed. Barcelona: Robinbook, 2004. [Ed. orig.: *Celtic Crossroads*. [*S. l.*]: Sanctuary, 1997.]

HIRSHEY, G. *Nowhere to Run: The Story of Soul Music*. 1. ed. New York: Penguin, 1985.

HOOK, P. *Substance: Inside New Order*. 1. ed. London: Simon & Schuster, 2016.

HORTON, M. *George Michael's Faith*. 1. ed. New York: Bloomsbury Academic, 2022.

HUXLEY, M. *Nine Inch Nails: Self-Destruct*. 1. ed. New York: St. Martin's Press, 2015. *E-book*.

JAMES, E.; RITZ, D. *Rage to Survive: The Story of Etta James*. 1. ed. New York: Da Capo Press, 1995.

JARNOW, J. *Big Day Coming: Yo La Tengo y el auge del indie rock*. Tradução de Ignacio Julià. 1. ed. Barcelona: Libros de Ruido, 2014. [Ed. orig.: *Big Day Coming: Yo La Tengo and the Rise of Indie Rock*. New York: Gotham Books, 2012.]

JONES, D. *The Doors, Jim Morrison: Dark Star*. Tradução de Axis. 1. ed. Valencia: La Máscara, 1991. [Ed. orig.: *Jim Morrison: Dark Star.* London: Bloomsbury Publishing, 1990.]

JONES, L. *Freddie Mercury: la biografía definitiva*. Tradução de Alejandro Pradera Sánchez. 2. ed. Madrid: Alianza, 2021 [Ed. orig.: *Freddie Mercury: the Definitive Biography*. London: Hodder, 2011.]

LUNDY, Z. *Stevie Wonder's Songs in the Key of Life*. 1. ed. New York: Bloomsbury Academic, 2007.

MANER, S. *Kendrick Lamar's To Pimp a Butterfly*. 1. ed. New York: Bloomsbury Academic, 2022.

MARCUS, G. *Like a Rolling Stone: Bob Dylan en la encrucijada*. Tradução de Mario Santana. 1. ed. Barcelona: Global Rhythm Press, 2010. [Ed. orig.: *Like a Rolling Stone: Bob Dylan at the Crossroads*. London: Faber & Faber, 2005.]

MARGOTIN, P; GUESDON, J. M. *Rolling Stones: la historia detrás de sus 365 canciones*. Tradução de Laura Collet Texidó e Pilar Guerrero Jiménez. 1. ed. Barcelona: Blume, 2017. [Ed. orig.: *The Rolling Stones All the Songs: The Story Behind Every Track*. New York: Black Dog & Leventhal, 2016.]

MCIVER, J. *Erykah Badu: The First Lady of Neo-Soul*. 1. ed. London: Omnibus Press, 2002. *E-book*.

MOORE, M. J. *The Butterfly Effect: How Kendrick Lamar Ignited the Soul of Black America*. 1. ed. New York: Atria Books, 2020.

MORSE, E. *Spacemen 3 y el nacimiento de Spiritualized*. Tradução de Xabier Strubbell Pastor e Pablo Salgado Méndez. 1. ed. Portugalete: Banizu Nizuke, 2022. [Ed. orig.: *Spacemen 3 & the Birth of Spiritualized*. London: Omnibus Press, 2004.]

MCDONOUGH, J. *Shakey: la biografía de Neil Young*. Tradução de Elvira Asensi. 1. ed. Barcelona: Contraediciones, 2014. [Ed. orig.: *Shakey: Neil Young's Biography*. New York: Random House, 2002.]

MCGONIGAL, M. *My Bloody Valentine's Loveless*. 1. ed. New York: Bloomsbury Academic, 2007.

MCNEIL, L.; MCCAIN, G. *Mate-me por favor (Please Kill Me): uma história sem censura do punk*. Tradução de Lúcia Brito. 1. ed. Porto Alegre: L&PM, 1997.

MENCK, R. *The Byrd's The Notorious Byrd Brothers*. 1. ed. New York: Bloomsbury Academic, 2007.

MULLER, H. *Jim Morrison y The Doors*. Tradução de Maria de Calonje. 1. ed. Madrid: Júcar, 1975. [Ed. orig.: *Jim Morrison au-delà des Doors*. Paris: Albin Michel, 1973.]

NEWKEY-BURDEN, C. *Adele: The Biography*. 2. ed. London: John Blake, 2015.

NOLAN, D. *George Michael. Freedom: un tributo al icono del pop más irreverente*. Tradução de Nuria Hernandez. 1. ed. Barcelona: Planeta, 2017. [Ed. orig.: *George Michael: Freedom: The Ultimate Tribute 1963-2016*. London: Carlton Books, 2018.]

O'CONNOR, S. *Remembranzas: escenas de una vida completa*. Tradução de Iñigo García Utrera. Barcelona: Libros del Kultrum, 2021. [Ed. orig.: *Rememberings*. Dublin: Sandycove, 2021.]

ORDÁS, J. *Iron Maiden: deconstrucción*. 1. ed. Lleida: Milenio, 2015.

PARAÍSO, V. *Yes: más allá del abismo*. 1. ed. Madrid: T&B, 2013.

PHILLIPS, S. *Why Solange Matters*. 1. ed. London: Faber, 2021.

PLAGENHOEF, S. *Belle and Sebastian's If You're Feeling Sinister.* 1. ed. New York: Bloomsbury, 2007.

PLANAS, J. *Yes: los sonidos del camaleón*. 1. ed. Caldes de Malavella: Lenoir, 2015.

POLIZZOTTI, M. *Bob Dylan: Highway 61 Revisited.* Tradução de Jorge Isusi. 1. ed. Madrid: Libros Crudos, 2010. [Ed. orig.: *Bob Dylan's Highway 61 Revisited.* London: Bloomsbury Publishing, 2006.]

POP, I. *I Need More: The Stooges and Other Stories*. 1. ed. New York: Karz-Cohl, 1982.

POPOFF, M. *Iron Maiden: todos sus álbumes*. Tradução de Laura Collet Teixidó. 1. ed. Barcelona: Blume, 2019. [Ed. orig.: *Iron Maiden: Album by Album.* London: Voyageur Press, 2018.]

POPOFF, M. *Led Zeppelin: todos los álbumes, todas las canciones*. Tradução de Remedios Diéguez Diéguez. 1. ed. Barcelona: Blume, 2019. [Ed. orig.: *Led Zeppelin: All the Albums, All the Songs.* London: Voyageur Press, 2018.]

QUINTANA, E. *Beyoncé en la intersección: pop, raza, género, clase*. 1. ed. Madrid: Dos Bigotes, 2022.

RAMONE, J. *Commando: autobiografía de Johnny Ramone*. Tradução de Carlos Feliu Zubizarreta. 1. ed. Barcelona: Malpaso, 2012. [Ed. orig.: *Commando. The Autobiography of Johnny Ramone*, New York: Abrams Image, 2012.]

RECIO, M; GARCÍA, I. *Atardecer en Waterloo: The Kinks*. 1. ed. Madrid: Sílex, 2017.

REYNOLDS, S. *Rip It Up and Start Again: Postpunk 1978-1984*. 1. ed. London: Faber & Faber, 2006.

RICHARDS, K. *Vida*. Tradução de Maria Silvia Mourão, Mário Fernandes e Renato Rezende. 1. ed. São Paulo: Globo, 2010.

RITZ, D. *Divided Soul: The Life of Marvin Gaye*. 3. ed. London: Omnibus Press, 2010.

ROGAN, J. *Morrissey & Marr: la alianza rota*. Tradução de Rocío Valero. 1. ed. Madrid: T&B, 2010. [Ed. orig.: *Morrissey & Marr: The Severed Alliance*. London: Omnibus Press, 1992.]

ROMANO, W. *Close to the Edge: How Yes's Masterpiece Defined Prog Rock*. 1. ed. Lanham: Backbeat Books, 2017.

ROMBES, N. *The Ramones's Ramones*. 1. ed. New York: Bloomsbury Academic, 2005.

ROMERO, J. D. *The Kinks: música, cultura y sociedad*. 1. ed. Lleida: Milenio, 2017.

SELLERS, J. *Perfect From Now On*. 1. ed. New York: Simon & Schuster, 2007.

SCHALLER JR., R. *Kanye West: A Biography*. 1. ed. New York: Bloomsbury, 2009.

SISARIO, B. *The Pixies's Doolittle*. 1. ed. New York: Bloomsbury Academic, 2006.

SOUTHALL, B. *Los Tesoros de Bob Dylan*. 1. ed. Barcelona: Cúpulas, 2013. [Ed. orig.: *Treasures of Bob Dylan*. London: Welbeck Publishing Group, 2017.]

SPRINGSTEEN, B. *Born to Run*. Tradução de Ignacio Julià. 5. ed. Barcelona: Literatura Random House, 2016. [Ed. orig.: *Born to Run*. New York: Simon & Schuster, 2016.]

STANLEY, B. *Yeah! Yeah! Yeah! The Story of Pop Music from Bill Haley to Beyoncé*. 2. ed. New York: W. W. Norton, 2015.

STEINER, A. *Into the Never: Nine Inch Nails and the Creation of The Downward Spiral.* 1. ed. Lanham: Backbeat Books, 2020.

STONE, S.; GREENMAN, B. *Thank You (Falettinme Be Mice Elf Agin)*. 1. ed. London: White Rabbit, 2023.

SUMNER, B. *Chapter and Verse: New Order, Joy Division and Me*. 1. ed. London: Bantam Press, 2014.

TOLHURST, L. Cured: A história de dois *Imaginary Boys*. São Paulo: Belas Letras, 2025. [Ed. orig.: *Cured: The Tale of Two Imaginary Boys*. London: Quercus, 2017.]

VICEDO, J. J. *Kate Bush: los dominios de lo invisible*. 1. ed. Barcelona: 66 rpm, 2016.

WHEATON, R. J. *Portishead's Dummy*. 1. ed. New York: Bloomsbury Academic, 2011.

WHITE, A.; ALES, B. *Motown: el sonido de la joven América*. Tradução de Laura Collet Teixidó e María Teresa Rodríguez Fischer. 1. ed. Barcelona: Blume, 2016.

WHITELAW, P. *Belle and Sebastian: Just a Modern Rock Story*. 1. ed. New York: St. Martin's Griffin, 2005.

WILD, D.; CROFT, M. *Life in Technicolor: un tributo a Coldplay*. Tradução de Javier Bellota. 1. ed. Barcelona: Planeta, 2018. [Ed. orig.: *Life in Technicolor: A Celebration of Coldplay*. Toronto: ECW Press, 2018.]

WILLIAMS, P. *Bob Dylan: años de juventud*. Tradução de Joan Sardà i Llavina. 1. ed. Barcelona: Ma Non Troppo, 2004. [Ed. orig.: *Bob Dylan, Performing Artist: The Early Years (1960-1973)*. London: Xanadu Publications, 1991.]

Reportagens – mídia impressa e digital

100 BEST Albums of the Eighties: Tracy Chapman – "Tracy Chapman". *Rolling Stone*, New York, 16 nov. 1989. Disponível em: https://www.rollingstone.com/music/music-lists/100-best-albums-of-the-eighties-150477/madonna-madonna-2-726145/. Acesso em: 4 abr. 2024. (Tracy Chapman)

ABRAMS, Leonard. *East Village Eye*, vol. 5, n. 30 (March 1983). Disponível em: https://www.printedmatter.org/catalog/38116/lightbox?table_id=664. Acesso em: 17 jun. 2025. (Swans)

ADELE E MICHEL Teló lideram vendas do iTunes no Brasil. *Exame*. São Paulo, 21 dez. 2011. Disponível em: https://exame.com/tecnologia/adele-e-michel-telo-lideram-vendas-do-itunes-no-brasil-2/. Acesso em: 18 jun. 2025.

AHMED, I. 10 Things You Didn't Know About Kanye West's "Late Registration". *Complex*, New York, 28 ago. 2020. Disponível em: https://www.complex.com/music/a/insanul-ahmed/10-things-you-didnt-know-about-kanye-west-late-registration. Acesso em: 2 abr. 2024.

ALS, H. The Next Music Mogul: Missy Elliott's Hip-Hop Transformations. *The New Yorker*, New York, 20 out. 1997. Disponível em: https://www.newyorker.com/magazine/1997/10/20/missy-elliotts-hip-hop-transformations. Acesso em: 08 nov. 2023.

ANDREW-DUVE, M. In Retrospect: How "Late Registration" Told Us All There Is to Know about Kanye West. *The Highlander*, Riverside, 20 out. 2015. Disponível em: https://www.highlandernews.org/20775/in-retrospect-how-late-registration-told-us-all-there-is-to-know-about-kanye-west/. Acesso em: 2 abr. 2024.

BADU, Erykah; Tate, Greg. Erykah Badu, Soul Sister Number One. *Vibe*, ago. 1997.

BAKARE, L. Blood Orange: "I Don't Want People to Immediately Like My Music. That's Scary". *The Guardian*, London, 24 ago. 2016. Disponível em: https://www.theguardian.com/global/2016/aug/24/dev-hynes-blood-orange-freetown-sound. Acesso em: 15 mar. 2024.

BARNES, M. Invisible Jukebox: Spiritualized. *The Wire*, London, n. 173, p. 30-32, jul. 1998.

BENNETT, J. Nine Inch Nails' "The Downward Spiral": The Story Behind the Cover Art. *Revolver*, New York, 1 dez. 2010. Disponível em: https://www.revolvermag.com/culture/nine-inch-nails-downward-spiral-story-behind-cover-art. Acesso em: 1 mar. 2024.

BRADLEY, Laura. Watch D'Angelo Give His First TV Interview in Over a Decade. *Slate's Culture Blog*, 4 set. 2015. Disponível em: https://www.slate.com/blogs/browbeat/2015/09/04/d_angelo_interview_soul_singer_appears_on_tavis_smiley_for_his_first_tv.html. Acesso em: 17 jul. 2025.

BROWN, J. Disintegration's Saving Grace. *NME*, London, p. 10-11, 15 abr. 1989. (The Cure)

BURK, B. Elvis Plans to "Stay Right At Home". *Memphis Press-Scimitar*, 8 mar. 1960.

CAMERON, K. Ghost on the Highway. *Mojo*, London, n. 336, p. 82-83, nov. 2021. (The War on Drugs)

CAMERON, K. Sound of Mind. *Mojo*, London, n. 331, p. 60-65, jun. 2021. (My Bloody Valentine)

CAMERON, K. The Art of Noise. *Mojo*, London, n. 181, p. 70-75, dez. 2008. (Mogwai)

CHICK, S. Papa Don't Take No Mess. *Mojo*, London, n. 370, p. 38-43, set. 2024. (James Brown)

CHRISTGAU, R. Christgau's Consumer Guide: Ramones. *Village Voice*, New York, 14 jun. 1976. Disponível em: https://www.robertchristgau.com/xg/cg/cgv6-76.php. Acesso em: 28 dez. 2023.

COLLINS, A. Her Lips Are Sealed. *Q*, London, n. 111, p. 80-84, dez. 1995. (Portishead)

COVACH, J. Progressive Rock, "Close to the Edge" and the Boundaries of Style. *Oxford University Press*, New York, p. 3-31, 1997. Disponível em: https://hcommons.org/deposits/item/hc:27419/. Acesso em: 7 fev. 2024.

CONROY, M. Buddyhead interviews Kevin Shields. 2005. Disponível em: https://macdaraconroy.com/2005/01/buddyhead_interviews_kevin_shields/. Acesso em: 21 jul. 2025. (My Bloody Valentine)

CRYSELL, A. Missy Elliott: Supa Woman! *NME*, London, p. 26-27, 6 dez. 1997.

DEEVOY, A. Strictly No Admittance: The Privatisation of George Michael. *Q*, London, n. 49, p. 66-74, out. 1990.

DEMAIN, B. Flip Your Wig! *Mojo*, London, n. 362, p. 52-57, nov. 2024. (The B-52's)

DOYLE, T.; SNOW, M.; IRVIN, J; LYNSKEY, D. Strange Phenomenon. *Mojo*, London, n. 347, p. 68-78, out. 2022. (Kate Bush)

DOYLE, T. The Mojo Interview: Adam Granduciel. *Mojo*, London, n. 335, p. 34-39, out. 2021. (The War on Drugs)

ELLIOT, P. Gorillaz: Hey Hey We're The Monkeys! *Q*, London, ago. 2001. Disponível em: https://damonalbarnunofficial.wordpress.com/2010/07/04/q-magazine-2001/. Acesso em: 13 fev. 2024.

ERRICO, G. Family Affair. *Uncut*, London, n. 319, p. 98-99, dez. 2023. (Sly & the Family Stone)

ESHUN, E. Sade Interview. *The Fader*, New York, n. 6, segundo semestre de 2000. Disponível em: https://www.thefader.com/2015/01/16/sade-lovers-rock-cover-story-interview. Acesso em: 14 fev. 2024.

FARLEY, C. Sade Art & Soul. *Time*, New York, 5 nov. 2000. Disponível em: https://content.time.com/time/magazine/article/0,9171,59789,00.html. Acesso em: 16 maio 2024.

FEKADU, M. Missy Elliott on Writing for Aaliyah, Beyoncé and Herself. *Associated Press*, New York, 28 nov. 2018. Disponível em: https://apnews.com/article/e4cdb29c91ea41c79654a752f75856e2. Acesso em: 14 dez. 2023.

FLEMING, A. The Quiet Revolutionary. *The Guardian*, London, 31 out. 2008. Disponível em: https://www.theguardian.com/lifeandstyle/2008/oct/31/tracy-chapman-women-pop-usa. Acesso em: 4 abr. de 2024. (Tracy Chapman)

FRANK, A. Blood Orange: Hitting the Right Notes. *The Fader*, New York, 19 nov. 2013. Disponível em: https://www.thefader.com/2013/11/19/blood-orange-hitting-the-right-notes. Acesso em: 15 mar. 2024.

FRICKE, D. Stubborn Kind of Fellow. *Mojo*, London, n. 330, p. 52-59, maio 2021. (Marvin Gaye)

FUMO, D. Making Portishead's "Dummy": The Production Experiments of a Trip-Hop Classic. *Reverb*, Chicago, 22 ago. 2019. Disponível em: https://reverb.com/news/making-portishead-dummy-production-experiments-trip-hop-classic. Acesso em: 12 jul. 2023.

"GEORGE Michael Keeps The Faith" Interview in US Weekly (1988). *GM Forever*, 23 nov. 2018. Disponível em: https://gmforever.com/george-michael--keeps-the--faith-interview-in-us--weekly-1988/. Acesso em: 27 jun. 2025.

GEVINSON, T. Exclusive: Solange Knowles in Conversation with Tavi Gevinson about "A Seat at the Table". *W*, New York, 30 set. 2016. Disponível em: https://www.wmagazine.com/story/exclusive-solange-knowles-in-conversation-with-tavi-gevinson-about-a-seat-at-the-table. Acesso em: 2 fev. 2024.

GLAISTER, D. Spaced Cadets. *The Guardian*, London, p. 19, 13 jun. 1997. Disponível em: https://www.newspapers.com/article/the-guardian-radiohead-ok-computer-a/128753658/. Acesso em: 19 mar. 2024. (Spiritualized)

GONZALES, M. Interview: Sade (1992). *Red Bull Academy*, Salzburg, 7 jul. 2015. Disponível em: https://daily.redbullmusicacademy.com/2015/07/sade-interview. Acesso em: 15 fev. 2024.

GOODMAN, L. How Dev Hynes, English Misfit, Became Blood Orange, R.&B. Miracle Worker. *The New York Times*, New York, 23 ago. 2018. Disponível em: https://www.nytimes.com/2018/08/23/magazine/dev-hynes-blood-orange-music.html. Acesso em: 15 mar. 2024.

GORILLAZ INTERVIEW. *Notion*, London, 2005. Disponível em: https://damonunofficial.livejournal.com/10387.html. Acesso em: 13 fev. 2024.

GRAEME, V. Best Albums of 2014: No 2 – Lost in the Dream by the War on Drugs. *The Guardian*, London, 11 dez. 2014. Disponível em: https://www.theguardian.com/music/musicblog/2014/dec/11/best-albums-of-2014-no-2-lost-in-the-dream-by-the-war-on-drugs. Acesso em: 23 jan. 2024.

GREENBERG, R. The War on Drugs' Adam Granduciel dissects his band's bold new album, "Lost in the Dream". *The Washington Post,* 16 ago. 2014. Disponível em: https://www.washingtonpost.com/express/wp/2014/04/16/war-on-drugs-lost-in-the-dream-liner-notes-adam-granduciel-interview-930-club/. Acesso em: 23 jan. 2024.

GROW, C. Rick Rubin: My Life in 21 Songs. *Rolling Stone*, New York, 11 fev. 2016. https://www.rollingstone.com/music/music-lists/rick-rubin-my-life-in-21-songs-26024/ll-cool-j-i-need-a-beat-1985-30744/. Acesso em: 26 nov. 2023. (Adele)

GRUNDY, G. Peter Saville on His Album Cover Artwork. *The Guardian*, London, 29 maio 2011. Disponível em: https://www.theguardian.com/music/gallery/2011/may/29/joydivision-neworder. Acesso em: 18 dez. 2023. (New Order)

HARRISON, A. Reflections on "Demon Days": How Gorillaz Turned Global Turmoil into a British Pop Masterpiece. *Vice*, New York, 26 ago. 2016. Disponível em: https://www.vice.com/en/article/vdv98d/gorillaz-demon-days-retrospective. Acesso em: 13 fev. 2024.

JENKINS, C. How Kanye West's "Late Registration" Turned a College Dropout into a Superstar. *Vice*, New York, 2 set. 2015. Disponível em: https://www.vice.com/en/article/6vgz33/kanye-west-late-registration-10-year-anniversary-essay. Acesso em: 2 abr. 2024.

JULIÀ, I. El electricista compulsivo. *Ruta 66*, Barcelona, n. 202, p. 22-23, fev. 2004. (Spiritualized)

KORNHABER, S. Beyoncé's "Flawless": The Full Story. *Atlantic*, Washington, 26 jun. 2014. Disponível em: https://web.archive.org/web/20140703090817/http://www.theatlantic.com/entertainment/archive/2014/06/the-full-story-of-beyonces-flawless/373480/. Acesso em: 26 abr. 2024.

KRAFT, C. How Dev Hynes Went From Being in "We Are Who We Are" to Scoring It. *The New York Times*, New York, 14 set. 2020. Disponível em: https://www.nytimes.com/2020/09/14/arts/television/dev-hynes-blood-orange-we-are-who-we-are-hbo.html. Acesso em: 15 mar. 2024. (Blood Orange)

LANDAU, J. Review: Van Morrison's His Band and The Street Choir. *Rolling Stone*. San Francisco, n. 75, fev. 1971. Disponível em: https://www.rollingstone.com/music/music-album-reviews/his-band-and-the-street-choir-248360/. Acesso em: 11 jul. 2023.

LISLE, A. Sanctified Soul. *Mojo*, London, n. 183, p. 76-89, fev. 2009. (Marvin Gaye)

Meet The 2017 "Glamour" Women of the Year. *Glamour*, New York, 30 out. 2017. Disponível em: https://www.glamour.com/story/women-of-the-year-2017-winners. Acesso em: 2 fev. 2024. (Solange)

MACHINE Head. *Guitar World*, april 1, 1994. Disponível em: https://www.theninhotline.com/archives/articles/display/555. Acesso em: 17 jul. 2025. (Nine Inch Nails)

MILDEQUATOR. Studio Dates & Info: 1965-1972. *MildEquator*. Disponível em: https://mildequator.com/recordinghistory/studioinfo.html. Acesso em: 28 dez. 2023. (The Doors)

MOJO RISING: The War on Drugs. *Mojo*, London, 14 nov. 2011. Disponível em: https://mojomagazine-blog.tumblr.com/post/12784558677/mojo-rising-the-war-on-drugs-origin. Acesso em: 23 jan. 2024.

NEARLY A QUARTER of All Streams on Spotify Are Hip-Hop. Spotify's Global Editors Reflect on the Genre's Growth. *Spotify*, New York, 10 ago. 2023. Disponível em: https://newsroom.spotify.com/2023-08-10/hip-hop-50-murals-new-york-atlanta-miami-los-angeles/. Acesso em: 28 dez. 2023. (Kendrick Lamar)

NEEDS, K. New York State of Mind. *Mojo*, London, n. 372, p. 36-41, nov. 2024. (Ramones)

NEW MUSIC: Michael Kiwanuka – Tell Me a Tale. *The Guardian*, London, 20 abr. 2011. Disponível em: https://www.theguardian.com/music/musicblog/2011/apr/20/new-music-michael-kiwanuka. Acesso em: 16 fev. 2024. (Michael Kiwanuka)

OLDHAM, J. The Gothfather. *Uncut*, London, n. 87, p. 50-66, ago. 2004. (The Cure)

PATTERSON, S. Missy Elliott: Miss World. *The Face*, London, n. 29, p. 56-58, jun. 1999.

PERRY, A. A Book of Dreams Andrew. *Mojo*, London, n. 328, p. 62-77, mar. 2021. (The Cure)

PERRY, A. ZoSo, So Good! *Mojo*, London, n. 335, p. 80-84, out. 2021. (Led Zeppelin)

RICHARDS, S. An Audience With… Adam Granduciel. *Uncut*, London, n. 315, p. 14-16, ago. 2023. (The War on Drugs)

ROBBINS, P. J. Bob Dylan as Bob Dylan. *L.A. Free Press*, Los Angeles, p. 1 e 3, 27 mar. 1965.

ROBERTS, C. Missy Elliott: Supa Dupa Fly. *Melody Maker*, London, p. 54, 25 out. 1997.

SADE: Our 1985 Interview. *Spin*, New York, maio 1985. Disponível em: https://www.spin.com/2019/07/sade-diamond-life-interview-may-1985/. Acesso em: 14 fev. 2024.

SANDALL, R. America-the hardway. *Q*, London, n. 27, p. 68-74, dez. 1988. (Sade)

SANDERS, S. Beyoncé Really Did Change the Game With That Digital Drop. *Vulture*, New York, 18 jul. 2022. Disponível em: https://www.vulture.com/article/beyonce-2013-self-titled-album-impact-into-it.html. Acesso em: 26 abr. 2024.

SEGAL, V. "She Was Flying by the Seat of Her Pants". *Mojo*, London, n. 330, p. 68-69, maio 2021. (Kate Bush)

Sheppard, D. What Kept You? *Mojo*, London, n. 174, p. 62-66, maio 2008. (Portishead)

SPIN. [*S. l.*]: 1996. *In*: WEISBARD, Eric. *Sympathy For The Devil.* Disponível em: http://www.nin-pages.de/1996_Spin_Februar_English.htm. Acesso em: 17 jul. 2025. (Nine Inch Nails)

SNOW, 'Ello 'Ansome. *Mojo*, London, n. 172, p. 84-90, mar. 2008. (The Smiths)

SNOW, M. Mein Whampf! George Michael and the Decline of Western Civilization. *NME*, London, p. 8-9, 28 jun. 86. (George Michael)

STUBBS, D. Jason and His Technicolour Dream Float. *Melody Maker*, London, p. 17-17, 21 jun. 1997. (Spiritualized)

THE B-52'S. The making of Rock Lobster. *Uncut*, London, n. 216, p. 42-44, maio 2015. (The B-52's)

THE Billboard Top LPs. *Billboard*, New York, 6 jun. 1960. Disponível em: https://books.google.es/books?id=dh8EAAAAMBAJ&pg=PA26&redir_esc=y#v=onepage&q&f=false. Acesso em: 18 abr. 2024.

THOMSON, G. "It Was Wild, Deep. It's Totally About Feel. ESP". *Uncut*, London, n. 216, p. 32-41, maio 2015. (Van Morrison)

THOMSON, G. Radio Waves. *Uncut*, London, n. 312, p. 74-78, maio 2023. (Orchestral Manoeuvres in the Dark)

TRUST, G. Adele-ulation: Makes History with Hot 100, Billboard 200 Moves. *Billboard*. New York, 23 fev. 2012. Disponível em: https://www.billboard.com/music/music-news/adele-ulation-makes-history-with-hot-100-billboard-200-moves-504461/. Acesso em: 11 dez. 2023.

TURNER, L. A Little Drop of Blood: Michael Gira of Swans Interviewed. *The Quietus*, 29 ago. 2012. Disponível em: https://thequietus.com/interviews/swans-michael-gira-interview-2/. Acesso em: 16 jun. 2025.

TUTTLE, L. Fotógrafa de punk Roberta Bayley. *Museum of the City of New York*, New York, 29 jan. 2019. Disponível em: https://pt.mcny.org/story/punk-photographer-roberta-bayley. Acesso em: 28 dez. 2023. (Ramones)

WEEKES, J. How Kendrick Lamar's To Pimp a Butterfly Artwork Is the Lasting Document of America's Hip-Hop President. *Vice*, New York, 25 jan. 2017. Disponível em: https://www.vice.com/en/article/vvz45j/how-kendrick-lamars-to-pimp-a-butterfly-artwork-is-the-lasting-document-of-americas-hip-hop-president. Acesso em: 28 dez. 2023.

ZELENKO, M. Meet the Directors Behind Beyoncé's Visual Album. *The Fader*, New York, 13 dez. 2013. Disponível em: https://www.thefader.com/2013/12/13/beyonce-directors. Acesso em: 29 abr. 2024.

Vídeos – mídia digital

ADELE DAYDREAMER Live at Later with Jools Holland 2007. 21 abr. 2017. 1 vídeo (3 min. e 43 seg.). Publicado pelo canal Adele Live Performance. Disponível em: https://www.youtube.com/watch?v=TcRVe3bQbfY. Acesso em: 11 dez. 2023.

BBC SOUND of 2012 winner – Michael Kiwanuka. 6 jan. 2012. 1 vídeo (10 min. e 52 seg.). Publicado pelo canal BBC Radio 1. Disponível em: https://www.youtube.com/watch?v=3oxkNZBZkGg. Acesso em: 16 mai. 2024.

BEGINNING Stages – A Look into Solange's Songwriting Process & Jam Sessions That Shaped ASATT. 7 out. 2016. 1 vídeo (11 min. e 18 seg.). Publicado pelo canal SolangeKnowlesMusic. Disponível em: https://www.youtube.com/watch?v=KqpZYAKJQko. Acesso em: 1 fev. 2024.

CELEBRITY Underrated – The Etta James Story. 15 jun. 2023. 1 vídeo (53 min. e 33 seg.). Publicado pelo canal Celebrity Underrated. Disponível em: https://www.youtube.com/watch?v=jw_aGa3ksaI&t=1454s. Acesso em: 27 fev. 2024.

"COLD LITTLE HEART" singer Michael Kiwanuka: I didn't have confidence: SVT/TV 2/Skavlan. 28 out. 2019. 1 vídeo (11 min. e 23 seg.). Publicado no canal Skavlan.

Disponível em: https://www.youtube.com/watch?v=OUMq5ZyuJJo. Acesso em: 14 fev. 2024.

D'ANGELO ON QUESTLOVE: Neo-soul and Voodoo: Red Bull Music Academy. 23 maio. 2014. 1 vídeo (1 h, 24 min. e 36 seg.). Publicado pelo canal Red Bull Music Academy. Disponível em: https://www.youtube.com/watch?v=WD1oaBCmZWA&t=1525s. Acesso em: 22 mar. 2024.

ERYKAH BADU on Success, Motherhood, and Control: Red Bull Music Academy. 15 maio. 2014. 1 vídeo (2 h, 4 min. e 58 seg.). Publicado pelo canal Red Bull Music Academy. Disponível em: https://www.youtube.com/watch?v=AdKJttDTbDA. Acesso em: 10 abr. 2024.

ETTA JAMES STORY – Pt. 1 of 6. 5 fev. 2012. 1 vídeo (30 min. e 27 seg.). Publicado pelo canal Thegooddoctor720. Disponível em: https://www.youtube.com/watch?v=A4k-2cIMEVIM. Acesso em: 27 fev. 2024.

GORILLAZ – Damon Albarn & Jamie Hewlett Demon Days 2005 Audio Interview. 14 mai. 2020. 1 vídeo (1 h, 32 min. e 53 seg.). Publicado pelo canal Golden_Bullet_01. Disponível em: https://www.youtube.com/watch?v=JIVe-1ChyqQ&t=87s. Acesso em: 13 fev. 2024.

HOW D'ANGELO Saved Music with Black Messiah: Short Docs. 10 ago. 2021. 1 vídeo (17 min. e 20 seg.). Publicado pelo canal 22 Stone Productions. Disponível em: https://www.youtube.com/watch?v=SzZ00MsomL8&t=774s. Acesso em: 22 mar. 2024.

KENDRICK LAMAR Explains "To Pimp a Butterfly" Album Artwork. 28 abr. 2015. 1 vídeo (1 min. e 58 seg.). Publicado pelo canal Mass Appeal. Disponível em: https://www.youtube.com/watch?v=VN2IteZRHvc. Acesso em: 28 dez. 2023.

KENDRICK LAMAR & Rick Rubin Have an Epic Conversation. 20 out. 2016. 1 vídeo (49 min. e 47 seg.). Publicado pelo canal GQ. Disponível em: https://www.youtube.com/watch?v=4lPD5PtqMiE. Acesso em: 21 nov. 2023.

M.I.A. ON MAKING KALA, Global Bass and Free Speech. 16 mar. 2018. 1 vídeo (1 h, 17 min. e 30 seg.). Publicado pelo canal Red Bull Music Academy. Disponível em: https://www.youtube.com/watch?v=OkqUAOT-SwE. Acesso em: 19 mar. 2024.

MICHAEL KIWANUKA: In Conversation. 1 nov. 2019. 1 vídeo (36 min. e 15 seg.). Publicado pelo canal NME. Disponível em: https://www.youtube.com/watch?v=-dAyKqKygJpM. Acesso em: 14 fev. 2024.

MICHAEL KIWANUKA'S KIWANUKA named hmv's Album of the Year 2019. 5 dez. 2019. 1 vídeo (5 min. e 7 seg.). Publicado pelo canal HMV Official. Disponível em: https://www.youtube.com/watch?v=k-JhCxigT_Q. Acesso em: 14 fev. 2024.

STUART MATTHEWMAN of Sade Interview, 2015. 2 nov. 2015. 1 vídeo (1 h, 33 min. e 51 seg.). Publicado pelo canal Pods Sods. Disponível em: https://www.youtube.com/watch?v=SwvrnLQfQfE&t=106s. Acesso em: 14 fev. 2024.

THE COMPLEX Journey of M.I.A. & Paper Planes: New British Canon. 3 jul. 2020. 1 vídeo (20 min. e 18 seg.). Publicado pelo canal Trash Theory. Disponível em: https://www.youtube.com/watch?v=6X2E7Hb4MLc. Acesso em: 13 abr. 2023.

THE SOULQUARIANS: The Collaboration Between Erykah Badu, Questlove, D'Angelo, and More. 29 jan. 2018. 1 vídeo (5 min. e 55 seg.). Publicado pelo canal Pitchfork.

Disponível em: https://www.youtube.com/watch?v=E3UkN62x98kso. Acesso em: 22 mar. 2024.

TRACY CHAPMAN & Luke Combs – Fast Car Grammy Performance. 23 jan. 2025. 1 vídeo (5 min. e 49 seg.). Publicado pelo canal Lady Mia. Disponível em: https://www.youtube.com/watch?v=pLfH9HSUyf4. Acesso em: 18 jun. 2025.

Filmes e séries

1971: THE YEAR That Music Changed Everything. Direção: Asif Kapadia; Danielle Peck; James Rogan. Estados Unidos: Mercury Studios; On the Corner Films, 2021.

1991: THE YEAR Punk Broke. Direção: David Markey. Los Angeles: Geffen Pictures; Sonic Life; We Got Power, 1992.

BANANAZ. Direção: Ceri Levy. Reino Unido: Head Film Ltd.; Gorillaz, 2008.

BEASTIE Boys Story. Direção: Spike Jonze. Estados Unidos: Fresh Bread; Oscilloscope; Polygram; Pulse Films, 2020.

BEAUTIFUL Noise. Direção: Eric Green. Estados Unidos: HypFilms, 2014.

BELLE and Sebastian: If You're Feeling Sinister – Pitchfork Classic. Direção: R. J. Bentler. Estados Unidos: Pitchfork TV, 2013.

BEYONCÉ: Life Is But a Dream. Direção: Beyoncé; Ed Burke; Ilan Y. Benatar. Estados Unidos: ICM Partners; Parkwood Entertainment, 2013.

BILLIE Eilish: The Word's a Little Blurry. Direção: R. J. Cutler. Estados Unidos: Apple Original Films; Interscope Films; Lighthouse Management & Media; Matador Content; The Darkroom; This Machine, 2021.

BIOGRAPHY: episódio The Kinks. Direção: Robert Small. Estados Unidos: Robert Small Entertainment, 2008.

CLASSIC Albums: Stevie Wonder – Songs in the Key of Life. Direção: David Heffernan. Reino Unido: Daniel Television; BBC; NCRV; VH1; Eagle Rock; Isis Production, 1997.

COLDPLAY: A Head Full of Dreams. Direção: Mat Whitecross. Reino Unido: Mint Pictures; My Accomplice, 2018.

DAVID Crosby: Remember My Name. Direção: A. J. Eaton. Estados Unidos: Vinyl Films; BMG; PCH Films, 2019.

DEVIL'S Pie: D'Angelo. Direção: Carine Bijlsma. Estados Unidos: Significant Productions, 2019.

DON'T LOOK Back. Direção: D. A. Pennebaker. Estados Unidos: Leacock-Pennebaker, 1967.

ELVIS Presley: The Searcher. Direção: Thom Zimny. Estados Unidos: HBO Documentary Films; Sony Pictures Television, 2018.

END OF THE CENTURY: the Story of the Ramones. Direção: Jim Fields; Michael Gramaglia. Estados Unidos: Chinagraph; Gugat Films; Kessel Brothers International, 2003.

GEORGE Michael: Freedom. Direção: David Austin; George Michael. Reino Unido: Coffee & TV, Halo Post Production, 2017.

GIMME Danger. Direção: Jim Jarmusch. Estados Unidos: Low Mind Films; New Element Media, 2016.

GIMME Shelter. Direção: Albert Maysles; David Maysles; Charlotte Zwerin. Estados Unidos: Maysles Films; Penforta, 1970.

HIP-HOP Evolution. Direção: Darby Wheeler; Sam Dunn; Scott McFadyen. Canadá: Banger Films, 2016.

HITSVILLE: The Making Of Motown. Direção: Benjamin Turner; Gabe Turner. Estados Unidos: Capitol Music Group; Fulwell 73; Ghost Pictures; Motown; Polygram Entertainment, 2019.

JEEN-YUHS: A Kanye Trilogy. Direção: Coodie; Chike Ozah. Estados Unidos: Creative Control; Leah Natasha Productions; Time Studios, 2022.

LAUREL Canyon: A Place In Time. Direção: Alison Ellwood. Estados Unidos: Amblin Television; Jigsaw Productions; MGM Television; The Kennedy/Marshall Company; Warner Music Group, 2020.

MATANGI/MAYA/M.I.A. Direção: Steve Loveridge; Will Lovelace. Estados Unidos; Reino Unido: Cinereach; Hard Working Movies; Doc Society; Feature One, 2018.

MR. DYNAMITE: The Rise of James Brown. Direção: Alex Gibney. Estados Unidos: Jagged Films; Inaudible Films; Jigsaw Productions, 2014.

NO DIRECTION Home. Direção: Martin Scorsese. Estados Unidos: Spitfire Pictures; Grey Water Park Productions; Thirteen/WNet New York/PBS; Sikelia Productions; Vulcan Productions; BBC/Arena; NHK, 2005.

NOSFERATU: O vampiro da noite. Direção: Werner Herzog. Alemanha; França: Werner Herzog Filmproduktion; Gaumont, 1979.

NOTHING Compares. Direção: Kathryn Ferguson. Irlanda; Reino Unido: Showtime Documentary Films; Paramount Pictures, 2022.

OPRAH'S Master Class. Temporada 3, episódio 8: Berry Gordy. Direção: Anneta Marion. Estados Unidos: RadicalMedia, 2013.

QUEEN: Days of Our Lives. Direção: Matt O'Casey. Reino Unido: BBC; Globe Productions, 2011.

QUEEN: Greatest Video Hits. Direção: Derek Burbidge; Dennis deVallance; Rudi Dolezal. Reino Unido: EMI Filmes; Hollywood Records; Queen Productions Ltd., 2002.

REMASTERED: The Two Killings of Sam Cooke. Direção: Kelly Duane. Estados Unidos: All Rise Films; Trilage Entertainment, 2019.

ROCK Milestones: Yes, Close to the Edge. Direção: desconhecido. Estados Unidos: Edgehill Music Publishing; Hurricane International, 2007.

SYNTH Britannia. Direção: Benjamin Walley. Reino Unido: BBC, 2009.

THE B-52'S with the Wild Crowd! – Live in Athens, GA. Direção: Bruce Green. Estados Unidos: Eagle Rock Entertainment; PBS Television, 2012.

THE HISTORY of Iron Maiden – Part 1: The Early Days. Direção: Matthew Amos. Reino Unido: EMI, 2004.

THE KATE Bush Story: Running Up That Hill. Direção: Adrian Sibley. Reino Unido: BBC, 2014.

THE ROLLING Stones Rock and Roll Circus. Direção: Michael Lindsay-Hogg. Estados Unidos: ABKCO Films, 1996.

THE STONES and Brian Jones: Direção: Nick Broomfield; Marc Hoeferlin. Reino Unido: Submarine Deluxe, 2023.

THE WHITE Stripes: Under Blackpool Lights. Direção: Dick Carruthers. Estados Unidos: Soda Pictures; MTV, 2004.

THE WHITE Stripes: Under Great White Northern Lights. Direção: Emmett Malloy. Canadá: Three Foot Giant; Woodshed Films Inc., 2009.

UNPACKING the Tracks. Direção: Eric Friedman. Estados Unidos: Kennedy Center, 2019.

WHAM! Direção: Chris Smith. Reino Unido: Ventureland, 2023.

WHEN YOU'RE Strange: Um filme sobre o the Doors. Direção: Tom Dicillo. Estados Unidos: ContentFilm International, 2009.

WHERE DOES a Body End? Direção: Marco Porsia. Estados Unidos: Eyelight Films, 2019.

WU-TANG CLAN: Of Mics and Men. Direção: Sacha Jenkins. Estados Unidos: Endeavor Content; Mass Appeal; Polygram Entertainment; Showtime Documentary Films; Sony Music, 2019.

Websites

Acclaimed Music
AllMusic
Bandcamp
Billboard
Britannica
ChartMasters
Concert Archives
Discogs
Goodreads
Google Books
Grammy
IMDb
NME
NPR
Oscars
Pitchfork
Rock's Backpages
Rolling Stone
Setlist
Spin
UK Charts
WhoSampled
Wikipedia

AGRADECIMENTOS

Agradeço a todos os leitores do primeiro livro; a todos os ouvintes do podcast que ele originou e, em especial, aos apoiadores da campanha de financiamento dele; a Rejane Dias dos Santos, por continuar acreditando neste projeto; a Cecília Martins e Rafaela Lamas, pela edição caprichada; a Lívia Martins, pelo trabalho minucioso de revisão; a Diogo Droschi, por mais uma capa definitiva e pelo projeto gráfico; a Guilherme Fagundes, pela diagramação; a Ludymilla Borges e Marcella Silva, pela pesquisa de imagens; a Juliana Zanezi, pelas sessões de divulgação do primeiro volume; a Isabel Lenza, Anna Di Giacomo, Filipe Derado, Paula Zakia e equipe da AudioInk, que apostaram na ideia do podcast e foram cruciais para materializá-lo; à Biblioteca Vapor Vell, em Barcelona, o paraíso dos pesquisadores musicais, e às outras filiais da rede de bibliotecas públicas dessa cidade incrível; a Dedé, Ani, Adri, Cao, Mãe e Pai, amados, sempre acompanhando tudo de pertinho.

Créditos de imagens

Página 29	Zuma Press / Easy Mediabank
Página 36	Album / Easy Mediabank
Página 54	KRLA Beat/Wikimedia Commons
Página 76	Epic Records, Daedalus Management, and William Morris Agency, Inc./ Wikimedia Commons
Página 90	Granger Images / Easy Mediabank
Página 125	Cash Box/Wikimedia Commons
Página 139	Heinrich Klaffs/Wikimedia Commons
Página 150	Koh Hasebe and Elektra Records/Wikimedia Commons
Página 165	Bridgeman Images / Easy Mediabank
Página 196	Pictorial Press Ltd / Alamy
Página 220	Paul Cox and Sire Records/Wikimedia Commons
Página 237	Bridgeman Images / Easy Mediabank
Página 244	dpa picture alliance / Alamy
Página 255	Pictorial Press Ltd / Alamy
Página 272	Steve Speller / Alamy
Página 288	Pictorial Press Ltd / Alamy
Página 296	WENN Rights Ltd / Alamy
Página 305	Pictorial Press Ltd / Alamy
Página 316	Trinity Mirror / Mirrorpix / Alamy
Página 335	Edd Westmacott / Alamy
Página 360	ZUMA Press, Inc. / Alamy
Página 366	Edd Westmacott / Alamy
Página 374	Avalon / Easy Mediabank
Página 405	Avalon / Easy Mediabank
Página 412	ImageBroker / Easy Mediabank
Página 432	Avalon / Easy Mediabank
Página 439	Avalon / Easy Mediabank
Página 448	Pete Sekesan / Wikimedia Commons
Página 463	Gonzales Photo / Easy Mediabank
Página 470	Batiste Safont / Wikimedia Commons

Este livro foi composto com tipografia Adobe Garamond Pro
e impresso em papel Off-White 70g/m² na Formato Artes Gráficas.